생태위기와 종교문화

"한국 3대종교(가톨릭 · 개신교 · 불교)의 자연영성"
에 대한 환경 및 생태문화에 실태조사 보고서

김재득 · 연규홍 외 4인 지음

생명의 씨앗

생태위기와 종교문화

2007년 4월 1일 인쇄
2007년 4월 8일 발행

지은이/김재득 · 연규홍 외 4인
펴낸이/박옥순
펴낸곳/생명의 씨앗

등록/2007. 3. 25

값/15,000원
ISBN 978-89-958223-4-0 03200

* 파본은 교환해 드립니다.

이 책은 2005년도 한국학술진흥재단(기초학문육성 인문사회분야 지원사업)의
연구지원에 의해 수행되었음(KRF-2005-079-AM0028).

생태위기와 종교문화

"한국 3대종교(가톨릭·개신교·불교)의 자연영성"
에 대한 환경 및 생태문화에 실태조사 보고서

김재득·연규홍 외 4인 지음

생명의 씨앗

서 문

한국 3대종교의 자연영성(불성)과 생태문화 연구팀의 실태연구 보고서의 주안점은 '대중화될 수 있는 생태문화'를 연구하고 정립하는 것이다. 그런 이유로 3개 대학의 생태문화 컨소시엄 연구팀은 각 종교별로 생태문화의 결의와 지침이 얼마나 잘 구현되었는지, 현장조사, 설문조사 및 종교별 워크숍, 수차례의 토론회 등 다양한 방법으로 한국 3대종교의 생태문화 기관 및 단체현황에 대하여 실태조사를 하였다. 이것은 기관 및 단체, 참여인원 등과 같은 기초조사로부터 시작해서 그들이 실행하고 확산시키는 생태문화의 질적인 차원까지 조사하였고 한국의 생태문화 발전을 위한 토대 및 기초자료로서의 성격을 담은 것이다. 따라서 이번 조사보고서의 결과는 한국의 3대 종교단체 모두가 함께 만들어낸 것이라고 할 수 있으며, 한국의 3대종교에서 생태문화가 무엇을 중심으로 어떻게 적용해야 대중적인 확산이 가능한가에 대한 대안을 보여줌과 동시에 향후 종교 환경단체의 방향에 유의미한 보고서가 될 것이다.

한국학술진흥재단의 기초학문육성사업 가운데 유일하게 3대종교가 컨소시엄을 이루어 수행된 이 조사보고서는 크게 두 부분으로 나뉜다. 제1부 실태조사보고는 가톨릭·개신교·불교 등 한국 3대종교 환경단체의 인프라현황 등 환경단체의 조직운영 및 주요활동을 중심으로 가톨릭대학교, 한신대학교, 동국대학교의 생태연구 전문가인 김재득, 박경철, 최동순 교수를 중심으로 합동으로 조사하였다. 그것은 기관 및 단체의 설립배경과 목적, 주요활동 등과 같은 기초조사로부터 시작해서 각 종교단체가 실행하고 확산시키는 생태문화의 질적인 차원까지 조사하여 생태문화 발전을 위한 토대 및 기초 자료로서의 성격을 담은 것이다. 제2부는 종교별 설문과 인터뷰를 분석한 보고서로서 종교단체의 자연영성(불성) 및 생태문화에 대한 바람직한 방향과 정책대안을 마련하기 위하여 종교관련 조사전문가인 김재득 교수가 대표집필을 하였다. 본 조사에서는 한국 3대 종교 내에서 환경 및 생태문화에 직간접적으로 관여하는 성직자, 교수뿐만 아니라 관련 전문가, 활동가들을 대상으로 설문 및 인터뷰를 시도한 것을 분석 조사한 것이다. 따라서 종교환경단체의 규모 및 재정현황, 정책실천 및 정책참여 유형, 생태문화 관련 주요활동 실천정도 등 기본통계표와 설문지 등으로 구성되어 있다.

설문문항의 개발부터 보고서 발간까지 많은 도움을 주신 관계기관 담당자, 그리고 무엇보다도 설문에 응답해 주신 분들께 감사드린다. 특히, 기초학문의 발전에 지원을 아끼지 않은 한국학술진흥재단의 지원에 심심한 감사를 드린다. 재단의 지원은 한국 3대종교단체의 생태문화에 있어 그 동안의 성과와 과제를 평가하고 미래를 전망할 수 있는 좋은 기회가 되었다. 이제 이 조사연구에서 나타난 결과를 토대로 현실적으로 적용 가능한 새로운 문화 창출을 모색하였으면 한다. 그리하여 종교의 제의(祭儀), 수행(修行), 윤리, 종단 정책, 종교적 삶에 구체적으로 적용되는 새로운 문화형태에 대한 방안을 적극 제시하고, 이를 통해 생태문화가 한국 3대 종교 속에 자리를 잡고 사람들은 생태적 삶을 자연스러운 문화로 수용되었으면 한다.

2007년 4월
한국 3대종교 생태문화 연구단 연구책임자 연 규 홍

차 례

서문 ___ 5

제1부 현황 및 실태

**제1장 3대종교 환경 및 생태문화 실태조사의 과제 :
용어와 연구범위의 선정 / 연규홍 ___ 15**

제2장 가톨릭교회의 환경 및 생태운동 실태조사 / 김재득·장동하 ___ 21
 Ⅰ. 머리말 ___ 21
 Ⅱ. 가톨릭교회의 환경 및 생태활동에 대한 논의 ___ 24
 Ⅲ. 가톨릭교회의 환경 및 생태관련 인프라 현황 ___ 39
 Ⅳ. 가톨릭환경운동단체의 평가와 과제 ___ 91
 Ⅴ. 각 교구별 환경 및 생태문화 실태의 종합비교 ___ 113
 Ⅵ. 결어 ___ 116

제3장 한국 개신교 교회의 환경 및 생태운동 실태조사 / 박경철 ___ 120
 Ⅰ. 서론 ___ 120
 Ⅱ. 한국 개신교 각 교단의 환경선교정책 및 환경운동 ___ 122

Ⅲ. 한국 개신교 환경 및 생태(명)운동 단체들의 현황 ___ 138
Ⅳ. 한국 개신교 환경 및 생태 운동의 분석과 전망 ___ 218
Ⅴ. 나가는 말 ___ 226

제4장 불교 환경 및 생태운동 실태조사/최동순·차차석 ___ 232
Ⅰ. 들어가는 말 ___ 232
Ⅱ. 불교환경운동의 내용 ___ 234
Ⅲ. 불교환경의 실태 분석 ___ 254
Ⅳ. 불교환경운동의 성과 ___ 330
Ⅴ. 불교환경운동의 전망과 과제 ___ 341

제2부 실증적 조사 분석

한국 3대종교의 환경 및 생태문화 실태에 대한 실증적 조사
/김재득·장동하 ___ 350

제1장 실태조사 내용 및 자료수집 ___ 350
제2장 종교환경단체의 규모 및 재정현황 ___ 355
제3장 종교환경단체의 정책실천 및 정책참여 유형 ___ 365
제4장 종교환경단체의 생태문화 관련 주요활동 실천정도 ___ 384
제5장 마치는 글: 현상문화와 정신문화의 연결 ___ 404

부록 설문지 ___ 407

표 차례

◆ 가톨릭분야

〈표 Ⅱ-1〉 교황청문헌에 나타난 시대별 환경 및 생태문화에 대한 이해 ___ 31
〈표 Ⅲ-1〉 천주교 창조보전전국모임 교구별 참석현황 ___ 44
〈표 Ⅲ-2〉 연도별 주요활동 내역 ___ 45
〈표 Ⅳ-1〉 교구별 조직분야 : 구성 및 기획 평가 비교 ___ 114
〈표 Ⅳ-2〉 교구별 인 적 분 야 : 교육 및 연구활동 평가 비교 ___ 115
〈표 Ⅳ-3〉 교구별 대외적 분야 : 연대 및 실천평가 비교 ___ 116

◆ 개신교분야

〈표 Ⅲ-1〉 개신교 교단별 환경, 생태 관련기구 ___ 139
〈표 Ⅲ-2〉 기독교대한감리회 환경위원회 주요사업 ___ 142
〈표 Ⅲ-3〉 한국기독교장로회 기독교농촌개발원 주요사업 및 연혁 ___ 147
〈표 Ⅲ-4〉 한국기독교장로회 농촌개발원 연도별 발자취 ___ 149
〈표 Ⅲ-5〉 태백광산지역환경연구소 주요사업 ___ 158
〈표 Ⅲ-6〉 광산지역 환경연구소 연혁 ___ 159
〈표 Ⅲ-7〉 산돌학교 연혁 ___ 194
〈표 Ⅲ-8〉 정농회 연혁 ___ 201
〈표 Ⅲ-9〉 농도생협 정책과 사업방향 ___ 205

◆ 불교분야

〈표Ⅱ-1〉 불교 각 종단별 환경단체 설립 및 활동 여부 ___ 236
〈표Ⅱ-2〉 불교계 환경단체 설립 및 활동 여부 ___ 238
〈표Ⅱ-3〉 조계종 교구본사별 환경위원회 구성 및 활동 현황 ___ 241
〈표Ⅱ-4〉 1990년대 불교환경운동 관련 주요 사항 ___ 249
〈표Ⅱ-5〉 2000년대 이후 불교환경운동 관련 주요 사항 ___ 252
〈표Ⅲ-1〉 대한불교조계종 환경 관련 주요 활동 연혁 ___ 263
〈표Ⅲ-2〉 인드라망 생명공동체의 주요 연혁 ___ 270
〈표Ⅲ-3〉 사단법인 한생명 주요 사업 ___ 274

〈표Ⅲ-4〉 실상사 귀농학교 주요 사업 ___ 275
〈표Ⅲ-5〉 실상사 작은학교 교육 이념 ___ 276
〈표Ⅲ-6〉 에코붓다 주요 연혁 ___ 283
〈표Ⅲ-7〉 불교환경연대의 주요 활동 연혁 ___ 301
〈표Ⅲ-8〉 해인사신행문화도량건립불사 관련 대책 활동 사항 ___ 306
〈표Ⅲ-9〉 북한산국립공원 관통터널 반대운동 활동 사항 ___ 307
〈표Ⅲ-10〉 제1기 정례 포럼 : 2004. 10월~2005. 2월
　　　　　 / 주제: 시스템과 상호의존성 ___ 311
〈표Ⅲ-11〉 제2기 포럼: 2005. 03월~2005. 7월 / 주제: 욕망과 생명 ___ 312
〈표Ⅲ-12〉 제3기 포럼: 2005. 09월~2006. 1월 / 주제: 지속가능한 발전 ___ 312
〈표Ⅲ-13〉 제4기 포럼: 2006. 03월~2006. 7월 / 주제: 희망의 공동체 ___ 313
〈표Ⅲ-14〉 두레 생태기행 불교환경 관련 활동현황 ___ 318
〈표Ⅲ-15〉 제1분과 : 지식기반사회와 환경문제 ___ 324
〈표Ⅲ-16〉 제2분과 : 불교생태학과 서구 사상 ___ 324
〈표Ⅲ-17〉 제3분과 : 불교생태학의 학제적 접근 ___ 325
〈표Ⅲ-18〉 제4분과 : 미래사회의 평화와 불교생태학 ___ 325
〈표Ⅲ-19〉 한국불교학회 환경생태 관련 논문 목록 ___ 326
〈표Ⅲ-20〉 불교학연구회 환경생태관련 논문 목록 ___ 327
〈표Ⅲ-21〉 불교평론 환경생태관련 논문 목록 ___ 328

◆ 실증조사 분야

〈표 Ⅰ-1〉 종교별 조사표본의 일반적 특성비교 ___ 354
〈표 Ⅱ-1〉 종교별 환경단체의 회원규모 ___ 357
〈표 Ⅱ-2〉 종교별 환경단체의 상근자수 ___ 358
〈표 Ⅱ-3〉 종교별 환경단체의 회비 납부율 ___ 359
〈표 Ⅱ-4〉 종교별 환경단체의 재정자립도 ___ 360
〈표 Ⅱ-5〉 종교별 환경단체의 주요 수입율 비율 ___ 362
〈표 Ⅱ-6〉 종교별 환경단체의 주요지출원 비율 ___ 364
〈표 Ⅲ-1〉 환경단체의 정책단계별 참여유형에 대한 분석 틀 ___ 366
〈표 Ⅲ-2〉 귀 단체의 환경관련 인터넷 웹사이트 검색코너 및 게시판 마련 ___ 368
〈표 Ⅲ-3〉 정책결정과정 공개 및 메일링(회원관리)에 대한 실태 ___ 369
〈표 Ⅲ-4〉 홍보책자 발간 및 인터넷신문 발간 실태 ___ 370

〈표 Ⅲ- 5〉 만족도 조사 및 백서(연보) 발간 실태 ___ 371
〈표 Ⅲ- 6〉 여론설문조사 및 온라인 정책포럼 실태 ___ 372
〈표 Ⅲ- 7〉 환경관련 세미나 및 정책토론회에 대한 실태 ___ 373
〈표 Ⅲ- 8〉 정책자문위원회나 제도개선협의회 참여에 대한 실태 ___ 374
〈표 Ⅲ- 9〉 환경관련 정책모니터링제도 및 사이버모니터참여에 대한 실태 ___ 376
〈표 Ⅲ- 10〉 정책제안이나 사이버 참여제안에 대한 실태 ___ 377
〈표 Ⅲ-11〉 공청회참여나 민간 TF운영에 대한 실태 ___ 378
〈표 Ⅲ-12〉 민관합동정책 집행 및 자원봉사활동에 대한 실태 ___ 379
〈표 Ⅲ-13〉 온라인 여론조사(국민만족도) 및 평가위원회참여에 대한 실태 ___ 380
〈표 Ⅲ-14〉 종교별 평균값 비교 ___ 382
〈표 Ⅲ-15〉 환경단체의 정책실천 및 정책참여 유형 ___ 383
〈표Ⅳ-1〉 타종교나 시민단체와의 생태공동체 네트워크(GEN) ___ 384
〈표Ⅳ-2〉 생태(환경)교육: 생태체험과 학습 ___ 385
〈표Ⅳ-3〉 생태(환경)마을 관광: 생태관련 해안, 농촌, 건강관광 ___ 386
〈표Ⅳ-4〉 생태(환경) 미술 ___ 387
〈표Ⅳ-5〉 생태(환경)문학 ___ 388
〈표Ⅳ-6〉 생태(환경) 영화 ___ 389
〈표Ⅳ-7〉 생태(환경) 건축 현황 ___ 390
〈표Ⅳ-8〉 간접난방주택 현황 ___ 391
〈표Ⅳ-9〉 생태(환경) 식생활 현황 ___ 392
〈표Ⅳ-10〉 전문적 생태 환경활동가 양성을 위한 투자 현황 ___ 393
〈표Ⅳ-11〉 생태(환경)문화교육 센터의 설립 현황 ___ 394
〈표Ⅳ-12〉 생태(환경)보전에 관한 실천교재발간 현황 ___ 395
〈표Ⅳ-13〉 생태기술과 경험의 전파 및 자문 현황 ___ 396
〈표Ⅳ-14〉 생태공동체의 지속가능성에 대한 사후평가 작업 현황 ___ 397
〈표Ⅳ-15〉 환경(생태문화)의 날 설정 현황 ___ 398
〈표Ⅳ-16〉 생태(환경)운동가에 대한 일자리와 생계보장 현황 ___ 399
〈표Ⅳ-17〉 생태(환경) 관련 단체의 경제와 생활의 질 보장 ___ 400
〈표 Ⅳ-18〉 환경·생태문화에 관한 주요활동 및 실천내용 종합비교 ___ 402
〈표 Ⅳ-19〉 종교별 실천내용중 상위순위 비교표: 장점 ___ 403
〈표 Ⅳ-20〉 종교별 실천내용 중 개선필요: 취약점 ___ 403

그림차례

〈그림 Ⅱ-1〉 종교별 환경단체의 회원규모 ___ 357
〈그림 Ⅱ-2〉 종교별 환경단체의 상근자수 ___ 358
〈그림 Ⅱ-3〉 종교별 환경단체의 회비 납부율 ___ 359
〈그림 Ⅱ-4〉 종교별 환경단체의 재정자립도 ___ 361
〈그림 Ⅲ-1〉 귀 단체의 환경관련 인터넷 웹사이트 검색코너 및 게시판 마련 ___ 368
〈그림 Ⅲ-2〉 정책결정과정 공개 및 메일링(회원관리)에 대한 실태 ___ 369
〈그림 Ⅳ-3〉 홍보책자 발간 및 인터넷신문 발간에 대한 실태 ___ 370
〈그림 Ⅲ-4〉 만족도 조사 및 백서(연보) 발간에 대한 실태 ___ 371
〈그림 Ⅲ-5〉 여론설문조사 및 온라인 정책포럼에 대한 실태 ___ 373
〈그림 Ⅲ-6〉 환경관련 세미나 및 정책토론회에 대한 실태 ___ 374
〈그림 Ⅲ-7〉 환경관련 정책자문위원회나 제도개선협의회 참여에 대한 실태 ___ 375
〈그림 Ⅲ-8〉 환경관련 정책모니터링제도 및 사이버모니터참여에 대한 실태 ___ 376
〈그림 Ⅲ-9〉 정부 및 공공단체의 환경관련 정책제안이나 사이버 참여제안에
　　　　　　대한 실태 ___ 377
〈그림 Ⅲ-10〉 환경관련 공청회참여나 민간 TF운영에 대한 실태 ___ 378
〈그림 Ⅲ-11〉 민관합동정책 집행 및 자원봉사활동에 대한 실태 ___ 379
〈그림 Ⅲ-12〉 온라인 여론조사(국민만족도) 및 평가위원회참여에 대한 실태 ___ 380
〈그림 Ⅲ-13〉 종교별 평균값 비교 ___ 382
〈그림 Ⅳ-1〉 타종교나 시민단체와의 생태공동체 네트워크의 종교간 비교 ___ 384
〈그림 Ⅳ-2〉 생태(환경)교육: 생태체험과 학습에 대한 종교간 비교 ___ 385
〈그림 Ⅳ-3〉 생태(환경)마을 관광: 생태관련 해안, 농촌, 건강관광에 관한
　　　　　　종교간 비교 ___ 386
〈그림 Ⅳ-4〉 생태(환경)미술에 관한 종교간 비교 ___ 387
〈그림 Ⅳ-5〉 생태(환경)문학에 관한 종교간 비교 ___ 388
〈그림 Ⅳ-6〉 생태(환경)영화에 관한 종교간 비교 ___ 389
〈그림 Ⅳ-7〉 생태(환경)건축에 관한 종교간 비교 ___ 390
〈그림 Ⅳ-8〉 간접난방주택에 관한 종교간 실태비교 ___ 391
〈그림 Ⅳ-9〉 생태(환경) 식생활에 관한 종교간 실태비교 ___ 392

〈그림 Ⅳ-10〉 전문적 생태 환경활동가 양성을 위한 투자에 관한 종교간
　　　　　　　 실태비교 ___ 393
〈그림 Ⅳ-11〉 생태(환경)문화교육 센터의 설립에 관한 종교간 실태비교 ___ 394
〈그림 Ⅳ-12〉 생태(환경)보전에 관한 실천교재발간에 관한 종교간 실태비교 ___ 395
〈그림 Ⅳ-13〉 생태기술과 경험의 전파 및 자문에 관한 종교간 실태비교 ___ 396
〈그림 Ⅳ-14〉 생태공동체의 지속가능성에 대한 사후평가 작업에 관한 종교간
　　　　　　　 실태비교 ___ 397
〈그림 Ⅳ-15〉 환경(생태문화)의 날 설정에 관한 종교간 실태비교 ___ 398
〈그림 Ⅳ-16〉 생태(환경)운동가에 대한 일자리와 생계보장에 관한 종교간
　　　　　　　 실태비교 ___ 399
〈그림 Ⅳ-17〉 생태(환경) 관련 단체의 경제와 생활의 질 보장에 관한 종교간
　　　　　　　 실태비교 ___ 400

제1부 현황 및 실태

연 규 홍

김 재 득

장 동 화

박 경 철

최 동 철

최 동 순

차 차 석

제 1장
3대종교 환경 및 생태문화 실태조사의 과제
: 용어와 연구범위의 선정

연 규 홍

1. 환경 및 생태문화 실태조사의 필요성

오늘날 생태위기를 극복하기 위해서는 생태친화적인 문화를 개발하는 것이 중요하다. 이것은 생태계의 운행원리에 따른 삶이 무엇인지를 논구하고 그것을 문화적으로 정착하는 일이다. 생태친화적 삶이 '문화'로 정착된다면 자연스럽게 생태적 삶이 구현되고 생태계의 위기는 극복될 것이다.

생태친화적인 문화는 대중적인 문화이어야 한다. 대중적인 문화가 진정하게 생태친화적일 수 있을까 의문시할 수도 있겠지만 우리는 대중적인 종교문화가 생태적인 문화가 되어야 생태계 위기는 극복되며 자연과 인간의 평화로운 공존은 가능하다고 본다. 그래서 우리는 생태친화적인 종교문화에 관심을 기울여왔다.

한국의 지배적인 종교인 가톨릭 · 개신교 · 불교는 여러 형태로 우리시대의 최대현안인 생태문제에 관심을 가지고 있었지만 기존연구는 심도있는 연구가 극히 드물었다. 문화적 차원이 결여되고 철학적 논의 차원에서 생태문제를 논의하는데 그치거나, 윤리적 과제를 제시하는 것으로 그치거나, 생태문제에 대한 개론적인 서술인 경우가 대부분이었다. 사실 생태문화가 대중적이고 실천적인 문화가 되려면 먼저 정신문화적으로 형성되어야 한다. 이를 위해 우리는 먼저 한국 3대 종교의 생태문화가 현시점에서 어떻게 전개되고 있는지 그 실태를 조사해 봐야 한다고 생각했다.

2. '환경'과 '생태' 용어간의 혼용

현재 '환경'과 '생태'라는 두 단어는 가톨릭, 개신교 및 불교 환경운동 단체 뿐 아니라, 일반 사회운동단체들에서 마치 서로 동의어처럼 반복, 교체되어 사용 되거나, 함께 병행되어 사용되고 있다. 하지만, '환경'과 '생태'의 개념적 차이를 독일어로 표현하면, 환경이란 인간이 중심에 서 있고 자연이 인간을 위한 그 대상으로 인간을 둘러 서 있는 표현으로서 'Um-Welt' 이다. 반면에 생태는 인간이 중심에 있지 않고 모든 존재가 자기의 입장에서 중심인 다중심(多中心)과 그 많은 중심들이 더불어 있음을 표현하는 'Mit-Welt' 이다. 이 두 용어는 자연과 인간의 관계에 대한 근본적 입장의 차이를 반영하고 있다.

인간이 보다 나은 삶의 질을 계속 보장 받기 위해서는 깨끗한 자연이 필요하고 그래서 사람들은 환경보호법을 제정하고 자연을 다시 깨끗하게 할 수 있는 대안기술을 개발하는데, 이것은 자연을 '환경' 이라는 시각에서 보는 관점의 '환경운동'에서 나온 것이다. 그러나 '생태운동'은 인간을 자연의 한 부분으로 보고 인간이 그 생태계의 운행원리에 따라야 한다고 보면서 생태계의 운행원리에 그에 따른 인간의 삶에 관심을 기울인다.

자연을 보호하는 운동이 아니라, 생태적 자연으로 들어가는 운동으로서, 단지 친환경적 자연캠페인이 아니라, 인간의 제반 사회 구성체를 생태적 관계로 만들어 가는 지속가능한 대안공동체로서의

'생태공동체사회' 운동이 그 대표적인 모습이다. 그러나 대부분의 한국 가톨릭, 개신교의 자연 파괴에 따른 환경위기에 대처하려는 여러 환경운동 단체뿐 아니라, 새로운 공동체적 성격으로서의 생명, 평화를 위한 여러 기독교 사회운동단체들에게서는 이상의 '환경'과 '생태'라는 개념이 분명하게 구분되어 사용 되고 있지 않다. '환경'을 표방하는 이들에 대해서 그것이 '생태적이냐?'는 질문을 던질 수 있다면, 생명, 평화 운동 단체들에 대해서 그것이 '친환경적인가?'라는 반문이 나올 수 있을 것이다.

일반 환경단체들에 대해 부정적인 시각을 보이는 이들은 이를 자연의 원상회복에 관심을 두는 '환경관리주의' 내지는 '환경개량주의'적 성격에 가깝다고 지적한다. 이상의 개념적 차이를 염두에 두고 '환경'과 거리를 두려는 '생태' 운동은 앞서 언급했듯이, 자원이 유한하다는 인식하에서 점차 파괴되는 자연에 대한 위기의식으로부터 출발하여 자원을 보전하려는 데에 그 일차적 관심을 두는 것이 아니다. 오히려 '생태' 운동은 환경파괴가 일어나지 않는 근본적 사회구조에 관심을 갖는 운동이라고 할 수 있다.

한국 3대 종교의 생태문화기관 실태를 조사하면서 우리는 '환경'과 '생태'라는 용어를 사용하는 가톨릭, 개신교, 불교 운동 단체들의 범위를 본 실태조사에 이 모두를 포함해야 하는 지의 어려움이 따르는 것이다. 그러나 비록 국내 가톨릭, 개신교 사회운동 단체들 가운데 '환경' 및 '생태'에 관한 관심을 표방하고 있다고 하지만, 생명과 평화 및 인권 운동을 생태계 위기의 극복과 대안적 차원에서의 인간과 인간, 인간과 자연의 '생명'과 '평화'의 생태적 관점에서 환경문제뿐 아니라 제반의 사회운동에 접근하는 것은 미비하다고 할 수 있다. 결국 이러한 점에서 가톨릭, 개신교, 불교 사회운동단체들의 생명, 평화, 인권 운동을 '환경'과 '생태' 문화 의식 연구 조사 범주에 포함해야 할 것인지의 문제는 본 연구 범위의 문제와 한계를 지닌다고 할 수 있다.

아울러 국내 가톨릭, 개신교, 불교 환경운동 단체들이 '생태' 용어를 사용하고 있다고 해서, 이것이 '생태문화'가 지향하는 생태계의 운행원리에 따른 인간과 자연의 공존과 상호보완의 시각에서 생태위기 문제에 접근하고 있느냐는 점에 있어서는 이 또한 미비한 것이 사실이다. 이는 가톨릭, 개신교, 불교 환경운동 단체들과 가톨릭, 개신교, 불교 사회운동단체들에게 '환경'과 '생태'라는 용어는 서로 상반적 개념으로 이해되거나 사용되고 있지 않다는 점을 보여준다고 할 수 있다.

한 마디로 국내 가톨릭, 개신교, 불교 '환경운동'이 '생명, 평화' '인권'과 관련한 정체, 경제, 사회 제반의 문제에 큰 관심을 두지 않는다면, 그 반대로 국내 가톨릭, 개신교, 불교 사회운동 단체들이 비록 '환경'이라는 측면을 관심영역으로 두고는 있지만, 환경오염 및 자연보전, 생태계 위기에 대하여 적극적으로 대처하지도 않고 있다고 볼 수 있다.

결국 본 보고서의 한계는 한국 가톨릭, 개신교 및 불교 환경 및 생태 관련 운동 단체들을 분명하게 선별해 조사해 내기란 쉽지 않다는 점이다. 이런 이유로 본 보고서에 조사된 가톨릭, 개신교 및 불교 환경운동단체들, 생태공동체 및 가톨릭, 개신교 및 불교 사회운동 단체들에게서 이상의 복합적인 모습들을 볼 수 있을 것이다. 다만 아래 본론의 내용에서 한국 가톨릭, 개신교 및 불교의 환경운동과 생태 운동으로의 구분은 각 운동단체가 자기들의 이름을 걸고 있는 것에 준하였다. 그러나 이 또한 모든 단체들에게 모두 적용되는 것은 아님을 밝힌다. 아래에서는 한국 가톨릭, 개신교 및 불교의 환경운동 단체들 및 다양한 생명, 평화운동 단체들의 지나온 일들과 그들이 표방하고 있는 것들을 통해서 이상에서 언급한 '환경', '생태', '생명', '평화' 등의 다양한 인식과 운동의 모습들을 소개하고, 앞으로의 한국 가톨릭, 개신교 환경, 생태 문화 인식에 대한 연구의 기초자료로 활용되는데 그 목적을 두는 데에 한정하고자 한다.

3. 실태조사 연구 범위의 선정 문제

본 연구는 한국 가톨릭, 개신교의 환경 및 생태에 대한 영성 및 그 인식에 대한 연구를 위한 기초자료로서, 현 한국 가톨릭, 개신교 환경, 생태 운동과 관련한 기관 및 단체에 대한 실태조사이다. 본 실태조사 보고에 있어서 문제와 한계는 무엇보다도 용어상의 문제로서 '환경'과 '생태'에 관한 국내 각 가톨릭, 개신교 및 불교 운동 단체들의 불분명한 구분과 이해, 혼용에 따른 각 환경, 생태, 생명, 평화운동 단체들을 특정 사안들로 분류하기 힘들었다는 점이다. 이 문제는 가톨릭, 개신교 및 불교 여러 공동체 운동에서도 나타난다. 이런 어려움은 본 보고서의 실태조사 연구 범위가 불분명할 수밖에 없는 한계를 지니게 하였다. 다만 '환경', '생태' '생명' 운동을 보다 중시하고 있는 현 한국 가톨릭, 개신교 및 불교 기관 및 단체들을 소개하는 데 본 보고서의 목적을 두었다.

환경과 생태에 대한 가톨릭, 개신교 및 불교 교회의 인식에 대한 연구를 위해서는 다음과 같은 선행 과제들을 필요로 한다. 첫째, 가톨릭, 개신교 및 불교가 과거 자연(환경, 생태)에 대한 어떤 교리적, 신학적 입장들을 갖고 있었으며, 그것이 현재 한국 가톨릭, 개신교 및 불교가 환경과 생태에 대하여 어떤 인식을 갖게 되었는지에 대한 그 영향과 분석의 필요성이다. 아울러 다양하게 변화해온 환경운동 및 사회운동들과 관련해 새로운 생태신학의 주장에 따른 환경과 자연에 대한 기존 여러 신학들과의 차이들을 비교 분석할 필요가 있다는 점이다.

둘째, 그에 따라 현 한국 가톨릭, 개신교의 기관 및 단체들의 환경과 생태운동에 대하여 신학적으로 비판적 수용과 검증하는 일이 될 것이다. 그러나 이 두 가지 선행과제는 2차년도 '한국가톨릭, 개신교의 환경과 생태 영성의 의식 연구' 과제 수행에서 깊이 다루는 것으로 하고, 1차년도 본 연구에서는 한국 가톨릭, 개신교 및 불교의 환경 및 생태 운동 기관 및 단체들의 실태조사를 통한 현황들을 살펴보는 것으로 제한했음을 미리 밝혀둔다. 아울러 환경 및 생태를 전면에 내세우지는 않지만, 생명상호간의 유기적 관계를 '생태'라는 큰 개념에서 본다면, 생명과 평화운동을 중시하는 국내 가톨릭, 개신교 및 불교 사회운동단체들도 종교별로 차이는 있지만 간략하게 소개하였다.

제2장
가톨릭교회의 환경 및 생태운동 실태조사

김 재 득 · 장 동 하

I. 머 리 말

현재 한국 가톨릭교회의 환경 및 생태영성을 위한 생태문화는 일대 전환기에 와있다. 가톨릭교회는 1990년부터 나름대로 각 교구별로, 각 지역의 환경사안에 따라 다양한 형태의 환경 인프라를 구축하면서 괄목할만한 변화 추구하여 왔지만, 앞으로도 지속적인 발전이 있을 것이라고 섣부른 예측을 하기가 어렵다. 점차 '대중적' 설득력을 잃어가고 있는 것이다. 오히려 환경운동가가 우리 사회의 암세포처럼 취급받을 정도로 생태적 입장이 여론을 움직이는 데 영향을 주지 못하는 이상한 상황이 전개되고 있다. 좀처럼 가톨릭단체의 환경 및 생태문화 사목이 제대로 스며들지 않는 형국이다. 이에 대한 가톨릭 환경단체 역시 어떻게 돌파할 것인지 별다른 전략 및 정책적 대안이 빈곤해 보인다. 가톨릭교회 내부에서도 녹색의 가치에 대한 배려가 청소년, 여성, 통일, 복지, 노동에 비하여 상대적 가치에서 점점 멀어지고 있는 실정이다. 일반국민과 다름없이 가톨릭신자 역시 환경·생태 문제보다 고용창출과 개발에 무게중심이 이동한 듯하다. 어찌 보면 이러한 현상은 당연한 것이라 할 수 있을 것이다.

아무튼 전체적으로 볼 때 생태문화에서 말하는 '자연영성' 또는 '지속가능한 발전'이라는 말은 여전히 모호하고 불투명하다. 그래서 지금 가톨릭 내부에서는 경쟁력 강화가 삶의 질을 높인다는 설명이 오히려 사제, 수도자 및 일반 평신도들에게 대중적 설득력을 얻고 있는 듯하다. 인정하고 싶지 않지만 한국 가톨릭교회의 환경의식 및 환경사목 수준은 아직 낙후되어 있다. 거의 모든 교구마다 환경단체가 있지만, 실천적인 면에서는 걸음마 단계이다. 즉 말로만 환경보호를 하고 실제로 환경보호 행위에 직접 참여하는 것에는 매우 인색하고 서툴다.

가톨릭신자들은 파괴되어 가고 있는 환경을 보존하기 위해서 무엇인가를 해야 한다고 생각은 하지만 막상 생활 안에서 어떻게 적용해야 하는지 정확히 모르고 있다. 많은 경우 환경을 보존한다는 사람들을 보면 피켓을 들고 댐건설을 반대하고, 핵발전소 건설을 반대하고, 다이옥신 때문에 몇 백 억씩 들여서 건설한 소각장 운전을 중지하라고 외치기만 한다.[1] 그동안 정부에서는 곳곳에 분뇨처리장과 하수처리장을 설치하였고, 오염 총량제를 실시하고 쓰레기 종량제를 실시하였다.

가톨릭교회 역시 각 교구마다 환경단체가 설립되고, 환경관련 모임이 열리고, 환경관련 사목들을 전개하였다. 환경을 보존하겠다는 정부의 의지, 국민과 가톨릭 신자의 의지가 엿보이는 세월이었다. 하지만 2006년 현재 각 나라의 환경조건을 바탕으로 사회의 지속가능성을 평가하는 세계경제포럼(WEF)의 환경지속성지수(ESI, Environmental Substantiality Index)평가[2]에서 142개 나라 가운데 최하위권인 136위를 기록했다. 이는 122개국 가운데 95위를 차지했던 2001년 훨씬 더 나빠진 것이고 중국보다도 낮아서 더욱

---

1) 시민들은 파괴되어 가고 있는 환경을 보존하기 위해서 무엇인가를 해야 한다고 생각을 하는데, 생활 안에서 어떻게 적용해야 하는지 정확하게 모르고 있다. 많은 경우 환경을 보존한다는 사람들을 보면 피켓을 들고 댐건설을 반대하고, 핵발전소 건설을 반대하고, 다이옥신 때문에 몇 백 억씩 들여서 건설한 소각장 운전을 중지하라고 외쳐 된다.

충격을 주고 있다.

사실, 가톨릭교회는 환경위기에 대한 사회적 관심이 고조되면서 여러 문헌들을 통하여 자연환경의 중요성에대한 의식을 고취시켜 왔다. 그러나 2차 바티칸공의회가 열린 후 오랜 시간이 흘렀음에도 "교회의 쇄신"이라는 공의회의 핵심 정신이 한국교회에서는 아직도 요원함을 인정하지 않을 수 없는 것처럼, 환경문제에 대한 교회의 가르침과 그의 실천에 있어서 한국 가톨릭교회의 환경의식의 현주소는 상당한 괴리가 있다. 사회의 변화와 교회의 가르침에 의해 한국 가톨릭도 환경운동에 관심을 가지고 실천해 왔지만 교회 안팎으로 미치는 그 영향이 아직 미약하고 교회 안에 대중적 운동으로 자리 잡지 못하고 있는 것이 사실이다.[3]

이러한 상황에서 본 연구 최종목적은 가톨릭종교가 가지는 전통과 교리 속에서 자연영성이 어떻게 고려되고 반영되어 있는지, 그리고 우리가 그것을 어떻게 발전시킬 수 있는가를 살펴봄과 동시에 생태친화적인 종교문화의 바탕을 세우려고 한다. 이러한 점에 착안하여 1단계 작업으로서 가톨릭 교구 내 환경단체에 대한 실태조사로 주요활동을 중심으로 조사하였다. 그것은 기관 및 단체의 설립배경과 목적, 주요활동 등과 같은 기초조사로부터 시작해서 가톨릭교회가 실행하고 확산시키는 생태문화의 질적인 차원까지 조사하여 생태문화 발전을 위한 토대 및 기초 자료로서의 성격을 담은 것이다.

---

2) ESI란 한 국가가 환경 파괴를 유발하지 않고 경제성장을 이룩할 수 있는 능력을 지표화한 것. 환경오염 정도뿐만 아니라 과학기술 능력, 민주화 수준, 국민소득, 보건상태, 국제적 공헌도, 생태 효율성 등 환경오염 정도뿐 아니라 '삶의 질'을 종합적으로 평가하는 지표다. 한국은 100점 만점에 35.1점을 받아, 평가 대상 142개 국가 중 한국보다 순위가 낮은 나라는 우크라이나(34.5점) 아이티(34.1) 이라크(32.9) 북한(31.8) 쿠웨이트(25.4) 아랍에미리트(25.3) 등 여섯 나라에 그쳤다 한편, 환경지속성지수가 높게 나타난 나라는 73.7점을 받아 1위를 차지한 핀란드를 비롯해, 노르웨이(72.8) 스웨덴(72.2) 등이었다. 미국은 51위(52.8점), 일본은 62위(50.5). 중국은 129위(37.8점)였다. http://www.ecozone.co.kr/환경뉴스 2/02_0205sunwe.htm

3) 이동훈, 「가톨릭 환경운동의 방향과 과제」, 2003년 천주교환경연대 제1차 정기총회 자료집. 2003.

따라서 자료수집방법은 문헌연구와 같은 질적 연구와 보다는 현지 실태 및 의식조사분야를 동시에 실시한 사회조사 방법론 또는 생태 및 환경문화적 현장조사방법을 사용하였다. 이러한 기초조사는 가톨릭교회의 생태문화가 무엇을 중심으로 어떻게 적용하여야 일반대중적인 확산이 가능한가에 대한 정책적 대안을 제시하는 조사가 될 것이다.

II. 가톨릭교회의 환경 및 생태문화에 대한 논의

1. 연도별 교황청 및 아시아주교회의의 환경에 대한 이해

(1) 1891년, 새로운 사태(Renum Novarum) : 자연을 인류 공동유산으로 봄

가톨릭교회의 1891년 교황 레오 13세의 회칙인 「새로운 사태」 (Renum Novarum, 1891년)에 의하면 자연의 재화가 인류의 공동유산임을 아주 간단히 서술하고 있다. 그러므로 이때부터 가톨릭교회가 환경에 대하여 언급하였다고 평가하기에는 이르다. 제2차 바티칸공의회의 영향으로 가톨릭교회는 암울했던 70-80년대의 시대 상황에 맞서 독재권력에 대한 비판과 함께 소외계층에 대한 권익 투쟁을 벌였다. 이 같은 사회참여는 점차 확대되어가고 있던 시민사회의 질식된 정치적 욕구와 사회적 욕구를 대변하는 기능을 십분 수행했다. 그에 따라 종교적으로나 인구학적으로 소수집단에 불과한 가톨릭의 사회적 공신력은 높아졌고, 높아진 공신력의 결과로 자연스레 사회적 영향력도 커져갔다. 하지만 제2차 바티칸공의회는 환경문제에 관해 한마디 언급 없이 폐막되었다. 환경파괴에 대한 세계적 관심이 점차 증대되고 있는 시점이었지만 교회에게 아직 환경문제

는 인류의 진정한 발전의 위험 요소로 간주되지 않았다.[4]

(2) 1961년, 어머니요 스승(Mater et Magistra):창세기 성서 구절의 재해석

1961년 교황 요한23세는 어머니요 스승(Mater et Magistra)에 의하면 창세기 성서 구절을 재해석하면서 다음과 같이 지적하고 있다. "한편에서는 극도의 빈곤과 기아, 재화의 궁핍을 목격하고 있으며, 다른 한편에서는 최근의 과학 기술 진보와 경제 발전이 인류를 공포의 죽음과 파멸로 몰아가는 수단으로 변하고 말았다." 근대 서구과학에서 "자식을 많이 낳고 번성하여 땅을 가득 채우고 지배하여라"(창세기 1,28)라는 성서구절이 환경파괴의 근간이 된다고 주장했으나, 교황 요한23세는 이미 이 구절에 대해 섣부른 해석을 하지 못하도록 "땅을 정복하라는 말씀은 자연을 파괴하라는 것이 아니라 인간 생명의 선익을 위하여 인간에게 자연을 맡긴다는 말씀"이라고 명시하고 있다.

(3) 1965년, 사목헌장(Gaudium et Spes,):하느님 창조사업에 막중한 책임부여

1965년 사목헌장(Gaudium et Spes,)[5]에 의하면 인간을 자연 세계에 대하여 하느님의 창조 사업을 완성시켜야할 막중한 책임을 지고 있는 존재로 규정하면서, 인간은 창조주이신 하느님의 영광을 드러내기 위하여 존재한다고 규정하였다. 따라서 가톨릭교회의 관심이 제일 먼저 나타나는 문헌은 제2차 바티칸 공의회(1962-1965)의 〈사목헌장〉은 34항이라 할 수 있다.[6] 하지만, 현대 환경문제에 대한 본격적인 논의는 포함되어 있지 않았다. 사목헌장은 그리스도교

---

4) 유경촌, "교회 문헌에 나타난 환경인식", 〈사목연구〉 제8집, 서울가톨릭대사목연구소, 2000, 56쪽.
5) '사목헌장'은 제 2 차 바티칸 공의회 문헌 중에서 가장 중요한 문헌의 하나이다. 제2차 바티칸 공의회는 4개의 헌장, 9개의 교령, 4개의 선언문등으로 그 회의 결과를 집약하고 있는데, 이는 당시 가톨릭교회의 전통으로 보아 가히 진보적인 신학 색채가 깃들인 일대 쇄신의 공의회라고도 할 수 있다.

적 인간관, 자연관, 세계관의 정리를 통해 현대 환경문제 이해의 기초가 될 수 있는 인간과 자연의 관계를 그리스도교적으로 설명하면서, 유대-그리스도교적 창조 이해에 근거하여 인간중심주의적 기본 입장을 갖고 있고 자연에 대한 인간의 지배를 정당한 것으로 설명한다. 그러나 그리스도교에서 말하는 인간중심은 인간만의 절대성을 주장하지는 않으며, 인간은 엄연히 창조주 하느님의 지배 아래 존재한다고 규정하고 있다.

(4) 1971년, 팔십주년(Octogesima Adveniens): 환경위기에 관심 표명

1971년 발표된 팔십주년(Octogesima Adveniens)은 처음으로 환경위기를 현실적인 문제로 받아들이고 이에 대해 관심을 표명하였다. 「새로운 사태」반포 80주년을 맞이하여 교황 바오로 6세가 평신도위원회 및 정의평화위원회 위원장 로이 추기경에게 보낸 교서에서 다음과 같이 환경재난에 대해 심각하게 예견하고 있다. "스스로 자연을 불법 사용함으로써 자연을 파괴할 위험에 직면하고 인간 스스로가 도리어 이런 타락의 희생물이 될 위험도 없지 않음을 느끼게 되었다. 인간은 자연의 타락과 폐물, 새로운 질병과 전면적 파괴력 등과 같은 물질적 환경의 위협을 받을 뿐 아니라 인간 사회의 체계마저도 통제할 수 없을 정도여서 감당할 수도 없는 내일의 생활조건을 스스로 장만하고 있는 셈이 되었다." 이처럼 교황 바오로6세는 인간이 자연에 대한 도덕적 회심이 필요함을 이때 벌써 간파하고 있었다. 이것은 교회의 문제인식 영역이 정의와 평화의 주제에서 환경으로까지 확대된 것을 뜻한다. 하지만 기존의 교회의 전통대로 인간이 자연을 지배하는 것을 정당한 것으로 간주하고 또한 역사적 사

---

6) 사목헌장 34항에 의하면 "과학적이며 기술적인 발전을 옹호하고, 35항에서 "인간 활동은 하느님의 계획과 뜻을 따라 인류의 진정한 복지에 부합하고, 개인적으로나 사회적으로 인간으로서의 사명을 완전무결하게 추구하며 실천할 수 있도록 허용해야 한다"면서 인간 활동이 조절되어야 할 필요를 선언하였다.

실임을 전제하면서 지배 그 자체에 대해서는 문제를 제기하지는 않았다.

(5) 1979년, 인간의 구원자(Redemptor Hominis) : 환경위협의 구조를 남북문제로 확대 파악

1979년 발표된 인간의 구원자(Redemptor Hominis)에 의하면 극도의 '소비문명'과 '극도의 비참과 빈곤'이 공존할 수밖에 없는 세계 구조들은 급기야 "원자재와 동력자원을 급속한 속도로 고갈시키며, 지구 물리학적 환경을 해침으로써, 비참한 영역을 부단히 확대시키고 있으며 번민과 좌절, 그리고 슬픔을 자아내고 있다고 하면서 인간과 자연의 부조화의 원인으로 윤리와 도덕의 부재를 지목하였다. 즉, 인간에 대한 창세기의 위탁이 착취가 아닌 돌봄과 가꿈의 정신에 있음을 왕직으로 설명한 것은 인간이 하느님의 창조를 완성할 협조자로 불렸다는 사실을 상기시켜 준다. 이 회칙은 자연 환경을 위협하는 구조적 부조리를 경제적 '남북문제'의 연장선상에서 파악했다는 점에서 높이 평가할 수 있다.

(6) 1987년, 사회적 관심(Sollicitudo Rei Socialis) : 원칙적이고 윤리적 기본 태도 명시

1987년 교황 요한 바오로 2세의 주교, 사제, 수도자, 가족들에게 교회의 자녀들과 선의의 모든 사람들에게 보내는 사회적 관심(Sollicitudo Rei Socialis)에 의하면 환경과 개발의 윤리적인 성격에 대해서 다음과 같이 파악하고 있다.

첫째, 생명이 있는 것이든 없는 것이든 모든 종류의 사물을 인간의 경제적인 필요에 의해서만 사용해서는 안 되며, 각 사물의 본성과 그것이 '우주'에서 차지하는 상호 연관을 고려해야만 한다. 둘

째, 자연 자원이 한정되어 있다는 자각이 시급하다. 무한정한 것처럼 자원을 사용한다면, 완전히 고갈되어, 현세대에게만 아니라 다음에 올 세대에까지 그 이용 가능성을 해치게 된다. 셋째, 산업화된 지역에서 공업화의 직접 또는 간접 결과로 과거 어느 때보다도 빈번하게 환경의 오염이 조성되고 그것은 주민의 건강에 심각한 결과를 초래하고 있다. 개발과 자원이용에 있어 도덕적 요청을 존중하여야 한다. 도덕적 요청 가운데 하나는 자연 세계의 이용에 한계를 설정하라는 것임에 틀림없다. 태초부터 창조주 친히 설정하신 한계, 그 나무 열매만은 따먹지 말아라? 하시는 금령에 상징적으로 표현되어 있는 한계는, 우리가 자연계를 대할 적에 그 생태학적인 법칙만이 아니라 도덕적인 법칙에 귀속됨을 분명하게 보여주는 것이다. 라고 명시하고 있다.

　이런 점에서 '사회적 관심'은 구체적으로 환경 파괴에 대한 기술적 분석이나 환경정책적 대안을 제시하고 있지는 않지만, 창조 질서의 파괴에 직면한 인류와 그리스도교인을 위한 원칙적이고 윤리적 기본태도에 초점을 두고 접근한 시도라고 평가할 수 있다.

(7) 1990년, 세계 평화의 날 교황 담화문 : 환경문제만을 다룬 최초의 문헌

　1990년 1월 1일 요한바오로 2세는 세계 평화의 날 메시지 "창조주 하느님과의 평화, 모든 피조물과의 평화"를 발표한다.[7] 이 메시지는 환경문제만을 다룬 역대 교황문헌 중 최초이자 유일한 문헌으로서 이에 많은 영향을 받은 한국교회는 그 다음해인 1991년도에 서울대교구를 비롯한 4개 교구의 사목교서에서 환경문제에 대한 많은 통찰과 언급들이 나타나고 있다.[8]

7)　보다 자세한 메시지의 내용은 별첨에서 참조바람.
8)　하지만 이는 지속적으로 한국 가톨릭교회 내에 체계화되어 녹아나지 않았기 때문에 교회내의 환경운동은 몇몇 명망가들의 헌신과 열정으로만 간헐적으로 이루어져 왔던 것은 사실이다.

이 메시지는 단지 환경문제만을 다룬 최초의 문헌으로 철학적, 신학적 접근을 넘어 생태 위기의 근원을 경제적이고 국제적인 차원, 윤리적 차원 등으로 포괄적으로 접근하고자 노력하였다. 이 문헌은 생태와 환경 문제에 접근하는 교회의 시각에 하나의 이정표가 되었다.[9] 교황 바오로2세는 담화문의 서론에서 세계평화가 이뤄지지 않는 가장 큰 원인으로 "자연에 대한 마땅한 존중의 결여, 자연 자원의 피폐, 점차 악화되는 생활의 질" 등을 꼽고 있다. 따라서 세계평화가 이뤄지기 위해서는 "새로운 생태학적 각성"이 필요함을 천명하고, 성서의 창조설화에 대한 반성을 통해 해결책을 모색하고 있다. 현대인들이 "생활양식에 대해 진지한 성찰을 하지 않는 한 생태학적 문제의 해결책을 찾을 수 없다"고 하면서, 생태계에 대한 책임을 강조하는 교육을 당부한다. 그리고 우주 안에 있는 질서와 조화를 지켜야 하는 의무의 이행이 하느님께 대한 신앙에서 비롯되는 것이라고 명시하며, 하느님의 창조질서에 순응하는 원형으로 환경의 수호성인인 아씨시의 '성 프란치스코'를 내세웠다. 이어서 환경위기가 곧 도덕성의 위기임을 명시하고 인간이 하느님과의 관계를 바로 세울 때 파괴된 자연의 치유도 가능하다고 보았다.[10] 따라서 환경문제는 신앙인의 응답을 요청하고 있다고 결론내리고 있다.

(8) 1995년, 아시아 주교회의(FABC) : 아시아를 난개발로 인한 환경문제 지역으로 지목

아시아 지역은 서구 세계와 달리 난개발로 인한 환경문제가 심각한 지역이다. 이러한 현실은 아시아 주교회의 연합회(FABC) 총회의 최종 성명서에도 잘 드러나고 있다. 특히 1995년 개최된 제6차 정기 총회의 최종 성명서 "생명에 대한 봉사, 현대 아시아의 그리스도 제자직분"에 의하면 아시아의 현실이 생명에 반하여 죽음을 조장하는

---

9) 보다 자세한 내용은 숀 맥도나휴, 〈교회의 녹화〉, 분도출판사, 1992, 314~316쪽 참조바람.

불의가 만연해 있다고 말하면서, 예수님의 제자인 우리가 '죽음을 조장하는 현실과 압제, 불의, 차별, 착취, 생태계 파괴, 생명 조작에 대항해' 싸워야 한다고 말한다. 또한 주교들은 '우리는 죽음을 조장하는 이러한 세력들을 거부' 하며, '제자인 우리는 생명과 죽음 양쪽에 동시에 봉사할 수는 없다' 고 단호히 선언하고 있다.[11]

(9) 2003년, 양 떼의 목자: 환경문제의 중요성을 지역교회에 호소

2003년 10월에 반포된 세계주교대의원회의 후속 권고 〈양 떼의 목자〉에서는 주교들이 관심을 쏟아야 할 사회문제 6개 항목 가운데 "환경 존중과 피조물 보호"를 별도의 항목으로 독립적으로 다루면서 환경문제의 중요성을 지역교회에 호소하고 있다. 최근 발표된 교황문헌들은 환경신학의 현재 흐름에 비추어 재평가될 필요가 있을 것으로 보인다. 2002년의 문헌이 윤리적 차원에만 국한된 점, 2003년의 문헌은 인간중심주의를 극복하지 못하고 있다는 점 등이 이에 해당한다.

---

10) 교황 요한 바오로 2세 담화문 중에서 생태계의 위기, 공동 책임: 5장에서 다음과 같이 적고 있다. " 오늘날 생태계의 위기는 모든 사람의 책임이라는 것을 당연하게 받아들이고 있습니다. 제가 지적한 대로, 그 다양한 측면들은 개인과 민족과 국가와 국제 공동체에 속하는 의무와 책임을 이행하기 위한 일치된 노력의 요구를 드러내고 있습니다. 이러한 노력은 진정한 평화를 이룩하기 위한 모든 노력과 더불어 손을 맞잡고 나아갈 뿐 아니라 그러한 노력들을 구체적으로 북돋아 주고 강화시켜 줍니다. 생태계의 위기를 평화의 추구라는 한층 더 폭넓은 맥락에서 볼 때에, 우리는 지구와 그 환경이 우리에게 말해 주는 바에 기울여야 할 관심의 중요성을 더 잘 이해할 수 있습니다. 이 지구가 우리에게 하는 말은 곧 우주에는 마땅히 존중하여야 할 질서가 있으며 자유로운 선택의 역량을 부여받은 인간은 미래 세대의 행복을 위하여 이 질서를 보전하여야 할 막중한 책임을 지고 있다는 것입니다. 생태계의 위기는 도덕 문제라는 말씀을 저는 거듭 되풀이 해 드리고자 합니다. 어떤 특정한 종교적 신념을 지니지는 않았다 하더라도 공동선에 대한 자신의 책임을 예리하게 의식하고 있는 사람들은 건강한 환경의 회복에 기여하여야 할 자신의 의무를 인정하고 있습니다. 더더군다나 창조주 하느님을 믿는 남녀들은, 그래서 세계 안에는 명확한 질서와 조화가 있다는 신념을 가진 사람들은 생태계의 문제를 해결하도록 부름 받고 있다는 사실을 절감하여야 합니다. 그리스도인들은 특히 피조물 안에서의 자기 책임은 물론 자연과 하느님께 대한 자신의 의무가 신앙의 본질적인 부분이라는 것을 깨닫고 있습니다. 그러한 까닭에, 그리스도인들은 자신들 앞에 열려 있는 교파간 종교간 협력의 광활한 영역을 의식하고 있습니다.
11) 보다 자세한 내용은 문규현, '환경에 대한 한국 그리스도인들의 인식과 교회의 사목적 배려', 〈신학전망〉 143호, 2003년, 15쪽 참조바람.

<표II-1> 교황청문헌에 나타난 시대별 환경 및 생태문화에 대한 이해

발표연도	환경/생태문화에 대한 교황청의 인식		주요내용
	근거	발표자	
1891	새로운 사태 (Renum Novarum)	교황 레오 13세	자연의 재화가 인류의 공동 유산임을 간단히 서술하고 있다. 교회가 환경에 대해 언급하였다고 평가하기에는 부족함
1961	어머니요 스승 (Mater et Magistra)		"땅을 정복하라는 말씀은 자연을 파괴하라는 것이 아니라 인간 생명의 선익을 위하여 인간에게 자연을 맡긴다는 말씀"이라고 명시
1962 ~ 1965	사목헌장 (Gaudium et Spes,)		"물질세계는 인간을 통해서 그 정점에 도달하며 인간을 통해서 그 자유로운 찬미를 창조주께 읊어 드리고 있다"고 전함으로써 여전히 자연을 다스려야 할 대상으로 전함. 교회와 환경문제에 관하여 직접적인 언급은 없다 하지만 전반적인 내용의 흐름을 볼 때, 오늘날 환경문제에 대한 최초의 원론적인 교회자세를 일부나마 담고 있다. 그러나 인간과 자연의 관계가 어떠한 것인지를 밝히는 원칙론적인 차원에 머뭄
1967	민족들의 발전 (Populorum Progressio)	교황 요한 23세	'사목헌장'의 기본 노선을 충실히 따르고 있다. 이 문헌에서도 역시 현대 환경위기에 관한 직접적 언급은 없다. 진정한 발전이란 모든 인류 가족을 아우를 수 있는 것이야 한다고 지적하면서 인간의 전체적 발전에 관심의 초점을 맞추고 있다. 정의와 평화의 주제가 핵심 문제로 파악되었지만, 아직 환경문제는 인류의 진정한 발전의 위협요소로 간주되지 않은 것이다.
1971	팔십주년 (Octogessima Adveniens)		처음으로 환경위기를 현실적인 문제로 받아들이고 이에 대해 관심을 표명함. 교회의 문제인식 영역이 정의와 평화의 주제에서 환경으로까지 확대된 것을 뜻한다. 하지만 기존의 교회의 전통대로 인간이 자연을 지배하는 것을 정당한 것으로 간주하고 또한 역사적 사실임을 전제하면서, 지배 그 자체에 대해서는 문제를 제기하지 않는다
1971	세계정의 (De Iustitia in Mundo)		선진국들의 과도한 물질적 욕구가 지구 환경의 파멸을 초래할 수 있음을 환기시키고 있다

발표 연도	환경/생태문화에 대한 교황청의 인식		주요내용
	근거	발표자	
1972	스톡홀름 'UN인간 환경회의'에 보낸 메시지	교황 바오로 6세	환경위기의 원인으로 자연 자원의 무질서한 남용을 꼽고 동시에 아씨시의 성 프란치스꼬를 인간과 자연의 조화를 실현한 모범적 증거로 제시함. 선진국의 낭비 뿐만 아니라 개도국의 가난이 심각한 환경 파괴의 요인이라고 지적한 것이다. 환경이라는 관점에서 빈곤의 문제가 강조된 것은 여기서가 처음이다. 이것은 지구적 환경문제에 대한 구조적 인식의 확대라는 점에서 그 의의가 깊다고 할 수 있다. 환경신학의 단초를 제시하고 있다
1977	세계 환경보호의 날에 즈음한 메시지		환경 보호의 날이 제정된 것은 뜻 깊은 일이라고 평가한다. 그리고 인간이 자연 환경을 개선시켜 갈 능력을 지니고 있지만 동시에 파괴할 수도 있음을 지적한다. 자연과 인간의 깊은 연대성을 언급
1979	인간의 구원자 (Redemptor Hominis)		인간과 자연의 부조화의 원인으로 윤리와 도덕의 부재를 지목했으며, 인간에 대한 창세기의 위탁이 착취가 아닌 돌봄과 가꿈의 정신에 있음을 상기. 자연 환경을 위협하는 구조적 부조리를 경제적 '남북문제'의 연장선상에서 파악했다는 점에서 높이 평가할 수 있다
1981	노동하는 인간 (Laborem Exercens,)	요한 바오로 2세	땅을 지배한다는 것에 대한 구체적인 예증을 제시하는데, 즉 "동물들을 순화시키고 사육하여 인간에게 필요한 음식과 옷을 얻으며, 땅과 바다에서 여러 가지 천연자원을 얻는" 것을 말한다. 산업화된 세상에서 수분하는 문제들, 특히, "에너지 및 원자재 가격 상승, 천연자원의 고갈과 심각한 오염 현실의 증대"를 염려하고 있다. 인간노동의 직접적 결과로 발생하는 환경 파괴의 부작용이 상대적으로 소홀히 취급되었다고 볼 수 있다
1987	사회적 관심 (Sollicitudo Rei Socialis)		인간이 하느님으로부터 원래 부여받은 '개발'의 사명을 포기해서는 안 된다고 문헌은 독려하고 있다. 인간의 자연 이용에 대한 한계를 명확히 할 수 있는 '도덕적 요청'이 존중되어야 한다고 문헌은 강조한다. '사회적 관심'은 환경 파괴에 대한 기술적 분석이나 환경 정책적 대안을 구체적으로 제시하고 있지는 않지만, 창조 질서의 파괴에 직면한 인류와 그리스도교인을 위한 원칙적이고 윤리적 기본 태도에 주안점을 두고 접근하고 있다

발표 연도	환경/생태문화에 대한 교황청의 인식		주요내용
	근거	발표자	
1990	세계평화의 날 교황 담화문	요한 바오로 2세	「창조주 하느님과 함께 하는 평화, 모든 피조물들과 함께 하는 평화」를 통해 환경문제만을 다룬 역대 교황청 문헌 중의 최초이고 유일한 교황문헌으로 환경문제에 대하여 전문적으로 언급하면서 위기 극복을 위해서 적극적인 국제 협력이 필요함을 역설함. 교황은 생태계 위기의 구체적 요인을 과학기술 남용과 생명경시 문제로 지목하고, 파괴된 창조질서의 회복과 보전을 위한 구조 개혁과 의식 개혁의 중요성을 강조한다. 그리고 이런 노력은 선진국과 개도국 모두의 공동 책임이라는 것이다. 이 문헌은 환경 파괴의 실상을 지구적 차원과 지역적 차원에서 구체적으로 언급했을 뿐만 아니라, '사목헌장' 이후로 발표된 여러 문헌에 산재한 지적들을 여기에 체계적으로 정리했다는 점에서, 교황의 평화의 날 메시지는 교회의 환경문제 인식의 새로운 이정표라고 할 수 있다. 환경위기가 곧 도덕성의 위기임을 명시하고 인간이 하느님과의 관계를 바로 세울 때 파괴된 자연의 치유도 가능하다고 보았다. 따라서 환경문제는 신앙인의 응답을 요청하고 있다고 결론
1991	백주년 (Centesimus Annus)		환경문제의 관점에서 그리 높이 평가되기 어렵다. 여기서 환경문제는 부분적으로만 언급되었을 뿐이고, 당시 유럽을 중심으로 일어난 동서 통합의 새로운 세계적 변화를 중심으로 주로 평화와 정의의 주제를 중요하게 취급했다고 할 수 있다
1993	사순절 메시지		환경 파괴로 인해, 특별히 물의 오염과 사막화로 인해 생존의 위협에 시달리는 지구촌 곳곳의 사람들에 대한 깊은 연대감과 우려를 표시한다. 무분별한 개발과 기술 이용으로 인해 초래된 재앙에 직면하여 상응하는 과학적 해결책의 모색을 독려하는 동시에, 환경
1995	아시아 주교회의 연합회 (FABC) 총회		예수님의 제자인 우리가 '죽음을 조장하는 현실과 압제, 불의, 차별, 착취, 생태계 파괴, 생명 조작에 대항해' 싸워야 한다

발표연도	환경/생태문화에 대한 교황청의 인식 근거	환경/생태문화에 대한 교황청의 인식 발표자	주요내용
2002	환경윤리에 관한 공동선언	동방 교회의 바르톨로메오 1세 총대주교와 공동 선언	환경문제의 중요성을 지역교회에 호소하고 있으며, 1990년 평화의 날 메시지 가운데 윤리적 차원을 한층 심화한 문헌으로 평가함
2003	양 떼의 목자	요한 바오로 2세	주교들이 관심을 쏟아야 할 사회문제 6개 항목 가운데 "환경 존중과 피조물 보호"를 별도의 항목으로 독립적으로 다루면서 환경문제의 중요성을 지역교회에 호소하고 있다

2. 한국 가톨릭교회의 환경 및 생태에 대한 이해

교황청과 아시아주교회의의 가르침과 달리 한국가톨릭교회의 환경에 대한 이해는 상대적으로 부족하지만 1990년부터 나름대로 각 교구별로, 각 지역의 환경사안에 따라 점차 다양한 형태의 환경사목 및 환경 인프라를 구축하여왔다.

(1) 민주화 이전 가톨릭교회의 환경에 대한 이해

1960년대 한국의 산업화 후유증은 1980년대를 전후로 본격화하기 시작했다. 초기 한국 가톨릭교회의 환경에 대한 관심은 공단주변의 피해보상을 요구하는 주민운동으로 전개되었고, 이를 지원하는 소규모의 NGO 환경운동이 뒤를 따랐다. 그 후 한국 가톨릭교회의 환경에 대한 이해는 1980년대 가톨릭농민회의 운동과 민주화 운동의 일환으로 주로 공해추방운동의 형태로 전개되었다. 가톨릭농민회는 화학농법으로 죽어가는 땅을 유기농법으로 살리고 수확된 무공해 농산물을 도시 소비자에게 공급하려는 노력을 하였다.

1970년대에는 농약, 제초제, 비료 사용의 급격한 증가로 인해 농촌의 땅과 하천이 오염되기 시작하였다. 또한 농약중독으로 인하여 농민들의 건강이 날로 악화되는 현실에 직면하게 되었으며 당시 가톨릭농민회 소속 회원들 중에서도 피해사례가 속출하였다. 농약 콩나물, 양잿물 참기름, 밀가루, 고춧가루, 채소·과일 심지어 모유에까지 농약 잔류성분이 검출되면서 환경오염으로 인한 생명위기가 일상생활에서 느껴지기 시작함으로써 산업문명사회를 대신할 새로운 가치관, 세계관 전환 운동이 시대적으로 요구되었다.

이에 따라서 원주교구 '사회계발위원회'는 농사방법에 대해 다시 생각하게 되고, 잘못된 농사방법을 고치지 않고서는 생태계의 파괴는 물론 생산자인 농민들과 소비자들의 건강에 큰 위험이 있음을 깨닫게 되었다. 이리하여 1983년부터 원주교구「사회개발위원회」와 가톨릭농민회 운동가, 원주지역에서 사회운동에 몸담고 있었던 장일순(요한) 선생[12] 등의 사회운동가들이 중심이 되어 유기농산물과 건강하고 안전한 농수축산물을 생산, 도시와 농촌간의 직거래운동, 도농 공동체 운동을 전개하여 농업과 환경, 생태계를 살려 나가고 더불어 사는 사회를 만들기 위한 생명운동을 시작하게 되었다. 교구 내의 농촌본당 농산물을 도시본당과 연계하여 직거래를 시작하면서 이 운동을 지속적으로 할 수 있게 하기 위해 1985년도에 '원주소비자협동조합'을 창립하였다. 이후 한살림 운동으로 전국적으로 환경운동이 확산되기에 이르게 되었다.

---

12) 장일순 선생은 1928년-1994년. 원주출생으로 원주에서 꾸준히 사회활동을 하였는데, 1972년 원주교구 재해대책사업 위원회에서도 활동을 하였으며, 1970년대에서 1980년대까지 반독재·민주화 운동을 하였고, 1980대 이후에는 생명운동에 관심을 가지게 됨으로서 환경운동의 정신적인 기반을 마련하여 '한국환경운동의 효시', '생명운동의 대부'로 평가받고 있다.

(2) 민주화 이후 - 2000년 이전 가톨릭교회의 환경에 대한 이해

한국 가톨릭교회의 환경에 대한 관심의 증대에 기폭제 역할을 한 것은 1989년 12월 8일에 발표된 교황 요한 바오로 2세의 담화문 '창조주 하느님과 함께 하는 평화, 모든 피조물들과 함께 하는 평화' 이였다. 이 메시지를 계기로 한국의 가톨릭교회는 조직적으로 환경문제에 동참하게 된다. 대표적인 교구단체로는 서울대교구 '한마음한몸운동본부' 로서 1989년 창립할 무렵부터 본부 안에 '환경보전부' 를 두어 환경문제 해결의 선봉장이 된다.[13]

한국 가톨릭교회에서 환경사목에 대한 관심이 일어나기 시작한 것은 1991년 3월 14일 낙동강 페놀 오염 사건으로서 환경운동의 질을 변화시키는 결정적인 계기를 조성하게 된다. 그 후 대구, 부산, 광주, 수원, 인천 교구에서 환경사목을 지향하는 자발적인 움직임과 환경NGO들이 체계적인 규모를 갖추고 환경문제를 해결하기 위해 출현했다. 이때 가톨릭농민회는 1991년 5월부터는 교회를 중심으로 우리밀살리기운동을 대대적으로 펼쳐 큰 호응 속에 운동과 사업을 진척시켜 나갔을 뿐 아니라, 1994년에는 우리농촌살리기운동을 통해 생협운동으로 대안의 모습을 보여주기도 했다.

1970년대 이후 인권운동 단체로 널리 알려져 온 한국 천주교 주교회의 산하 기구인 정의평화위원회는 조직개편과 더불어 활동이 주춤하다가 1989년부터 환경문제의 심각성을 알리고 일상생활 속에서 실천할 수 있는 지침을 제공하는 등 교육사업을 펼쳤으며, 한국여자 수도회 장상연합회, 평신도 사도직 협의회 등의 단체들에서는 세미나를 열어 환경문제에 대한 의식을 고취하는 한편 쓰레기 분리수거, 합성세제 안 쓰기 같은 구체적인 실천을 벌여 나갔다.

---

13) 이것은 추후 2000년에 독립 기구인 '환경사목위원회' 의 출범으로 이어진다. 그리고 다른 교구에서도 비슷한 형태로 환경운동의 활성화가 진행된다.

각 교구장들도 1991년 사목교서에서 자연을 파괴하는 것은 자신을 포함한 인간의 생존을 파괴하는 것이며 하느님의 창조 사업에 역행하는 일이라고 강조하면서 각 사회단체와 연대할 것을 촉구하였는데 이와 비슷한 시기에 환경을 살리기 위한 공동체 운동도 활발히 일어나게 된다.[14] 이때, 교황 바오로2세의 담화문이 발표되고, 뒤이어서 전 세계 그리스도인들이 신앙 안에서 하나가 되어 인류가 처한 환경위기를 극복하는데 앞장설 것을 다짐하는 '정의 평화 창조질서의 보전을 위한 제1차 세계대회(JPIC Justice, Peace, Integrity of Creation))가 개최되는데. 이 대회는 1990년 3월5일부터 12일까지 8일간 서울 올림픽 공원내 역도경기장에서 개최되었는데 그리스도인들이 해결해야할 시대적 과제를 잘 정리해 주었다.[15]

이 대회를 통해 환경문제에 대한 국제적인 관심이 증대되었고, 환경 파괴적인 문명이 아니라 환경을 보전하고 더 나아가 창조질서를 보전하려는 가톨릭교회의 구체적인 행동을 보여준 것으로 높이 평가할 수 있다. 이처럼 1990년 열린 JPIC대회는 가톨릭환경운동사에 에큐메니칼 운동의 일환으로 전개 되었다는 점에서 매우 의미 있는 대회이였다.

이어서, 김수환 추기경도 1991년 '창조질서 보전과 완성을 위한 공청회' 기조강연에서 "현대세계의 가장 심각한 문제는 자연파괴이며, 자연파괴의 근본적인 원인은 인간 내면에서 찾아야 한다. 문명의 주체는 인간이며, 물질문명에 어떤 문제점이 있다면 그것을 만들어낸 인간에게서 그 원인을 찾아야 한다. 인간도 자연의 일부이기에

---

14) 서울 대교구 한마음 한몸 운동본부의 '하늘, 땅, 물, 벗' 모임, 그리고 대구 대교구의 '푸른 평화' 가 그 대표적인 예라고 할 수 있다.
15) JPIC대회에 대한 보다 자세한 내용은 박재순의 "JPIC대회 이후의 민중신학"(『신학사상 70집』, 1990년 가을, 686-706쪽)을 참조하기 바란다. 이 대회는 인류의 공동체적인 삶이 철저히 용인되고 있을 뿐 아니라 지구의 생태계가 파괴되고 있음을 인식하면서 이에 대한 종교적 대처를 모색하였다.

자연이 파괴되어 간다는 것은 인간의 내면, 곧 인간의 심성, 인간의 도덕성이 파괴되어 가는 것이다."라고 지적하며 자연을 회복시키기 위하여 동서양 종교가 서로 합심하여 협력할 필요가 있음을 역설하게 된다. 이외에도 서울대교구를 비롯하여 각 교구에서도 생명경시 풍조와 인간을 위시한 모든 생물이 자연과 생태계의 파괴로 심각한 위기를 맞고 있음을 지적하면서 다양한 환경운동을 시작하게 된다. 그리고 1993년 '환경윤리 종교인 선언대회'를 준비하면서 한국 종교 지도자들 사이의 연대는 그 모양새가 가시화 되었다. 이 회의에서는 6개 종단-개신교, 천주교, 불교, 원불교, 유교, 천도교-이 참여한 가운데 선언문이 채택되었다.[16] 그러나 1995년 발표된 한국천주교 사목지침서에서는 232조 '공해' 항목에서 자연환경 보호에 대한 교육과 개인적인 노력을 기울여야 한다는 내용으로 단 3줄로 다루고 있다는 점에서 다소 아쉬운 점이 있다.

(3) 2000년대 한국 가톨릭교회의 환경에 대한 이해

2001년 5월 종교환경회의라는 이름으로 각 종단간의 교류 협력의 장을 마련하는 등의 성과를 이루었다. 이를 계기로 새만금 간척사업 반대 운동에서 사회환경단체와 각종교의 연대인 '생명평화연대'를 결성하여 환경운동에서 한 목소리를 낸 것은 뜻 깊은 일이라 할 수 있다. 2000년대 이후로 전개된 한국 가톨릭교회의 교구별 환경 인프라 현황은 제 3장에서 보다 자세히 살펴보도록 한다. 하지만 초기 활발한 출범에 비하여 한국가톨릭교회에서는 이러한 활력을 수용하지 못함으로써 환경문제에서만큼 한국 가톨릭교회는 예언자적 사명을 수행했다고 보기는 어렵다.[17] 그동안 한국 교회 각 교

---

16) 문순홍, "생태 윤리와 한국 종교 단체들의 환경운동", 현상과 인식(1995.가을), pp. 105-106.
17) 인천교구, 제1차 시노드 최종문서, 농어촌·환경사목, 2001, 263쪽 참조.

구에서 진행된 시노드의 주요 의제들을 보면 인천교구[18]를 제외하고는 환경사목을 독립적으로 다룬 교구는 없었다.

Ⅲ. 가톨릭단체의 환경·생태문화관련 인프라 현황

1. 가톨릭교회의 환경단체 구성

가. 한국천주교주교회의 정의평화위원회(환경소위원회)

주교회의 정의평화위원회(위원장 최영수 주교)는 2001년 8월 17일 환경문제에 대한 교회의 가르침을 널리 알리고 가톨릭 환경활동의 방향을 연구 조정하는 의미로 주교회의 정의평화위원회 산하에 전국 차원의 기구인 '환경소위원회'를 발족하였다. 이로서 한국천주교회는 환경문제에 대한 교회의 가르침을 체계적으로 접함과 동시에 교구별로 이루어지던 환경사목 또는 환경운동의 역량을 전국 차원에서 결집하는 기반을 마련하게 되었다. 그 뒤 한국천주교주교회의 정의평화위원회에서는 세계평화의 날 교황담화문 전반을 해설로 다룬 자료집을 발간하였고, 창조질서 보전을 위한 해결책 모색은 교구나 본당사목 뿐만 아니라 신자 개개인의 차원에서 함께 실천할 것을 당부하였다. 이서어 가톨릭신문사와 공동으로 '자연으로 돌아가자'는 제목의 특별기획을 통해 환경에 대한 일반신자들의 관심을 유도하고 있다.

---

18) 인천교구에서는 1992년 가톨릭 환경연구소를 만들고 '아바나다'라는 회보를 발행하면서 회원들과 함께 '아바나다' -아껴쓰고 바꿔쓰고 나눠쓰고 다시쓰는- 운동을 실천하고 있고 현재는 가톨릭환경연대로 개칭하여 사회환경단체와의 연대강화를 추진해 나가고 있다.

나. 한마음한몸운동본부

　서울대교구 한마음한몸운동본부 생활실천부(부장 안경렬 신부)는 1991년 1월 16일 전문위원 모임을 갖고 환경보전과 검소한 생활과 나눔 및 자원 재활용, 도농 직거래 등을 상반기 역점사업으로 실천하였다. 그 일환으로 환경보전교육, 검소한 생활과 나눔, 자원재활용을 위해 나눔 시장, 폐자원 재활용 등을 실시하며, 자연보전 공청회를 열기도 하였다. 그리고 한마음한몸운동본부는 1991년 6월 19일 서울프레스센터에서 타종교 관계자들을 초청하여 '창조질서 보전 및 완성을 위한 공청회'도 개최하였다. 이 공청회는 '파괴되는 자연 앞에 종파 떠나 힘 모으자'라는 부제에서 보여 주듯이 천주교, 가톨릭, 개신교 등 범종교계가 모여 자연보전의 의의와 실천방안을 함께 논의했다는 점에서 매우 의미 있는 출발점이었다. 이 공청회를 계기로 각 종교단체에서는 생명운동차원에서 보다 적극적인 활동을 전개하기 시작했으며, 천주교회 역시 한마음한몸운동본부를 중심으로 환경운동에 더욱 박차를 가하게 되고, 지금까지 15여년간 서울대교구의 환경사목을 대표하는 브랜드로 활동하고 있다.

다. 수도회 및 교회단체

　가톨릭 수도회들 사이에서도 연대 움직임도 강하게 일어나게 되는데, 1991년 3월 6일 한마음한몸운동본부를 비롯하여 한국여자수도회 장상연합회, 주교회의 정의평화위원회, 서강대 커뮤니케이션센터, 분도시청각실 등이 함께 모여 환경운동을 생명운동으로 확산시킬 것에 대해 논의하고, 특히 각 수도회는 서로 연계하여 생활수칙을 정하고 실천에 옮기고 있다.
　2004년 12월 수도자 워크숍에서는 가톨릭교회와 교육계가 협력해 어린이들을 위한 하느님 창조질서 교육 프로그램을 개발, 보급하고 전문 교사를 양성해야 한다는 주장을 제기하였다.[19] 한편, 한국 가톨릭농민회는 토양오염을 막고 깨끗한 먹거리를 제공한다는 차원에서 1990년도부터 회원들에게 유기농법을 적극 권유하고, 천주교 신자를 중심으로 도시소비자들과 연계하여 생산자와 소비자가 함께 하는 환경보전운동을 벌이고 있다.

라. 천주교 전국환경사제모임

천주교내에서 환경운동을 하는 단체는 매우 다양하고 많다. 그 가운데서도 환경에 관심 있는 사제들로 구성된 전국환경사제모임은 매우 영향력 있고 실천운동이 활발한 편이였다. '환경사제모임'은 날로 심각해지는 공해문제와 자연 파괴 현상에 공동대응 하고자 성직자, 수도자, 평신도가 함께 모여 1991년 9월18일 그 첫모임을 가졌다. 이 단체는 김자문 신부를 비롯해 10여명의 교구사제(허근, 구요비, 홍문택, 이재돈, 김재기, 박상수, 이명찬 신부 외)와 7명의 수녀 그리고 평신도 대표, 한살림공동체의 김희주 이사 등이 함께 하여 환경보전을 위한 구체적인 실천방안을 모색하게 된 이후 2001년 5월 새만금간척사업에 환경친화적인 대안을 모색할 것을 요구하는 입장을 재확인하는 것을 끝으로 지금까지 별 다른 활동이 없다.

마. 천주교창조보전전국모임

(1) 취지

천주교 창조보전전국모임은 "가톨릭교회는 여러 문헌들과 회칙을 통해 환경문제에 대해 꾸준한 관심을 촉구하여 왔습니다. 특히

---

19) 이 워크숍에서 이미영 수녀(성미유치원 원장)는 『가톨릭유아교육기관의 원장들은 창조질서 교육에 대해 건전한 인식과 실천적 의지를 갖고 있으나 창조영성과 이를 바탕으로 한 연구부족으로 실행하는 데 어려움을 겪고 있다』고 밝혔다.

교황 요한 바오로 2세께서는 1990년 '세계 평화의 날 메시지]를 통해 "창조주 하느님을 믿는 남녀들은, 생태계의 문제를 해결하도록 부름 받고 있다는 사실을 절감해야 합니다. 그리스도인들은 특히 피조물 안에서의 책임은 물론 자연과 하느님께 대한 의무가 신앙의 본질적인 부분이라는 것을 깨닫고 있습니다.(15절)"라고 언급하면서 그리스도인의 환경보전을 위한 중대한 의무를 상기시켰습니다. 이러한 가톨릭교회의 가르침에 근거하여 한국 천주교회는 각 교구 안에서, 혹은 전국 차원에서 다양한 분야를 통해 창조질서 보전을 위한 환경운동을 성실히 수행 해왔습니다. 그러나 한국 천주교회의 10년간의 환경운동은, 그 내용에 있어 사회 환경단체의 운동과 차별성을 갖지 못함으로써, 환경운동이 일선 사목자들과 신자들에게는 신앙과는 거리가 먼, 사회운동의 부문운동 정도로 여겨져 온 것 또한 사실입니다. 환경 위기 자체가 요구하는 급박함으로 인해 성급하게 사회운동 차원에만 매몰됨으로써, 환경운동을 신앙인의 본분으로 인식하는 창조영성, 생태영성을 진작시키는 데까지 이르게 하지 못했습니다. 이것은 과거 천주교 환경운동의 반성을 촉구하는 동시에 앞으로의 중대한 과제로 남겨지게 되었습니다.

이에 각 교구의 환경관련 단체들은 그 동안의 성과들을 결집하며 연대와 협력을 통해 천주교 환경운동의 새로운 전기를 마련하고자 2002년 '환경의 날'을 즈음하여 '천주교창조보전전국모임'을 창립하였다. 천주교 창조보전전국모임은 평신도, 수도자, 사제들의 일치를 통하여, 삼위일체 하느님의 흔적인 동시에, 하느님 나라의 흔적인 자연생태계를 보전하는데 힘쓴다고 취지를 밝히고 있다. 그리고 하느님과 세상을, 자연과 인간을 분리하는 이원적 신앙관을 극복함으로서, 모든 피조물들과의 조화로운 공동체로서의 교회를 확립하고, 삶 속으로 스며드는 생태영성의 진작에 전력함으로서 천주교 환경운동의 정체성을 확립해 나간다고 하였다.

(2) 활동내역

전국모임천주교환경연대에서 2002년 천주교 창조보전모임으로 탈바꿈한 천주교 창조보전모임에는 서울대교구의 환경사목위원회, 한마음한몸운동본부, 천주교여성생태모임인 여성환경바람 레헴이 참가하고 있다. 그리고 인천교구의 가톨릭환경연대, 대구대교구의 대구(사)푸른평화, 대전교구의 가톨릭환경회의, 부산교구의 우리농촌 살리기 운동본부, 수원교구의 환경센터, 원주교구의 정의평화위원회, 안동교구의 생명환경연대, 광주대교구의 환경사제모임, 전주교의 새만금갯벌생명평화연대도 참가하고 있다. 한편, 수도단체로는 여자수도자장상연합회와 남자수도자장상협의회의 정평환위원회, 프란치스칸 가족수도회의 정평환위원회가 참가하고 있다. 하지만, 마산교구, 제주교구, 의정부교구 청주교구, 춘천교구는 공식적으로는 참가하고 있지 않다. 천주교 창조보전모임의 주요활동을 살펴보면 2002년 6월 창립식을 한 이후 지금까지 지속적인 활동을 하고 있다. 특히, 2004년 9월 16일부터 종교환경회의가 주최하고 서울대교구 환경사목위원회(위원장=조대현 신부)가 주관한 2004 종교환경활동가 워크숍이 1박2일간 경기도 여주 신륵사에서 열렸다. 불교환경연대, 원불교 천지보은회, 기독교환경연대, 남녀수도자장상연합회 등 4대 종교 성직·수도자와 평신도들이 참석한 가운데 열린 이번 워크숍은 정홍규 신부(푸른평화 대표, 대구대교구 고산본당 주임)의 기조강연 등으로 진행되었다. 2004년 11월에는 천주교환경연대(대표=이동훈 신부)는 대림시기를 맞아 우리의 삶과 밀접한 관계를 맺고 있는 에너지를 그리스도인으로서 어떻게 바라볼 것인가에 초점을 맞춰 대림 환경 묵상집 '하느님의 선물, 에너지'를 발간하였다.[20] 천주교 창조보전모임의 교구별 참석여부와 주요활동은 〈표 2〉와 〈표 3〉에 나타난 바와 같다.

<표 Ⅲ-1> 천주교 창조보전전국모임 교구별 참석현황

교구	참석단체	주요취지
전국모임	천주교환경연대→천주교 창조보전모임	1) 창조질서 보전: 창조질서를 파괴하는 모든 행위에 대해 반대.
서울대교구	환경사목위원회	
	한마음한몸운동본부	
	천주교여성생태모임→ 여성환경바람 레헴	2) 함께하는 환경운동: 각 교구단체와의 연대, 타 종교·시민단체와의 연대
인천교구	가톨릭환경연대	
대구대교구	대구(사)푸른평화	
대전교구	가톨릭환경회의	3) 연구 및 교육: 생태신학 및 영성의 연구 보급, 학술 세미나, 생태답사 및 생태체험학교, 생태피정
부산교구	우리농촌 살리기 운동본부	
수원교구	환경센터	
원주교구	정의평화위원회	
안동교구	생명환경연대	
광주대교구	환경사제모임	
마산교구	-	
제주교구	-	4) 교회의 녹색화: 생태적 교회 건축 장려, 생태적 교회활동 장려
전주교구	새만금갯벌생명평화연대	
의정부교구	-	
청주교구	-	
춘천교구	-	5) 환경(생태)정의: 환경부정의(환경피해) 사례 조사, 모든 피조물의 본질적 가치회복을 통한 평화 도모
수도단체	여자수도자장상연합회	
	남자수도자장상협의회 정평환위원회	
	프란치스칸 가족수도회 정평환위원회	

20) 묵상집은 「평화를 위협하는 에너지」(대림1주간), 「화석에너지의 끝은?」(대림2주간), 「열받는 지구, 열받는 하느님」(대림3주간), 「창조에 대한 도전 핵 발전」(대림4주간), 「환경재난의 시대에 오신 예수님」(성탄주간), 「미래를 생각하는 에너지」(주님공현대축일) 등 6개장으로 구성돼 있다. 매 장은 주제에 따른 말씀을 담은 「성서와 함께」 「묵상」, 에너지 문제에 따른 다짐을 기도문 형식으로 표현한 「봉헌합니다.」 등으로 꾸며져 있다.

<표 III-2> 연도별 주요활동 내역

일자	안 건	장소
2001. 11. 5~6	천주교환경회의(가칭)의 구성에 합의	광주 평생교육원
2002. 1. 14	천주교환경사목 전국 네트워크 구성을 위한 워크샵 개최	정동 프란치스코 회관
2002. 6. 3	천주교창조보전전국모임 창립식	명동성당 성모동산
2002. 8. 12	한국반핵운동연대 정식참가	
2002. 10. 28	- 창조영성 세미나 개최 (우리의 선택:에너지) - 핵에너지에 대한 풍수원 선언문 채택	원주교구 풍수원 성당
2003. 1. 20~21	제1차 정기총회 및 세미나 - 주제 : 생태영성을 위한 천주교 환경운동의 과제와 전망	원주교구 풍수원 성당
2003. 3. 5	종교환경회의 참가 (종교환경회의 가입 단체로 활동)	
2003. 3~5	새만금갯벌 살리기 삼보일배 일부 구간 참가	
2003. 7~9	'새만금 갯벌 보존과 생명·평화를 위한 수요미사' 10차 봉헌	
2003. 7~8	금대생명학교 1차, 2차 진행	
2003. 8. 4	핵에너지 관련 리플렛 제작, 배포	
2003. 11. 24	'창조질서 보전을 위한 생명평화 미사' 봉헌	
2003. 11. 29	종교인들의 '에너지절약을 위한 내복입기 운동' 기자회견	
2004. 2. 17	사순묵상집 "생명의 쌀" 발행	
2004. 5. 24~25	천주교창조보전전국모임 내부환경교육 (생태피정)	충남 홍성
2004. 6. 28~29	재생가능에너지 답사	
2004. 7. 1~3	전국환경활동가 워크숍 참가	
2004. 9. 16~17	종교환경활동가 워크숍 참가	
2004. 11. 10	대림묵상집 - '하느님의 선물', 에너지 발행	강원도 평창 성필립보 마을
2005. 1. 31~2. 1	제 3차 정기총회 및 세미나	

2. 서울대교구 환경단체의 현황

서울대교구는 사목교서의 영향으로 인하여 1991년도에 한마음한몸운동본부 생활실천부 산하에 환경에 관심 있는 평신도, 수도자, 성직자들로 '하늘 땅 물 벗' 모임을 구성하였다. 이 모임은 3년 뒤 1994년 환경보전부로 승격되어 한마음한몸운동본부 내에 환경분야 전담신부가 탄생하게 된다. 서울대교구는 타교구에 비해 환경 전담기구가 비교적 일찍 구성되어 교육과 활동을 계속해왔다. 하지만 2002년 서울대교구 시노드 사회복음화 의안준비위원회(위원장 안경렬 몬시뇰)가 2002년 9월30일 교구청 대회의실에서 개최한 시노드 환경분야 의안 작성을 위한 심포지엄에서 교구 환경사목위원회 한면희(서강대 연구교수) 상임위원의 의안 초안 발표에 의하면 서울대교구 내 247개 본당 중 환경 관련 분과가 있는 본당은 25개로 파악됐고 이 중 환경분과를 갖춘 곳은 7개지만 실질적인 활동이 이뤄지는 곳은 2개 본당뿐으로 환경교육과 실천을 위해 본당에 공문을 보내 협조를 구해도 답신이 없고 본당 사목자의 환경 인식도 부족하다고 진단하고 있다. 다음은 서울대교구의 한마음한몸운동본부와 환경사목위원회를 중심으로 환경 및 생태활동 현황을 살펴보면 다음과 같다.

가. 한마음한몸운동본부

(1) 설립배경과 목적

'한마음 한몸' 운동은 역사 속에서 신비로이 살아 계시고 일하시는 예수 그리스도의 현존을 믿고 현양함으로써 세상 모든 인류가 온갖 종류의 장벽을 넘어 평화를 이룩하고 회심과 나눔으로 형제적 일치를 이루도록 이바지하며 나아가 자연계의 모든 피조물과도 화합하여 하느님 아버지의 뜻에 따라 세상을 새롭게 재창조하는 생활 쇄신 실천운동이다.

(2) 주요활동 및 실태

한마음한몸운동본부는 1989년 설립되었고, 1991년 환경문제에 관심을 가진 성직자, 수도자, 평신도 40여명은 한마음한몸운동본부의 산하단체로 '하늘·땅·물·벗' 모임을 구성해 월례모임을 갖고 환경문제에 대한 이론과 실천 사항, 교회 환경운동의 방향 등을 모색하기 시작했다. 생활실천부에서 이루어지던 환경운동은 1994년 환경보전부가 신설되면서 본격적으로 전개돼 교회 환경운동의 전기를 맞게 되는데, 환경교육의 내실화, 환경운동의 정착 및 확산, 타 단체와의 연대 활동 등에 의미를 두고 설립하게 되었다. 전 세계 52개국에서 나눔운동과 생명운동을 전개하고 국내 최대의 천주교 NGO단체이다. 2006년 현재 주요사업으로는 긴급구호, 국제봉사단, 백혈병 어린이돕기사업, 골수기증등록사업, 장기기증등록사업, 국내 사업으로 나누어져 있는데 생명환경운동은 국내 사업에 속한다.

1) 조직분야 : 구성 및 기획
　① 천주교 환경학교

한마음한몸운동본부가 1992년부터 1998년까지 운영한 '천주교 환경학교'는 16기에 걸쳐 1200여명이 수료했다. 총10여회의 강의로 이루어진 교육과정으로, 환경 관련 기본 지식과 영성적인 접근을 시도하였다. 어린이와 청소년들의 환경교육을 위해 1992년부터 1996년까지 방학기간 중 '자연학교'를 별도로 개최했으며 1994년에는 젊은이들을 위한 '청년환경학교'를 개설했다. 1998년 '천주교 환경학교'와 '우리농촌학교'를 '천주교 녹색학교'로 통합, 환경 뿐 아니라 농촌 문제까지 교육의 범위를 넓혀나갔다.

② 환경사목위원회 설립
한마음한몸운동본부 내에서 생활실천부의 하늘/땅/물/벗회와 환경보전부를 거쳐 2000년 10월 25일, 환경사목위원회로 승격, 독립되었다. 2000년 4월, 6인의 사제 및 환경전문가로 구성된 준비위원회를 결성한 지 6개월 만에 창립선언식을 가졌고, 이듬해 1월11일 8인의 사제 및 전문가로 구성된 환경사목위원회 상임위원 임명식을 가졌다. 현재 환경사목위원회는 서울대교구 사회사목부 안에서 환경 관련 중추적 업무를 담당하고 있으며, 환경보전을 위한 연구, 교육, 실천운동 세 분야에 주력하고 있다.

③ 서강대학교 신학대학원 환경신학과 설치
가톨릭교회는 전문적인 환경교육의 필요성을 절감하게 되었다. 교황의 특별한 당부를 받은 예수회의 총장 피터 한스 콜벤박 신부는 당시 로마에서 유학중이던 한국 예수회의 이상일 신부에게 이 내용을 전했고, 이상일 신부는 서강대학교수도자대학원(현재는 신학대학원으로 개칭)에 1995년 10월 환경신학과(석사학위과정)를 증설하고 1996년 1학기부터 학생을 선발했다. 그러나 2000년부터는 환경신학과가 신학과 내로 통합되어 운영되고 있는데, 지금은 신학대학원에서 나오는 환경관련 논문은 1년에 1편 정도에 나왔지만 2004년 이후에는 뜸한 상태이다.[21]

2) 인적분야: 교육 및 연구활동
① 본당, 사제 교육

한마음한몸운동본부는 서울대교구 내 본당신자, 평신도 신심단체, 구역반장, 사제를 대상으로 하는 환경교육 전반을 지원하며, 보좌신부 교육과정에 환경교육 시간을 배정해 생명신학, 환경과 농촌 등의 문제에 관심을 기울일 수 있도록 하고 사목에 반영하도록 이끌고 있다.

② 강연과 워크숍 개최 등 연구활동

1993년에 저명한 환경운동가인 숀 맥도너 신부 초청 강연회 및 1994년 '천주교 환경운동 어떻게 해야 하나'를 주제로 환경사제모임 사제들과 교회내외의 환경운동가들이 참석한 간담회 등을 개최하였다. 1999년 한마음한몸운동본부, 환경운동연합, 여성단체연합 등 40여개 종교·환경·여성·시민단체들로 구성된 쓰레기문제 해결을 위한 시민운동협의회(이하 쓰시협)는 7월 14일 서울시 의회 서소문별관 2층에서 1회용품 사용 규제 시행 5개월에 대한 평가 토론회를 가졌다.[22] 하지만 그 후 2006년 지원사업에서도 알 수 있듯이 환경관련행사보다는 상대적으로 장기기증사업이나 생명, 빈곤, 복지, 노동, 청소년사업으로 관심이나 투자가 이루지는 듯하였다.

③ 교육, 홍보자료 발간

1993년 격월간으로 환경농촌관련 홍보지인 '하늘·땅·물·벗'

---

[21] 출판된 환경신학 관련 논문으로는 김홍진, 가톨릭교회의 환경인식과 실천에 관한 조사연구 : 교황청 문헌과 한국 가톨릭교회 운동사를 중심으로; 김영선, 생태위기 시대의 환경정의 연구 : 심층생태주의와 미래세대 환경정의의 대비적 고찰, 2003 ;이인석, 생태학적 패러다임의 준거 연구 : 과학과 신학의 비판적 실재론에 의한 접근, 2002; 석요섭, 환경위기의 직접적인 근원과 그리스도교 환경윤리의 論究, 2001 등이다.

[22] 이날 토론회에서는 또 1회용품 쓰레기 가운데 3분의 1을 차지하는 패스트푸드점의 경우 1회용품 사용량이 좀처럼 줄어들지 않고 있으므로 매장 내에서의 불필요한 용기 뚜껑 없애기, 플라스틱 용기는 재사용 용기로 교체하기, 철저히 수거해 재활용하기 등 강력한 법제정이 필요하다는 요청도 제기됐다. 평화신문. 1999.7.25.

을 발행했으나 곧 중단되었고, 1998년부터 이듬해까지 재 발행하였다. 아울러 같은 해 평화방송과 공동으로 환경교육용 비디오 '하늘·땅·물·벗'을 제작해 평화방송에 6회에 걸쳐 이를 방영하였고, 영성서적인 '녹색성서'를 발간하였다.

3) 대외적 네트워크 분야: 연대 및 실천
① 우리농촌살리기운동 전개

한마음한몸운동본부가 전개해온 환경 관련 활동의 큰 축은 우리농촌살리기운동이다. 우루과이라운드 협상 타결로 어려움에 처한 농촌을 살리기 위해 1994년 춘계 주교회의에서 우리농촌살리기운동의 실행을 결의했고, 6월에 전국본부가 창립되어 13개 교구에 활동하고 있다. 서울교구는 한마음한몸운동본부 산하에 우리농촌살리기운동 서울교구 본부를 1994년 10월 창립하고, 생명가치관의 확립과 생태적 생활양식 창출, 공동체적 삶의 실천을 지금까지 활동해오고 있다. 2004년 7월에는 가톨릭농민회 정재돈 회장이 우리농촌살리기운동 10주년 기념 심포지엄에서 이념·목표를 재점검하고 목적의식의 확립이 시급하다고 하였다. 그리고 생명농업 실천 수준에서 탈피하여 지역농업건설로 확대돼야한다고 하였다.[23]

---

23) 이날 논의된 주요내용은 1. 우리농운동의 이념과 목표의 재점검 - 지난 10년간 우리농운동은 교계제도와 일치하는 교구 중심적으로 전개되어 왔다. 따라서 교구본부의 독자성이 지속적으로 강화돼 전국적 통일성과의 조화문제가 제기되고 있다. 또 각 교구 본부간 운동에 대한 이해와 인식의 차이가 존재하고 발전정도도 편차가 크다. 대부분의 교육이 우리농운동의 소개나 홍보에 그쳐 적극적이고 자발적인 평신도 활동가의 양성이 미흡한 점도 지적된다. 2. 농촌 우리농마을(생산공동체)의 발전과 도시생활공동체 건설 - 농촌에서의 우리농운동은 우리농마을 건설을 통한 생명농업 실천으로 환경보전형 지역농업건설에 목표가 있었지만 현재 전국의 150여 생산공동체 중 대다수는 생명농업 실천 수준이며 아직까지 지역농업건설이나 우리농이 추구하는 공동체 수준에는 못 미치고 있다. 우리농운동이 농업·농촌의 진정한 대안운동이 되기 위해서는 시급히 극복해야 할 문제이다. 악화된 농업·농촌과 환경에 대한 재인식을 통해 운동의 이념과 목표에 대한 재점검, 분명한 목적의식 확립과 운동철학을 형성해야 한다. 가톨릭신문. 2004.7.14.

② 푸르름을 만드는 잔치

1992년부터 1998년까지 7차례에 걸쳐 진행된 이 행사는 교회 내 20여개 환경운동단체의 내실을 기하고 연대를 공고히 하였으며, 매년 2만여명이 참여하는 큰 호응을 얻었다. 심포지엄, 환경포스터 전시, 문화공연, 어린이 글짓기 대회 등 다채로운 내용으로 진행되었다.

③ 천주교 환경상 제정

1993년부터 1998년까지 6회에 걸쳐 시상하였다. 역대 수상한 사회단체는 광록회, 우리밀운동본부, 한국여성민우회, 흙살림연구소, EBS '하나뿐인 지구' 프로그램팀, 내린천댐 건설반대 인제군 투쟁위원회 등이다. 또한 교회단체로는 서울 구로본동성당 녹원생협, 대구 푸른평화운동본부, 서울 신정동성당 환경보전분과, 인천 가톨릭환경연구소, 서울 고척동성당, 부산 우리농촌살리기운동본부 등이 있으며 이기영 교수가 개인 자격으로 수상했다. 하지만 지금은 폐지된 상태로 1998년 이후 수상자를 찾을 수 없었고, 대신 새만금 갯벌보존운동을 통해 국내 환경/생명운동을 펼쳐온 새만금 생태학교 「시선」(대표=문규현 신부)이 서울대교구 일산본당이 제정한 「일산 천주교 환경상」 제1회 수상자로 선정되었다는 자료만 입수 할 수 있었다.[24]

④ 본당 대상 실천운동, 캠페인 전개

1992년 각 본당에 자원재활용 운동을 홍보하고 우유팩과 신문지를 수집하는 등 많은 본당들의 큰 호응 속에 재활용 운동이 추진되

---

24) 지금은 의정부교구 소속인 일산본당에서는 2003년 10월에 「일산 천주교 환경상」을 제정하였다.

었다. 이 운동에 참여한 전국의 본당과 단체, 교회 운영 학교는 모두 4백여 곳으로 하루 수거량이 10톤에 이를 정도로 규모가 컸다. 1996년 이후에는 환경보존운동의 중점사업으로 자원재활용을 설정하여 집중하고 있다.

⑤ 대외 연대 활동

1993년 한국종교인평화회의와 함께 '환경윤리 종교인 선언대회'를 개최하여 친환경적인 사고방식과 생활방식의 변화가 요구됨을 천명하는 등 각종 사회 환경현안에 대하여 꾸준히 활발한 활동을 해오고 있다.

나. 환경사목위원회

(1) 설립배경과 목적

2000년 10월 25일, 천주교 서울대교구 환경사목위원회의 창립선언식이 거행된 이후, 2001년 1월 11일 8인의 사제 및 전문가로 구성된 환경사목위원회상임위원 임명식이 있었다. 이때, 상임위원회는 환경사목위원회의 최고의사결정기구로 자리 매김하면서 환경문화 계발과 정착을 위해 연구, 교육, 실천운동에 중점을 두기로 하였다. 그리하여 서울대교구 사회사목부 산하에 소속된 환경사목위원회는 서울가톨릭사회복지회, 한마음운동본부, 노동사목위원회 등 그 외 6개 위원회와 동일한 비중으로 환경과 관련해 독립적이고 중추적인 업무를 담당하게 되었다. 환경사목위원회는 현재 환경보전을 위한 연구, 교육, 실천운동 세 분야에 주력하고 있다.[25]

---

25) 서울대교구 환경사목위원회와 우리농촌살리기운동본부는 창조질서 보존과 생태적인 삶의 실천이라는 일치된 지향 아래 2004년 4월 11일 부활 대축일을 맞아 홈페이지(www.ecocatholic.org)를 통합했다.

주요목적은 가톨릭 신자들이 창조영성을 삶 안에서 실천함으로써 "증거하는 그리스도의 제자"가 되게 하려는 데 목적이 있다. 또한 창조영성을 통해 자연환경을 보전하고 피폐된 자연환경을 회복시키고 창조의 협력자로서 계속되는 창조사업을 수행하고자 하는 데 있다.

(2) 주요활동 및 실태

1) 연구분야

환경사목위원회의 활동 중 연구분야는 2000년 10월 26일 가톨릭대학교 사목연구소와 공동으로 창립기념 세미나 '환경문제와 가톨릭교회'를 개최와 2001년 9월 7일 서강대학교 다산관 강당에서 성골롬반 외방선교회의 숀 맥도나 신부를 초청해 '생명은 하느님의 선물, 특허란 있을 수 없다'라는 제목으로 유전자변형과 특허에 관한 주제로 강연회를 개최하고 자료집 환경총서 제1호를 발행한 것이다. 또한 보다 심도 있는 연구를 위해 환경전문가(환경부와 국립환경교육원 전문가 10여명, 학계대표 약15명, 사제 및 수도자 그리고 문화, 예술, 언론계 대표 15명) 40인으로 구성된 전문위원단이 정기모임을 갖고 환경사목의 발전방향을 연구 중이다.

또 환경사목위원회는 2003년 9월 폐막된 교구 시노드에서 환경문제가 중요하게 인식된 것과 관련, 2004년 1월부터 「본당 공동체의 환경실태와 환경운동 활성화 조직대안을 위한 기초연구」작업에 돌입했다. 위원회는 우선 친 환경적 삶의 토대가 되는 가톨릭교회 및 타종교 문헌조사 및 사례를 발굴하는 이론조사 작업을 시작하였다. 아울러 교구 내 256개 본당의 에너지 체계 및 건축의 구조와 공간의 활용, 책임자들의 환경정체성과 활동방향, 본당과 지역사회와의 환경분야 연계와 같은 현황조사와 설문조사, 심층면접 등의 현장조사를 병행하였다.

2006년 5월 서울대교구 우리농촌살리기운동본부와 환경사목위원회가 교회 창조질서보전 운동을 소개한 안내서 '하늘·땅·물·벗 - 세상은 자연을 닮은 사람들의 몫입니다'를 펴내게 되는데 안내서 1장에는 교회 창조질서 보전운동의 활동배경과 목적, 경과보고, 조직도, 주요활동을 실어 환경과 농촌 살리기에 대한 교회의 사명을 자세히 소개하고 있다. 본당에서 실천할 수 있는 창조질서보전운동에 대해 안내한 2장은 '본당 내 환경운동, 우리농 운동을 위한 준비과정', '도시본당과 농촌공소의 자매결연 추진 방안'을 상세히 안내하고 있다. 아울러 환경사목위가 전개하는 '즐거운 불편' 프로젝트의 다섯 가지 대주제도 싣고 있다.

2) 교육분야

교육에 있어서는 2000년 11월29-30일 양일간에 걸쳐 수능시험이 끝난 고3학생들 500여명을 대상으로 2000년 '박문녹색학교'를 실시하였고, 2001년 3월 31일에는 박문여자고등학교 1학년 학생 500여명을 대상으로 정규수업시간을 할애하여 '2001 박문토요환경학교'라는 제목으로 환경수업을 하면서 청소년 환경교육에 대한 원형을 개발하였다. 또한 관민이 결합된 형태의 환경교육으로는 2001년 2월 21일부터 3월 14일까지 매주 수요일 영덕군민회관에서 영덕주민 350명을 대상으로 '영덕녹색환경대학'을 실시하여 교회뿐만 아니라 타 단체까지 환경교육의 장을 넓히고 있다.

본당 환경교육으로는 2001년 3월 16일부터 3월 30일까지 매주 금요일 '흙에서 와서 흙으로 가는 인간'이라는 제목으로 마석성당에서 사순특강을 개최했으며, 가락동성당 주일학교 학생들을 위한

1년짜리 테마교육 '환경과 생명'을 2001년 5월부터 매월 1회씩 실시하고 있다. 2004년 2월 9일 환경소위는 또 현대사회에서 첨예하게 대두되는 유전자조작식품(GMO), 환경호르몬, 이산화탄소 문제 등 환경문제에 대한 교회의 입장을 정립하기 위해 연 2회 환경 세미나를 개최, 환경교육의 장으로 삼기로 하였다.

2005년 8월에는 3박 4일간 가톨릭농민회 금산 생명학교에서 「2005 하늘·땅·물·벗 어린이 여름 생명학교」를 열었다. 생명학교에 참가한 어린이들은 「예술가이신 하느님」(천연염색), 「친구 하느님」(전통놀이), 「농부이신 하느님」(농사체험), 「자연의 하느님」(숲 체험) 등 하느님을 주제로 한 각종 프로그램에 참여해 환경과 생명의 소중함에 대해 직접 체험하였다.

2005년 11월 7일부터 11월 28일까지 서울대교구 환경사목위원회와 한국남자수도회사도생활단장상협의회는 4주간 에코 가톨릭아카데미 '제3회 환경문화원 강좌'를 개설하였다. '영성과 생태' 주제로 열리는 강좌에서는 이경재 교수(서울시립대), 한면희 교수(녹색대), 한순희 수녀, 맹제영 신부가 강사로 나서 '자연생태계 파괴 현황과 복구 대책', '자연 친화적 사회의 환경정의와 생태윤리', '환경 위기 시대에 요청되는 새로운 삶의 가치들' 주제로 강의하였다.

3) 대외활동분야

대외 환경활동으로는 2001년 3월 19일 환경사목위원회를 중심으로 '서울대교구사회사목사제단 새만금대책위원회'에서는 새만금 개발에 대한 공식 성명서를 발표하고 기자회견을 가진 바 있으며, 이어서 3월 22일에는 서울과 전북주민 180여명이 새만금 해창 갯벌을 방문하여 사제단 공동집전으로 미사를 거행했다. 그러나 그 후

속조치는 당시 환경사목위원장의 잘못된 판단으로 말미암아 전혀 이루어지지 않았다.

서울대교구 환경사목위원회(위원장=조대현 신부)는 2004년 8월 7-13일 「생명의 물길을 따라서」를 주제로 제2회 청년도보생태기행을 실시하였다. 그리고 2004년 11월 19일 서울 돈암동 상지 피정의 집에서 「2004 전문위원 워크숍」을 개최하면서 「교회의 녹화를 위한 초록본당 만들기」를 추진하기로 하고 초록본당 만들기 기초조사 사업(의식조사), 실천사업, 교육 및 건축 프로그램 제작 등 세부작업을 내년 주요시책으로 시행할 것을 밝혔다. 또한 창조질서 보전에 합당한 환경활동가 양성, 교회내 친환경적이고 생태적인 영성 확산, 환경교육 강화 등 중점적으로 추진할 사목목표를 발표하였다.

2004년 1월 31일에는 서울대교구청 소성당에서 제1회 환경기자단 정기총회를 개최한 이후 2005년 3월 12일에는 서울 명동성당 문화관 2층 소성당에서 제2회 환경기자단 50명이 발족되었다. 환경기자단은 서울 시내의 환경보전지역 및 생태공원 탐방, 소식지에 게재될 기사의 취재 활동 등에 참여하는 활동을 하였다.

4) 환경생명 10계명 발표

서울대교구 환경사목위원회는 2004년 6월 5일 환경의 날에 최근 '창조질서 보전을 위한 환경생명 십계명'을 만들어 환경오염의 위기 속에서 하느님 창조질서 보전을 위한 삶을 어떻게 살아야 할지 잘 안내하고 있다. 환경생명 10계명의 구체적인 내용은 다음과 같다.

① 어머니이신 땅을 공경하라(땅)

땅은 흔들리는 것들에게 힘을 주고, 죽어 가는 것을 살리는 생명의 어머니이다. 많이 써야 폼 나고 괜찮아 보이는 물신숭배주의 속에서 어머니 땅을 죽음으로 몰아가고 있다. 이제 가던 손을 멈추고 어머니 땅의 거친 숨소리를 들어보자. 더 이상은 땅을 욕되게 하지 말자.

② 생명의 물을 사랑하라(물)

지구의 모든 생명은 물에서 시작되었고 물에서 성장하며 물에서 소멸한다. 옹달샘에서 시작해 개울로 나가고 개울에서 강으로 강에서 바다로 나가며 물 한 방울을 사랑하지 못한다면 지구는 죽는다. 지구가 죽으면 우리도 죽는다.

③ 자연에 부담을 주지 말라(에너지)

인간은 자신의 지혜를 과신해 석유를 바닥내고 죽음의 쓰레기를 만들어 내며 땅과 하늘과 바다를 더럽혔다. 우리는 다른 피조물들을 멸종시키고, 우리 후손들이 살 공간마저 멸망시키고 있다. 에너지는 우리가 필요한 만큼 쓴다면 세세 대대로 우리와 지구를 지켜주는 생명의 젖줄이 될 것이다.

④ 생명의 밥상을 차려라(먹거리)

먹는다는 것은 의무가 아니라 축복이다. 생명의 밥상이 되려면 씨앗을 파종할 때부터 거둬들일 때까지 자연의 섭리를 따라야 하고 음식이 되기까지 자연의 법칙에 맞게 조리하는 것을 말한다. 먹는 것이 축복이고 생명이 되기 위해서 우리가 할 일은 자연의 섭리를 알고 따르는 것이다. 교구는 "생명의 밥상, 우리가 살립시다."라는 취지로 수확의 계절에 감사와 사랑 나눔 한마당을 개최하기도 하였다.[26]

⑤ 우리의 몸을 존중하라(건강)

우리 몸은 하느님의 성전이며 우리 몸은 지구이다. 우리 몸을 있는 그대로 받아들이고 존중할 때 우리 몸은 우리에게 인생의 스승이요, 치유하는 의사요, 몸의 상태를 미리 예언해 주는 예언자의 역할을 할 수 있다.

⑥ 하늘을 더럽히지 말라(교통)

더 빠르게 살고 더 많이 가지려고 안간힘을 쓰지만 하느님 앞으로 갈 때 우리는 빈손으로 간다. 더 빨리 살기 위해 만들어낸 자동차, 기차, 비행기가 우리를 더 빨리 죽게 만든다는 것을 알게 된다면 우리는 달리던 것을 중단하고 천천히 걸을 것이다.

⑦ 단순하고 소박하라(주거)

오늘날 우리의 쉼터인 집은 화학물질과 소음, 전자파로 오염되어 우리의 건강과 행복을 위협한다. 단순하고 소박하게 자연스럽게 살기를 선택한다면 집은 우리의 몸과 마음을 회복시켜 주는 쉼터가 되어줄 것이다.

⑧ 흔적을 남기지 말라(생활폐기물)

우리가 일 년 동안 버리는 음식물 쓰레기의 양은 15조. 가정용품과 건축물 쓰레기는 산맥을 이룬다. 쓰레기는 땅을 오염시키고, 물을 오염시키며, 대기를 오염시킨다. 우리가 제대로 살기를 원한다면

---

26) 서울 서초구청 앞마당에서 10월30일 펼쳐진 '2005 가을걷이 도·농 한마당 잔치'에 참석한 도시 생활자와 농민 생산자들은 한데 어울려 한해 수확에 감사하며 도·농불이(都·農不二)를 재확인했다. 우리농촌살리기운동 서울교구본부(본부장 조대현 신부)와 한국천주교 평신도사도직협의회(회장직무대행 한홍순)가 주관한 이날 잔치에서 참가자들은 농촌 공소 중심 '우리농마을'과 도시 본당 중심 '생활공동체' 확산에 노력하기로 했다. 평화신문, 2005년 11. 6.

쓰레기를 만들지 말아야 한다.

⑨ 더불어 살아라(공동체)

이웃은 버스나 전철, 자동차를 만나는 사람만이 아니며 전화나 인터넷으로 소식을 주고받는 사람이 아니다. 이웃은 걱정은 함께 나누고 즐거움을 함께 나누며 어깨를 기대고 살아갈 수 있는 사람이다. 이웃은 저절로 되는 것이 아니라 만들어 가는 것이다.

⑩ 함께 가르치고 배워라(교육과 문화) - 사는 법을 가르쳐라

교육이란 머리 속을 채우는 것이 아니라 머리와 가슴과 몸을 만들어 가는 것이다. 인간은 누구나 교육자이면서 학생이다. 삶을 가르치고 삶을 배워 가는 학생이다. 교육이란 누구에게 맡겨진 것이 아니라 모두가 함께 해 나가야 하는 위대한 소명이다.

3. 인천교구 환경단체의 인프라 현황

인천교구는 1993년 환경문제에 관심을 가진 교구 사제와 평신도가 주축이 되어 '가톨릭환경연구소'를 창립하였다. 이 단체는 1999년 총회를 거쳐 '가톨릭환경연대'로 개편되어서 인천 지역의 주요한 환경단체로 맹활약하고 있다.

2000년부터는 월미산, 문학산 등에서 일반시민들을 대상으로 자연안내자 교육을 통한 생태가이드 양성활동을 하였고, 자라나는 다음세대들의 환경교육을 통한 '민들레' 어린이환경탐사단과 청소년 환경기자단 '에코나이트'를 운영하고 있다. 특히 인천교구는 2001년 11월 한국 교회 각 교구에서 진행된 시노드의 주요 의제 중에서 최초로 환경사목을 독립적으로 다룬 교구이다. 당시 인천교구는 인

천지역 환경문제의 특성을 첫째, 산업 도시라는 지역적 특성에서 비롯된 환경 문제, 둘째, 급격한 도심지의 확대에 따른 환경 문제, 셋째, 주변 지역으로부터 비롯된 환경 문제로 파악하였다. 다음은 인천교구의 가톨릭환경연대를 중심으로 환경 및 생태활동 현황을 살펴보면 다음과 같다.

(1) 설립배경과 목적

1) 교회의 눈으로 보는 친환경적 미래사회 청사진 제시

  활동의 최우선 과제로 선정하여 가톨릭환경연대 존립근거를 더욱 튼튼히 하고, 개별본당에서 환경실천의 붐을 일으켜 교구와 본당의 협력자와 적극적인 참여자를 발굴한다. 환경분과, 분과장, 개인 등 개별 조직화와 아울러 인천교구가 환경문제에 대한 관심을 갖고 있다는 사실을 알리는 캠페인, 대중 홍보사업 등의 보다 적극적인 수행도 동반되어야 한다. 2000년 시노드 의안 중 '환경사목에 관한 의안'의 적극적인 홍보와 실천을 통해, 교회의 눈으로 보는 친환경적인 미래사회에 대한 청사진을 제시하고 아울러 그 초석을 마련한다.

2) 지역으로!

  근거지인 인천이 가지고 있는 각종 환경문제의 해결을 위한 지속적인 활동을 전개하여, 인천이 '떠나고 싶은 도시 1위'에서 '살고 싶은 도시 1위'로 바뀌게 하는 등 근거지 시민들의 삶의 질을 끌어올리는 것을 활동의 또 하나의 기본으로 삼는다.

3) 자연으로

인천은 고장 원래의 자연생태적인 환경인 갯벌과 숲 보전을 위한 활동은 우리 다음세대에게도 당당한 책임지는 모습으로 다가서야 한다. '인천의 녹지축 잇기와 숲 살리기 운동'을 지속적으로 전개하면서 도시 녹지보전을 위한 제도개선활동과 실천적 활동을 병행하여 전개해 나간다.

(2) 주요활동 및 실태

인천교구 가톨릭환경연대의 2006년 현재 현안은 그린벨트 내 골프장 건설계획 중단하고, 시민을 위한 도시자연공원과 도시 숲을 조성하는 것, 패트리어트 배치 예산 전면 삭감, 이제 문학산을 시민에게 돌려주는 것, 부동산 투기기업 대우자판(주)의 특혜를 밀어주는 중앙도시계획위원회를 강력히 규탄하는 것 등이지만,[27] 역대 주요활동으로는 2기에 걸친 아바나다 운동[28]으로서 제1기는 1997년 6월 21- 10월 11일까지 16주 동안, 제2기는 1998년 6월 18일 - 9월 25일까지 8주 동안 실시되었다. 이 운동을 통해 사람들의 환경의식이 높아지고 생활태도도 친환경적으로 바뀌는데 큰 영향을 끼쳤다.[29] 이 운동은 그동안 정책비판이나 피해자중심의 환경운동이 소홀히 했던 개인과 가족의 변화를 도모함으로서 우리사회의 지속가능한 발전의 한 몫을 소비주체들이 담당한다는 적극적인 인식의 전

---

27) 인천교구 가톨릭환경연대의 홈페이지 참조, http://www.cen.or.kr/home/community/
28) 아바나다 운동은 가정에서의 환경실천, 생활방식 변화운동으로 1989년 미국의 데이비드 거손에 의해 개발되어져 미국, 영국, 스웨덴, 일본 등지에서 에코 가족운동이란 명칭으로 실시되고 있으며 1992년 브라질의 리우데자네이로에서 개최된 UN환경회의에서 지역의제21의 한 갈래로 추천되었다. 이는 1972년 로마클럽의 〈성장의 한계〉보고서 이후 개인의 소비 패턴이 환경파괴의 가속화와 밀접한 관련이 있음을 인정하는 것이며 바꾸어 말하면 소비패턴의 전면적인 개선 없이 인류의 미래를 낙관할 수 없다는 인식을 공유한 것이다.
29) 그러나 무엇보다도 환경운동에 있어 중요한 것은 활동의 지속성인데, 아직까지는 미흡한 면이 많고 인천 본당의 지원 프로그램이나 체험적 활동도 미비한 면이 있어서 교구 및 신자들의 지속적인 관심 요구된다.

환을 요청하면서 아주 긍정적인 반응을 얻었다.

2001년 시노드 당시 인천교구의 환경(관련) 분과 설치 본당은 총 24개(환경분과 15개, 환경부 3개, 도농분과 5개, 기타 1개)였으며 2000년 현재 환경(관련) 분과 설치 본당은 도농 분과의 증가를 제외하면 전체적으로 감소되어 약 10여 개 본당에 환경(관련) 분과가 설치되어 있는 것으로 파악되었으며, 그나마 활동 내용이 매우 빈약한 것으로 드러났다. 그 후 심기일전 2006년 2월 25일 인천교구 환경사목부(가톨릭환경연대, 운영위원장 김일회 신부), '청소년 환경기사단(에코나이트)'은 청소년들이 생명존중의 가치관을 올바로 세우고 환경 보존 실천에 적극 나설 수 있도록 돕기 위해 출범했다.[30] 이들은 그리스도인으로서 각 환경문제에 대한 관심과 의식계발은 물론 자발적인 실천 활동을 지속적으로 펼쳐나갈 계획이다. 특히 매월 모임에서는 생태기행과 탐사, 사회의식 함양을 위한 토론과 글쓰기 교육시간을 마련해 소명의식 함양을 돕고 있다. 한편 환경사목부는 환경보전을 위한 올바른 정보와 실천적 대안을 제시하기 위해 2000년부터 어린이 환경탐사단(민들레)도 운영해 오고 있다. 보다 자세한 인천교구 환경단체의 활동을 살펴보면 다음과 같다.

1) 환경사목 활동 강화

인천교구는 환경사업목표로 '교회 안에 자리 잡는 환경사목'으로 정하고 사업방향을 첫째, 환경사목기구의 교회 제도내 설립 제안, 둘째, 교회 대중 참여 확대와 본당조직 활성화로 정하였다. 사업개요를 보면 첫째, 환경사목위원회의 역할로서 인천교구 환경사목의 정책 및 방향 수립, 신자 대상 환경캠페인, 홍보, 교육 실시

---

[30] '자연은 위대한 인생의 교과서'를 주제로 탐사에 나선 곳은 인천대공원과 장수천 복원 현장, 소래해양생태공원 등이다. 가톨릭신문, 2006. 3.19.

(환경분과장 연수, 절기별 강론, 기타), 지역 환경문제에 대한 교구의 입장 표명을 들 수 있다. 둘째, 환경사목위원회의 구성으로 본당과 신자 대상 캠페인 프로그램 마련, 본당 환경분과활동 지원강화를 들 수 있다. 이를 위하여 (1) 신자 대상 캠페인을 통해 환경을 위한 실천의 붐을 조성하고 본당 내 조직들이 환경운동을 진행하도록 촉구한다. 1994년 '아바나다운동'을 통하여 교회 내에 환경의식 재고의 붐을 일으킨 것과 같은 '제2의 아바나다운동'을 전개하여 적극적인 실천을 담보한다. (2) 2002년에는 교회 쓰레기 감량의 해'로 정해 '교회쓰레기 20% 감축!'을 슬로건으로 내걸었다. 그 후 환경사목 활동 강화를 위한 일환으로 ① 각 본당과의 교류가 가능할 수도 있 수 있도록 교회실태 조사를 하고 ② 실천을 요구하기 위하여 실천매뉴얼을 보급하고 ③ 교회력에 따른 홍보활동 ④ 중간평가 ⑤ 최종평가와 보고회 등의 순서로 사업을 진행하고 있다. (3) 이러한 형태의 캠페인에 있어 재원을 확보하고 진행하여 여러 가지 효과를 기대하고 있다.

2) 녹지축 잇기와 숲 살리기 시민운동

사업목표로 그 동안의 녹지보전활동을 계승하여 지역 사회에 확산함으로 정하고, 사업방향을 첫째, 숲 살리기 운동의 모범 사례 수립과 녹지보전을 위한 제도 수립하고 둘째, 보다 넓은 범위에서의 참여자 확보를 위한 조직 결성으로 정하였다. 그 대상은 인천시민으로 주요 내용은 ㉮ 문학산 생태탐방로의 유지와 지속적인 활동 및 발전 ㉯ 인천지역에서 지속적인 녹지탐사활동(월 1~2회) 전개 ㉰ 녹지보전 활동의 전형을 실현 가능한 곳에 시도 ㉱ 녹지보전을 위한 인천시 조례 청원 운동 ㉲ 숲 해설 및 안내자 등 기타 숲 관련 교육활동 등이다. 한편, 관련사업의 예산조달방법은 자체 조달과 사업공모로 하며 보다 넓은 범위에서의 녹지보전활동에의 참여자 확보를 위하여 조직을 결성하고 있다.

3) 회원확대를 위한 활동

사업목표로 회원배가운동으로 정하고 사업방향은 첫째, 회원확대를 위한 회원배가운동 전개둘째, 가톨릭환경연대 활동 이념 동의자 다수 확보와 재정자립을 위한 근거 확보에 있다. 구체적인 사업개요를 보면 환경사목활동을 통한 본당 활동 시 회원 모집, 기존회원을 통한 배가운동 전개, 회원관리를 위한 시스템 정비 등 이다.

4) 기타

인천교구내 생태·환경체험 장소로는 강화도에 자리잡고 있는 인천교구 바다의 별 청소년 수련원에서는 수련원 내 숲과 시설은 물론 인근 바다와 산 등지서 다양한 체험학습을 할 수 있다. 특히 올 여름 프로그램으로 온가족이 참여할 수 있는「바다☆곤충캠프」를 마련하고 있다. 1박2일 일정으로 펼쳐지는 캠프에서는 곤충박물관 관람과 관찰학습, 곤충표본뜨기를 비롯해 온가족이 즐기는 레크리에이션 등이 펼쳐진다. 한편 애벌레와 곤충 등을 직접 만지고 관찰할 수 있는 곤충농장 '벅스 투유'가 강화도에 위치하고 있다.[31]

'가톨릭환경연대' 출범 이전에 인천교구의 비전은 '발전과 확대'였으며 환경문제에 대한 관심은 매우 낮은 편이었고, 환경사목은 자발적인 평신도 봉사자와 일부 사제의 헌신적인 활동에만 의존하였다. 또한 본당 공간 역시 주변 환경을 고려한 친환경적 공간 조성과 거리가 멀고, 에너지 효율, 쓰레기 처리 방식, 본당 마당의 조성 등

---

31) 보다 자세한 내용은 www.mare.or.kr, 032-932-6318, 바다의 별 청소년 수련원, 032-934-9405 벅스 투유

친환경적인 관리 시스템을 전혀 갖추지 못하고 있다고 평가하였다. 그럼에도 불구하고 인천교구는 지역 내 대규모 국책 사업(굴업도 핵폐기장, 영흥도 화력 발전소 등)이 진행될 때마다 의견을 표시하고, 편의를 제공하는 등 지역 사회의 환경 파괴 행위를 저지시키는 데 일정한 역할을 수행하였다. 이러한 시노드의 후속으로 전체 교구 중 환경관련 사목이 제대로 작동되는 교구로 평가 할 수 있다. 시노드 이후에도 2004년 사목교서에서 또다시 반생명 현상의 확산과 자연환경의 파괴 등에 대하여 지속적인 관심을 표명하는 등 환경에 대한 관심이 높은 교구 중의 하나로 평가 할 수 있다.

4. 수원교구 환경단체의 인프라 현황

수원교구에서는 각 본당에 가정 생명환경분과가 설치되어 있어 본당마다 폐지모으기, 아바나다 장터 개설, 빈병 모으기 등의 가장 일반적인 운동 정도가 전개되고 있는 실정이다. 교구차원으로는 교구 환경위원회가 있으나 이는 대외적인 역할만 하고 있으며 실질적인 환경운동은 교구에 설치되어 있는 환경센터에서 이루어지고 있다.

1995년 10월 10일에 "천주교 수원교구 환경위원회"라는 이름으로 수원교구 사회복음화국의 산하단체로 설립하였고, 대표적인 활동으로는 폐식용유를 모아 재활용비누를 생산하여 전국교구에 공급하는 일과 음식물 찌꺼기를 이용한 퇴비화사업, 강원도 평창에 환경생태 농원을 조성하여 각종 환경 교육프로그램 설치 운영 되어 1999년부터 개방되었다. 그리고 각 본당의 순회 환경교육 및 환경관련 교육 프로그램 (비디오 사진 등)을 통한 홍보활동 등을 하고 있다. 그 후 2003년 9월 30일 교구 사회복음화국의 환경전담사목부로 정식 개편 되었다. 다음은 수원교구의 환경센터를 중심으로 환경 및 생태활동 현황을 살펴보면 다음과 같다.

(1) 설립배경과 목적

수원교구의 환경센터 설립목적은 하느님의 태초의 창조질서 회복을 위하여 환경을 되살리고 특히 이 세상의 빛과 소금 역할을 해야 할 신자들이 솔선수범하여 환경 되살리기에 동참하는 실천적 환경운동의 체계화 및 확산을 위하여 설립되었다. 인간의 방향 모를 욕심은 지구의 생태계를 심각하게 교란시키고 있다. 이에 수원교구는 인간의 욕심에 제동을 걸고 가난의 미덕을 통해 파괴되어 가고 있는 생태계가 다시 조화를 이룰 수 있도록 하기 위하여 조직이 되었다. 그리고 환경사업의 목적은 구호성으로 그치는 환경운동을 지양하고 구체적인 실천 사업을 통하여 국내 환경운동의 실질적인 발판을 마련하기 위한 과학적인 재활용 비누사업을 목표로 하고 있다.

(2) 주요활동 및 실태

수원교구의 주요활동은 환경실천운동, 환경교육, 환경감시운동, 각종 환경단체 및 국가기관과 환경 실천 운동 연계 등으로 구체적인 활동은 다음과 같다.

1) 환경 실천 운동

폐식용유를 이용한 재활용 비누공장 운영으로 환경의 구체적 실천의 일환으로 경기 수도권 지역의 버려지는 폐식용유를 모아서 전문 연구원 및 과학적인 공정의 시스템을 도입하여 저공해비누를 생산 판매하고 있다. 그리고 2006년 수원교구 안산지구(지구장, 김길민 신부)는 밖을 깨끗이 해서 안을 살핀다는 의미에서 3월 25일 안산시를 가로지르는 화정천 일대 5km 구간에서 '안산지구 봄맞이 환경 캠페인' 행사를 가졌다.

2) 환경 교육

평창 성 필립보 마을 교육장 운영으로 2000년 11월 환경생태 농원과 환경 교육장으로 완공하고 천주교 내 환경 피정 및 환경체험 실습장으로 운영하며 여름 및 겨울 환경 캠프 운영으로 도시 아이들에게 환경체험 프로그램을 제공하고 있다. 그리고 교회 및 일반단체 방문교육으로 천주교 교구 내 본당 순회 환경교육(월 2~3회)을 실시 중이며, 타 단체 교육으로 부녀회, 간호회, 영양사 협회, 농협 등 환경교육이 실시 중이다. 그리고 천주교 수원교구의 정기교육을: 연 1회 이상 교육 실시 중이다. 수원교구에서「실천적 환경운동의 체계화 및 확산」을 위해 설립된 성 필립보 생태마을은 구호성으로 그치는 환경운동을 지양하고 구체적인 실천 사업을 통해 국내 환경운동의 체계화 및 확산에 한몫하고 있는 생태마을로서「인간본성 회복과 하느님 창조질서를 알리는 장소」로 각광받고 있다.

3) 환경감시운동

수원교구의 환경감시운동으로는 첫째, 가톨릭내 여주군 쓰레기 매립장 설치 저지 운동을 선도하고 둘째, 천주교내 대만 핵폐기물 반대 서명 운동 선도, 셋째, 천주교내 동강댐 설립 반대운동 선도 넷째, 천주교내 새만금 갯벌 간척사업 반대운동 선도 등이다. 그리하여 수원교구 생명환경연합 안병철(도미니코) 회장은 2005년 10월 미리내성지 인근 골프장 건립계획을 반대하는 운동을 전개하면서 교회와 국가, 사회의 소중한 정신문화 유산인 성지 보존과 아울러 하느님께서 만드신 소중한 자연을 지키고 있다. 특히, 수원교구는 생명환경연합의 활동 영역을 점차 넓혀 경남 고성과 경기도 남양주 골프장, 안면도 골프장 등 사회적으로 문제가 되고 있는 곳에 지속적으로 관심을 기울이는 한편 해결방안을 만드는데도 노력하고 있다.

4) 각종 환경단체 및 국가기관과 환경 실천 운동 연계

경기도 도청 환경정책과의 '환경보전기금' 지원사업의 일환으로 '지렁이를 이용한 음식물 쓰레기 퇴비화 사업'을 추진하였고, '푸른 경기21 실천 협의회'는 실천사업으로 '물사랑 생명사랑 위한 가정 안의 실천운동' 추진하였고, 2001년도 역시 '지렁이를 이용한 음식물 쓰레기 퇴비화 확장사업을 추진하여 실천사업 우수사례로 선정되었다. 2002년도에는 수원지역 아파트 폐식용유 수거운동을 추진하여 실천사업 우수사례로 선정되었다.

5) 출소자를 위한 일터 제공 (밝은터)

모범 출소자를 선별하여 사회에 적응할 수 있는 일자리와 숙소 마련하고 현재 재활용 비누사업에 모범 출감자가 근무 중이다.

6) 기타

되살림회를 결성하여 일반 시민 및 천주교 신자의 환경운동 동참의식을 유도하며 현재 약 21,000명의 회원이 환경 감시활동 및 환경사업 후원을 하고 있다. 그리고 녹색상 신설로서 환경 공로자 수상 (97년 6월부터 시행) 하고 있다. 또한 평창 성필립보마을을 2000년 5월 준공 건립하여 환경생태 농원과 환경 교육장으로 사용하고 있다. 그밖에 하늘샘 쇼핑몰을 운영하고 있으며 지렁이라는 사이트도 운영 중이다.

5. 대구대교구 환경단체의 인프라 현황

대구대교구의 환경위원회와 (사)푸른평화를 중심으로 환경 및 생태활동 현황을 살펴보면 다음과 같다.

가. 환경위원회

2004년 2월 8일 대구대교구 사목국 사회사목담당 환경위원회(위원장=이강순, 지도=이상재 신부)는 교구청 내 교육원 별관 4층 대회의실에서 「본당 환경위원장 대화마당」을 개최했다. 「창조질서 보존을 위한 우리의 활동」이라는 주제로 열린 이날 행사에는 본당 환경위원장을 비롯한 위원 150여명이 참석한 가운데 김현옥 수녀(서울대교구 환경위원회 사무국장) 등의 초청강연, 환경활동에 관한 대리구별 토의시간 등을 가졌다. 이날 참석자들은 본당 환경위원회가 성당 시설물 관리 및 유지, 보수에만 치우치고 있는 상황임을 지적하고 차량운행 절제, 일회용품 안쓰기, 분리수거 및 재활용품 활용 등 친환경운동을 위해 환경위원들이 좀더 앞장서 실천해 나가기로 다짐했다. 또한 대구대교구 환경위원회는 매월 셋째주 월요일에 '환경을 위한 미사' 봉헌, 환경 실무자 교육 및 피정, 대리구별 아나바다 행사 및 캠페인 등을 펼쳐나가기로 했다. 이에 대구대교구 왜관본당(서경윤 신부)이 2004년 4월 25일 제1회 본당 환경의 날 행사를 갖고, 지역 사회안에서의 교회 역할과 봉사에 적극 앞장서고 있다. 왜관본당은 지역 내 낙동강 둔치에서 신자 700여명이 참석한 가운데 환경미사를 봉헌하고 인근 강변 환경정화 활동을 대대적으로 전개했다. 이번 행사는 날로 심각해지는 환경오염으로 인간의 생명마저 위협 당하고 있는 시기에 본당환경의 날을 설정, 사회 환경

정화의 붐 조성과 신자로서 솔선 실천하고자 마련되었다.

나. (사) 푸른평화

대구대교구에는 정홍규 신부가 이끄는 (사) 푸른평화가 대표적인 환경단체인데 1990년 월배성당에서 만들어진 푸른평화는 한국 천주교회 최초의 환경운동단체라 할 수 있다. 서울 남산에서 열린 '90년 지구의 날' 행사에 월배성당 교리교사와 청년회 회원들이 참가한 것이 푸른평화 운동의 시발점이다. 다음은 (사) 푸른평화를 중심으로 대구대교구의 현황을 밝힌다.

(1) 설립배경과 목적

21세기 인간의 영광은 지구의 황폐로 이어지고 이는 결국 인간의 운명이 되어가는 시점에서 푸른평화(대표=정홍규 신부)는 평화와 생명사상을 이념으로 하여 인간만이 아닌 모든 종을 포함하는 우주적 창조질서 보전에 목적을 두고 설립되었다. 푸른 평화운동은 1990년 4월 22일 지구의 날에 시작된 생명 공동체 운동으로 환경운동을 생태계 보존의 원리에만 국한된 것이 아닌 생명운동으로 정의하고 일상생활에서의 실천 및 자연교육을 중시하는 운동으로 지역사회 공동체 안에서 생협운동과 생활자치운동을 실천하고, 생태적인 삶을 추구함으로써 인간 위주의 문화적 자폐증을 극복하고 새로운 인간상을 창안하고자 노력하고 있다.

(2) 주요활동 및 실태

푸른 평화는 합성 세제 안 쓰기, 폐식용유를 이용한 저공해 비누 만들어 쓰기, 생소금 운동과 같은 화학·화공약품 추방운동, 생명공동체 방문, 유기 농산물 직거래, 가공 식품 추방, 수입 농축수산물 안 먹기, 우리밀 살리기 운동 등과 같은 더불어 함께 사는 밥상운동, 우유팩 수집하여 화장지 재생하기, 되살이 장날, 캔 수집 등과 같은 재생 운동을 전개하였다. 그리고 시민 대강연회, 자연을 벗 삼는 생할 속에서 자연의 아름다움과 생명의 신비로움을 보고 느끼면서 인간의 자연에 감동하고 찬미하는 감수성을 회복하고 그 속에서 생명에 대한 찬미를 통해 창조질서를 깨닫게 하는 생명학교, 자연학교 같은 교육운동을 꾸준히 전개해 오고 있다. 또한 '푸른 평화 여름자연학교'를 통해서 모든 생명체에 대한 감수성을 키우고 경탄과 감동을 통해 창조주 하느님께 찬미 드리는 교회의 신비주의적 영성에 총체적으로 접근하여 열린 교육과 자치공동체 교육을 실험하고 산간학교의 대안교육과 모델을 모색하는 프로그램을 갖고 있다. 보다 자세한 푸른평화의 활동을 살펴보면 다음과 같다.

1) 생태계 보전을 위한 환경활동

1990년 제1단계 화학·화공약품 추방운동으로 합성세제 안쓰기, 폐식용유를 이용한 저공해 비누 만들기 등을 전개하였고, 1991년 제2단계 더불어 함께 사는 밥상운동으로 유기농산물 직거래, 우리밀 살리기, 1992년 제3단계 재생운동(4R운동)으로 화장지 재생, 되살이 장터, 1994년 이후 제4단계 협동조합을 통한 생활자치운동으로 저공해 비누공장 설립, 생활협동조합을 개장하였다.

2) 더불어 함께 사는 생산자, 소비자 공동체 양성

생산자, 소비자 공동체 양성을 통한 생활협동조합운동[32]과 수입

---

32) 유기농산물 직거래로 밥상살림, 농업살림으로 – 생산자는 유기농법으로 건강한 농산물을 계획생산, 소비자는 계획적인 공동구입 활동: 인터넷 쇼핑몰(생활자재구매: http://www.ecopeace.or.kr/mall/mall_main.php)을 운영하고 있으며 안전한 밥상차리기운동도 하였다.

농산물로 위협받는 우리 농촌 살리기 활동의 일환으로 푸른평화 생활협동조합 상인, 지산, 성서, 시지 천을산점을 운영하였다. 그리고 2004년 6월 대구 수성구 시지동에 생활협동조합 '고산생명공동체'를 열었다. 60평 규모의 고산생명공동체에는 유기농매장을 비롯해 유기농커피카페테리아와 샐러드바, 어린이 환경교실, 힐데가르트의 식품약국 등이 들어서 있다. 지역민들이 직접 운영해가는 생명공동체는 직접 산지를 방문해 생산자-소비자간 신뢰를 돕고, 음식교육을 통한 슬로푸드 운동도 실천하였다.

3) 풀뿌리 지역문화와 지역복지 및 생활자치 운동

풀뿌리 지역문화와 지역복지 및 생활자치 운동으로 소말리아 난민돕기, 북녘동포 살리기, 수재민 돕기 등을 실시해왔으며 2003년 10월 3일 부터 4일까지 개최되는 '지하철 희생자를 위한 해원상생 굿과 여덟 번째 민족통일 대동장 승 굿'에 주도적으로 참여하였다. 2005년에는 경산 코발트 폐광산에서 희생된 민간인들을 위한 위령제와 진상규명과 통합특별법 마련에 적극 나서고 있다.

4) 생명사상 및 생명문화 확산

생명사상 및 생명문화 확산을 위한 국내간 및 국제간 연대, 교류 활동으로 낙태허용법 반대, 사형제도 반대, 인권영화제 후원 등에 활동하고 있다.

5) 출판, 예술, 기획, 연구, 조사, 교육활동

출판, 예술, 기획, 연구, 조사, 교육활동으로 어린이와 청소년을 위한 자연학교를 매년 계절별로 4회씩 개최해왔으며 이 결실로 2003년 10월 영천 화북면 오산리에 '푸른평화 오산자연학교'를 개

교했다.

6) 환경단체간의 연대

안동 생명 공동체와 유기적으로 연대하여 생산자와 소비자가 함께 하여 도시의 먹거리 문제와 농촌의 문제를 동시에 풀려고 하고 있다. 그리고 우리밀 대구·경북 협의회를 구성하여 우리밀 살리기 운동을 펼쳤으며 많은 시민이 동참하면서 지역 내에 뿌리를 내리고 있다. 이러한 환경운동이 지역에 뿌리를 내리면서 교회 안의 운동에서 탈피해 대구 경북 지역 환경 단체의 구심점인 '낙동강 살리기 협의회'와 지역 내 타 종교 생명운동단체에도 적극적으로 참여하고 있다. 한편, 영천시 화북면에 위치한 오산자연학교를 운영하면서 생태체험 프로그램으로 태양광, 풍력발전기를 설치해 에너지교육을 실시하는 한편, 황토천연염색과 식물 가꾸기, 별보기 등 다양한 프로그램을 마련하고 있다.[33] 그리고 BMW 기술협회를 가동하였는데 BMW[34]는 사단법인 푸른평화의 대표 정홍규 신부가 일본의 농부로부터 배워 국내에 첫 도입한 후 현재 전국 21개 지역에 22개의 플랜트가 있다. 하지만 아직까지 작은 실천에만 머무르는 현실을 볼 때 좀 더 대안 문화 운동 차원에서의 환경운동으로 발전시켜 나가야 할 필요가 있다고 본다.

7) 기타

그밖에 생명살림 생활하기의 일환으로 유기농산물의 지속적인

---

[33] 보다 자세한 내용은 www.ecopeace.or.kr, 참조 바람.
[34] B(박테리아)·M(미네랄)·W(물) BM농법이라고 부른다. 돈분, 우분, 계분 등을 다시 정화시켜 활성수를 만들어서 밭에도, 논에도, 축사에도, 음식쓰레기에도, 화분에도 뿌리면 생물이 건강해지고 악취나 파리도 사라지게 된다. 좋은 박테리아를 통하여 나쁜 박테리아를 통제하고 사람에게 좋은 박테리아를 몸에 붙이려는 기술이다.

소비로 유기농업을 육성하여 우리의 땅 살리기, 농업문제, 환경문제, 생명살림에 대한 공부모임을 실시하였고, 이웃과 더불어 사는 사회 만들기의 일환으로 이웃과 공동주문, 공동나눔, 생산지 견학과 일손돕기, 동네살림 모임, 지역살림 모임을 통한 지역주민 자치활동을 전개하였다. 또한 2003년 11월 16일부터 30일까지는 세계적으로 유명한 생태마을인 미국 뉴저지주 제네시스 농장의 설립자이자 생태분야의 석학인 미리암 테레사 맥길리스 수녀를 초청해 전국 순회강연회를 개최하였다.

6. 대전교구 환경단체의 인프라 현황

대전교구 가톨릭 환경(분과)회의는 1995년 겨울에 결성되었고 조금씩 활동을 해오다 2001년부터 본격적으로 활동을 전개하고 있다. 다음은 대전교구의 가톨릭 환경(분과)회의를 중심으로 환경 및 생태 활동 현황을 살펴보면 다음과 같다.

(1) 설립배경과 목적

대전교구의 가톨릭 환경(분과)회의의 설립목적은 인간은 자연생태계 속에서 살아가는 하나의 유기체임을 자각하고 '자연과 조화를 이루는 절제된 삶의 양식'을 신앙인의 삶의 자세로 받아들이면서 하느님의 창조질서 보전을 위한 환경운동, 생명운동의 전개를 목적으로 하고 있다. 보다 구체적인 내용을 살펴보면 다음과 같다.

첫째, 더불어 함께 사는 생태적 삶으로 유기체적 인식·영성 회복에 있다. 즉, 우주만물, 삼라만상은 모두 하나의 생명체라는 의식으로 자연생태계의 모든 피조물들과 더불어 사는 가치관을 확립한다. 그리고 하느님이 우리 안에 심어준 생명의 감수성을 회복함으로써 모든 생명의 가치를 동등하게 존중하는 삶을 지향한다. 둘째, 하나뿐인 지구공동체를 위해 우리가 할 수 있는 모든 일을 즉각적으로 실천하고, 지역사회 내에서 4R(Reuse, Reduce, Recycle, Reject) 운동을 중심으로 지역주민과 함께 되살이 운동을 전개하며, 소외된 이웃에 대한 관심과 지원활동을 병행하여 지역공동체를 형성한다. 셋째. 생명을 생각하는 경제의 일환으로 한솥밥공동체 형성하여 도시생활자인 소비자와 생명의 일꾼인 농민이 함께 여는 장터를 활성화한다. 유기농 생산물의 직거래를 통해 생명이 넘치고 신명나는 도시와 농촌을 동시에 만든다.

또한, 다른 무엇보다도 생명을 살리는 일에 앞장서기 위하여 농약과 화학비료, 유전자조작으로 오염된 먹거리를 거부하고 생명의 양식이 되는 먹거리의 생산과 소비를 위해 활동하겠습니다. 또한 생명복제 같은 하느님이 주신 생명의 고유한 가치를 훼손하는 일에 반대한다.

(2) 주요활동 및 실태

대전교구 가톨릭 환경분과회의는 교구 및 본당 환경사목의 적극적인 활동을 위해, 본당 환경사목과 관련된 프로그램을 개발, 보급하고 있는데, 본당 환경교육을 통해서 교우들의 친환경적인 영성을 이끌어내고 이를 바탕으로 본당 환경분과가 지역의 작은 환경운동단체로 활동할 수 있도록 도와준다. 현재 대전교구 소속 93개 본당 중 환경분과가 개설되어 있는 57개 본당을 중심으로 활동하며 환경분과가 미개설된 본당의 환경분과 조직을 도와주고 있다.[35]

따라서 가정과 직장 내에서 일상적으로 행해지는 물을 오염시키는 행위에 대해 지속적으로 홍보하여 물을 절약하고 오염물질의 사용을 최소화할 수 있는 활동을 본당 환경분과의 일상 활동으로 추진하여 본당 주보에 실천사항을 연속적으로 게재하고 있다.[36] 이러한 활동의 일환으로 대전교구 가톨릭 환경회의(회장=장화일, 지도=강길원 신부)는 2004년 3월 22일 자연하천으로 보전이 비교적 양호한 갑천 상류지역인 노루벌에서 새뜸마을까지 도보로 이동하며 생태계를 돌보는 시간을 가졌다.

한편, 본당은 교우들을 통해 폐식용유를 수집하고 교구는 이를 수거하여 수원의 환경센터로 전달하여 재활용비누와 교환한다. 가정과 직장 안에서 자신이 할 수 있는 작은 일부터 실천한다. 그리고 교구 가톨릭 우리농생협의 이용을 활성화하여 소비자는 생명의 안전을 보장받고 생산자는 우리먹거리와 유기농산물을 소비를 안정적인 생산을 이루고자 한다. 유전자조작농산물과 유전자재조합식품에 대한 정기적인 조사활동을 전개하였다. 1차 조사활동에서 유전자재조합식품 표시제에 대한 홍보와 위반사항에 대한 지방자치단체의 단속을 촉구하고 있다. 또한 우리 먹거리와 유기농산물의 생산과 소비를 권장하는 우리농살리기 운동과 유전자조작, 생명복제 등 생명의 가치 훼손에 반대하는 운동을 전개하고 있다. 그리고 교구 차원에서는 새만금 간척반대 운동을 전개한다. 본당 서명운동과 길거리 서명을 실시하여 새만금 간척사업을 부당성을 알려내고 이의 중단을 요구하는 활동을 동시에 전개하였다.

그밖에 대전교구의 가톨릭 환경분과회의는 본당환경분과의 활동

---

35) 대전시내 소재 성당 37개 중 21개 성당에 환경분과가 설치되어 있다. 대전시내 소재 21개 본당의 환경분과의 경우, 5인 이상의 분과위원이 역할을 나누어 활동하는 환경분과가 10개 미만으로 조직력이 취약한 상황이나 분과 모임을 정기적으로 개최하면서 적극적인 활동을 예비하고 있는 준비의 시기라 할 수 있으며, 재활용 매장 운영이나 녹색장터, 본당 주변의 자연보호활동 등 일상적인 활동을 전개하는 본당이 5개미만으로 활동력이 부족한 상황이다.
36) 게재내용으로는 1. 교우들의 절약과 재활용생활을 촉구하는 아나바다 운동 2, 지역사회의 환경 문제에 환경단체, 시민과 공동으로 대응하는 연대활동 3, 생태계 속의 한 구성원으로서 전체 생태계와 조화를 이루는 삶을 꾸려나가는 공동체운동 등이다.

이 교회 안에서 뿐만 아니라 교회 밖으로 울림을 갖고 퍼 져가기를 바라며 본당에서의 활동을 통해 교우들의 환경친화적인 삶과 실천을 유도하고 지역에서의 활동을 통해 환경친화적인 도시로 변화시키고자 전국 가톨릭 환경사제모임 및 생명윤리기본법안 제정 촉구를 위한 공동 캠페인단 활동(2001년 7월~), 새만금갯벌생명평화연대(2001년 4월~)를 함께 하고 있다.

7. 광주대교구 환경단체의 인프라 현황

광주대교구의 환경사제모임을 중심으로 환경 및 생태활동 현황을 살펴보면 다음과 같다.

(1) 설립배경과 목적

광주대교구는 원주교구처럼 지역 사안 및 특성에 맞는 환경운동을 주로 전개하였는데 광주대교구의 환경운동은 1980년 광주 민주화운동이 성숙 되어가는 80년대 후반 사회운동의 부문운동을 담당하는 공해추방운동으로부터 시작된다. 광주대교구의 환경운동의 배경에는 정의평화위원회를 중심으로 한 반핵운동[37]이 주원인으로서 정의평화위원회는 핵발전소 노동자 김철씨의 죽음을 계기로 영광성당 신자들을 중심으로「원전을 생각하는 모임」을 구성하였다. 이때 광주대교구는 핵발전소 건설과 관련 영광에 핵발전소가 세워지고 그로 인한 피해가 속출하면서 일어난 반핵운동을 시작으로 환경운동에 적극 동참하고 있다.

---

37) 반핵운동은 1980년부터 1986년까지의 건설시기에는 핵 산업에 대한 문제들을 전혀 인식하지 못했으나 1986년부터 1988년까지 발전소 주변의 주민들을 중심으로 피해 보상운동과 생계보상 투쟁이 운동의 주를 이루는 태동기와 1988년부터 1993년까지 영광핵발전소추방운동연합을 조직하여 활동하는 성장기를 거치게 된다.

(2) 주요활동 및 실태

1) 「환경을 생각하는 사제」의 활동

1992년 5월 24일 전국 환경사제 모임이 결성되기 이전부터 영광 핵발전소 대책회의에 함께 했던 사제 25명이 교구내의 환경사제단 모임을 결성해 매월 환경에 대해 학습하고, 본당에서 환경사목을 구체적으로 실천할 것을 결의하고 다짐하였다. 본당 내 쓰레기 분리수거, 우유팩 모으기, 재생화장지 쓰기, 일회용품, 샴푸, 세제 안 쓰기 운동 등이 교회 내에서 대대적으로 이루어지기 시작했다

2) 가톨릭농민회를 중심으로 한 새생명 운동

우리농촌살리기운동본부(이하 우리농)는 1994년 주교회의 산하 단체로 설립되었으며 전국본부 산하에 13개 교구의 우리농이 활동하고 있다. 생활물품의 공동구입과 이용이나 교육/홍보사업들은 다른 생협과 비슷하지만, 대학 내 생활개선을 위한 편의사업을 벌이거나 생활협동사업으로 환경보전운동사업이나 민중연대사업, 생활문화운동사업 등을 벌이고 있다. 이 운동은 도농연대와 공생을 위한 도농공동체 운동으로, 도시와 농촌, 생산자와 소비자가 연대와 책임을 통해 흙 살림, 밥상살림, 농촌살림, 창조질서 보전을 실현해 나가는 운동이다.

3) 환경세미나 개최

광주대교구 소화자매원(원장, 김종순 수녀)은 2006년 4월 7일 소화자매원 지하강당에서 '소화설립 50주년 기념 환경세미나'를 개최하였다. 이날 행사에서는 초당대 박영미 교수의 친환경의 중요성에 대한 강의와 경남 양산 벧엘병원 도말순 원장의 EM(유용한 생

물)을 일상생활에 적용하는 방법에 대한 체험의 시간이 마련됐다. 소화자매원은 EM(유용한 생물) 도입이 10년 됐으며, 샴푸, 세탁비누, 주방세제 EM(유용한 생물) 원액, 발효액 등을 판매하고 있다.

4) 반핵 평화운동

광주대교구는 반핵운동의 중흥기라 할 수 있는 1993년부터 1998년까지 활발히 활동하였고, 이후 1993년 9월에 핵발전소 추방위원회(이하 핵추협)로 조직을 개편하고 핵산업에 대해 근본적으로 접근하기 시작하였다. 핵추협은 3, 4호기 가동 중지, 5, 6호기 건설 반대를 목표로 수많은 공청회와 집회를 전개하는 과정에서, '핵 없는 사회를 위한 전국 반핵운동본부'를 결성하였다. 1996년 영광 핵추위 실무자 3명이 구속 수감되는 사건도 있었으나, 한국사회 사상 최초로 핵발전소 건축허가를 취소시키는 쾌거를 이룩하였다. 영광 핵추협은 지속적인 관심을 가지고, 전국반핵본부의 핵심 역할을 하고 있다. 하지만, 전환기인 1999년 이후에는 영광원전민간 환경 안전 감시기구를 발족시키면서 반핵운동은 평화운동이라는 사실을 인식하고 그 동안 전쟁하는 것처럼 하던 반핵운동을 평화운동으로 전환하면서 새로운 에너지 운동을 펼치려고 노력하는 중이다.

5) 공해추방운동

사실 광주대교구는 노동운동 차원에서 공해추방운동, 반핵추방운동을, 농민운동 차원에서는 농약과 화학비료의 피해에 따른 유기농업을 기초로 한 생명운동을 전개하였다. 그럼에도 불구하고 공해추방운동은 상대적으로 미미한 수준에 머물렀던 것이 사실이다. 이는 환경위기에 대한 정확한 인식이 부족하고 지역 간 혹은 각계각층의 부문운동으로서의 한계를 갖고 있었기 때문이다.

6) 기타

2005년 빛고을 청소년을 운영하는 광주 청소년수련원 내 빛고을 청소년 문화의 집에서는 8월 13-15일 「강화도로 떠나는 생태기행」을 마련한다. 이외에도 매월 테마를 잡아 전국을 돌아다니며 역사 생태기행을 실시하고 있다.

8. 원주교구 환경단체의 인프라 현황

원주교구의 정의평화위원회을 중심으로 환경 및 생태활동 현황을 살펴보면 다음과 같다.

(1) 설립배경과 목적

원주교구는 환경사목에 대한 관심과 경험, 지식이 부족했으나 강원도의 지리적 환경에 대해 앞으로 예상되는 환경위기를 깨닫고 동강댐 건설 반대운동과 송전탑 문제 등의 활동을 전개하면서 환경사목에 대한 중요성을 인식하여 환경사목에 대해 관심을 갖게 되었다. 이러한 일환으로 원주교구내 대표적인 환경운동은 동강댐 건설 반대운동이다. 원주교구내 정의평화위원회가 동강댐 건설 반대 운동을 본격적으로 시작한 것은 1998년 11월경부터이지만, 원주교구는 2006년 사목교서 '생명을 지키는 가정'에서도 생명과 환경에 대하여 거론하는 등 환경에 대한 교구의 관심은 지대하다.

원주교구는 특히, 2006년 사목교서에서 "우리 모두가 주님의 가르침대로 이웃을 향해 복음을 선포하며, 우리 자신이 사랑실천에 앞장서야 하겠습니다. 그리고 생명과 환경보존 운동을 전개하며 특히 일상생활과 가정에서부터 실천해야 할 것입니다. 그래서 하느님께서 주신 우리 교구의 강과 산 그리고 바다를 자연 그대로 보존하며 우리 모두가 생명의 존엄성을 바탕으로 주님의 나라를 건설해야 하겠습니다. 그래서 자연과 인간이 함께 어우러지는 주님의 창조질서대로 진정한 평화와 사랑의 관계를 맺으며 우리 교구를 가꾸어 나갑시다"라고 환경사목의 목적을 보다 구체적으로 밝히고 있다.

(2) 주요활동 및 실태

원주교구는 각 교구가 환경운동 실천사항으로 제시하고 있는 도·농직거래운동을 가장 먼저 실천한 교구로서 1985년 원주소비자협동조합을 창립해 도·농 직거래 사업을 시작하였다. 현재 유기농 저농약 도·농 직거래 사업운동을 활발하게 펴고 있다. 그리고 창조질서 보전'이라는 책무를 가지고 동강댐 건설에 대한 정의평화위원회의 입장 발표와 더불어 홍보자료 배포를 통한 전국 천주교계 내의 홍보 및 여론 형성을 주도한 이후 기도회와 교계인사 2,000인 서명운동 및 선언대회 등 동강댐 문제는 사회적 관심과 더불어 천주교 내에서도 큰 호응과 참여를 바탕으로 진행하였다. 이 과정에서 교회의 가장 중요한 역할은 지역주민을 비롯한 사회적 여론형성에 있음을 알게 된다. 실례로 영월지역은 가톨릭교회가 반대 운동을 하기 전까지는 찬반의 논란이 분분했다. 댐 건설 찬성쪽의 여론이 훨씬 높았으나 교회가 공식적인 반대 입장을 표명하고 기도회를 여는 등 적극적인 활동을 벌이자 대부분 반대로 돌아섰다.[38]

원주교구의 정의평화위원회는 완벽하게 보존된 동강의 자연생태계와 발굴되지 않은 많은 문화유산 등을 지키고 동강댐 건설을 반대하는 천주교의 입장을 전하고자 전국환경사제모임과 한마음한몸운

---

38) 그전까지는 지역주민들이 주축이 되어 결성한 '영월댐 반대를 위한 3개군 투쟁위원회'와 환경운동연합 등의 환경단체들이 적극적으로 반대운동을 전개해 왔으나 사회적 관심을 지속시키지 못하고 있었고 2년 동안의 투쟁에 지역주민들은 지쳐가고 댐건설은 기정사실화 되어가는 듯 했다.

동본부, 정의구현전국사제단 공동명의로 된 서한을 청와대에 전달하였고 동강살리기 스티커 부착 캠페인 등 동강댐 건설 반대운동 등을 펼쳤다. 원주교구 정의평화위원회가 주도하는 동강살리기 운동은 전국 환경사제모임, 정의구현사제단과 수도자, 평신도들이 함께 참여, 교회의 강점인 조직력을 보여주었는데, 1999년도 교회 환경운동의 이 같은 노력들은 일명 동강살리기 운동에 전교회가 참여하는 결실로 나타났다.

원주교구는 동강댐 만이 아니라 75만 볼트의 전기가 흐르게 될 태백산맥을 관통해서 세워진 높다란 송전탑, 탄광지역의 대안으로 세워지고 있는 카지노, 산 속 골짜기마다 휴양림과 콘도, 계곡마다 세워진 피서객용 가게들로 원주교구 관할지역 역시 경제논리 앞에 점점 파괴되어가고 있다. 이에 원주교구의 정화평의위원회에서 벌이는 환경운동도 이런 사안들에 초점을 두고 발걸음을 빨리하고 있다. 그밖에 환경운동에 대한 중요성을 절감한 원주교구는 '가톨릭 환경학교'를 시작하였고 이 환경학교는 이후 1년에 두 번 정도 지구별로 돌아가면서 진행되고 있다. 물론 멀리 떨어져 있는 지역적 한계, 환경에 대한 인식부족, 재정의 취약성 등 원주교구가 넘어야 할 산이 많은 것도 사실이나 환경보전, 창조질서 보전이라는 사명감을 갖고 강원도의 환경을 지키는 것이 당연하다는 것을 받아들인다면 원주교구의 환경운동은 전 교구중에서도 가장 모범적인 교구로 탈바꿈 될 것이다.

9. 안동교구 환경단체의 인프라 현황

안동교구의 생명환경연대를 중심으로 환경 및 생태활동 현황을 살펴보면 다음과 같다.

(1) 설립배경과 목적

 안동교구는 1992년 사목교서에서 환경문제에 대해 구체적으로 거론하고 있는데 사목교서에 환경문제와 인간생명문제를 같이 다루고 있다. 환경문제의 경우 이제 시작단계인 교구 '생명의 공동체'의 확산을 기대하면서 교회가 당연히 관심을 갖고 함께 해나가야 할 일임을 강조하고 있다. 그리고 안동교구는 2000년 대희년을 맞아 전국 생명환경 신앙대회를 진행하면서 '안동교구 생명환경연대'를 창립하였다. 이제까지의 교구 환경운동이 농민중심이었다면, 생명환경연대의 환경운동은 생활 속의 실천운동으로 환경운동의 전환을 모색하고 있다. 이제는 환경의 문제가 신앙인의 정체성에서 근본적으로 우러나오는 삶의 문제라고 생각하고 신앙행위로 발전시켜 나가려고 하고 있다. 또 과거에는 지식인을 중심으로 일반인을 견인해 나가는 작업을 벌였다면, 지금은 모두가 각자의 삶의 자리에서 필연적으로 실천해야 할 삶의 문제라는 인식을 갖고 있다.

(2) 주요활동 및 실태

 안동교구는 농촌교구의 특성답게 농민들을 중심으로 땅을 살리고 환경을 살리는 유기농 농사를 통한 환경운동을 착실하게 펴오고 있다. 안동교구는 이미 1988년 교구 사목국에서 2년 과정의 농촌공소 봉사자 학교를 통해 파괴되는 농촌마을 공동체 재건과 생명농업의 필요성을 교육시켜 오면서 농민들은 생명의 농법으로 전환해 농사짓기 시작했고 환경의 소중함을 인식한 소비자들이 합세함으로써 1990년 '생명의 공동체'가 창립하였다. 따라서 교구 주보나 월보를 이용한 지속적인 교육 활동을 실시하고, 매주일 혹은 매달 환경 실천거리들을 제시하고 생활 속에서 스스로 실천 사항들을 점검하도록 노력하고 있다.

안동교구의 환경단체는 치열했던 농민 운동의 결실이며 미래의 농촌을 준비하는 대안 운동으로 출발했다. 1970년대 후반부터 시작된 농민운동은 1990년대 들어서 교회의 정체성을 바탕으로 생명운동과 지역 소공동체 중심으로 방향을 잡았다. 1990년대 초반 우루과이 라운드와 쌀시장의 개방, 핵폐기물 처리장 시설과 원전문제, 수입 농산물의 농약 오염 문제, 낙동강 페놀 오염 사건 등은 환경에 대한 새로운 인식을 갖게 만들었다. 이러한 상황 아래서 지역의 생명 환경 농업 농가와 환경의 소중함을 생각하는 소비자들을 중심으로 '생명의 공동체'를 창립하게 되었다. 공소사목연구회원회를 중심으로 유기농업의 정신과 공동체 운영방안, 공해의 심각성에 대해 교육하여, 2001년에는 안동, 영주, 상주, 점촌 4개 지역에서 1,300여명의 소비자 회원과 10개의 농촌생산자 공동체, 100여개 도시 소공동체가 생기게 되었다.

2004년 2월 8일 안동교구 생명·환경연대(김학록 신부)는 농은수련원내 가톨릭상지대 수련원 강당에서 정기총회를 개최했다. 이 날 총회에서 생명.환경연대는 박인국(라파엘.점촌 모전동본당)씨를 새 대표로 선출하고, 2004년도 사업계획 보고 및 인준과 관련한 안건들을 토의했다. 2005년 7월에 안동교구 생명·환경연대(위원장=박인국, 지도=정도영 신부)는 봉화 우곡성지에서 가족생태체험캠프「초록빛 교실」을 실시하였다. 「초록빛 교실」은 청정계곡에서 곤충 등 식생물을 관찰하고 숲 체험을 비롯해 두부만들기, 천연염색, 한지공예 등 여러 체험 프로그램으로 진행되었고, 지금까지 타교구 신자들이 참여한 것과는 달리 2005년에는 교구내 신자들만 참여하였다. 2005년 12월에는 안동교구 가톨릭농민회(김시영 신부)는 예천군 풍양면 공덕1리 현지에서 교구장 권혁주 주교 주례로 '친환경유기농쌀 전문도정공장' 축복식을 거행하기도 하였다.

10. 청주교구 환경단체의 인프라 현황

청주교구는 다른 교구에 비해 뒤늦게 환경 문제에 관심을 갖고 거론하였으나 중점사항보다도 부분적인 사항으로 언급하고 생명이라는 넓은 의미에서 문제를 접근하고 있다. 청주교구는 환경만을 위한 전담기구는 없지만 넓은 범위에서 환경과 생명에 대한 관련 조직으로는, 교구 차원의 '정의평화위원회', '평협도농협력부', '여성연합회', '행복한 가정운동' 등이 있으며, 본당 차원의 '평협정의평화부', '도농 협력부', '소공동체'가 있다. 청주교구 환경단체의 주요활동 및 실태를 살펴보면 꽃동네와 정의평화위원회에서 맹동면 태광산업 금광개발 저지 100만명 서명운동을 벌였고,[39] 청주교구와 충주환경 운동 연합이 연대하여 문장대와 용화온천 개발 저지 운동이 1996년에 전개되었으며, 온천 개발 현장에서 온천개발 저지를 위한 미사(교구사제 8명)가 있었다. 온천개발로 인한 환경오염 방지 운동을 한 결과 온천 개발은 2001년 7월 27일 대법원 확정 판결로 폐지되었다. 오창 본당은 무공해 비누 제조 및 보급에 앞장서 1999년부터 2001년까지 무려 40,000여 장의 무공해 비누를 보급하였다.

사목국은 1997년 성직자 및 수도자 연수를 통해 '농촌이 살아야 모두가 산다'라는 주제를 통해 자료집을 발간하였다. 2000년 성직자 연수시에는 '낙태죄와 모자 보건법'을 주제로, 2000년 성직자 및 수도자 연수에는 '생명·가정사목 사례발표', 2000년 가정 성화부장 연수에는 '모자 보건법의 근본문제와 인간의 존엄성'의 주제로 자료집을 발표하였다.

이처럼 청주교구는 전담 부서가 없는 상황에서 환경만이 아닌 생

---

39) 2000-2001년, 금광으로 인한 지하수 오염과 고갈에 대한 지역 주민과 연대한 금광개발 저지운동이다

명문제에 좀 더 비중을 두고 활동하고 있는 것으로 보인다. 또한 사목국은 소공동체장 교육을 통해 1998년 2월, 유전자 조작 식품에 대한 내용을 강의 한 바 있으며, 교구 평협에서는 2000년 공소 회장단 교육시 제초제의 해악에 대한 강의도 있었다.

한편, 가톨릭 농민회는 유기 농산물 유통센터 운영(1992-현재), 유기농 농산물 생산 확대 및 전진기지 구축, 생산자와 소비자의 직거래 나눔터를 운영)과 오리 넣어주기 연례행사를 통해 1998부터 현재까지 도농간의 교류 및 나눔의 장 마련하고 있다. 가톨릭 농민회원 중에는 일찌감치 생명운동에 눈떠 화학농법에서 생명농법으로 전환해 농사를 짓는 농민들이 있었다.[40] 여성연합회에서는 1999년부터 주방세제 덜쓰기 운동을 전개하고 있으며, 월례산악회를 통해 쓰레기 줍기를 강조하고 있다. 청주교구 차원에서는 낙태반대운동의 일환으로 '모자 보건법 폐지 100만인 서명운동'을 전개하여 2000년3월부터 10월까지 124 만명의 서명을 받아 국회에 청원서 제출하기도 하였다.

11. 전주교구 환경단체의 인프라 현황

전주교구의 새만금갯벌 생명평화연대를 중심으로 환경 및 생태 활동 현황을 살펴보면 다음과 같다.

(1) 설립배경과 목적

전주교구는 1991년도 사목교서에서 기본방향 4가지 항목 중 하나가 '환경보호'로 정하면서 다음과 같은 취지를 밝히고 있다. 교구 사목교서는 이렇게 제시한 기본방향을 따라 구체적인 계획을 수립

---

40) 김홍진, 가톨릭교회의 환경인식과 실천에 관한 조사연구, 서강대학교 신학대학원, 2003년. 57-58쪽

해 적극 실천해 줄 것을 당부하였다. 이어서 2000년도 사목교서 라 항에서 "조그만 물건 하나를 사도 격에 맞지 않게 크고 화려한 포장이 딸려와 곧바로 쓰레기통으로 들어가고, 먹고 남은 음식이 또한 그렇게 되며, 썩지도 않는 비닐 제품들이 산과 하천에 쌓여 가는 등 우리가 마음만 먹으면 쉽게 해결할 수 있는 일에 있어서까지 환경문제는 오늘날 시민생활에서 가장 큰 걱정거리의 하나임을 우리는 잘 알고 있습니다. 우리가 가고 난 다음 더럽혀진 세상에 살게 될 후손을 생각할 때나 창조주를 믿는 우리의 신앙을 생각할 때 우리가 조그만 일에서부터 환경 정화와 물자 절약을 실천하면 그것은 사랑과 믿음을 가장 구체적으로 실천하는 일의 하나가 될 것입니다. 그리고 장바구니 들고 다니기, 거리나 하천 청소하기, 분리수거 실천하기, 세제 사용 자제하기 등 생활주변의 작은 일을 실천하면 그것은 자라나는 어린이들의 교육을 위해서도 산교육이 될 것이다."라고 설립배경과 목적을 밝히고 있다.

(2) 주요활동 및 실태

1991년도 사목교서에서 밝힌 바에 의하면 주요 실천사항이 자연환경 보호를 위한 홍보, 각종 공해, 환경오염에 대한의식교육, 생명운동 적극 활성화 및 실천, 환경보호를 주제로 한 대회 개최(청소년-웅변 사생 백일장 등)이다. 이후 전주교구는 2004년 9월 새만금 갯벌 생명평화연대와 환경운동연합은 최근 갯벌 교육과 환경보존의 소중함을 알리기 위한 생명평화센터를 5년간 30억원의 국민기금을 모아 김제와 부안, 군산 중 한 곳에 건립하겠다고 밝혔다. 생명평화센터 건립은 2003년 부안에서 서울까지 삼보일배로 걸어온 문규현 신부 등 4대 종단 성직자가 2004년 4월 교보 환경상을 수상하며 받은 상금 300만원을 기증하면서 추진되기 시작했다. 성직자들은 새만금 갯벌의 소중함을 알릴 수 있는 생명평화센터 건립이 필요하다며 상금을 전액 기증하기도 하였다.

   2004년 11월 1일 전주교구 정의평화위원회(김영수 신부)와 농촌사목(박동진 신부), 여성연합회 등 세 단체는 전주 서학동 성당에서 환경살리기 교육을 실시했다. 전주교구 내 각 여성단체 임원 200여 명이 참석한 가운데 열린 이날 교육에서 이병호 주교는 강의를 통해 『우리 주변의 환경을 살리기 이전에 각자 자신들부터 이에 대한 중요성을 인지하고 내부환경부터 정리하자』고 강조했다.

12. 부산교구 환경단체의 인프라 현황

   부산교구의 환경사제모임(유영일 신부)은 2004년 4월 27일 교구청 회의실에서 결성식을 갖고 정식 출범했다. 광주대교구에 이어 두 번째로 결성된 부산교구 환경사제모임은 월 1회 정기모임을 갖고 교육 등을 통해 환경 생명문제에 대한 인식을 넓혀가는 한편 신자들의 적극적인 참여를 위해 각 본당에 생명환경분과를 설립하였다. 또한 환경사제모임은 교구-지구-본당-반모임 조직 운영을 통해 프로그램 개발과 순회강연을 하고 본당 초중고 대상 자연 생명학교를 개설해 나가고 있다. 또 연 1회 지구-본당별 생명환경살림 바자와 나눔 잔치를 개최하며 매월 교구활동 계획과 본당 생명 환경분과 간부회의를 통해 활동계획을 점검해 나가고 있다. 부산교구의 주요활동으로는 2004년 7월 9일 부산교구 구포본당(정인식 신부)은 환경부 생활환경 위촉교수인 박용수(요셉)씨를 초청해 본당 구역장, 반장 등을 대상으로 환경 보전 생활에 대한 특강을 가졌다. 2005년 4월 부산교구 환경사목위원회(유영일 신부)는 부산 가톨릭센터 소극장에서 「핵 에너지, 대안은 없는가」를 주제로 초청강연회로 활동 하였다. 그리고 까리따스 자원봉사단(총재:정명조 주교)은 금정산 동문일대에서 전체 단원들이 참석한 가운데 2시간 동안 새봄맞이 환경정화 활동을 하였다.

13. 마산교구 환경단체의 인프라 현황

마산교구는 1995년 '생명을 보호하는 가정의 해'로 정한 사목교서에서 환경에 대해 언급했으나 가정의 중요성을 강조하며 자연생명 뿐 아니라 인간생명에 대해 함께 다루고 있다. 동시에 마산교구는 구체적인 실천사항으로 인간생명 보호를 위해 행복한 가정운동 적극 참여 및 선전, 낙태 반대 운동과 반생명적 입법 반대 운동 전개, 과도한 흡연과 음주 및 마약 사용 반대 운동 전개 등을 제시하였다. 또한 자연보호를 위한 실천사항으로 생활 쓰레기 줄이기 및 강력 세제와 일회용품 등 안 쓰기, 물자를 절약하는 생활, 자연보호 운동 적극 참여 및 홍보 등을 제시하였다. 주요활동을 살펴보면 2005년 마산교구의 가톨릭농민회와 우리농촌 살리기 운동본부(윤행도 신부)는 9월 7일 경남 함안군 가야읍 묘사리 묘동마을 현지에서 교구장 안명옥 주교 주례로 친환경농산물 물류센터 축복식을 가졌다. 생명공동체 운동의 중심이 될 이 물류센터에는 회의실과 사무실, 작업실, 저온창고 2동, 냉동창고 1동 등이 자리했으며, 사무동에는 창원에 있던 마산교구 가톨릭농민회 본부가 옮겨왔다. 앞으로 이 물류센터는 도내 생산자 마을에서 수확한 각종 순수 우리 농산물을 한데 모아 도시지역에 신선한 형태로 공급하는 역할을 담당하게 된다.

한편, 우리농 생명공동체는 함안 본부를 비롯해 창원 남양동, 진해복지관, 가톨릭여성회관 등 도내 18개 우리농 생활공동체 판매장을 두고 있으며, 우리 밀 등 국산 농축수산물과 건강식품, 환경생활 용품 등을 취급하고 있다. 그리고 마산교구에서 생태 환경 체험을 할 수 있는 장소로는 경남 산청군에 있는 경상남도 자연학습원에서 지리산 생태체험을 할 수 있다.

14. 의정부교구 환경단체의 인프라 현황

의정부교구는 대부분 휴전선 접경지역·군사시설 보호구역이고 지역개발도 미비하여 도시도 기형적으로 성장한 지역이다. 이러한 상황에서 의정부교구는 자연 생태계의 보존은 양호 한 편이므로 통일·환경·관광사목에 기대를 걸고 있다. 의정부교구 일산본당(라병국 신부)은 친환경적 사회를 만들기 위한 노력의 일환으로 2004년 제정한 '일산 천주교 환경상'을 제정하였다. 일산 천주교 환경상의 제정은 2003년부터 꾸준히 추진해온 일산본당 환경운동의 결실로서 환경문제에 관심이 많은 신자들을 중심으로 환경분과 '하늘·땅·물·벗'을 신설하고 본당내에 유기농산물 매장과 이주노동자들을 위한 친환경 재활용 매장 '평화바람'을 여는 등 지역 주민과 함께 하는 친환경적 공동체로 거듭나기 위해 노력하고 있다. 환경상 제정도 이러한 환경운동의 연장선상에서 나온 것이다. 일산본당은 유기농 매장 개설 당시 「유기농 매장의 수익금 전액을 농촌살리기와 환경보전 기금으로 활용 하겠다」는 취지와 포부를 밝힌 바 있다.

15. 제주교구 환경단체의 인프라 현황

제주교구는 2003년 7월 24일 우리농촌살리기본부(고병수 신부)

의 각 본당 평협 산하에 '환경분과'를 신설토록 사제평의회 때 건의키로 제주교구청 회의실에서 열린 제1차 운영위원회 회의를 통해 이같이 결의하고 신설되는 환경분과가 본당 관련 우리농촌살리기 업무를 전담하자고 결정한다. 제주교구의 환경분과 설립의 주요목적은 무공해 비누 생산과 보급을 교구차원에서 관리토록 하여 환경오염 방지와 더불어 무공해 비누 판매에 효율을 기하기로 한다. 제주연대는 자라나는 우리 아이들에게 안전한 먹거리를 제공하고 죽어가는 농촌을 살리며 자연과 인간이 공존 공생하는 세상공동체를 건설하는 데 심혈을 기우리고 있다. 주요활동을 살펴보면 2004년 우리농촌살리기운동 제주교구본부 등 28개 단체가 연대해 만든 제주연대는 7월 「친환경 우리농산물 학교급식 조례」제정과 학교 급식 시행 등에 앞장서고 있다. 한편, 2005년 4월 친환경 우리농산물 급식 제주연대(상임대표, 고병수 신부)가 교보생명 교육문화재단이 수여하는 제7회 '교보생명 환경문화상' 환경운동 부문 우수상을 수상하는 등 점차 지역사회의 환경 및 생태문화에 기여하고 있다.

IV. 가톨릭환경운동단체의 평가와 과제

1. 평가방법 및 분석의 틀

가톨릭교회는 1990년 평화의 날 메시지[41]에서 밝히는 것처럼 "창

---

41) 환경을 보전하려는 신앙인들의 투신은 창조주 하느님께 대한 신앙에서 직접 뻗쳐 나오는 것입니다. 창조주 하느님을 믿는 사람들은, 생태계의 문제를 해결하도록 부름 받고 있다는 사실을 절감해야 합니다. 그리스도인들은 특히 피조물 안에서의 책임은 물론 자연과 하느님께 대한 의무가 신앙의 본질적인 부분이라는 것을 깨닫고 있습니다. 세계 평화의 날 교황 요한 바오로 2세 담화문, 생태계의 위기, 공동 책임, 1990. 15절.

조주 하느님을 믿는 사람들은 생태계의 문제를 해결하도록 부름 받고 있다는 사실을 절감해야 한다"고 강조하였다. 그 이후로도 교회 정신을 바탕으로 자연환경 수호를 위해서 계속 노력하고 있다.[42] 그러함에도 불구하고 여전히 환경보전의 임무가 신앙인의 본질적인 부분이라고 인식하며 적극적으로 활동하지 못하고 있는 것도 현실이다.[43] 즉, 지난 25년간 가톨릭교회의 '인간과 환경' 관련 실태를 되돌아보면 환경사목이 일정시기에 폭발적으로 일어난 이후에 지금까지 상승곡선을 유지되었다고 하기에는 무리가 따른다. 신자들이나 일선 사목자들의 의식은 여전히 사회사목의 일부 정도로 인식하고 있는 것이다. 이러한 사실은 2006년 6월 5일 환경의 날을 맞아 교회 에너지 사용 실태와 문제점을 발표한 조사보고서에서 나타난 바와 같다.[44] 그동안 전국모임으로는 천주교환경연대에서 2002년 천주교 창조보전모임으로 탈바꿈한 '천주교 창조보전모임'이 있다. 하지만 이 단체 또한 대안을 제시하지 못한 채 생활 속의 실천에만 그치고 있어서 정착-성숙단계로 진입하였다고 평가하기에는 부족하다. 현재로서는 뾰족한 수가 없어 보이지만 전혀 불가능한 것이 아니기에 가톨릭환경운동단체에 대한 평가 작업의 일환으로 가톨릭환경단체에 대한 현황파악과 문제점 및 과제를 제시코자한다.

---

42) 하느님의 창조 계획안에서 하느님의 관리인으로서의 인간은 땅을 지배할 소명을 지니고 있다. 그런데 이러한 지배는 독단적이고 파괴적인 정복이 되어서는 안 된다. 가톨릭교회 교리서 373항. 즉 이 지배권은 절대적인 것이 아니고, 미래 세대를 포함하여 이웃에게 쾌적한 생활환경을 물려주는 배려로 제한을 받는 것이기에 피조물 전체에 대한 세심한 배려를 요구 한다. 요한 바오로 2세 회칙, 백주년, 1991. 37-38항.

43) 물론, 교구 나 본당 그리고 수도단체에서 이 환경문제에 대해서 관심이 없어서 구체적인 접근을 안 하는 것이 아니라 당면해 있는 수많은 일들로 인해 못하는 상황이 더 많은 것이 사실이다. 그래서 환경운동 단체들의 정신이나 프로그램들이 신자들 생활 깊숙이 파고들어 갈 수 없다는 이유가 크다고 생각한다.

44) 이 조사에 의하면 조사대상인 교구 에너지를 절약할 수 있는 고효율 형광등을 사용하는 본당은 절반도 안 되는 37개에 불과했다. 또 절전을 위해 방안에 사람이 있을 경우에만 불이 켜지는 센서가 설치된 본당도 30개에 그쳤다. 냉·난방기 사용기준(사용 적정온도)이 없는 본당이 66개, 105개 본당은 여름철 냉방기의 실내 자동 온도 조절기를 설치하지 않은 것으로 나타났다. 태양에너지 활용 시설이 있는 본당은 고작 4개뿐이었다. 평화신문. 2006.3.26.

연구를 위한 이론 및 전략과제를 위한 자료수집방법은 질적 연구에 해당하는 문헌연구보다는 현지실태 및 의식조사분야를 겸한 사회조사 방법론 또는 생태 및 환경문화적 현장조사방법을 사용하였다. 그리고 이 연구가 가톨릭환경단체의 근본정신에 관한 신학적 연구가 아니고 사회과학적 시각으로 접근하였으므로 자료해석에는 학제적 연구를 통하여 구성한 이론들을, 영역에 따라서는 해당 학문분야의 해석방법론을 사용하였다. 따라서 사회과학적 조직진단에 관한 주요접근 모형 및 이론 중에서 본 연구에 맞게 변형하여[45] 다음과 같은 조직분야(구성 및 기획과제), 인적분야(교육 및 연구활동과제), 대외적 네트워크 분야(연대 및 실천과제)로 나누어서 가톨릭환경단체에 대한 진단을 실시하였다.

2. 조직분야: 구성 및 기획과제

(1) 집중성 및 전문성의 향상

일부 가톨릭 환경 단체는 그동안 사회 문제 및 정책 문제에 개입하는 일이 많았다. 정치면 정치, 경제면 경제. 노동이면 노동, 비리면 비리, 탄핵이면 탄핵. 다방면으로 관심을 표명하다 보니 전문성도 사라지고 정체성도 사라지게 된 것이다. 탄핵이 가결되었을 때 환경운동연합의 홈페이지는 까만 자막으로 국회 사망, 장례가 오픈 페이지에 떴다. 물론 중요한 사안이지만 환경을 이야기하는 집중력이 약화될 수밖에 없다. 우리는 너무나 많은 사안들에 마음을 빼앗겨 환경 단체가 갈 길을 잃어버리고 말았다. 그리하여 가톨릭 환경

---

[45] 방법론적으로 심층면담에 기초하여 획득한 계량적 자료인 AHP 분석 및 설문통계기법을 적용한 객관화, 도식화하는 방법은 본 연구에서는 생략한다. 조직진단의 주요모형 및 이론으로는 해리슨 모델, 와이스버드의 여섯상자 모델, 내들러의 적합모델, 버크-리트윈의 모델 매킨지의 7S모델 등등 여러 가지 모델이 있다. 한국행정학회 조직학연구회, 정부조직진단, 대영문화사, 2002. 81-95쪽.

단체는 환경운동을 신앙인의 본분으로 인식하는 창조 영성, 생태 영성을 진작시키는 데까지 이르게 하지 못하고 사회 환경 단체의 활동과 차별성을 구현해 내지 못하였다고 평가할 수 있다. 가톨릭 환경단체 중에서 환경만을 집중적으로 이슈화하고 조명하는 과학 분야 혹은 신학 분야의 전문 인력을 확보한 곳을 제대로 파악하기가 힘들었다.[46] 그러므로 사회보다 항상 느리게 반응할 수밖에 없는 것이고 사회단체의 운동에 끌려 다닐 수밖에 없었던 것이다. 이러한 전문성의 부재는 환경운동이 천혜의 자원을 훼손하는 대규모 개발에 대한 대안을 제시하지 못하고 무책임한 반대를 위한 운동으로 전락할 위험성을 내포하고 있었다.

(2) 변동대처 능력의 제고

환경 보존은 더욱 느리게 더욱 천천히 살아가는 방식을 요구한다. 그러나 우리나라 사회 변화 속도는 초고속이다. 사건이 너무 많이 터진다. 대통령에서부터 사회 곳곳에 충격적인 일이 너무 많이 벌어진다. 국민들이 태평세월을 노래할 시간이 없다. 결국 우리나라 환경운동은 늘 겉돌 수밖에 없는 실정이다. 우리는 너무나 많은 일들에 마음을 빼앗겨 우리 갈 길을 잃어버리고 말았다. 한국의 환경 위기의 사회 구조 안에서 환경운동은 정치적 투쟁의 성격을 띠지 않을 수 없었다. 그러나 큰 사안에 따른 정치적 운동도 중요하지만 무엇보다도 개발에 의한 풍요를 추구하는 현대인들의 인식을 바꾸는 것이 가톨릭교회 환경 단체가 해야 할 가장 크고 의미 있는 사목이라 할 수 있다. 정치적 반대 투쟁 또한 인식을 바꾸는 데 큰 역할을 수행하지만, 환경 파괴 행위가 정부나 개인들에게서 원천적으로 만들어질 수 없게 하기 위해서는 근본적인 인간 가치관의 전환이 필요

---
46) 서울, 인천, 대구, 수원, 원주교구에서는 일부 발견할 수 있었다.

하다. 개발보다는 환경 보전이 종국에는 인간생활에 더욱 이롭다고 하는 가치관, 자연 환경이 살아야 인간도 살아남을 수 있다는 가치관, 인간과 자연이 서로 친밀하게 연결되어 있는 유기적인 관계에 있다는 가치관으로의 전환이 필요하다.

환경에 대한 사회적 관심이 증대된 것처럼 가톨릭교회의 관심 또한 증대한 것은 사실이지만 정의나 평화를 주제로 한 회칙은 있지만 환경 회칙은 아직 발표된 적이 없는 것처럼 교회 밖에서 이루어지고 있는 다양한 노력들에 비하면 가톨릭교회의 관심과 문제 해결 방법은 시기적으로 한발 늦을 뿐만 아니라, 교회가 기울이고 있는 다른 사회적 관심과 비교해 볼 때도 상대적으로 미약하였다.

그러나 개발과 경제 논리로 환경 파괴가 가속화되고 있는 가운데 환경에 대한 올바른 의식을 심어 나가기 위한 가톨릭교회 차원의 활동은 강화되고 있으며, 이 가운데 주교회의 정의평화위원회(위원장: 최기산 주교) 환경소위원회가 2006년 2월 16일 오후 서울 중곡동 한국천주교중앙협의회 대회의실에서 정기 총회를 열고 '환경상'을 제정하고 2006년 중에 첫 시상식을 열기로 한 점은 진정한 노력의 일환으로 한 단계 진일보한 것으로 평가할 만하다.

(3) 환경정의(Environmental Justice)적 접근[47] 의 시도

가톨릭교회가 성서적 정의에 입각하여 환경오염의 우선적 피해자인 사회적 약자에 대한 우선적 선택을 지향하고 있다는 점은 충분히 드러나고 있다. 사회적 약자들의 (환경적) 고통을 외면하면서 지구 환경만을 강조하는 것은 인간-인간 간의 정의에 어긋난다는 점

---

47) 환경정의(environmental justice)란 생태적으로 건전한 선상에서 인간의 문명이 자연을 활용하여 인간의 삶의 질을 수월하게 존속하되, 자연 이용에 따른 혜택이 사회 구성원에게 공정하게 분배되고, 더 나아가 부담과 불이익이 사회적 약자에게 부당하게 쏠리지 않도록 하는 것이다. 한면희, "환경정의의 이론과 실제", 「환경과 생명」, 21호 1999.

을 강조하고 있는 것이다. 따라서 가톨릭 환경 사목은 환경 파괴의 우선적 피해자인 사회적 약자들을 대신하여, 환경 피해 사례의 발굴 및 조사와 소송뿐 아니라 사회복지 차원의 치료를 병행하는 등 적극적으로 실천하려는 의지를 지니고 있다고 평가할 수 있다. 광주대교구의 핵발전소 반대 운동이 초기부터 환경 문제가 아닌, 핵 피폭에 따른 노동자의 사망 사건에서 시작되었고, 원주교구의 동강 댐 반대 운동 또한 초기에는 불합리한 댐 정책에 대응한 환경 정의적 접근의 사례로 평가할 수 있었다.

다만, 이를 위해 기존의 사회복지사업에 환경 피해자에 대한 실질적인 치료를 병행하는 방법도 모색해 볼 수 있겠지만 이에 대한 자세한 언급은 발견하지 못하였다. 그러므로 가톨릭 환경운동은 환경오염으로 인한 피해를 입을 사회적 약자에 대한 관심과 그들의 권익 보호에 앞장서는 정의적 접근을 지속하여야 한다.

(4) 환경 및 생태전문연구소의 작동

"종교 기관이 환경운동에 참여할 때, 환경 문제에 대한 문제 제기 및 해결 방안 창출에서 주도적이지 못하고 단순 참여하는 경우가 많으며, 시민 단체의 인원 부족을 채워 주기 위해 동원되는 측면이 강하다"는 지적은 타당하다.[48] 환경운동에 있어서 가톨릭 운동이 주도적인 역할, 즉 예언자적 소명을 다하지 못하고 있는 것이다. 환경오염은 장시간에 걸쳐 누적되는 문제이기 때문에 사람들이 그 효과를 즉각적으로 느낄 수 없는 사회 문제(social problem)이다. 그러한 이유로 인하여 환경 문제는 피해자가 발생해야만 사후약방문식으로 사회 문제화되는 경우가 많다. 또한 환경오염의 효과는 그 잠재성으로 인해 가시화되지 않는 경우도 많다. 그러므로 환경 의식이 향상

---

48) 윤형근, 「종교 환경운동의 평가와 새로운 길 찾기」, 「환경과 생명」 31호(2002/봄), 129쪽.

되기 위해서는 환경 문제에 대한 과학적 지식의 증진이 동반되어야 한다. 따라서 가톨릭 환경운동이 사회에 있어 예언자적인 역할을 수행하기 위해서는 과학 분야와 신학 분야의 전문 요원으로 구성된 가톨릭 환경전문연구소를 조직하여 문제 제기와 함께 적극적인 대안을 제시할 수 있어야 한다.

환경신학이 상황신학으로서가 아니라 신학의 중심 주제로 다루어지고 인식되어야 하는 것처럼 환경에 대한 실천이 천주교 중앙 부서에서 중대하게 다루어져야 할 필요성이 있다. 이러한 장치로서 환경 및 생태전문연구소는 첫째, 주교회의 산하에 환경 사목에 대한 전문 기구로 구성되어 활발한 활동을 하여야 한다. 둘째, 중앙 기구의 연구 성과는 각 교구로 정보를 공유할 수 있어야 한다. 셋째, 각 교구의 중대한 환경 사안에 대하여 연대를 할 수 있는 중요한 센터 역할을 할 수 있어야 한다. 넷째, 교구 안에 환경 전담 부서가 자리를 잡을 수 있도록 천주교창조보전모임이 밑거름이 되어야 한다.

(5) 수도회나 여성단체의 기여도 촉구

생명 평화를 위한 단체와 환경을 생각하는 가톨릭 수도회와 제 단체는 많다.[49] 그러나 신자유주의적 경제 논리가 거대한 물결이 되어 밀려오는 현시점에서 가톨릭교회는 희망의 메시지를 말로 하기보다는 실천적 행동으로 보여 주어야 한다. 따라서 자급자족을 중심

---

49) 대표적인 단체로는 한국여자수도회장상연합회, 한국남자수도회장상협의회 정의평화환경위원회, 꼰벤뚜알 프란치스칸수도회 정의평화환경위원회, 프란치스칸 가족장상협의회 정의평화환경위원회, 마리아수도회, 빨마수녀원, 한국가톨릭농민회, 우리농촌살리기운동본부, 천주교정의구현전국사제단, 천주교정의구현전국연합, 가톨릭노동사목전국협의회, 천주교인권위원회, 천주교환경연대, 새 세상을 여는 천주교여성공동체, 가톨릭평화지기, 새만금생명평화천주교모임, 천주교장기수가족후원회, 우리신학연구소, 천주교청년공동체, 예수살이공동체, 서울교구 환경사목위원회, 전주교구 노동사목위원회, 인천교구 노동사목위원회(가톨릭환경연대), 부산교구 생명환경사목위원회, 부산교구 도시빈민사목위원회, 부산교구 노동사목위원회, 광주교구 환경사제모임, 부산교구 환경사제모임, 환경을 생각하는 종교인 모임 등을 꼽을 수 있다.

으로 하는 생태 신앙 공동체나 수도 공동체가 등에서 대안 문명적 제시가 있어야 한다.[50] 그리고 수도자는 그 어느 때보다 하느님을 드러내는 존재로서 영적 리더의 역할을 요청받고 있다. 수도자는 영적 상담자로서 생명의 가치를 일깨우고 정의와 평화를 촉구는 '양심의 소리' 역할을 하여야 한다. 창조 질서의 보전과 생명 수호를 위해 수도회 간의 긴밀한 연대, 이웃 종교인들 간의 대화와 협력이 필요한 시기라고 생각한다. 세계 평화와 정의 실현을 위해 구조적 악과 싸워야 한다.

이를 위해서는 무엇보다도 기존의 수도회에 대한 녹색화가 절실히 요청된다. 물론 여자수도자장상연합회에서 새만금 갯벌 살리기, 이라크 전쟁 반대 및 파병 철회 운동, 우리 쌀 지키기, 한미행정협정(SOFA) 개정, 정신대 문제, 국가보안법 폐지, 호주제 등에 관심을 갖고 타 단체와 연대하여 활동을 하고, 남자수도자장상연합회, 프란치스칸 가족수도회가 있지만 아직은 미숙한 것으로 평가된다. 수도회는 그 자체로도 생태적인 요소가 충만하다. 가난의 영성과, 공동체 생활은 환경 위기, 지구의 위기를 극복하기 위한 가장 좋은 방법이기 때문이다. 따라서 가톨릭 수도자 본연의 모습, 본연의 영성을 철저히 살아가는 것은 결국 생태적이 되는 것이다. 수도회의 기여도를 촉구하는 바이다.

한편, 하느님의 여성성을 되살려 낼 수 있는 몫은 여성 수도자의 몫이 될 것인데 여성 중심 단체로는 천주교여성생태모임 레헴이 2004년 6월 5일 환경의 날에 '여성환경바람 레헴'으로 새로이 시작되어, 꽃멀미나무그늘, 들풀마을, 초록밥상연구회, 생태영성과 교육연구회, 면 생리대 등 다양한 테마로 활동을 하고 있지만 그 파장

---

50) 최민석, 「한국 가톨릭교회의 환경 문제에 대한 인식과 향후 방향」, 「21세기 환경 문화와 종교」(생명문화연구소 제19회 세미나 자료집, 2000), 16쪽.

은 아직은 미약해 보인다. 향후 이러한 사목적 과제를 뚜렷하게 해결해 줄 것이라 믿어 의심치 않는다.

3. 인적분야: 교육 및 연구 활동과제

(1) 환경 및 생태교육의 내실화

한국 가톨릭교회의 환경 교육은 1990년 주교회의 정의평화위원회가 세계 평화의 날 교황 담화문 자료집을 발간하고 환경 보전 실천 사항을 제시하면서 처음 시작되었다. 이후 교회 환경운동이 다양화되면서 교육 형태도 다양해졌다. 특히 강연회, 일회성 강좌의 틀을 벗어나 자연 학습, 현장 체험 등 다각적인 방법론이 모색되고 있다. 이런 점에서 수원교구의 성 필립보 생태마을은 구호성으로 그치는 환경운동을 지양하고 구체적인 실천 사업을 통해 국내 환경운동의 체계화 및 확산에 한몫하고 있는 생태마을로서 '인간 본성 회복과 하느님 창조 질서를 알리는 장소'로 각광받고 있다고 평가할 수 있는 대표적인 모범 사례이다.[51]

생태계 위기 해소는 오늘날 누구나 인정하는 절박한 화두이지만 신자 대부분의 경우 환경의 중요성을 거론하고, 관련 자료와 통계 수치를 열거하면서 환경 위기를 강조하면 고개를 돌린다.[52] 또다시

---

51) 교육 내용을 살펴보면, 식량 체험, 별자리 보기가 첫날 프로그램 내용이다. 이어 둘째 날에는 감자 캐기, 지렁이 밥 주기, 농장 가꾸기, 풍력 발전기 및 태양광 에너지 견학 및 실습, 래프팅 등이 이어진다. 마지막 셋째 날엔 '도전 환경 골든 벨'과 환경 실습이 진행된다. 이외에도 상황에 따라서 황토집 방의 마감재로 사용하는 편백나무 껍질 벗기기, 황토구들 만들기, 강가 어항 놓기, 천연 염색, 도자기 만들기, 신문지로 갱지 만들기, 재활용 비누 만들기 등이 추가되기도 한다. 여기에다 하느님의 은총에 감사하고, 찬미하는 소중한 시간도 가미돼 있다.

52) 이와 비슷한 진단이 '초록교회 만들기' 프로젝트를 전개하고 있는 환경사목위원회의 조사에서도 나타나고 있다. 이 조사는 신자들의 환경 의식, 실천 정도 파악과 교회의 환경 사목 관련 활동에 대한 평가를 위해 2005년 10월부터 두 달간 설문 조사를 실시하였다. 위원회는 신자 설문 조사와 더불어 교구 내 189개 본당을 대상으로 환경 관련 본당 실태 조사도 가졌다.

환경과 생태 문화에 대하여 이야기해야 한다. 하지만, 가톨릭교회의 환경 교육 및 환경 캠프는 생태신학적 측면에서 볼 때 불충분한 점이 너무 많다. 지금까지 가톨릭교회는 생태 환경운동의 중심에 있었으며, 1980년대 말에서 1990년대 초 본격화되기 시작한 주교회의와 각 교구의 환경운동 조직들이 자리 잡고 대외적인 환경운동 참여와 연대를 지속적으로 추진하고 있었다. 하지만 정작 각 일선 본당을 중심으로 하는 교회 내 환경보전운동은 답보 상태에 있고, 그 이론적 토대가 학문적으로 확고하게 정립돼 있지 못한 것으로 분석된다. 특히, 의식 변화가 요구되는 환경운동의 특성상 환경 교육의 강화가 필수적임에도 불구하고 교구, 본당 차원의 환경 교육 프로그램이 부족하고 신자들의 환경 의식이나 교육 프로그램 참여도 역시 매우 낮은 상황이다. 교회 환경운동이 다소간의 침체기를 거치면서 환경 교육 역시 기초적인 교육 수준을 넘어서 심화되지 못하고 있다.[53]

실례로 청소년의 경우 하루 종일 학교에서 영어나 입시 공부만 한다. 그러다가 성당에 오면 뜻있는 선생님들이 환경 교육 기관에 여름 캠프를 의뢰한다. 하지만 선생님들도 그냥 위탁이기 때문에 교육 내용에 대해 몰라도 상관없고 잘 모른다. 아무 준비도 없이 2박 3일 환경 캠프에 다녀온다. 그리고 다시 학교 가거나 집에 가서는 죽어라 학교 공부만 한다.[54] 겉도는 환경 교육의 연속인 것이다. 예

---

53) 이러한 실태는 2006년 6월 서울환경사목위원회의 설문·실태 조사에서도 나타난 바 있다. 이 조사에 의하면 본당과 교구 차원의 환경 관련 교육이 절실함을 보여 주고 있다. 주일학교나 성당 단체 활동 중 환경 교육을 경험한 청소년은 44.4%로 절반에도 못 미쳤으며, 본당 차원에서 환경 의식 교육을 시행한 적이 있는 본당도 189개 본당 중 20개에 불과한 것으로 드러났다. 그리고 신자 100명 중 90명 이상은 환경 문제가 심각하다고 인식하고 있지만 환경 보호를 위해 생활 습관을 개선하려고 노력하는 신자는 절반에도 못 미치는 것으로 나타났다. 또 청소년 100명 중 80명 이상은 본당 내 환경 보호 활동에 참여한 경험이 없는 것으로 드러났다. 「가톨릭신문」
2006.3.26. http://www.catholictimes.org/news/news_view.cath?seq=31412.

비자 교리, 견진 교리 등 신자들의 교육, 재교육에서도 환경 문제가 중요하게 다루어지고 있지 않다. 물론 환경 의식을 고취할 수 있는 교리서의 발행은 있지만 환경 교리서는 여전히 기존의 교리 내용 중 환경에 관한 내용을 추가하는 개론적 수준이다.

이런 점에 비추어 가톨릭 신앙을 바탕으로 하는 환경 교육은 단순히 환경오염을 줄이는 자연 보호 차원의 교육에 머물러서는 안 되고, '생명운동'이라는 확고한 신념 위에서 전개되어야 한다. 생명의 파괴는 하느님의 창조 질서를 어지럽히는 행위로서 가톨릭 환경 교육은 이의 죄악성을 고발하고 반성하는 교육으로 전반적인 정비가 불가피하다.[55]

(2) 생태신학적 접근법의 시도

가톨릭 환경운동과 생태영성운동은 현재 전국의 거의 모든 교구에서 펼쳐지고 있다.[56] 하지만, 가톨릭의 영성을 추구하는 활동이 거의 없었다. 사회 환경 단체와는 약간의 차별성을 지니기는 하였지만 가톨릭교회만이 가질 수 있는 특별한 영성으로 드러나는 운동이 부족하였다. 사상이 결핍된 환경운동은 공허한 메아리에 불과하다. 하지만 가톨릭 환경운동의 정당성을 확보해 줄 수 있는 사상적 토대를 명확히 마련하지는 못한 것으로 파악되었다.

1990년대 이후 환경 문제에 대한 교회의 관심이 차츰 높아지면서 시대의 표징에 응답한 이벤트성 운동은 있었지만 그 내용을 담을

---

54) 하지만 캐나다에 초등학교 환경 캠프의 교육 과정을 보면 환경 교육을 어떻게 해야 하는지를 알 수 있다. 우선 환경 교육하는 기관에서 학교를 방문해서 일주일 동안 아이들에게 환경 교육을 한다. 그리고 부모들에게도 일주일 동안 교육을 시킨다. "당신의 자식들이 환경 캠프를 이렇게 이렇게 받을 것입니다." 부모가 아이가 무슨 교육을 받는지 아는 것이다. 그리고 모든 준비가 끝나면 아이들은 일주일 동안 "OUT DOOR"라는 환경교육기관에 가서 교육을 받는다. 황창연, '우리나라 환경운동의 실태', '천주교환경연대 내부 환경 교육(생태 피정) 내부 자료', 2004.
55) 이동훈, 「가톨릭 환경운동의 방향과 과제」, 『2003년 천주교환경연대 제1차 정기 총회 자료집』, 47쪽.
56) 황종렬, 「생태 복음화 모델 연구」, 『2005년 미래사목대안 학술 발표회 자료집』, 69쪽.

만한 이론적 틀인 생태신학은 답보 상태에 머물러 있다. 물론 환경 신학에 대한 저서나 번역서들이 소개되고는 있지만, 이러한 고민들이 사목 현장에서 신앙의 차원으로까지 확대되지 못하고 있는 점이 현재 가톨릭 환경운동, 환경 사목의 실정이다.[57] 천주교 '환경운동'은 있어도, '환경 사목'이 과연 존재하기나 하는 것인가라는 의문을 갖게 되었다. 이런 관점에서 볼 때 가톨릭교회는 환경운동가 양성에만 앞장섰을 뿐 그 사상적 뒷받침이 되는 가톨릭 생태사상에 대한 연구는 미흡하였다고 하지 않을 수 없다. 생태신학적 논의가 부족하여 교구의 환경 교육의 대부분이 올바른 먹거리, 재활용, 개발 사업의 부당성 등의 실천적인 부분에만 머물러 있다. 약간의 신학적 논의가 있기는 하였지만, 인간중심주의를 극복하지 못한 윤리신학적 차원을 벗어나지 못하고 있다. 결국 신학의 부재가 가톨릭 생태환경운동을 영성화로 이끌지 못한 주요 원인이 되었다고 진단할 수 있다.[58] 이런 점에서 주교회의 정의평화위원회 위원장 최기산 주교가 2005년 6월 5일 환경의 날을 맞아 발표한 담화문은 어느 정도 생태 영성의 중요성과 방향에 대하여 언급하고 있다. 담화문에 따르면 생태 영성은 먹거리 문화에서부터 국가 농업 및 환경 정책, 그리고 그리스도인의 생활양식을 아우르는 통전적 지평을 견지하자고 촉구하고 있다.[59] 생태 환경 위기에 대한 가톨릭 종교의 역할은 크다고 할 수 있다. 환경 생태 문화의 실천 분야에서 실천성과 종교성은 전혀 모순되지 않을 뿐 아니라, 오히려 보다 철저한 종교적 수행과 경건, 절제와 신앙심이 환경 생태 문화에 윤리적으로 일치한다고 할 수 있

---

57) 정홍규, 「환경에 대한 신학적 성찰」, 「신학전망」 143호(2003), 62쪽.
58) 이동훈, 앞의 글, 48쪽.
59) 우리는 생태 영성이 포괄해야 할 과제를 다음과 같이 요약할 수 있다. 첫째, 생태 영성은 그리스도교 영성 전통 안에서 생태 영성의 역동성을 확인하는 일이다. 둘째, 생태 영성의 일환으로 정의 구현을 위해 최선을 다하는 일이다. 셋째, '소박한 삶'의 실천에 앞장서는 일이다. 「가톨릭신문」 2005.6.12.

다. 그러므로 가톨릭이 생태학과 어떻게 만날 수 있고, 각종 사회 문제에 대해 어떻게 응용할 수 있는가를 모색하여야 한다.

현대 환경 문제에 대해 어떻게 대응할 것이며, 가톨릭 생태철학은 어떻게 전개시켜 나가야 하는지를 밝혀야 한다. 교회가 환경운동을 하기 위해서 기본적으로 교회 신앙과 접목을 할 수 있어야 한다. 신앙과 동떨어진 환경운동은 자칫 이단 취급을 받을 위험성도 있다. 따라서 환경에 관한 교회의 생태신학적 가르침이 빨리 정립이 되기를 촉구한다.

(3) 새로운 과제에 대한 안목

가톨릭 환경운동 진영에서도 생태적 발전과 경쟁력을 양립시키는 것이 정말 불가능한지를 묻는 사고와 전략의 전환이 필요하다. 지금 환경운동에는 거대한 지각 변화가 일어나고 있다. 가톨릭 환경운동 역시 이에 걸맞은 전환을 고민할 때이다. 인식 전환의 핵심은 국가를 상대로 한 환경 싸움에서 기업을 상대로 한 싸움으로 옮겨가는 것이다. 시장의 힘이 사회 전반으로 퍼지면서 환경운동의 대립이 '국가-시민사회'의 축에서 '시장-시민사회'의 축으로 옮겨가고 있는 것이다. 이제 정부를 상대로 한 환경운동의 경우도 개별 정책 과제 중심이 아니라, 국가 시스템 자체를 녹색화하는 것으로 변해야 한다.

공기가 나쁘면 공기청정기를 달거나 아예 전원주택으로 옮겨가는 식으로 개인화·파편화된 시민들을 어떻게 환경운동의 주역으로 돌려세울지도 고민해야 한다. 가톨릭 환경운동 진영은 미래 전망을 보여 줘야 한다. 잘못된 개발 사업에 대해 비타협적으로 싸우는 운동, 환경 정책의 제도화를 위한 로비 운동, 그리고 풀뿌리 주민과 함께하는 생활환경운동이 동시에 존재하므로 '멀티태스킹'

(multitasking)이 요구된다. 특히 '풀뿌리 녹색 행정'이 중요하다. 어떤 사람들에겐 나라가 전체일 수 있지만, 어떤 사람들에겐 자신이 사는 동네가 바로 세상의 전체일 수 있기 때문이다. "사회가 생태적으로 변할 수 있다"는 가능성을 사람들이 믿기 위해서라도 각 교구에서 하나의 모범적 사례를 만들어야 한다. 이러한 성공 사례가 수평적으로 확산되고, 벤치마킹할 모델이 양산되어야 한다. 교구 차원에서는 사제, 수도자, 평신도를 위한 지속적이고 정기적인 교육 프로그램을 개설하고 신자들의 참여를 적극 유도하여 지구 및 본당의 관련 부서와 긴밀한 연계 아래 생명, 환경의 중요성을 일깨울 수 있는 계기를 마련해야 한다. 동시에 각 본당 차원에서도 정기적인 환경 교육 기회를 마련하는 한편, 관련 프로그램과 사업을 조직적, 체계적으로 기획하고 추진할 수 있는 환경 분과를 모두 설치하여 현장에서 느꼈던 정책과 이론의 빈곤함을 채우고 추상화된 논리를 현실에 적용하는 시도를 끊임없이 추진하여야만 환경 사목은 성공할 수 있다. 가톨릭교회의 생태 환경 사목이 '개발이냐?' '보존이냐?'의 이분법적 논쟁과 토론으로 지속적인 성과를 내지 못하고 단순히 이벤트로 끝나고 말거나, 현재의 문제를 약간 손봄으로써 해결하려고 한다거나, 다른 나라에서 뭘 배워 오는 것으로 해결되는 것으로 생각해서는 안 된다.[60] 환경 패러다임의 전환이 모색되어야 한다.

---

60) 별·새소리 등 자연 환경 평가로 '고요함 지도'를 만든 영국농촌보호운동(CPRE)에서도 힌트를 얻을 수 있다. 고요하고 평온한 곳을 찾기 힘든 현실에서, 웬만한 시골에 가도 사람과 자동차의 소음, 번쩍이는 네온사인의 공해에서 벗어나기 어렵다. 사정이 이렇다 보니 영국의 '진짜 고요함'을 찾는 사람들을 위해 민간단체인 영국농촌보호운동(CPRE)이 전국 고요도 지도를 만들었다. 이 단체는 ▶자연 경관을 볼 수 있는가, ▶새소리를 들을 수 있는가, ▶소음이 적은가, ▶자연 삼림을 볼 수 있는가, ▶밤하늘의 별을 볼 수 있는가 등 다섯 가지를 고요함의 선정 기준으로 삼았다. 반대로 ▶지속적인 교통 소음, ▶북적이는 사람들, ▶도시 개발, ▶빛(light) 공해, ▶사람들의 소음이 심한 곳은 점수를 깎았다. CPRE는 수집한 자료를 토대로 가장 고요한 곳을 녹색으로, 가장 시끌벅적한 곳을 빨간색으로 표시한 영국 지도를 만들었다. 「중앙일보」 2006.10.25, 40판, 16면.

(4) 정부의 환경정책에 대한 견제와 대안 제시

인간과 환경을 지키기 위한 가톨릭 환경 단체들의 노력에도 불구하고 몇 가지 아쉬운 점은 환경이 지나치게 운동성을 띨 뿐만 아니라 이벤트적인 요소를 가지고 있다는 사실이다. 이제 환경운동은 보다 다른 차원으로 개념 전환이 이루어져야 한다. 가톨릭교회는 정부의 환경 정책에 대한 청진기 역할을 보다 다양하고 깊이 있게 제시하여야 한다. 속도와 편리에 중독된 우리들로 인해 천성산을 비롯한 우리 국토가 개발이라는 이름으로 허물어지고 있다. 느슨하다 못해 면죄부라는 오명을 받고 있는 법과 규정조차 무시하고, 환경과 생명의 가치를 반영하지 못한 정책은 절대 용납할 수 없다. 이런 점에서 '골프장 건설'에 관한 주교회의 정의평화위원회 환경소위원회의 「가톨릭신문」 특별 기고는 의미 있는 견제와 대안을 제시한 모범적인 사례로 평가할 수 있다.[61]

한편 정부는 종교 단체나 민간이 주도하는 행사에 후원이나 하는 정도에 그쳐서는 안 된다. 정부는 환경 전문가들을 기용해서 환경 문제 해결에 앞장서야 한다. 왜냐하면 환경 위기는 생명 위기이기 때문이다. 이제 새로운 환경론은 생명 문화로 뿌리내려야 한다. 그것은 어떤 이슈를 내걸고 단기적으로 실시하는 운동의 개념이기보다는 정신문화의 형태로 자리 매김 돼야 한다. 생명 문화는 2000년대, 3000년대, 그 후까지 지속되어야 하기 때문이다. 그러기 위해서는 환경 문제를 들여다보는 깊이 있는 성찰과 안목이 필요하고 종교적인 영성이 전제되어야 함도 물론이다. 달리 말해서 정부든 가톨릭교회이든 섣부른 행동보다는 심도 깊은 사유가 선행되어서 정부

---

61) 기사 내용 일부: "지금 우리나라는 골프장 건설에 따른 사회적 갈등이 곳곳에서 발생하고 있다.[…]만약 골프장 건설을 위해서 1,000만 그루를 베어 낸다면 다른 어느 지역이든지간에 1,000만 그루의 나무를 심는 제도가 선행되어야 할 것이다." 「가톨릭신문」 2005.11.6.

의 환경 정책에 발전적인 견제와 대안을 제시하여야 한다.

(5) 환경 및 생태문화에 대한 지속적 지원과 관심

이미 생태 선진국에서 진행되고 있는 생태 문화적 측면인 생태 문학, 생태 미술, 생태 영화, 생태 음악과 같은 것을 현시점에서 추진해 나가겠다는 적극적인 의지를 파악하기는 힘들었다. 물론 환경 음악의 경우 일부 신자가 환경 음반을 출시한 적은 있다. 노래하는 환경지킴이 이기영 교수로서 환경 보전을 주제로 한 음반을 내놓았다.[62] 그리고 2005년 11월 12일 주교회의 정의평화위원회 환경소위원회에서는 서울 잠실7동 성당에서 '하느님께서 보시니 좋았다'를 주제로 제1회 천주교 환경 음악회를 열었다. 이 자리는 주제처럼, 음악을 통해 환경의 소중함을 깨닫고 아름답게 가꾸고자 다짐한 자리였다.[63] 또한 2001년 10월 28일 인천교구 가톨릭 환경연대 인천교구 교육국이 공동 주최하고 생활음악연구소가 주관하여, 인천 부평4동 성당 교육관 대강당에서는 생활성가 가수들이 엮는 환경과 평화 생명의 음악 잔치, '2001년 인천교구 환경 평화 생명 음악축제'가 열렸다. 그러나 지속적인 개최와 관심은 부족하여 아직까지 정착 단계로 진입하지 못한 것으로 평가할 수 있다. 당장 그 성과가 나타나지 않는 사안이기도 하려니와 또 삶 안에서 생태 문화와 실천에 대한 깊은 인식이 결여된 탓이기도 할 것이다. 끊임없는 애정과 지원이 이루어져야만 할 것이다.

---

62) 이기영 교수는 음반 제목 「에너지 절약 지구 사랑」으로 사람들의 무관심과 이기적인 삶 때문에 파괴되고 있는 환경을 되살리자는 메시지를 노래와 시 낭송 등 다양한 형식으로 들려주고 있다. 1998년 천주교 환경상 수상 이후 환경운동에 뛰어들어 노래와 언론 기고 등 다양한 활동을 통해 환경을 친숙한 삶의 소재로 이끌어 온 이 교수는 이번 음반에서도 대중가요처럼 언제 어디서든 누구나 쉽게 듣고 따라 부를 수 있는 곡들을 선보이고 있다.
63) 「평화신문」 2005.11.20.

4. 대외적 네트워크 분야: 연대 및 실천과제

(1) 가톨릭 환경단체의 에큐메니칼 시도

가톨릭교회는 1993년 '환경 윤리 종교인' 선언 대회를 준비하면서 위상을 높였다. 그리고 6개 종단(가톨릭, 개신교, 불교, 원불교, 유교, 천도교)이 함께 종교인 환경 선언을 공동으로 발표하고, 2001년 5월 22일 '종교환경회의'라는 이름으로 각 종단 간의 교류 협력의 장을 마련하는 등 괄목할 만한 성과를 이루었다. 이를 계기로 새만금간척사업 반대 운동에서 사회 환경 단체와 각 종교의 연대인 '생명평화연대'를 결성하여 환경운동에서 한 목소리를 낸 것은 가톨릭교회의 의미 있는 일로 평가할 수 있다.

배타적 종교 단체와 평화로운 공존을 유지하는 것은 남북통일과 지역 갈등의 시대에 이정표의 역할을 해 주었다. 세계적으로 종교 분쟁이 끊이지 않고 있는 상황에서 가톨릭교회의 이러한 종교 간의 협력은 중요한 의의를 지닌다고 할 수 있다. 종교 간의 대화가 교리나 신학의 차원에서 이루어지기는 어렵다. 하지만 환경 및 생태 문화는 생명운동으로서 모든 종교의 핵심에 해당되는 것이 서로 만날 수 있는 장이 될 수 있다. 따라서 환경운동은 종교 간의 일치운동에 있어서 큰 몫을 담당하고 있다고 할 수 있다.

하지만, 선정적인 구호를 앞세우는 1970·80년대식 운동의 시대는 지났다. 환경에 대한 지도자들의 사고방식이 바뀌고 생활 속에서 환경운동을 어떻게 실천할 것인가에 대한 인식 변화 없이는 환경운동을 지속할 수 없다. 구호를 앞세운 환경운동은 '연대'를 이용한 세력 과시를 필연적으로 동반했다. 각종 성명서가 가톨릭교회 NGO나 각종 종교 단체들의 연명으로 발표됐다. 그러나 정작 연대 성명에 이름이 올라 있는 단체의 실무자들조차 성명의 내용을 미처 모르는 경우가 비일비재하였다. 가톨릭 환경운동이 진행되면서 사안에 대한 충분한 공유나 공감 없이 연대 성명이 남발되는 경우가 있는 것이다. 무분별한 연대를 통한 '세력 과시형' 환경운동은 지양되어야 한다. 이런 점에서 2006년 종교단체 환경정책 실천협의회에서 환경 전문가들이 함께 손을 잡고 '환경 지침서'(『환경, 더불어 살기』)를 발간한 것은 다소나마 고무적인 현상으로 평가할 수 있다.[64]

(2) 생활 속의 실천으로의 정착화

2005년 1월 1일부터 서울대교구 환경사목위원회 소속 '청년·청소년 환경기자단'은 '즐거운 불편' 프로젝트[65]를 전개하였다. 이 프로젝트는 자전거 타고 출퇴근하기, 엘리베이터 타지 않기, 종이컵 사용 안 하기, 머리 감을 때 샴푸·린스 사용 안 하기, 티슈 대신 손수건 가지고 다니기 등 20여 개의 함께할 수 있는 즐거운 불편 실천 항목을 소개하고 있다. 그 이전에는 우유팩 모으기 운동[66], 폐식용유로 재활용 비누 만들기 운동[67], 건전지 모으기 운동, 화장실 양변기 수조에 벽돌 넣기 운동 등 많은 운동이 전개되었지만 전시성 행사로 끝나 버렸다. 생산-소비-재활용 단계의 유기적 시스템 결여

---

64) 2006년 5월 26일 오전 서울 세종로 세종문화회관 세종홀에서 7개 종단이 공동으로 집필한 종교 단체 환경 지침서 「환경, 더불어 살기」 출판 기념회를 열었다. 이 책은 7개 종단의 환경 전문가 10여 명이 집필에 참여해 환경에 대한 종교인들의 공통된 인식을 돌아보게 한다. 「가톨릭신문」 2006.6.11.
65) 명칭부터 생소한 이 프로젝트는 2004년 출간된 책 「즐거운 불편」(후쿠오카 켄세이 지음, 김경인 옮김, 달팽이)의 이름을 빌린 것으로, 편리함과 효율성이라는 전도된 가치를 뒤집고 소비 문명으로 인해 잃어버린 소중한 것이 무엇인지를 깨닫기 위한 생활 실천 프로그램이다. 대량 생산과 소비, 대량 폐기의 악순환 속에서 무의식적으로 수용하고 있는 다양한 편리함들을 포기함과 동시에 불편으로 감수하며 자유롭게 사는 삶이 무엇인지를 깨닫자는 것이 이 프로젝트의 취지이다.
66) "1992년도 들어서서 우유팩 모으기 운동은 전국에서 큰 붐을 일으켰다. 심지어는 아이들 숙제가 우유팩 열 장 가져오기였다. 전국에 우유팩이 흘러넘쳤다. 그래서 당시 우유팩 재활용 공장이 전국에 60개가 세워졌다. 그런데 모두 망했다. 부림제지 하나만 정부 지원금으로 그 명맥을 이어 가고 있다." 황창연, 앞의 글, 2쪽.

가 결정적인 원인으로 분석될 수 있다. 한 가지로 사례로, 폐식용유를 수거하고 재활용 비누로 생산하는 것까지는 잘 진행이 되었지만 최종 사용의 단계에서 신자들은 외면을 해 버리고 소비를 하지 않는 것이다.

이러한 현상은 폐식용유뿐 아니라 폐지, 공병, 우유팩 모으기에서도 정책 실패 사례로 나타난다. 가톨릭교회에서 실시한 수많은 운동들에 대한 성공 사례를 2006년 현재 피드백해 보면 뭔가 부족하며, 이런 점에서 '즐거운 불편' 프로젝트 역시 정착 단계로 상승된 것으로 평가할 수 없다. 또한 가톨릭 성지 및 생태 체험의 경우에도 탐방하는 신자들은 겉으로는 환경 보전적으로 보이나, 실제적으로는 환경 파괴적인 행동을 많이 나타내고 있다. 특히 쓰레기의 투기 행위에서도 볼 수가 있는데, 이러한 무분별한 성지 및 생태 체험 장소에서의 이용자 수의 증가는 부수적으로 쓰레기 발생량의 증가를 수반시키고 있다.

이처럼 가톨릭 신자들의 이원론적 신앙 구조는 가톨릭교회의 환경 분야에 대한 '문제의 징후'로 남아 있다. 교회와 세상을 분리하고 영과 육을 나누고 자연을 지키고 보전하는 일은 세상에 속한 일이고 육에 속한 일로 치부해 버리는 경향이 있다.[68] 이러한 실태는 본당 환경 분과에서 특색 있는 활동이 이루어지지 않고 있음에서도

---

67) "1991년 대구에 페놀 유출 사고 이후 하수에 대한 관심이 집중되었다. 그동안은 상수에만 관심을 가졌다면 페놀 유출 사건은 하수에 관심을 가질 수 있도록 도와준 환경 사고였다. 그 이후 하수 중 가장 많은 오염원을 배출하는 세제류를 줄이는 운동을 전개하면서 그 돌파구로 폐식용유를 이용한 비누 만들기 운동이 대 히트를 쳤다. 그래서 각 동사무소, 부녀회, 절, 교회, 성당 등 여성들이 모인 단체라는 단체에서는 모두가 폐식용유로 비누를 만들었다. 그래서 튀김닭 집에서 공짜로 얻었던 기름을 돈 주고 사기 시작을 했다. 그런데 IMF 시대가 오면서 전량 수입에 의존하던 대두유 값이 치솟으면서 공짜로 하던 폐식용유가 7천 원을 주고도 살 수가 없었다. 그래서 모든 단체가 비누 만들기를 그만두고 재활용 비누에 대한 관심이 사라졌다. 이제는 우리 비누 공장도 망하기 일보직전이다. 일본은 재활용 비누 공장이 1천여 개가 넘게 성행을 하고 있다고 한다." 황창연, 앞의 글, 2쪽.
68) 이러한 실태는 가톨릭교회의 각 교구에서 개설하는 환경 학교의 신자 참여 수가 극히 저조한 것을 통해서 확인할 수 있다.

파악이 가능하다.[69] 본당의 특성에 적합한 일상적인 활동이 이루어지지 않고 있으며, 환경 상식을 주보에 게재하는 등 홍보 활동이 일상 활동에 속하는 정도로 그치고 있는 것이다. 환경 친화적 실천적 삶에 대한 가톨릭 신자들의 자성이 절실히 요구된다. 이러한 맥락에서 수원교구 생명환경연합이 생활 속 불편한 사항 24가지[70] 중 원하는 것을 선택해 하루(24시간) 동안 실천하는 '즐거운 불편 24' 캠페인 같은 경우가 생활 속에 정착된다면 성공한 가톨릭 사례가 될 것이다.[71]

(3) 투쟁적 환경운동을 범문화적 운동으로 승화

가톨릭 환경 단체 중에는 과거 민주화 운동의 일환으로 활동하였던 인적 자원들이 환경운동에 뛰어들면서 정치 지향적 사고를 지니고 있어서 정치적 투쟁의 모습을 보이는 경우도 있었다. 생태적 관점이나 생명운동의 관점이 아니라, 과거의 정치 지향적 사고를 그대로 유지한 채 '이슈'로서의 환경, '사업의 소재'로서, '이벤트'로서 생태 환경 문제를 해결하기도 하였다. 정치적 투쟁이 어느 정도 생

---

69) 서울대교구의 경우 교구 전체 본당 가운데 환경 분과가 설치된 본당은 불과 7곳뿐이고 실질적으로 활동이 활발하게 이뤄지고 있는 곳은 단 2곳으로 집계되고 있다. 생명, 환경 관련 활동을 하는 유사 분과가 설치돼 있는 곳도 18곳에 그치고 있다. 본당 환경 분과의 경우 생활 실천운동이나 지역 환경 사안들에 대한 관심과 참여를 구체화하는 장이 된다는 점에서 교회 환경운동의 손발이라고 할 수 있다. 비교적 활발하게 환경 분과가 개설된 대전, 인천교구 등 일부 교구 외에는 아직 많은 교구의 본당들에 환경 분과가 설치돼 있지 않다. http://www.catholictimes.org/news/news_view.cath?seq=32286.

70) 즐거운 불편 실천 사항: 1. 가까운 거리는 자동차 이용 대신 한 번 더 걷기, 2. 엘리베이터나 에스컬레이터 대신 계단을 한 번 더 이용하기, 3. 등 한 개 더 끄기, 4. 새 자동차 구입을 한 번 더 미루기, 5. 새 핸드폰 구입을 한 번 더 미루기, 6. 새 컴퓨터 구입을 한 번 더 미루기, 7. 새 텔레비전 구입을 한 번 더 미루기, 8. 새 냉장고 구입을 한 번 더 미루기, 9. 1회용 티슈 대신 손수건을 한 번 더 사용하기, 10. 1회용 컵 대신 개인 컵을 한 번 더 사용하기, 11. 1회용 기저귀 대신 헝겊 기저귀를 한 번 더 사용하기, 12. 1회용 생리대 대신 헝겊 생리대를 한 번 더 사용하기, 13. 장바구니를 한 번 더 가지고 다니기, 14. 상대방의 말을 한 번 더 들어주기, 15. 가족과 대화 한 번 더 하기, 16. 가족과 같은 이불에서 한 번 더 자기, 17. 대형 백화점과 마트 대신 지역 상점 한 번 더 이용하기, 18. 가능한 재활용품 한 번 더 구매하기, 19. 재생지 한 번 더 사용하기, 20. 패스트푸드 대신 밥 한 번 더 먹기, 21. 세탁기 한 번 덜 돌리고 대신 세탁비누로 손빨래하기, 22. 컴퓨터 1시간 덜 쓰기, 23. 휴대폰 문자 10통 덜 보내기, 24. 텔레비전 한 시간 덜 보기.

71) 실시 기간은 12월 3~24일로, 참여자는 불편 사항을 실천한 후 '성공 축하금'(100원 이상 1,000원 이하)을 아프리카·제3세계 생명 기금으로 적립하게 된다. 「가톨릭신문」 2006.11.5.

태 환경에 대한 인식을 고취시킨 면도 많지만 근본적인 인간의 가치관을 변화시키는 데는 한계가 있었다.

이 점에 대해서는 당시 천주교 서울대교구 환경사목위원회 총무 황창연 신부가 전국 각지에서 활동하고 있는 가톨릭교회 환경 관련 단체장들이 2005년 4월 27일 한국천주교중앙협의회 대강당에 모였을 때 피력한 바 있다.[72] 황창연 신부에 의하면 "우리나라에서는 그동안 단순한 '투쟁'의 차원에서 환경운동을 펼친 경우가 많았다"며 "앞으로는 가톨릭교회도 생태 종교를 지향하며 환경운동을 범교회적인 문화운동으로 확대해야 할 것"이라고 밝힌 바 있다. 이를 위한 작업의 일환으로 환경과 문화를 접목한 다양한 교육과 행사의 중요성을 지적했으며 각 교구별로 전문가로 구성된 교구 환경위원회 설치, 각 본당 환경 분과 설립, 우리농살리기운동의 활성화, 환경 연대 구축 등을 제안하였다. 이와 같이 가톨릭교회는 환경 문제에 대응할 때 단순히 공학적 논리나 정치 투쟁의 한계를 벗어나 창조신학의 강조를 통하여 개인의 가치관을 변화시키고, 나아가 환경 문제의 해결을 신앙인의 의무로 받아들임으로써 생활실천운동으로 발전시킬 수 있는 토대를 마련하여야 할 것이다.

(4) 재정자립 및 회원의 확보

그동안 가톨릭교회는 '개인에게도 좋고, 가톨릭적으로도 옳고, 사회적으로도 유익한' 운동을 추구해 왔다. 그러나 지금까지는 이러한 목표를 제대로 실현해 가기 위해 초석을 쌓는 과정이었다. 그것이 '뜻을 내고, 사람을 모으고, 일을 하기 위한 프로그램을 실험' 했던 것이라면, 이제는 '사람들의 재주를 모으고, 재정을 모아, 이를 통해 지속적인 운동'이 가능하도록 준비해 가야 할 시기이다.

환경 단체의 위상 및 경제적인 자립을 위해서 회원의 확보는 필수조건이다. 가톨릭교회의 환경 인프라 구축 및 실행을 위해서는 재정 확보가 가능하여야 한다. 회원의 확보는 끊임없이 환경연대 위원들이 협조를 해야 한다. 회원이 확보되면 회지 발간도 할 수 있고 회원과 공감대도 형성할 수 있을 것이다. 이런 점에서 수원교구 환경센터 소장, 성 필립보 생태마을 전담 황창연 신부의 생태마을은 1만 5,000여 명에 달하는 후원회원들로 인하여 든든한 배경이 형성되어 회원 확보에 성공한 사례로 평가할 수 있다.

구호와 세(勢) 과시를 넘어 가톨릭 환경운동이 뿌리내리기 위해서는 튼튼한 후원층 확보도 중요한 과제이다. 후원층 확보는 단체의 안정적인 활동을 뒷받침해 주는 재정 마련의 원천이 된다는 점에서 더욱 중요하게 인식되고 있다. 교계 상당수의 단체들이 재정의 많은 부분을 지도부 혹은 대표자 한 사람에 의지하고 있으며, 교계 환경운동 단체 역시 이러한 점에서 크게 다르지 않은 실정이다. 열악한 재정은 장기적이고 다양한 환경 활동의 발목을 잡는 원인이 되고 있다. 가톨릭 NGO가 순수한 활동을 펼치기 위해서는 후원층 확보로 재정 자립을 이룩해 정치권 등 외부의 영향력으로부터 벗어나 당당하게 제 목소리를 낼 수 있는 힘을 갖춰야 한다.

(5) 타종단과의 공동연구 시도

2005년에 천주교, 불교, 원불교, 개신교 등 4대 종교 환경 단체 모임인 종교환경회의(상임대표: 조대현 신부)는 6월 30일부터 1박 2일간 충북 고드미 녹색마을에서 '초록을 향한 종교인들의 몸짓. 마음짓' 이란 주제로 2005 종교인 대화 마당을 가졌다. 이 자리에서 각 종단 활동가들은 종교인 초록 실천을 위한 다짐문을 작성하고, 종교계가 쌀 시장 개방에 대한 공동 대응 방안 모색을 위해 앞장설 것을 다짐한 바 있다. 이처럼 적지 않은 성과를 낸 가톨릭교회이지만 아직 갈 길은 멀다. 가톨릭교회의 환경 인프라가 활발한 논쟁과 토론을 통해 지속적인 성과를 내지 못하고 단순히 이벤트로 끝나고 말거나, 공동 연구 시스템이 부족하다고 평가될 수 있다. 가톨릭교회의 맹점은 주 전공자의 타 전공에 대한 지식 부족에서 비롯되는 연구의 왜곡이다. 단일한 프로젝트에 여러 연구자가 참여해 오해를 줄이는 공동 연구팀이 교구나 가톨릭 관련 연구소나 학교 차원에서 추진돼야 한다. 최근 가톨릭교회 연구 흐름은 교구의 이념을 전달하는 데 치우친 경향이 있어 안타깝다. 가톨릭 학자들이 타 전공에 대한 소양을 높여 학문적 성과와 함께 가톨릭의 대(對)사회적 위상을 제고해야 한다. 그러나 다양한 발표에도 불구하고 한계와 문제점을 지적하자면 문헌학적 연구 방법의 한계를 지적할 수 있다. 주제어의 다양화에도 불구하고 인재 양성과 확대, 깊이 있는 연구와 학제적 연구는 매우 긴요한 과제라고 할 것이다.

V. 각 교구별 환경 및 생태문화 실태의 종합비교

가톨릭교회의 각 교구별 환경사목 실태에 대한 조사와 정책적 함의를 토대로 〈표 5〉, 〈표 6〉, 〈표 7〉에 나타난 바와 같이 교구별 각 분야에 대한 환경실태 평가비교를 하였다. 평가비교는 4가지로 분류하였는데 개선필요, 보통, 양호, 평가유보 등으로 구분하여 비교평가를 하였다. 이러한 구분은 계량적 분석모델을 통하여 도출한 것이 아닌 각 교구별 내부자료 및 관련전문가의 면접과 인터뷰, 설문조사 그리고 가톨릭신문, 평화신문과 같은 종교언론의 활동보도내용을 근거로 연구자의 주관적 판단에 의한 평가기준이다. 개선필요(●)의 의미는 환경인프라 및 추진실적이 미진한 것 경우, 보통(○)

의 의미는 환경인프라 및 추진실적의 개선의 필요(부정적 평가)와 양호한 평가(긍정적 평가)가 혼재되어 있는 경우, 양호(◎), 의미는 환경인프라 및 추진실적이 적정하게 이루어지고 있는 경우를 의미한다. 그리고 자료접근이 어렵고, 활동시기가 짧은 경우, 혹은 자료가 미비한 경우에는 평가유보(N.A)로 표시하였다.

<표 V-1> 교구별 조직분야: 구성 및 기획 평가 비교

교구	조직 분야 : 구성 및 기획평가				
	전문성 집중성	변동대응 능력	환경정의적 접근	가톨릭 환경연구소	수도회와 여성단체
서울대교구	◎	◎	◎	○	○
인천교구	◎	○	◎	○	○
수원교구	◎	○	◎	○	●
대구대교구	◎	◎	○	○	◎
대전교구	○	◎	◎	●	●
광주대교구	○	○	○	●	○
원주교구	◎	◎	○	○	N.A
안동교구	○	○	○	●	●
청주교구	●	●	●	●	●
전주교구	◎	○	◎	○	◎
부산교구	○	○	○	●	●
마산교구	●	●	○	●	●
의정부교구	N.A	●	○	●	●
춘천교구	N.A	N.A	N.A	N.A	N.A
제주교구	○	●	○	●	○

주1) ● : 환경인프라 및 추진실적이 미진한 것 경우, ○ : 환경인프라 및 추진실적의 개선의 필요(부정적 평가)와 양호한 평가(긍정적 평가)가 혼재되어 있는 경우, ◎ : 환경인프라 및 추진실적이 적정하게 이루어지고 있는 경우를 의미함.
주2) N.A: 자료접근이 어렵고, 활동시기가 짧은 경우, 혹은 관련자료 미비로 평가를 유보함.

<표 V-2> 교구별 인적 분야: 교육 및 연구활동 평가 비교

교구	인적 분야 : 교육 및 연구활동 평가				
	환경교육	생태신학적 접근	새로운과제 인식공유	정책환경 정책대한제시	환경문화 지원과 관심
서울대교구	◎	○	○	○	○
인천교구	◎	◎	○	○	○
수원교구	◎	◎	◎	◎	◎
대구대교구	◎	◎	◎	○	◎
대전교구	○	○	○	○	○
광주대교구	◎	◎	○	◎	●
원주교구	◎	◎	◎	○	N.A
안동교구	○	○	○	○	●
청주교구	○	○	●	●	●
전주교구	◎	◎	○	◎	N.A
부산교구	○	○	○	○	●
마산교구	○	●	●	●	●
의정부교구	○	○	N.A	N.A	N.A
춘천교구	N.A	N.A	N.A	N.A	N.A
제주교구	○	○	●	N.A	N.A

주1) ● : 환경인프라 및 추진실적이 미진한 것 경우, ○ : 환경인프라 및 추진실적의 개선의 필요 (부정적 평가)와 양호한 평가(긍정적 평가)가 혼재되어 있는 경우, ◎ : 환경인프라 및 추진실적이 적정하게 이루어지고 있는 경우를 의미함.

주2) N.A: 자료접근이 어렵고, 활동시기가 짧은 경우, 혹은 관련자료 미비로 평가를 유보함.

<표 V-3> 교구별 대외적 분야: 연대 및 실천평가 비교

교구	대외적 분야 : 연대 및 실천평가				
	에큐메니칼시도	생활속의 실천	투쟁방법	회원확보	타종단과의 연대
서울대교구	○	○	○	N.A	○
인천교구	◎	○	◎	◎	○
수원교구	○	○	◎	◎	○
대구대교구	○	●	◎	N.A	●
대전교구	◎	○	◎	N.A	○
광주대교구	○	○	○	N.A	○
원주교구	○	○	○	N.A	●
안동교구	○	●	○	N.A	N.A
청주교구	○	○	○	N.A	●
전주교구	○	●	○	◎	◎
부산교구	○	●	○	N.A	○
마산교구	○	N.A	N.A	●	●
의정부교구	○	●	N.A	●	●
춘천교구	○	N.A	N.A	N.A	N.A
제주교구	○	N.A	N.A	●	●

주1) ● : 환경인프라 및 추진실적이 미진한 것 경우, ○ : 환경인프라 및 추진실적의 개선의 필요(부정적 평가)와 양호한 평가(긍정적 평가)가 혼재되어 있는 경우, ◎ : 환경인프라 및 추진실적이 적정하게 이루어지고 있는 경우를 의미함.

주2) N.A: 자료접근이 어렵고, 활동시기가 짧은 경우, 혹은 관련자료 미비로 평가를 유보함.

Ⅵ. 결 어

인간과 자연을 살리는 길, 정녕 이렇게 살아도 괜찮은 것인가? 이 시대의 낭비 문명, 관성의 법칙에 이미 가속도까지 붙었으니 답답할 때가 많았다. 이즈음 환경 문제의 심각성을 인식하고 생태적인 삶을 실천하는 이들이 늘어나고 있어 그나마 다행이라는 생각도 들었지만 아직까지는 시대의 흐름을 바꿔 놓기에는 역부족인 게 사실이다.

그동안 가톨릭교회는 '천주교창조보전전국모임'의 결성, '환경상' 제정, 환경 운동 및 환경 사목의 정당성 확보를 위한 사상적 토대 마련, 환경 친화적이라는 형이상학적 가르침뿐만 아니라 가톨릭교회의 생명관이 무엇이며, 무엇이 환경 친화적 삶인가에 대한 물음에 대해 구체적인 답을 제시하고자 부단히 노력했음에도 불구하고 현재 변화된 상황을 충분히 반영하지 못한 측면이 있다. 가톨릭교회의 환경 사목이라면 많은 사람들은 새만금, 아나바다운동을 연상한다. 그동안 교계 언론과 단체들이 선정한 주요 사건에도 가톨릭교회는 자주 등장한다. 사회적으로 크게 주목받은 이러한 이슈들을 놓고 뿌듯한 평가가 가톨릭교회 내부에서도 적지 않게 나오고 있다. 그러나 이러한 가톨릭교회 환경 사목을 지켜본 교계 밖의 환경 운동가들은 실천과 자성이 뒷받침되지 않은 환경 사목은 이미 구시대의 유물일 뿐이라고 따끔하게 충고도 잊지 않는다.

이러한 결과는 가톨릭 환경운동이 사회 환경 단체의 환경운동과 큰 차별성이 없이 진행되어 온 것에서 그 원인을 찾을 수 있다. 이 충고들은 가톨릭 신자들이 함께 실천해 나갈 수 있는 '풀뿌리 환경운동'의 미약함을 지적하는 말이다. 다행히 가톨릭교회 안을 들여다보면 우리농실천, 생협 등 가톨릭 신자들의 환경 의식을 고취하기 위한 풀뿌리 환경운동들이 진행되고 있다. 최근 가톨릭교회가 전개하는 환경 사목의 외향이 각종 성명서와 퍼포먼스를 앞세우는 쪽으로 급격히 부풀려진다거나, 그 결과를 '보여 주기 식'으로 치달았다는 지적은 타 종교에 비하여 조금은 비켜 갈 수 있는 것으로 평가할 수 있다.

그러나 환경 문학, 환경 미술, 환경 영화, 환경 음악과 같은 생태 환경 문화에 대한 지속적 지원과 관심이 요구됨에도 불구하고, 가톨릭교회의 입장이 집회나 시위로 귀결되거나 "타 종교나 시민단체와의 생태 공동체 네트워크, 생태(환경) 교육, 실천 교재 발간과 같은 방안 정도는 시도해 보겠지만 그렇게까지 할 필요가?"라는 식으로 접근한다면 여전히 '인간과 환경'의 중요성을 깊이 인식하지 못하고 있다는 이야기밖에 안 된다.

아직 가톨릭교회가 환경 활동가에 대한 일자리와 생계 보장, 환경 관련 단체의 경제와 생활의 질 보장에 대해 성의가 없기는 타 종교와 마찬가지이다. 종교 학교 내 생태 문화 관련 기초 교과 과정 설치, 생태 환경 문화 교육 센터의 설립, 생태 건축, 생태 기술과 경험의 전파 및 자문, 생태 공동체의 지속 가능성에 대한 사후 평가 계획 등도 원천적인 환경 문화 정책과는 아직 거리가 멀어 보인다. 지금 당장 생태(환경) 미술, 생태(환경) 영화, 생태(환경) 문화 교육 센터의 설립, 생태(환경) 관련 단체의 '경제'와 '생활의 질' 보장에 들어가야 한다. 오늘의 한국의 민주화에 공을 일궈 온 가톨릭교회가 환경과 생태 문화를 외면한다면 그건 믿음직한 가톨릭교회의 모습이 못 된다. 가톨릭교회는 기본적인 하드웨어 인프라를 구축해 온 것이 사실이다. 다만 이러한 기본 인프라를 활용하여 문화, 정서가 통합되어 진행될 수 있도록 기능하는 인력과 콘텐츠의 부족이 과제로 남아 있다고 볼 수 있다.

정리하면 가톨릭교회는 전위적 도전보다는 실질적인 해법을 모색하고 전문가들의 지식을 바탕으로 전향적인 대안을 마련하여 전문성이 대중성으로 확산될 수 있도록 노력해야 할 것이다. 본 연구자가 제안한 15개의 과제를 동시에 모두 해결하자는 의견은 아니다. 그리고 문제점과 해결책도 일반적인 제시보다 각 교구 단체별로 차별성 있게 과제를 제시하여야 하나 그러한 학문적 한계점은 향후 연구 과제로 미루기로 하였다.

 인간과 환경 및 생태 문화에 대비한 환경운동 및 환경 정책은 교육 정책의 경우처럼 백년대계 차원에서 책임감 있게 성심껏 세워져야 한다. 교구장, 또는 담당 주임신부가 바뀔 때마다 생색내기나 면피용으로 그쳐서는 국민의 신뢰를 받는 가톨릭교회가 될 수 없다는 점을 명심해야 한다. 적지 않은 성과를 낸 가톨릭교회이지만 아직 갈 길은 멀다. 한 방울의 물이 모이고 모여 강물을 이루듯, 그 작은 실천들이 마침내 이 사회를 지속 가능한 생태적 사회로 바꿀 수 있기에 '인간과 환경'을 위하는 가톨릭교회에 대한 희망을 놓지 않는다.

제3장
한국 개신교 교회의 환경 및 생태운동 실태조사

박 경 철

I. 서론

오늘날 전 지구의 환경파괴에 따른 심각한 위기에 대한 인식과 이에 대한 개신교 교회의 대응에 나타난 것들을 보면, 우선 환경 파괴와 생태계의 위기를 초래한 원인에 대해 크게 보아 서로 다른 두 가지 입장으로 나뉜다. 하나는 기독교의 '창조신앙'의 인간 중심적 세계관이 자연지배와 착취의 토대를 제공하여 생태계 파괴와 위기의 근본 원인을 제공했다는 주장과, 다른 하나는 그 근본 원인을 단지 기독교의 '창조신앙'에서 찾을 수만은 없다고 생각하는 입장이다.[1] 기독교 밖에서 찾으려는 입장들은 대체로, 현대사회가 안고 있는 '소유'와 '소비적' 향락주의와 '발전'과 '개발주의'가 몰고 온 결과로 보는 것, 둘째로는 강대국들의 경제적, 군사적, 정치적 확장 욕의 결과, 셋째는, 자연을 객관화시키고 분석하며 개체화 시키는 자연과학의 연구방법, 넷째는 정신과 물질을 둘로 나누는 이원론으로 인간을 주체화 시키고 자연을 대상화 시키는 데카르트의 인간중심적 세계관의 영향 등으로 나뉘어 질 수 있다. 기독교의 '창조신앙' 및 창조신학에서 그 원인을 찾는 이들은 기독교가 하나님과 모

---

1) 이에 대해서는 목창균, "생태학적 신학과 창조신학", 목회와 신학, 제38호, 1992 및 김균진,『생태계의 위기와 신학』, 대한기독교서회, 1995 등을 참고하라.

든 피조물 사이의 '계약'[2]을 하나님과 인간 사이의 계약으로 축소시킴으로 그들을 하나님의 축복과 보호의 대상으로 간주하지 않고 단지 인간을 위한 대상으로만 취급했기 때문이며, 그로인해 다른 피조물에 대한 경시풍조가 일어나게 되었다는 것이다.[3] 그러나 몰트만(J. Moltmann)은 생태계의 위기에 대한 원인을 기독교의 '창조신앙'에서만 발견하는 것은 타당하지 못하다고 보고, "자연에 대한 현대의 공격적 윤리"는 '창조신앙'의 결과가 아니라 르네상스와 아메리카, 아프리카, 아시아에 대한 근대 구라파의 정복의 산물이라고 지적한다.[4] 듀보(Rene Dubos)는 자연 및 생태계의 파괴와 위기현상이 기독교 세계에만 일어나는 독특한 현상이 아닌 전 세계적인 현상으로 간주하고 성경이 쓰이기 오래 전에 그리고 기독교 신앙이 전파되기 훨씬 전에도 이미 있어 온 것이었다고 보며, 이를 오직 성서의 '창조신앙' 및 기독교 창조신학에서만 그 원인을 찾으려는 것은 잘못이라고 본다.[5]

생태계의 위기에 대한 문제 인식에 대한 개신교 학계의 성서 해석에 대한 변화된 입장에 비해, 일반 개신교 교회와 신도들의 기존의 '창조신앙'과 '환경' 및 '생태'에 대한 인식 사이에는 아직 많은 차이가 있다. 무엇보다도 그 중심에는 성서(창세기)의 증언 및 믿음(신앙고백), 이른바 '창조론'이라 불리는 '창조신앙'이 맞물려 있다. 물론 일반 신도들의 '창조신앙' 및 자연에 대한 그 인식은 지난날 교회의 가르침에 기인했음을 부인할 수는 없다. 문제는 자연에 대한 새로운 성서의 해석과 생태신학의 확산을 통해서 일반 신도들

---

2) 창세기 9장에 나오는 이른바 '노아계약'이라고 불리는 것에 대해서는, 박경철, "이사야서에 나타난 베리트의 신학적 의미 1" 『구약신학저널』제6호, 서울: 도서출판 이레서원, 2001, 352-372, 특히 362-364를 참고하라.
3) 김균진, 『생태계의 위기와 신학』, 29
4) 김균진, 『생태계의 위기와 신학』, 30
5) 목창균, "생태학적 신학과 창조신학", 75

이 자연에 대해 새로운 인식의 지평을 갖게 된 것인지, 아니면 생태계의 위기와 환경문제에 대한 일반 사회 각 계층의 인식 변화에 기인하는 것인가는 보다 세밀한 조사와 분석이 필요할 것이다. 이 문제는 기독교의 생태신학의 태동과 확산 역시 기독교 내부의 자생적인 것인가의 물음과도 관련이 있을 것이다. 국내 기독교 환경운동 단체들의 '환경'과 '생태'에 대한 새로운 인식의 성서적 접근과 실천운동들의 그동안의 노력은 일반 개신교 교회와 신도들의 '창조신앙'에 대한 새로운 인식을 가져다주는데 큰 역할을 해 오고 있음은 매우 긍정적이라 할 수 있다.

II. 한국 개신교 각 교단의 환경선교정책 및 환경운동

1. 한국 개신교 환경운동

가. 환경운동 태동의 사회적 배경

한국 개신교의 환경운동은 국내 전체 환경운동과의 밀접한 관련 속에서 나타난 것이다. 그렇기 때문에 한국 개신교 환경운동의 전개과정을 알아보기 위해서는 우선 국내 환경운동의 역사를 간략하게나마 개관할 필요가 있겠다.

우리나라에서 본격적인 환경운동은 80년대에 들어서서 비로소 시작되었다고 볼 수 있다. 1970년대가 박정희 정권에 의해 한편으론 정치, 사회적으로는 반민주의 시대였다면, 다른 한편으론 박 정권이 펼친 경제개발5개년계획 사업에 의해 대규모 공해산업과 개발위주의 경제정책으로 인해 환경문제에 있어서 무엇보다도 공해가 가장 큰 문제로 대두되었다. 한국에서 처음으로 시민운동 차원의 공해문제가 제기될 때에만 해도 반민주 독재정권의 시절에 환경과 관련한 문제라 할지라도 이는 곧 반정부투쟁으로 몰아붙였고, 혹독한 탄압을 받아야 했다. 이러한 한국의 정치적 상황을 인식해야 한국의 환경운동의 배경과 그 이후 왜 한국에서의 환경운동이 사회전체의 민주화 운동과 그 궤를 같이 하며 발전해 왔는지를 짐작할 수 있게 되는 것이다. 80년대의 환경운동은 민주화운동의 일부였으며, 이는 세계 다른 나라들의 환경운동의 태동과 전개 과정에서 보이는 것과 차이를 보이는 특징이기도 하다.[6]

한국의 환경운동의 역사는 1982년 한국 최초의 환경단체인 '한국공해문제연구소' 까지 거슬러 올라가는데, 공해문제연구소는 1986년에 결성된 주부들이 중심이 되었던 '공해반대시민운동협의회' 및 1987년 결성된 '공해추방운동청년협의회'와 함께 1988년 '공해추방운동연합(공추련)'으로 새롭게 태어나게 된다. '공추련' 은 한국의 환경운동사에서 처음으로 대중주의를 표방한 본격적인 환경운동단체였다. '공추련'의 창립과 함께 전국 규모의 환경운동이 시작되었으며, 이후 '공해추방'이라는 용어가 대중적으로 사용되기 시작한다. '공추련'은 이 시기에 다른 부문운동과 연대와 협력하며 사회적인 공공선의 실현을 위해 폭넓은 활동을 벌여나갔다. 1993년 4월 '공추련'이 중심이 되어 부산공해추방시민운동협의회(1989년 창립), 광주환경운동시민연합(1989년 창립), 목포녹색연구회(1988년 창립) 그리고 1991년 3월 발생한 낙동강 페놀 오염사건을 계기로 결성된 마산 창원 지역 및 대구 지역 환경단체 등 전국의 주요 8개 환경단체와 통합하여 한국 최대 환경단체에서는 '환경운

---

6) 미국에서 환경운동이 자연보호 운동의 차원에서 시작해 생태계와 자연환경 문제를 주로 다루었다면, 유럽의 환경운동은 각급 의회를 중심으로 정치적 움직임을 통해 환경문제 개선에 노력하고 있다. 반면 우리나라는 민주화운동의 연장선상에서 환경문제가 정치적 민주화와 밀접하게 관련돼 있다는 인식에서 출발하였다.

동연합'으로 거듭나게 된다. 반공해운동의 기치를 높이 들었던 1980년대 후반을 지나, 1992년 브라질 리우에서 개최된 유엔환경개발회의는 세계환경운동사에 있어서 기념비적인 사건이었고, 리우회의를 기점으로 한국의 환경운동 또한 새로운 전환점을 맞게 된다. 반공해운동에서 환경운동으로 변화를 시작한 것이다. 환경연합은 창립 이후 국내에서는 환경문제의 발화점인 현장성을 강조해 지역환경운동에 집중한다. 또한 지구적 차원의 환경문제에도 적극 대처하기 위해 해외 환경단체들과 국경을 넘어서 연대운동을 벌이기 시작한다.

90년대로 접어들면서 국내 환경운동은 국내 기업들의 산업 활동에 따른 공해 및 환경문제가 그 이전과 마찬가지로 사회문제의 이슈가 되었지만, 7-80년대와 다르게 90년대부터는 이에 저항하는 환경운동의 성격이 반기업 및 반자본운동의 경향을 띠게 되면서, 기업의 자연자원 남용이나 환경훼손 그리고 오염물질 배출행위에 대한 폭로와 제품 불매운동 등 기업행위에 대한 저항으로서의 환경운동이 일정한 역할을 하게 되었다. 기업들 또한 그 이전과 다르게 환경운동단체들의 저항에 결코 무관심하거나 정치적으로 이를 무마하는 것이 아니라, 비록 외형적으로나마 환경경영을 선포하거나, 친환경 기업활동을 생산공정과 기업경영에 포함하게끔 되었다. 정부 주도 대형국책사업이 벌이는 개발정책 역시 환경단체들의 눈을 피할 수 없게 되었고, '친환경개발'이라는 표어를 전면에 내세우지 않고서는 가능하지 않을 정도에 이를 정도로, 다양한 환경단체 및 시민단체들의 역량이 그 이전과 달리 매우 성장했다고 볼 수 있다.

우리나라의 환경운동의 역사를 흔히 1987년 6월 민주화운동을 기점으로 하여 그 이전과 이후로 나누는 경향이 있다. 이는 이 두 시기를 기점으로 당시 민주화운동에 따른 정치적 개방과 시민사회의 활성화가 환경운동의 발전에도 커다란 영향을 미쳤다고 보기 때문이다. 전자의 시기가 조직적 환경운동이 등장하고 성장하기 시작한 시기라면, 후자의 시기는 환경운동이 전국적으로 확산되고 다양화한 시기라고 볼 수 있다. 이전의 시기는 우리나라의 압축적 성장에 따른 공해다발형 산업으로 인한 산업공해로 6~70년대 공해지역 주민들의 피해보상과 이주요구 등 지역환경운동이 발생했지만, 당시는 큰 주목을 받지 못하다가 80년대에 들어와 핵발전소 지역이나 공단밀집지역 등을 중심으로 피해지역 주민들의 직접적인 생존권 투쟁, 피해 보상과 이주대책 등을 요구하며 활발하게 전개되었고 이것이 사회적으로 주목을 받게 되자 환경문제를 체계적으로 조사, 연구하고 환경운동을 조직적으로 전개하기 위해 전문환경운동단체가 등장하게 되었다.

87년 6월 항쟁 이후 환경운동은, 민주화 운동을 통하여 권위주의 정권이 해체되기 시작하면서 이루어진 정치적 개방으로 인하여 환경운동에도 영향을 주게 되었다. 따라서 다양한 이데올로기를 가진 환경운동조직이 활성화되면서 도시지역 주민들을 중심으로 급속히 확산되어 자원재활용, 쓰레기 분리수거 및 줄이기, 소비자 보호운동 등 새로운 환경운동이 대거 등장하여 전반적으로 '전국민이 피해자이면서 가해자'라는 새로운 시각에서 직접적인 저항보다는 생활실천운동 중심의 캠페인이나 여론형성, 정책건의 등 초기 환경운동과는 다른 현실주의적 전략에 기반하여 적극적인 환경운동의 전개로 기존의 민주화운동 세력과는 일정한 거리를 두면서 활동하게 되었다. 이와 함께 이러한 환경운동의 주체는 화이트칼라 중심의 중간계급이나 지식인·학생·종교인·주부 등의 주변층의 역할이 강조되었으며, 그 행동수단 또한 강연회, 공청회, 시위 및 농성 등에 이르기까지 다양화되었다. 환경운동이 이렇게 확산되고 다양화되었다고 해서 기존의 지역환경운동이 감소한 것은 아니었다. 시민사회의 팽창은 지역의 생태적, 경제적 이익과 결합된 지역환경운동이 지방자치제의 실시로 더욱 증폭되어 주민 참여의 다양한 방법으로 나타나고 있으며, 1988년 공해추방운동연합을 기점으로 대중적인 단체가 창립되면서 다양한 환경단체가 활동하고 있으며, 현재 환경운동연합과 녹색연합이 대표적인 환경운동 조직으로서 각종 환경에 관한 이슈를 활발하게 시민사회 내에 확산시키고 있는 점은 무시할 수 없다.

나. 개신교 교단협의체의 환경운동

한국 환경운동의 역사가 민주화 운동사와 함께 병행된 점을 감안한다면, 한국 개신교 환경운동의 역사 또한 국내 정치, 사회, 경제, 문화 제반의 문제에 대해 진보적 성격을 지닌 교단들의 선교정책과 맞물려 진행되었다고 볼 수 있다. 비록 한국 개신교 전체 교단이 속해 있지는 않지만, 1924년 9월 24일 조선예수교연합공의회로 창립되어 현재에 이르고 있는 한국기독교교회협의회(KNCC, The National Council of Churches in Korea)[7]는 90년대에 들어서면서 본격적으로 교단 연합차원에서의 환경에 대한 선교정책을 제시하기에 이른다. 1991년 4월 '91 생명보전을 위한 우리의 고백'이라는 선언문을 발표하였고, 산하조직에 '환경위원회'를 설치하여, 다음의 5가지 주요 사업들을 벌여오고 있다. 1. 환경문제에 관한 조사연구 및 대책 수립과 추진에 관한 사항, 2. 환경문제에 관한 홍보와 교육에 관한 사항, 3. 교회의 환경운동 참여를 위한 지원과 추진에 관한 사항, 4. 환경운동단체 및 기관과의 협력에 관한 사항, 5. 환

---

7) 현재 가입된 회원교단은 다음 8개 교단이다: 구세군대한본영, 기독교대한감리회, 기독교대한복음교회, 기독교대한하나님의성회, 대한성공회, 대한예수교장로회(통합), 한국기독교장로회, 한국정교회

경선교단 운영에 관한 사항

특히 한국기독교교회협의회 유관기관으로 '기독교환경운동연대'는 한국 개신교 환경운동의 중추적 역할을 해 오고 있다. '기독교환경운동연대'의 시작은 80년대 초로 거슬러 올라간다. 1982년에 설립된 '한국공해문제연구소'가 그 시발이 되었다. 빠르게 산업화 사회로 급변하던 당시, '온산공해병', '소각장 건설의 문제점', '핵발전소 건설의 위험성' 등의 연구소의 초창기 환경운동은 5공 정부로부터 눈에 가시거리가 될 수밖에 없었다. 그 후 연구소는 '한국반핵반공해평화연구소'라는 이름을 거쳐 1992년에 '한국교회환경연구소'로 개칭되고, 이는 또 다시 1997년 이래 다양하게 나눠진 한국 개신교 각 교단들 및 여러 개별 개신교 사회운동 단체들과의 좀 더 힘 있는 환경운동의 연대를 위하여 현 '기독교환경운동연대'로 개편하여, 한국개신교환경운동의 중추적 역할을 해 오고 있는 중이다.

이른바 진보와 보수로 나뉜 한국 개신교가 그 연합체로서도 KNCC에 맞서는 보수계통의 한국 개신교 연합체로 1989년 설립된 '한국기독교총연합회'(CCK, The Christian Council of Korea)[8]는 1992년부터 환경보전위원회를 상설위원회로 두고 그 하부조직으로 기독교환경감시단을 설치해, 인류의 생명을 위협할 만큼 오염된 생존 환경의 복원과 보존을 위하여 기독교적 가치관과 세계관에 근거하여 범교단적 환경운동을 전개하고 있다. '한국교회와 환경보존운동'이라는 주제로 세미나를 개최하였고, '그리스도인의 환경보존 운동'이라는 책자도 발간 보급하였으며, 6월 첫 주를 환경보전주일로 제정하여 지키고 있다. 이와 같이 비록 한국 개신교가 여러 교단으로 분리, 분열되어 있지만, 환경문제에서 만큼은 진보와

---

8) 한국기독교총연합회 회원교단은 63개 교단으로 이루어져 있지만, 거의 대부분이 대한예수교 장로회(특히 합동측)내의 군소교단들로 이루어져 있다.

보수 모두 내부적으로는 환경과 생태 인식과 실천운동에 있어서 상당부분 차이를 보인다 할지라도, 외형적으로는 한 목소리를 내고 있다고 보인다. 아래에서는 개신교 환경운동의 대표적인 실천모습으로 '환경주일' 운동에 대해서 살펴보고자 한다.

다. 환경주일 운동

　KNCC와 '기독교환경운동연대'가 해오고 있는 중요 사업 중 하나가 전국교회가 지키는 '환경주일' 운동이다. 1972년 스톡홀름에서 유엔이 발표한 '인간환경선언'에 따라 전 세계가 6월 5일을 '세계 환경의 날'로 정한 이후, 1984년 당시 현 '한국기독교환경운동연대'의 전신인 '한국공해문제 연구소'는 6월 첫째주일을 '환경주일'로 정하고 이에 관심을 갖고 있는 여러 교회들과 더불어 창조질서보전을 위한 예배와 기도 및 환경주일에 맞춘 환경운동실천에 힘써 왔다. 1992년, KNCC 환경위원회가 공식적으로 세계 환경의 날을 맞아, '환경주일'을 선포하고, '92 한국기독교회 환경선언을' 발표하기에 이른다. 그로부터 KNCC 소속 '환경위원회'와 가맹교단들이 각 교단의 총회적 차원으로 진행 중에 있다.

　1992년, 세계환경의 날을 기념하며 '한국교회협의회'와 '한국교회환경연구소'(현, 기독교환경운동연대)가 공동으로 '92 한국기독교회 환경선언'을 발표하고 환경주일을 선포하면서 시작된 한국 개신교의 '환경주일운동'은 전국 교회의 환경운동 실천을 위한 가장 큰 역할을 해 오고 있다고 해도 과언이 아니다. 한국개신교회가 제정하고 전국적으로 시행되어 오고 있는 '환경주일운동'과 관련해 최근 몇 년간의 개신교 환경운동의 성격들을 간략하게나마 살펴보고자 한다.

　2003년, 유엔이 정한 '세계 물의 해'를 맞이하여, '하나님 사랑,

물 사랑'이라는 주제 아래 '2003 한국교회 환경주일'을 시행하였다. 여기서는 물의 심각성을 알리는 실태자료(물 부족현상, 물의 오염, 산성 비와 눈의 문제, 지하수 오염, 습지 및 갯벌의 중요성과 국제적 수리권 분쟁지역등)를 제공하고, 공동자료집을 발간함과 동시에, 물 살리기 생활실천운동(기독인 물 사랑 10 지침)[9]을 전개하고, '환경주일선언문'을 통해, 특별히 당시 국내 정치적으로 매우 민감한 사안인 국책사업이었던 새만금사업에 대한 개신교의 입장을 발표하게 되었다. 선언문에 나타난 교회의 '창조신앙'의 고백에 나타난 환경에 대한 인식은, 우선 모든 하나님의 피조세계에 창조주 하나님의 영이 깃들어 있다고 고백한다.[10] 아울러 모든 환경파괴의 모습은 곧 "생명의 영이신 성령을 거슬러 죽임의 악한 영이 만연해 가고"있다고 본다. 그 대표적인 모습으로 새만금의 갯벌 파괴의 현장을 손꼽아 들었다.[11]

2004년은 유엔이 정한 세계 '쌀'의 해를 맞아, 한국기독교교회협의회 7개 회원교단과 기독교환경운동연대가 공동작업을 통해 '생명의 쌀, 거룩한 밥상'이라는 주제로 환경주일을 시행하였다. 국

---

[9] 1. 물은 받아쓰고, 화단, 주방, 변기용으로 다시 사용하자. 2. 가급적 손빨래하고, 세탁시 빨래를 모아서 하자. 3. 세탁, 샤워, 머리 감기 횟수를 줄이자. 4. 합성세제 대신 천연세제(비누)를 쓰자. 5. 먹을만큼 차리고 음식찌꺼기를 줄이자. 6. 변기세척제, 표백제 등 화학약품 사용을 줄이자. 7. 쓰레기와 오물을 하천, 바다에 버리지 말자. 8. 샛강을 보호하고 물을 사랑하는 마음을 갖자. 9. 지하수 이용을 절제하고 오염을 줄이자. 10. 중수도 설치, 수돗물 누수방지, 수돗물값 인상을 건의하자.

[10] "...태초에 하나님의 기운으로 창조된 세계에 충만한 생명의 영이 오늘 하나님의 피조생명들이 살아 숨쉬는 이 땅의 강과 산, 갯벌과 하천에도 온전히 깃들어 있음을 믿는다. 우리는 창조의 영이요 생명의 영이신 성령께서 한반도의 피조세계가 하나님의 창조질서에 따라 온전히 살아가기를 바라며, 정복과 지배, 갈라섬과 다툼이 없는 참된 평화와 화해, 생명의 공동체를 일구시기 위해 지금도 쉬지 않고 새롭게 창조활동을 하고 계심을 믿는다...."

[11] '한국기독교교회협의회 환경위원회', '기독교환경운동연대' 및 '새만금갯벌살리기 개신교연대'는 2003년 5월 31일 다음과 같은 다짐으로 선언문을 채택하기에 이른다: 1)?새만금 간척사업은 보다 합리적인 대안을 모색할 때까지 공사를 즉각 중단할 것을 촉구한다. 2) 하나님의 창조물인 물을 아껴 쓰고, 재활용함으로써 우리나라가 물 부족 국가로 전락되지 않도록 최선을 다해야 하며, 이를 위해 경건과 절제의 삶을 지속해야 한다. 3)북한산 관통도로, 핵 폐기장 건립 등 주요 환경 문제는 창조보전의 입장에서 대화를 통해 합리적으로 해결해야 한다.

내적으로는 땅과 사람을 건강하고 풍요롭게 하는 생명의 '쌀' 생산과 소비의 균형, 유기농산물 생산과 도시교회의 소비연계망 구축과 효율성 확대 등의 시급한 과제와 함께 쌀이 무기가 된 국제사회 현실과 부의 불균형 현상, 한-칠레 자유무역협정(FTA) 등의 국제관계의 심각성을 한국 개신교는 이를 국내경제 문제뿐 아니라, 국제사회 문제, 나아가 평화와 생명의 문제이며 신앙의 문제로 까지 인식하여 '생명밥상'이라는 신앙고백과 실천적 신앙의 의지를 담게 된 것이다. 여기서의 특색은 생명을 돌보는 생명농업으로서의 유기농법(오리농법, 우렁이농법 등)과 사람을 이어주는 생협의 중요성이 다른 때 보다 더 강조되게 되었다. '생명밥상운동'은 한마디로 죽음의 밥상이 아닌 생명의 밥상을 차리는 것이며 그 구체적 운동방향은 첫째, '안전한 먹거리', 둘째, 안 버리는 '음식물 쓰레기 줄이기' 그리고 끝으로는 '생명에 대한 감사'로 이어지는 세 가지로 요약된다. 이를 위해 일반교인들에게는 기독인의 '생명밥상' 실천운동으로서의 12가지 수칙[12]과 함께 '생명밥상서약서' 캠페인이 현재까지 이어져 오고 있다.

2005년에는 전 세계 환경파괴의 결과로 나타난 이상기후현상의 주범이 되는 온실가스에 대한 문제가 화두가 되었다. 국제적 구속력을 가진 교토 의정서가 발효되고 유엔은 '녹색도시'라는 환경주제를 설정하게 되었다. 이에 맞춰 한국기독교교회협의회와 회원교단, 기독교환경운동연대는 인간과 환경이 조화롭게 살아가는 도시를 만들어 가는 것은 당연히 수행해야 하는 창조보전의 과제로 인식하고, 22회 환경주일을 맞아 한국교회의 환경선교 과제를 '녹색교회를 통

---

12) 1. 국내산, 유기농산물을 애용한다. 2. 제철음식을 먹는다. 3. 가공식품을 삼간다. 4. 외식을 최대한 줄인다. 5. 계획 구매하며 오래 보관하지 않는다. 6. 단순하게 조리하여 덜어 먹는다. 7. 반찬수를 줄여 간소한 상을 린다. 8. 육식보다 곡식과 채소를 즐긴다 9. 생명주심에 감사하며, 천천히 먹는다. 10. 내몸과 이웃을 생각하며 소식한다 11. 남기지 않고 그릇을 깨끗이 비운다. 12. 배출된 음식쓰레기는 재활용한다.

한 창조질서 보존'으로 정하고, '녹색에너지로 녹색교회를!' 이라는 구체적인 실천주제도 정하게 되었다. 2005년 환경주일을 맞으며 가장 특색적인 것이 있다면, '녹색교회운동' 이다. 녹색교회21은 1992년 브라질에서 열렸던 리우회의에서 지속가능한 사회 건설을 위한 의제21이 채택된 이후로 각 나라, 지역별로 진행되고 있는 의제 제정 작업에 부응한 것이다. 생명위기 시대에 환경적으로 건전하고 지속가능한 사회를 위해 교회가 해야 할 일, 즉 기독교의제 21을 초대교회의 신앙양식을 빌어서 표현한 것이다. 녹색교회운동은 기독교환경운동연대가 1998년부터 전개해온 것을 발전시킨 것으로, 하나님의 창조질서를 보전하는 구체적인 활동이자 프로그램으로[13], 열 가지 다짐과 각각 3가지씩의 지침들을 발표하였다.[14]

지난 6월 올해 환경주일의 주제는 '생명밥상 빈그릇' 이다. 이는

---

13) 녹색교회에 대한 관심을 일으키고 녹색교회의 모델을 만들어가기 위하여, 한국기독교교회협의회 환경위원회와 기독교환경운동연대는 매년 '녹색교회'를 선정하여 시상하고 있다. 전국의 교회를 대상으로 '녹색교회'를 공모하고, 신청한 교회를 대상으로 '녹색교회 다짐'에 준하여 심사, 기준을 통과한 교회에게 '녹색교회 증서'를 주고 '녹색교회 명패'를 달아준다.

14) 선포 Kerygma
제 1 다짐: 만물을 창조하고 보전하시는 하나님을 예배한다.
1) 환경주일을 정하여 지킵시다.
2) 창조보전에 대한 설교를 합시다.
3) 성만찬을 통하여 생명의 소중함을 깨달읍시다.
제 2 다짐: 하나님 안에서 사람과 자연이 한 몸임을 고백한다.
1) 매일 정오에 신음하는 피조물을 위하여 기도합시다.
2) 자연에서 울려오는 하나님의 음성을 들읍시다.
3) 단순 소박하고 불편한 삶을 즐깁시다.
교육 Didache
제 3 다짐: 창조보전에 대하여 교육한다.
1) 녹색의 눈으로 성경을 읽읍시다.
2) '창조신앙' 사경회 및 특강, 세미나를 개최하고 참여합시다.
3) 자연과 희로애락을 함께 합시다.
제 4 다짐: 어린이와 청소년을 친환경적으로 키운다.
1) 환경 교실(주말, 캠프)을 운영합시다.
2) 간식을 줄입시다.
3) 아나바다 운동에 참여시킵시다.

'녹색교회를 통한 창조보전' 캠페인의 두 번째이자, 2002년의 '생명의 밥상으로 몸과 지구를 살리소서!' 와 2004년의 '생명의 쌀, 거룩한 밥상'에 이은 연속 캠페인으로 이어진 것이다. 올해 환경주일의 캠페인은 특히 단지 음식 쓰레기를 줄이는 생활환경운동을 넘어 '나눔' 정신을 회복하는데 궁극적 의의를 두었고, KNCC 환경위원회는 환경주일(6월 4일)을 맞아, '2006 한국교회 환경주일 연합예배'를 5월 24일 대한성공회 서울주교좌성당 프란시스홀에서 드렸다. 올해는 특별히 '나눔' 정신을 실천하기 위해 매주 수요일 정오 서울주교좌성당(정동)에서 진행하고 있는 〈주먹밥 콘서트〉와 연계

조직 Organization
제 5 다짐: 환경을 살리는 교회조직을 운영한다.
1) 환경 전담 부서를 둡시다.
2) 환경을 살리는데 예산을 사용합시다.
3) 환경 전담 사역자를 둡시다.
제 6 다짐: 교회가 절제하는 생활에 앞장선다.
1) 행사를 간소하게 하고, 불필요한 행사를 줄입시다.
2) 냉난방을 절제합시다.
3) 일회용품을 사용하지 맙시다.
친교 Koinonia
제 7 다짐: 생명밥상을 차린다.
1) 국내산 유기농산물을 애용합시다.
2) 가공식품과 외식을 삼가하고, 제철음식을 먹읍시다.
3) 쓰레기 제로, 빈 그릇 운동에 동참합시다.
제 8 다짐: 교회를 푸르게 한다.
1) 교회 담장을 없애고, 주차장을 작은 숲으로 바꾸어갑시다.
2) 녹색 에너지를 이용합시다.
3) 교회에 오갈 때는 걷거나 자전거나 대중교통을 이용합시다.
봉사 Diakonia
제 9 다짐: 녹색살림터를 운영한다.
1) 환경 정보를 나눕시다.
2) 환경 상품을 애용하고 권장합시다.
3) 도농직거래 장터를 운영합시다.
제 10 다짐: 창조보전을 위하여 지역사회와 연대한다.
1) 교회가 지역의 환경 센터가 됩시다.
2) 주변의 교회들과 창조보전을 위해 함께 일합시다.
3) 환경 정화와 감시 활동을 합시다.

하여 연합예배를 드리기도 하였다. 건강한 먹거리로 생명의 밥상을 차려 공손히 먹고, 음식을 남겨버리지 않음으로 내 몸과 마음, 하나님의 창조세상을 살리려는 '생명밥상 빈 그릇 운동'에는 크게 다섯 가지의 의미를 지니고 있다:

    1. 신앙: 생명의 양식인 주님을 섬기는 신앙운동
    2. 건강: 안전한 먹을거리로 자신의 몸과 마음을 돌보는 건강운동
    3. 살림: 창조세계를 살리는 살림운동
    4. 경제: 청빈(淸貧)을 실천하는 경제운동
    5. 나눔: 굶주림으로 고통 받는 이들에게 작은 사랑을 나눌 수 있는
          나눔운동

2. 한국 개신교 생태공동체 운동

가. 생태공동체운동 태동의 사회적 배경과 역사

국내 개신교만의 종교(신앙)적 생태(공동체) 운동에 대한 조사 역시 개신교의 환경운동에서와 마찬가지로 국내 일반 생태공동체 운동의 역사와 함께 조명할 필요가 있겠다.

공동체 운동에 대한 관심은 이미 오래전 산업사회 이후 자본주의 폐해에 따른 대안으로 나타난 전 지구적 관심의 대상이었고, 20세기 후반 사회주의권의 몰락과 신자유주의 확산에 대항하면서 새롭게 부각된 것이라 볼 수 있다. 이는 국내에서 일반 사회운동과 맞물려 새로운 대안사회운동의 모습으로 전개되어 온 것이다.

국내에서 대안사회운동의 일환으로 '생태'라는 이름을 걸고 시작된 (생태)공동체는 일반적으로 70년대 중반부터 유기농업을 시작하면서[15] 교육, 의료, 소비, 생산 등 다양한 영역으로 확장을 거듭하고 있다. 이에 관련된 공동체들이 생겨나기 시작한 때로 보지만, 본

격적으로는 90년대에 들어서면서 활성화 되고 있다고 본다. 또한 그 모습도 매우 다양한 형태를 나타내고 있다. 1996년에 설립된 전국귀농운동본부를 통해 산업화 도시화의 반자연, 반생명의 메마른 문명 속에서 황폐화되어가는 농촌을 살리기 운동을 활발히 전개시 회복하기 "친환경적 위한 농촌 마을 만들기"와 인간성 회복을 위한 다양한 소공동체 키고 있으며, 입시위주의 교육제도를 극복하기 위한 "대안학교운동" 및 농촌 공동체를 운동들이 있으며, 종교적 이상의 실현[16]에 바탕을 둔 생태공동체 운동 등 현재 한국에서 진행되고 있는 공동체 운동은 매우 다양하다. 그러나 이들이 출발하게 된 배경은 대체로 자본주의적 문명사회에 대한 비판과 이를 극복하기 위한 의식적인 소공동체 형성의 필요성에 있다고 볼 수 있다.[17] 때문에 다분히 인격적 친밀성과 정서적 깊이, 도덕적 헌신과 수양, 사회 내부적 응집력 등을 강조함으로써 공동체 운동의 본질적 측면을 가장 잘 반영하고 있다. 그리고 육체노동과 전인적인 인간관계 중시, 만인의 행복 추구 등에서 보듯이 지향하는 바가 보다 근본적이고 실

---

15) 70년대 박정희 정권의 근대화 추진에서 나타난 농업정책은 저항적 농민운동의 출현을 가져왔고 7-80년대 '카톨릭농민회' 및 '기독교농민회' 등의 출현은 1987년 전국농민회총연맹의 출현을 가져오는 계기가 되었다. 특히 근대적인 산업농에 반대하며 그 대안으로 유기농업을 중시한 정농회(正農會)의 활동을 국내 생태농업 및 생태공동체적 운동으로 뽑을 수 있다.

16) 이와 관련된 대표적인 생태공동체를 든다면 지리산 자락 전북 남원시 산내면에 위치한 실상사 인드라망 생명공동체를 들 수 있다. 실상사 인근 지리산 자락에 구성될 생태산촌마을은 3,750명의 교육장부지와 3만명의 실상사농장(제1실습장), 4만명의 제2실습장에 법인출자금 4억원, 중·소농 고품질사업비 2억5천만원, 교육장 정부보조금 3억원(자부담 20%) 등 총 9억5천만원을 들여 지역주민과 유기적인 협력관계를 갖는 지역두레마을과 실상사를 중심으로 한 사부대중 공동체를 실현할 계획이다. 이를 위해 인드라망생명공동체는 환경농업전시관·유기농하우스·지역발전센터·식물클리닉·유기농과수원·주말농장·귀농자주택·유기농산물판매장·생태체험학교·농업컨설팅센터·농산물가공실·그린음악실습장·황도방·도자기공예실·명상수련원 및 환경농업전문대학·천적사육장·주민복지관·자연휴양촌 등을 갖춘다는 구상을 갖고 있다.

17) 김용우는 국내 공동체 운동의 주요한 영역을 차지한 협동조합 운동의 시작의 이유로, "...한국자본주의가 급속하게 발전하는 시기이자 농촌공동체가 급속히 붕괴되는 시점인 70년대 중반부터...90년대 초반 동구사회주의권의 몰락과 신자유주의 등장은 공동체 혹은 대안운동에 대한 관심을 증대시키는 계기가 되었다. 이러한 정황은 공동체운동과 대안운동이 자본주의에 대한 전반적 폐해와 직접적인 연관이 있음을 반증한다."고 말한다. 김용우, "공동체운동의 현실과 전망", 『사회비평』 2002. 봄호

험적인 경향을 보이고 있다.

나. 생태공동체 운동의 유형

90년대부터 활성화된 생태공동체들을 보면 다음과 같다: 전남 장성 한마음공동체(1990년), 경북 상주의 푸른누리(1995년), 경남 창녕 공생농두레(1995년), 전북 무주 진도리 생태마을(1996년), 경남 산청 간디생태마을 안솔기(2000년), 경남 함양읍 두레마을(2002년)등이다. 이들 마을들의 특징은 설립 초기에 대부분 헌신적인 지도자를 중심으로 이뤄진 계획공동체다. 그 외에 기존의 농촌과 산촌을 생태지향적으로 변모시키려는 운동도 진행되고 있다. 그 대표적인 예가 충남 홍성의 문당리 마을과 부산 물만골 마을[18] 등은 기존 마을이 생태 마을로 변모한 경우이며, 2000년 결성된 생태산촌 만들기는 경기 양평의 명달리 등이 있다.

공동체 성격에 강조를 띤 국내 생태공동체 운동을 살펴보면 크게 유기농산물 중심의 생태공동체 운동과 정주형태를 띤 생태공동체 운동으로 분류될 수 있을 것이다.

우리나라에서는 1976년 정농회를 시작으로 유기농산물생산자 중심으로 생태공동체 운동이 상당히 증가하였고, 1980년대 말부터 활성화되기 시작하였다. 유기농산물 관련 생태공동체 운동은 ① 생산·유통·소비를 포함한 회원관리를 통해 생산자와 소비자가 하나의 단체에 속해 있거나, ② 생산자가 단체에 소속되어 있지 않더라도 유통과 소비를 중심으로 유기농산물품을 매개로한 단체로 나누

---

18) 물만골 마을의 특징은 첫째 도심생태마을 만들기라는 전례가 없는 이 부문운동에 장단점을 비교할 모델이 되고 있다는 것이며, 둘째 한국의 도시빈민운동이 도외시 해왔던 환경·생태운동이 도시빈민의 손에 의하여 그들의 의지로 주도적으로 진행되어지고 있다는 것이다. 셋째 세계화와 지방화를 부르짖는 지방분권시대에서 가장 중요한 주민자치와 복지의 틀이 갖추어 졌다는 것이며 이는 공동체가 유지되기 위한 필수요건이라고 할 수 있다.

어 볼 수 있다. 또한 단체 이외에도 개별생산자가 독자적인 유통망을 구축하여 시장체계 외부에서 유통시키는 형태도 있다. 1990년대에 들어와서는 백화점이나 일반 상설시장에서의 유통이 일반화되기 시작하였다.

유기농산물 관련 생태공동체 운동으로 개신교에서 대표적인 곳은 전남 장성의 한마음공동체[19]이다. 그 외에 전북 부안의 한울공동체[20], 그리고 전국 단위로는 정농회 등이 대표적이라고 할 수 있다. 이들은 농민과 소비자가 모두 회원이고 작목반과 같은 농민들의 별도조직과 소비자의 별도조직을 운영하고 있다. 그리고 호남지역의 광록회, 성남의 주민생협, 화성 두레마을의 두레유통, 전국 규모의 한살림공동체 등은 유통을 중심으로 활동하고 있다. 한편 유기농산물 관련 생태공동체 운동은 농민, 종교단체, 시민운동 단체중심으로 운영되고 있다. 농민과 소비자의 중간 매개 역할에 충실한 종교단체들로는 천주교, 개신교, 불교, 원불교의 여러 단체들이 있으며, 시민운동단체로는 정농생협, 광주시민회, YMCA, 각종 생활협동조합, 신용협동조합 등이 여기에 속한다. 그러나 유기농산물 관련 생태공동체 운동들은 경제 공동체의 성격이 강하므로 생태적 자각과 이상을 현실사회에 적용하는 것은 또 다른 과제로 남아 있다. 유기농업 생산을 하는 생산자, 직거래나 생활협동조합을 운영하는 유통,

---

[19] 지난 90년 출범한 한마음공동체는 화학비료 대신 퇴비를 사용하고 농약 대신 천적을 키워 해충을 잡는 유기농업을 실천하는 60여 농가와 이들이 생산한 유기농산물을 직거래를 통해 애용하는 전남지역 도시민 3000여 가구를 한가족으로 이어주는 모임이다. 한마음공동체 구성원들은 한곳에 모여 공동생활을 하는 것은 아니지만, 생산자와 소비자 관계 이상의 신뢰와 연대감을 갖고 있다. 추수감사축제 외에도 정월대보름, 모내기, 여름휴가 함께하기 등 계절마다 열리는 축제를 통해 공동체 문화를 가꿔가고 있다.

[20] 변산면 일대의 유기농 16가구로 이뤄진 한울공동체는 농촌마을로는 드물게 30~40대 젊은 농사꾼들이 대부분을 차지하고 있다. 토박이와 귀농가구가 절반정도씩이다. 90년부터 이들은 농약과 화학비료를 전혀 쓰지 않고 기계와 비닐도 가급적 쓰지 않는 유기농사를 짓고 있다. 단일 종목으로 대규모 농사를 짓는 단작도 자연의 질서를 무너뜨린다는 이유로 금하고 다품종 소량생산의 원칙을 고수한다. 그리고 합성세제도 쓰지 않는 등 일상생활에서도 철저히 '무공해 삶'을 추구하고 있다.

소비단체들은 대체로 유사한 이념을 지니고 있으나, 현실사회에서는 이념과 이상이 같지 않은 경우가 많기도 하다. 유기농업을 중심으로 전개된 생태공동체 운동은 기능적 공동체로써 먹거리를 통하여 생태위기를 극복하는 노력으로 볼 수 있다. 그러나 생협을 중심으로 한 생활공동체 운동은 생태공동체 운동측면의 일정한 한계에도 불구하고 1989년 「한살림 선언」을 매개로 생태공동체 운동의 전개에 중요한 역할을 해왔다. 한살림이 진행한 생협운동은 기존의 가치관, 죽임의 문명에 대한 새로운 가치관과 문명 창조를 주요 의제로 삼고 생활양식 및 사회의 전반적 문화적 전환을 모색해왔다. 이러한 맥락에서 이후 다양해진 생활공동체 운동은 생태공동체 운동적 의미를 지니고 있다고 볼 수 있다.

정주형태를 띤 생태공동체 운동 또한 생태위기 극복의 대안으로써 중요한 의미를 지닌다. 이 운동은 생활의 전 영역을 바꾸려는 자구 노력을 정주형태를 통하여 이루려는 움직임이다. 우리나라에는 산안마을[21]과 개신교에서는 두레마을 등이 들 수 있다. 이들 공동체의 형성 배경은 사뭇 다르지만, 생태중심적 자연관을 중심으로 의도적(계획적) 실천 형태를 띠고 있다는 점에서 좋은 사례로 볼 수 있다. 공동체 혹은 생태공동체를 지향하는 곳들은 대부분 정신적 풍요, 질적인 것을 기반으로 절약과 노동 집약적 자급자족, 순환을 근간으로 한 재활용을 강조하고 있으며, 기술적인 측면에서는 대안적 기술, 중간 기술, 연성기술 등의 활용과 철저한 유기농업을 기반으로 하고 있다. 정주형태를 띤 생태공동체 운동은 근본생태론, 생명지역주의, 사회생태론, 생태여성론, 토지윤리론 등이 공통적으로 제시하고 있는 공동체의 삶의 모형으로서 생태위기 극복의 대안사회를 향한 모델 사례로서 그 의미가 크다고 할 수 있겠다.

---

21) 산안마을에서는 스스로를 공동체라기보다는 '일체사회'로 표현한다.

국내 생태공동체의 두드러진 특징은 인간과 인간, 인간과 자연의 교감을 이루고자하는 일련의 과정에서 '노동'이 '생태'적 의미로 매우 중시되고 있다는 점이다. 노동은 땅과 관련된 문제이며, 땅을 대하는 인간 행위에 따라 그 의미가 생태학적으로 해석되어질 수 있다. 따라서 생태학적 감수성과 필연성을 동원하기 위해서는 노동과 땅의 회복이 절실히 요구되는 사항이며 결과적으로는 생산방식을 전면적으로 전환시킨 유기농업, 자연농업 혹은 순환농법 등을 고집하게 된다고 보인다. 특히, 유기농업의 부분에 중점을 두는 것은 인간과 자연이 직접 만나서 생명을 부양하고 생명을 느끼는 인간이 할 수 있는 최소한의 생태적 활동이기 때문이며, 노동과 땅, 그리고 땅과 토지에 대한 생태학적 감성을 불러 일으켜 주기 때문이다.

III. 한국 개신교 환경 및 생태(명)운동 단체들의 현황

1. 개신교 각 교단의 환경운동 현황

아래 도표는 한국 개신교 교단중 대표적 교단을 선별한 것이고, 각 교단 총회본부 조직내 환경관련 부서 및 상비기구 또는 단체의 유무사항을 일차적으로 조사한 것이다.[22] 아울러 *표는 한국기독교교회협의회(이하 KNCC) 회원교단을 표시한 것이며, 이는 KNCC 내 '환경위원회'의 환경운동사업과 연대하고 있음을 나타내는 것이다. **표는 아래 간략하게 활동사항을 정리하였음을 표한다. 각 교단별 총회 산하에 환경 관련 부서가 있는 경우에 한해 표 아래 그 부서의 환경운동 사항들을 소개한다.

---

22) 조사방법은 각 교단 총회 인터넷 홈페이지를 통한 각 교단 총회조직을 조사함과 동시에, 각 교단 총회 본부 실무 담당자들과의 전화통화를 통해 이루어졌다. 환경관련부서가 있는 교단들에서는 부서장들을 통해 각 교단 환경운동 관련 자료를 받아 정리하였다.

<표 III-1> 개신교 교단별 환경, 생태 관련기구

교단명	교단 총회내 환경 및 생태 관련 산하 기구
*대한예수교장로회(예장 통합) http://www.pck.or.kr	총회 사회봉사부 산하 환경보전위원회**
대한예수교장로회(예장 합동) http://www.gapck.org	교단 산하 환경·생태 관련 상비기구 및 단체 없음
대한예수교장로회(예장 고신) http://kosin.org	교단 산하 환경·생태 관련 상비기구 및 단체 없음
대한예수교장로회(예장 대신) http://www.pckd1961.or.kr	총회 산하 특별위원회 내 환경과생명위원회(실적없음)
*기독교대한감리회 http://www.kmc.or.kr	총회 선교국 산하 환경선교위원회**, 농도생활협동조합**, 농촌선교훈련원***
한국기독교장로회 http://www.prok.org	총회 국내선교부 산하 교회와사회위원회**, 기독교농촌개발원**, 광산지역사회연구소**
한국기독교침례회 http://www.koreabaptist.net	교단 산하 환경·생태 관련 상비기구 및 단체 없음
기독교대한성결교회 http://www.kehc.org	교단 산하 환경·생태 관련 상비기구 및 단체 없음
*대한성공회 http://skh.or.kr	교단 산하 환경·생태 관련 상비기구 및 단체 없음 -KNCC 연대 환경운동
기독교한국루터회 http://www.lck.or.kr	교단 산하 환경·생태 관련 상비기구 및 단체 없음
*구세군대한본영 http://www.salvationarmy.or.kr	교단 산하 환경·생태 관련 상비기구 및 단체 없음
*기독교대한하나님의성회 http://www.kihasung.org	총회 산하 환경보전위원회(실적없음)
*기독교대한복음교회 http://www.kec21.org	총회 산하 환경위원회-KNCC 연대 환경운동

이상의 표에서 나타나듯이 대부분 개신교 각 교단 총회 산하 조직에는 환경 및 생태를 주무부서로 하는 기구나 단체가 거의 없는

실정이고, 있어도 거의 유명무실한 정도다. 또한 부서가 있다 하여도 자체적 환경운동이기 보다는 한국기독교교회협의회와 기독교환경운동연대와 함께 하는 환경운동 차원의 수준이다. 일반적으로 국내 개신교 교단들 중 보수적 성격이 강한 교단에는 환경과 생태부서가 없는 실정이고, 진보적 성향이 강한 교단 내에는 설치되어 있다. 이는 한국기독교교회협의회가 진보적 성향을 지니고 있고, 여기에 가입한 교단들이 주로 환경과 생태 관련 부서를 총회 산하에 두고 있음을 알 수 있다.

아래에서는 각 교단 총회내 환경과 생태 관련 부서가 있는 경우만 간략히 소개한다. 이들의 환경운동의 자체적 역량보다는 KNCC와 기독환경운동연대의 환경운동과 보조를 맞추는 식이기 때문에, 자세한 활동사항은 기독환경운동연대의 활동으로 소개하기로 한다.

가. 대한예수교 장로회(통합) 환경보전위원회
- 위원장 : 권영철 목사(새성남교회)
- 주소 및 연락처 : 서울시 종로구 연지동 135 한국교회 100주년 기념관 대한예수교장로회 총회
  ☎ 02)741-4350~2
- 홈페이지 : http://pck.or.kr/DeptSocial
- 활동사항 :

대한예수교 장로회(통합) 총회 산하 사회봉사부내에 1991년 환경보전위원회가 설치되어 활동하고 있다. 또한 1990년 총회산하 '경건절제위원회'를 통해서 전국 노회 및 지교회들에게 경건과 절제운동을 펼치고 있는데, 주된 활동은 '단순한 삶', '절약생활', '규모 있는 삶' 등의 '아·나·바·다 운동'을 전개하고 있다. 환경보전위원회의 주 업무로는 제 76회 총회(1992년)에서 환경주일이 정해져

서 매년 6월 첫 주일을 환경주일로 지키고 있습니다. 이는 기독환경운동연대와 함께 이루어지는 일이다. 주요 행사로는 일 년에 한번 총회 환경보전정책협의회가 개최되고 있다. 현재 62개 노회 중에 약 절반가량의 노회에 환경보전위원회가 조직되어 있는데 노회의 환경보전위원장과 총회 환경보전위원이 모여서 정책협의회를 진행하고 있다. 그리고 환경주일을 맞이하여 전국 모든 교회에 환경주일 자료집을 보내고 있다. 2000년 11개 지역에서 "하나님의 영광을 위하여 모든 피조물이 더불어 살아가는 지구생명공동체"라는 주제로 강연회를 개최하였으며, 총회차원에서 "생명살리기운동 10년"을 전개해 나가고 있다. "생명살리기운동 10년"의 내용은 하나님의 창조질서를 보전하며, 교회의 일치운동과 갱신운동, 통일운동, 고난 받는 이웃과 연대하며 정의생명운동과 인권운동등 대중사회의 생명살림을 위한 대중적 운동을 펼쳐나가는 데 있다. 2003년에는 환경대학이 조직되어서 활발하게 교육이 이루어져 환경지도자들이 많이 배출되었는데 기구조정으로 중단되었다가 내년부터 다시 시작할 예정이다. 환경문제가 발생할 때는 다른 여러 단체들과 연대하여 그때그때 대처해 나가는 중이다.

나. 기독교대한감리회 환경선교위원회
- 위원장 : 권종호 목사(궁정감리교회)
- 주소 및 연락처 : 서울시 중구 태평로 1가 64-8 감리회관
   (광화문빌딩)16층 기독교대한감리회
   본부선교국 ☎ 02)399-4334
- 홈페이지 : http://www.kmcmission.or.kr
- 활동사항 :

기독교대한감리회 본부 선교국 산하 사회선교부내에 1990년 6월

에 설치된 정책위원회로서 단체규모는 임원진은 목사 평신도 합하여 20여명이며 위원은 전국적으로 60여명이다. 환경선교위원회에서 정책적으로 협의한 내용은 감리교 본부 선교국 사회선교부와 실무 협력하여 행사를 진행하고 있다. 1991년 사회선교정책협의를 통해 "환경을 보전하는 60가지 생활수칙"을 만들어 전국교회에 배포하였다. 1993년 총회에서 채택된 "사회신경"을 통해 하나님의 창조질서보전의 신학과 신앙고백 및 그 실천적 사명을 선포하였다. 1995년 환경선교정책협의회에서 "환경선교를 위한 결의문"을 만들고 전국교회와 목회자들로 하여금 생태적 위기에 처한 오늘의 현실에서의 선교적 과제와 사명등의 방안등을 전달하기도 하였다.

금년도 주요행사와 신년도의 정책 추진 방향은 다음과 같다

<표 III- 2> 기독교대한감리회 환경위원회 주요사업

일 시	주 요 내 용
2006, 2, 27	2006년도 기독교 환경회의, 대전 천성교회(조성근 목사) 2006년도 기독교환경연대가 주관한 기독교환경회의
2006, 5, 20	감리교환경선교대회, 석교교회 빈그릇 밥상운동 선포식 및 다양한 문화공연
2006.6.11	감리교 환경선교 주일-전국 5692개의 감리교회에서 KNCC와 감리교회가 연합으로 제작한 예배문과 설교문을 가지고 환경선교주일을 지킴
2007년	[감리교 환경선교 정책] 감리교 희망프로젝트에서는 녹색교회 운동을 제창하게 되는데 환경선교적인 차원에서는 에너지의 효율적인 사용과 절약에 대해 범교회적인 캠페인과 실천 운동을 전개해 나갈 것이다. '생명밥상빈그릇운동'이 전교회적으로 실천될 수 있도록 환경선교주일을 통하여 다시한번 전교회적으로 말씀교안과 학습교안을 함께 제공하도록 하고 각연회별 지방회단위로 환경선교위원회의 설립이 확장될 수 있도록 행정적 절차를 밟아 나아 갈 것이다

다. 기독교대한감리회 농촌선교훈련원
- 이사장 : 조영민 목사
- 주소 및 연락처 : 충북 음성군 음성읍 소여리 233
  ☎ 043-873-0053
- 홈페이지 : http://www.hunn.or.kr
- 활동사항 :

농촌선교의 참된 일꾼이 되자는 소명 속에 탄생한 기독교대한감리회 농촌선교훈련원은 사회의 젖줄이자 도시 교회의 바탕이 되어온 농촌교회가 급속한 도시화의 물결 속에 늘어만 가는 이농현상에 따라 절박한 위기에 몰리게 된 농촌의 현실을 직시하였다. 밀려드는 수입 농산물과 조상 대대로 물려받은 농토를 떠나는 농민들, 텅 빈 들녘을 바라보며 힘을 잃은 목회자들에게 위기는 새로운 희망을 가져다준다는 신념으로 만들어 졌다. 감리교 내에 농촌선교를 전담하는 전문기관이 없음을 아쉬워하며 농촌선교 일선 실무자들이 그 필요성을 절감하던 중, 1993년 12월 우루과이라운드(UR)협상 등으로 농촌(교회)의 위기가 드높아지자 제20차 총회 3차 총회 실행위원회에서 농촌선교의 대안을 연구하여 제시할 것을 선교국에 위촉하여, 1994년 10월, 선교국위원회에서 그 연구결과 중 하나의 대안으로 감리교 농촌선교훈련원 설립하기로 결의하게 되었다. 이로부터 1994년 12월 감리교 농촌선교훈련원 준비위원회가 결성되고, 1995년 1월 창립예배를 드리고 오늘에 이르게 되었다. 주요 사업은 다음과 같다:

- 농촌선교 정책 연구
- 분기별 농촌선교 정책 세미나
- 농민신학의 보급
- 자료실 운영

- 자료실 백서및 자료집 발간
- 교육훈련 사업
- 초기 농촌 목회자 교육훈련
- 장기 계획(정주)목회자 교육및 연수
- 농촌 목회를 지향하는 신학생 훈련
- 농촌 여성(목회자 부인,평신도) 교육
- 공동체 사업
- 농촌.도시교회간 자매결연
- 유기농 보급
- 유기농 교육 훈련
- 건강한 먹거리 생산을 위한 지원
- 현장 실습 교육
- 농촌 목회자 생명학교 운영

라. 한국기독교장로회 교회와사회위원회
- 위원장 : 김종맹 목사(은평교회)
- 주소 및 연락처 : 서울시 강북구 수유6동 산 76
  아카데미하우스 기장총회
  ☎ 02) 3499-7600
- 홈페이지 : http://www.prok.org
- 활동사항 :

한국기독교장로회 총회내 실행위원회로 1970년 설치된 교회와사회위원회(교사위)는 현재 15명의 위원으로 구성되어있으며 기장총회의 희년문서에 입각한 생명, 평화 운동의 선상에서 교단내 환경운동을 이끌고 있다. 1999년 JPIC(Justice Peace Integrity of Creation)-정의, 평화, 창조세계보전 세계대회의 신학과 합의문을 이끌어 내었고, "창조세계의 위기와 보전" 책을 발간하여 전국교회에 생태계 위기속에서의 환경운동의 선교적 당면과제를 제시하였다. 나아가 1992년에는 교단의 창조세계보전의 선교정책을 구체적으로 실천할 수 있도록 기장 여신도회전국연합회와 함께 "한국기독교장로회 창조세계보전수칙 92가지"를 채택하여 전국교회에 보급하였다. 이듬해 1993년에는 "제5물결운동"의 생명회복운동캠페인을 벌이기도 하였다.

　기장 희년문서에 나타난 "은총, 생명, 섬김의 희년" 중 생명 부분과 관련한 입장을 실천하는 일이 교사위의 중요 활동업무이다. 곧, "생명은 하나님의 은총을 받는 모든 피조물에게 일어나는 풍만한 생명을 나타낸다. 가난한 나라의 민중, 차별과 폭력에 노출된 여성, 전쟁과 테러, 생태계의 파괴와 급증하는 자연재해, 소비문화, 기술과학과 통신혁명의 비인간성, 유전자 조작식품과 생명공학의 불투명한 미래, 광우병 등 오늘 인류가 직면한 문제 속에서 우리는 '생명'의 문화를 만들어가야 할 의무가 있다. '생명의 신앙'은 오늘날 생명을 파괴하는 죽임의 문화를 극복하고, 풍성하고 충만한 생명을 만들어갈 과제를 제시하고 있으며, 사람과 사람 사이, 사람과 자연 사이, 성과 속의 차별이 구조화되는 것을 극복해야 하며, 고통 받는 사람들과 함께 고통을 나눔으로써 영원한 생명의 빛으로 오신 예수 그리스도의 부활의 능력에 동참하는 것이다. 농약에 의한 토지의 오염, 항생제와 성장촉진 호르몬을 사용한 사료, 유전자 조작 식품에 의한 식량과 식품의 위기 속에서 지역 중심의 생산공동체 움동, 생활협동조합운동, 도시와 농촌의 직거래 등 도시와 농촌이 함께 살 수 있는 연대운동을 확대 심화하는 등 생명을 지키고 풍성하게 하는 일에 참여해야 한다." (새역사 50년사, 새역사 희년기념문집 4. 연규홍, pp. 291-292) 그동안의 활동사항 으로는 매년 6월 첫째 주일을 환경주일로 정하고 예배자료를 전국교회에 배포하고 있으며, 환경주일에 맞추어서 예배 자료 뿐 아니라 KNCC와 연계하여 환경관련 자료집을 만들어 교회가 실천할 수 있는 방안을 소개 하고 있다.

아울러 기장 전국 여신도회 생명 나눔 캠페인으로 매달 회보에 환경과 생명 나눔에 관한 캠페인 글을 연재하고 있다.

마. 한국기독교장로회 기독교농촌개발원
- 원장 : 이태영 목사
- 주소 및 연락처 : 전북 완주군 이서면 이문리 139-1
  ☎ 063) 222-9081
- 홈페이지 : http://cafe.daum.net/kinongwon
- 활동사항 :

전북 이서에 있는 한국기독교장로회 총회 산하 기구인 기독교농촌개발원(기농원)은 농촌선교기관이다. 기농원의 모토는 흙 속에서 믿음, 소망, 사랑을 키워가는 집이다. 기농원은 하나님의 마음을 지닌 농부를 길러내기 위한 목적 아래, 카나다 교회의 협력으로 1957년에 설립되었다. 기농원의 주된 일은 생활신앙을 위한 일과 기도의 영성수련, 농촌교회로 하여금 빛과 소금의 역할을 감당하기 위한 농촌목회사랑방과 농촌선교좌담회, 어린이와 청소년들로 하여금 하나님의 마음을 깨닫고 세상과 더불어 살기 위한 생명과 평화의 농장 가꾸기 등이다. 1만여평의 농장경영을 유기농업으로 하면서 하나님의 농사법이란 무엇인가를 연구하는 농사와 연구가 함께 진행되는 기관이다. 기독교농촌개발원의 본질적인 선교사명은 하나님의 마음을 닮은 농부를 길러내는 것으로 삼고 하나님의 마음으로 농사를 짓고 농촌을 지켜나가는 이들을 교육하고 훈련하는 것이다. 기농원의 영성훈련의 중심에는 노동과 기도가 분리되지 않는다. 노동이 기도이며, 기도가 노동이라는 기독교의 오랜 전통을 이어가려는 것이다. 기농원이 추진하려는 주된 일중에 하나는 하나님의 뜻에 맞는 농사법을 배우고, 작물 하나 하나에 숨겨진 하나님의 창조의 비밀을 익혀나가는 농촌선교전문학교(하나님농부학교)를 만드는 것이다. 여기는 국내뿐 아니라 북한과 동북아시아권, 동남아시아권을 기본 바탕으로 전 세계 젊은이들과의 교류의 장으로 삼는 것이다.

<표 Ⅲ-3> 한국기독교장로회 기독교농촌개발원 주요사업 및 연혁

♣ 기농원의 주요사업
- 기도와 노동을 통한 신앙훈련
- 농촌교회 목회자, 평신도, 신학생 교육 및 훈련
- 농촌 청소년, 어린이 교육 및 훈련
- 농촌지도자, 농촌 여성 지도자 교육 및 훈련
- 아시아 농촌지도자 교육 및 훈련
- 농촌선교 및 생명농업 연구, 개발사업
- 농촌선교 정보 및 관련자료 제공
- 대화와 협력을 통한 농촌선교네트워크 형성
- 농촌형 사회복지 사업 실천 및 연구
- 통일농업을 위한 사업

♣ 제1기(1957~1981): 농업기술 보급 및 협동개발사업 추구의 시기

기독교농촌개발원의 전신인 '이리 높으뫼농장'은 1957년 주한 카나다 선교회가 한국농촌선교의 일환으로 한국의 곡창지대이면서 동시에 농촌교회의 분포가 밀집한 전북지구 이리에서 마을개발기관의 설립 이념을 갖고 시작됐다. 1959년에 시작된 제 1차 3개년 계획에 있어서는 안티고니쉬 신용조합의 원리를 근거로 한 협동조합 운동을 하였으며,

♣ 기독교농촌개발원의 연혁

개요

기독교농촌 개발원은 크게 보아 농촌경제 부흥운동 모색기와 농민선교 및 사회운동의 적극적 참여시기로 나눌 수 있다. 첫 번째의 시기는 1957년 카나다 연합교회 한국선교사 네 분(변기태, 구미혜, 소남유, 원두옥)에 의해 이리시 마동에 높으뫼농장이 설립된 후 1978년 기장총회로 이관되어 농촌계몽운동 차원에서 농장을 운영하던 1981년까지의 시기이다. 두 번째 시기는 1981년 기독교농민회의 태동을 전후로 독일 EZE의 협력하에 기독교농촌사회운동을 시작하여 교육·생산·개발운동을 적극적으로 시행해 나가던 시기라 할 수 있다. 기독교농촌개발원은 독일 EZE의 지원이 끊긴 1993년 이후 나름대로의 방향 모색을 위해 노력하고 있는 전환기를 맞고 있다.

이러한 마을개발지원사업은 지역 주민들에게 적지 않은 도움을 주기도 했다. 그러나 1970년 초에는 카나다 선교부의 이러한 노력을 당시 교단 내부에서 수용하지 못했으며 카나다 연합교회에서도 1973년에는 이리농장의 전 자산을 신용조합으로 이관할 방침을 갖기도 했다. 이러한 상황 속에서 본 기장 교단과 카나다연합교회는 1974년 3월에 협약을 맺고 그전까지의 농장사업을 계속 추진키로 하고 이리농장 자문위원회를 새로이 구성하기로 합의를 보았다.

♣ 제2기(1981~1999): 농촌 사회구조적 변혁 추구의 시기

농촌개발원은 독일 EZE의 협력을 받아 농민선교 및 사회운동의 적극적 참여시기인 1980년대에 교육·생산·개발운동의 틀로 선교사업을 추진해 왔다. 이 시기의 사업은 초기에 있어 자체생산농장 경영에 주력하다가 점차 마을개발사업과 농촌선교를 위한 교단간, 농민운동 조직간의 연대를 추진하면서 농촌선교를 위한 교육사업을 활발히 진행하던 시기였다. 이 시기는 교육·생산·개발을 하나로 엮어 가는 시기로서 농촌교회 목회자들을 초교파적으로 조직하고 농민운동 조직간의 연대 및 통일, 운동가의 배출에 힘써온 시기였다.

♣ 제3기(1999~현재): 전환기에 처한 기독교농촌개발원

기독교농촌개발원은 1980년에 이후 기독교사회선교의 한 분야로서의 역할을 해왔는데, 이점은 기독교농촌개발원으로 하여금 한국농민운동사와 농민선교사에 있어 지대한 역할을 하게 함과 동시에 시대적 변화와 함께 새로운 방향모색으로 인해 정체성 논란을 겪

<표 III-4> 한국기독교장로회 농촌개발원 연도별 발자취

기독교농촌개발원의 연도별 발자취	
년 도	주 요 내 용
1957	카나다 선교사 네 분(변기태, 구미혜, 소남유, 원두옥)이 이리시 마동에 농촌쎈타로 '높은뫼 농장' 설립. 이들은 농촌경제의 부흥과 발전을 위해 마을주민들의 협동에 의한 경제운동과 신용협동운동을 통해 한국농업의 피폐를 사회구조적 측면에서 해결하려는 시도를 함.
1967	소남유, 원두옥, 구미혜 선교사 사임
1968	양의도 선교사가 책임자로 부임
1973	전 자산을 신용협동조합으로 예속키로 결정
1974. 3. 14	기장과 카나다연합교회 세계선교회와의 공동성명서 채택. 신협에의 이관을 보류하고 2년 동안 과도기간으로 결정. 이리농장 자문위원회 새로 선출
1974. 11.	백동기 원장 부임
1977. 9.	한국기독교장로회 총회에 운영이관 기독교농촌개발원의 사업목적 및 이사회 규약에 관한 내용 승인
1978	기독교농촌개발원 발족
1978. 3. 25	완주군 이서면 현 위치로 이전
1981	독일 EZE와의 협약에 의해 사업 추진
1982. 12.	한규채 원장 부임

1983	교육(목회자, 평신도, 농민- 1997년까지 총 957회에 걸쳐 25,095명의 교육을 실시함)·개발(진안 용포- 고추, 메주, 익산 경창- 쌀, 완주 고산-한우, 구례 산동- 시설오이, 청주 덕촌- 시설원예, 전주- 한삶공동체)·생산(직영농장체제 및 책임경영제) 등의 분야에서 사업이 진행됨.
1993	EZE 협약사업 완료
1995	총회 유지재단에 기독교농촌개발원 자립기금 528,180,450원 예탁
1995	교육관, 숙박 및 체육시설 증개축
1998	기독교농촌개발원 장기발전위원회 구성 및 기독교농촌개발원 장기계획안(초안) 수립. 기독교농촌개발원의 주요 토지인 완주 이서면 이문리 14,558평, 김제 용지면 용암리 22,453평, 김제 금구면 청운리 13,526평을 바탕으로 장기적인 계획안(기본 방향) 마련.
1999. 11.	이태영 원장 부임
2000. 7.	기독교농촌개발원 장기발전계획을 위한 제2차 공청회
2001. 5.	유기농 콩 농사 시작
2001. 9.	일과 기도의 영성수련회 시작
2004. 2.	농촌목회사랑방 시작
2006. 4.	파종예배 자료집 발간
2006. 5.	기독교농촌개발원 재정자립기반 구축을 위한 5개년 계획안 수립

는 요인이 됐다. 80년대에 기독교농촌개발원의 선교 수행에 있어 중요한 바탕이 됐던 신학적 배경은 하나님의 선교와 민중신학이었다. 이 신학적 흐름은 70~80년대 사회선교의 반독재민주화운동을 이끄는 힘이 됐으며, 농민선교에 있어서도 예외는 아니었다. 87년의 6월 항쟁과 대통령직선제와 90년대의 문민정부가 들어서면서 정치적 쟁점의 약화·해소 현상은 사회운동세력을 분화시키고 전문화시키는 결과를 낳았다. 재야운동은 정당 혹은 시민운동으로 분화되었으며, 민중운동은 부문별 경제운동으로 질적 변화를 일으켰는데, 특히 생태의 위기로 인해 환경운동이 부상되는 현상이 나타나기도 했다. 이 시기에 있어 기독교의 사회선교는 상대적으로 위축되면

서 방향 모색 및 전환기로 접어들게 됐다. 특히 개교회주의 및 대교회주의의 만연은 기독교의 자기정체성에 대한 심각한 도전을 가져왔다. 기독교농촌개발원의 경우 1980년대 이후 긴밀한 관계를 갖고 함께 해오던 농민운동세력이 전농으로 조직화하고, 감리교, 예장, 기장의 농목들이 창립되면서 중요한 내용을 차지하던 교육사업이 축소되기 시작했으며, 운동단체들에 대한 대관교육 등 협력사업의 성격을 띠기 시작했다. 생산분야의 경우, 직영경영제에서 책임경영제라는 틀로 운영되고 있지만, 선교적 차원에서 농지를 보다 효율적으로 사용하고 있지 못하다는 비판에 제기되고 있다. 개발분야는 김영삼 정부의 신농정 하에서 영농조합에 대한 무차별적 지원, UR과 WTO 체제 하에서 농산물가격의 불안정 등으로 위축됐다. 특히 88올림픽 이후 독일의 한국에 대한 인식변화로 EZE의 지원이 중단(1993)되고 인한 선교여건이 악화되었으며, 기독교농촌개발원이 새로운 터전을 마련하여 또 다른 활로를 모색하기 위한 '장기발전대책' (90년도)이 무산된 이후 재정 자립 및 선교 방향 정립을 위한 진통이 1990년대에 계속돼 왔다.

2. 개신교 환경 운동 단체

가. 기독교환경운동연대
- 공동대표 : 인명진(갈릴리교회 목사, C3TV 사장) 외 5인
- 주소 및 연락처 : 서울시 용산구 청파동 2가 35-6
  덕수빌딩 B1 ☎ 02) 711-8905
- 홈페이지 : http://www.greenchrist.org
- 활동사항 :

기독교 환경운동연대는 한국 최초의 환경운동단체인 1982년 '한

국공해문제연구소'로 출발해, '한국반핵반공해평화연구소'라는 이름을 거쳐 1992년에 '한국교회환경연구소'로 개칭 후, 1997년 이래 현재의 조직인 '기독교환경운동연대'로 개편하고, 교회 내의 신앙적 환경운동과 사회 속에서의 환경운동을 활발히 벌이고 있다. 기독교환경운동연대가 하는 주요사업은 크게 '환경교육', '교회지원' 및 '환경운동' 등으로 나뉜다.

첫째, '환경교육' 사업으로 [환경통신강좌]에서는 성서묵상, 환경이론, 생활훈련의 내용을 담은 교재를 우편으로 받아보고 답지를 반송하는 방식으로 진행한다. 6개월간의 교육기간을 거치며 수료자는 기독인환경감시원이 된다. [생태감수성 회복을 위한 생태기행] 프로그램에서는 봄, 여름, 가을, 겨울 야생화교실 등 계절에 따른 자연의 변화를 느끼며 하나님의 오묘한 창조행위를 깨닫고 그에 감사하는 시간을 가짐으로써 자연에서 들려오는 하나님의 숨결과 소리에 귀 기울이게 하여 우리 안의 하나님의 숨을 회복하고 하나님과 인간, 인간과 인간, 인간과 자연이 더불어 살아갈 수 있는 지혜를 얻도록 돕고 있다. ['생태적 삶'을 위한 생활훈련 및 전문강좌]를 통해 물질주의에서 해방되기 위한 단순한 삶을 훈련하며, 여러 방면의 생태 및 신학전문가를 초청하여 강의를 개설하기도 한다.

둘째, '교회지원' 사업으로는 가장 주목되는 사업이 [환경주일 지키기] 운동이라고 할 수 있다. 1984년부터 세계 환경의 날을 기념하며 6월 첫 주일을 환경주일로 지키며, 환경예배, 설교, 기도자료(포스터 및 전도지 등)를 발간하고 있다. 그 외로 개 교회들을 위한 다채로운 [행사 지원] 사업을 들 수 있다. 여기서는 사진전시회, 비디오 상영, 창조신앙사경회, 환경특강, 환경정화활동, 알뜰시장 및 환경관련 성경퀴즈대회, 환경글짓기 및 그리기대회 등이다. 또한 [생명밥상운동]을 통해 안전한 먹거리, 음식찌꺼기줄이기, 생명에 대한 감사의 마음을 담은 생명밥상을 차려 우리의 몸과 지구를 살리기 위해 12가지 수칙을 만들어 전하고 교육하고 있다. [푸른교회 가꾸기] 운동은 회색도시에 나무를 심어 교회 주변을 에덴동산으로 회복해 가도록 이끄는 것이며, 그 유형으로 담장 허물기, 녹색쉼터, 옥상녹화, 실내조경, 한평공원 등이다. [녹색살림터] 프로그램을 통해서는 교회가 중고용품, 환경상품, 유기농산물을 보급하고, 환경교육과 감시 기능을 하도록 지원하도록 하고 있다.

셋째, '환경운동' 사업에서는 다음과 같은 캠페인을 벌여 나가고 있다. [창조보전을 위한 기도운동], [녹색기독인십계명'과 '녹색교회십계명' 실천운동], [녹색소비 촉진운동: 교회 내 작은 공간에 녹색살림터 설치, 운영 권장]23), [생태계 보전을 위한 반대운동: 시민환경단체와 연대하여 갯벌 매립(새만금), 댐 건설, 핵발전소, 유전자조작, 생명복제 등에 대한 문제를 제기하고, 그에 대한 대안을 모색함], [환경오염 줄이기], 또한 [기독교환경상 시상]제도를 두고 1999년부터 환경보전을 위하여 헌신한 개인과 교회를 시상하고 있다. 아울러 물질문명에 흠뻑 젖어 있는 삶을 하나님 중심, 말씀 중심의 삶으로 회복시키는 회개운동인 '생명길 좁은문'24) 운동, 매일 정오에 1분씩 공동의 환경기도문을 놓고 기도하도록 하는 '창조보전을 위한 기도운동'과 '창조신앙' 사경회, 환경전도 활동 등은 여러 교회들의 참여를 이끌어낸 중요 프로그램들이다.

---

23) 녹색살림터란 교회가 중심이 되어 지역사회의 환경보전을 위하여 중고품, 환경상품, 유기농산물을 보급하고 환경감시활동 등을 하도록 하는 '지역환경운동센타'라 할 수 있다.
24) 마태복음 7장 14절의 말씀에 근거한 이 운동은 환경운동의 기본이 되는 경건과 절제운동을 주창하였다. 다음 열가지의 계명이 그 근간을 이룬다. 1) 하나님만을 섬기며 청빈하게 산다(마태 6: 24), 2) 경건한 신앙생활을 한다(딤전 4:7-8), 3) 절제하는 생활을 한다 (벧후 1:5-7), 4) 가난한 이웃과 나눈다(잠 19:17), 5) 남녀가 서로돕고 존중한다(갈 3: 28), 6) 자연과 친숙해 진다(사 11:6-9), 7) 작고 단순한 것에서 아름다움을 찾는다(마18:3-4), 8) 불편함을 즐기며 부지런한 생활을 한다(잠10:4), 9) 더러움과 친해진다(막 7:15-16), 10) 생명길 좁은문의 전도자가 된다(행 1:8).

한편 일곱 개 지역연대 조직(광주, 대구, 부산, 인천, 전주, 태백, 함양)과 긴밀하게 협조하고 있는데, '지리산 식수댐 건설 반대 성명 및 대정부 건의', '동강댐 반대 및 물사랑 서명운동', '새만금 갯벌의 생명과 평화를 위한 기도회' 개최, '2001 기독인환경선언문' 공동 발표 등은 대표적인 연합 사업이라 할 수 있다. 그리고 이러한 연대운동은 핵에너지 위주의 에너지 정책 반대, 유전자조작식품 반대, 새만금간척사업 백지화를 위한 활동 등 일반 환경운동 및 종교환경단체와의 연대에로까지 닿아 있다.

나. 인천환경선교회

*인천환경선교회는 2-3년 전부터 활동이 중지된 상태다. 그 이전 활동들을 중심으로 살펴본다.

인천환경선교회는 민중 의료선교에 관심을 갖고 1994년 11월 초 교파적으로 창립되어 창조세계 회복을 위한 환경선교에 관심을 지닌 목회자들(특히 인천의 지역 특성상 감리교단이 다수 참여)을 중심으로 운영되었다.

인천 환경선교회는 창조 신앙을 굳게 세우고, 청빈하고 소박한 삶을 즐거워하며, 푸른 인천과 푸른 한국을 위해 기도하며 헌신하는 것을 목적으로 하여, 환경오염의 대표적인 도시인 인천에 초교파적으로 창립되어 신앙운동으로 환경운동을 펼치고 있으며 다음과 같은 활동을 주로 하였다:

1. 창조세계 회복을 위한 각종 선교활동
2. 교회의 창조세계회복을 위한 활동 지원
3. 환경문제의 조사와 연구 및 대안 제시
4. 환경 보전에 대한 교육, 홍보, 회지 발간

인천 환경선교회는 94년 11월 초교파적인 선교회로 창립되었다.

민중 의료선교에 관심을 갖고 활동하던 평화의원에서 환경 선교를 전담하는 실무자를 파견함으로서 환경선교회가 활기찬 조직을 구성할 수 있었다. 인천에는 감리교회가 다수이기 때문에 감리교회를 중심으로, 한국기독교장로회 및 예장(통합) 목회자들이 참여하였고, YMCA와 평화의원이 함께 참여하여, 환경선교회지를 발간하는 등 순조로운 출발을 하였다. 환경선교 전담 실무자가 사퇴하면서 활동이 축소되기 시작했고, 환경선교에 관심을 지닌 목회자들을 중심으로 환경선교회가 운영되기 시작했다. 매년 환경찬양제를 통해 천지를 지으신 하나님을 찬양하는 찬양 축제를 통해 환경 선교에 대한 교인들 관심을 유발 시켜왔고 환경 상품을 수여했다. 환경사진 전시회 등을 통해 환경 문제를 제기해 왔으며, 기독교인 환경의식 및 환경실천 설문 조사를 통하여 실태조사와 의식조사를 하여 왔다. 교인들에게 환경문제에 대하여 교육하기 위해, 환경 교실을 개설하여 교육과 탐사, 실천을 추진해 왔다. 환경 교실에서 교육된 사람들을 중심으로 〈경건과 절제-생활신앙운동〉을 추진하여 첫째 주 물 아껴쓰기, 둘째 주 에너지 절약하기, 셋째 주 쓰레기 줄이기, 넷째 주 경건과 절제-신앙생활 운동을 벌여왔다. 환경 탐사기행을 통하여 환경 선교를 실천하는 교회를 탐방하기도 했고, 유기 농산물 생산 공동체를 방문하거나, 음식물 쓰레기 재활용을 시도하는 곳을 방문하여 환경 선교회 회원들의 환경의식을 고취하여 왔습니다. 동강댐이 문제가 될 때, 동강의 아름다움을 탐사하기도 했다.

2001년 들어서 인천환경선교회는 세 가지 방향을 뚜렷하게 세웠는데,

첫째는 녹색신앙운동으로서, 하나님이 창조하신 자연의 아름다움과 신비함 속에 생명의 영성을 추구하는 신앙 운동을 펼치려는 것이었다. 녹색신앙에 대한 신학적 이해와 접근을 시작으로, 적색의

은총인 예수님의 보혈의 은총과 더불어 녹색은총을 발견하고 삶 속에서 생명 신앙으로 경험하는 것을 목표하였다.

둘째는 녹색교회운동으로서, 특별히 도시 교회의 삭막한 건축물과 시멘트 바닥이 가져다주는 건조한 문화를 변화시켜, 환경친화적인 성전, 환경친화적인 교회를 이루어 예배당에서 녹색은총을 경험할 수 있도록 녹색교회 운동을 벌여 나가려 한 것이다. 교회 담장을 허물고 나무를 심고, 성전에 담쟁이 식물을 심어 녹색교회를 회복하는 일을 목표한 것이다.

셋째는 녹색생활운동으로서, 아껴쓰고, 나눠쓰고, 바꿔쓰고, 다시쓰는 아나바다 운동을 통하여 체험신앙이 생활신앙으로 승화되도록 실천하는 일 등이었다.

인천환경선교회는 매년 징기적으로 진행되는 프로그램으로서 환경신학강좌, 환경교실(또는 환경대학), 환경찬양제, 환경탐사기행등을 진행해 왔었다. 환경탐사활동으로 연수동 청량산에 대한 생태전문가와 동행하는 생태기행, 동강댐 건설 백지화를 위한 탐사, 김포 수도권 쓰레기 매립지 탐사, 서해안 탐사, 음식물 쓰레기 재활용 시범단지 탐사 등을 하였다. 각 교회 평신도로 구성된 환경선교 청지기 모임을 구성하여 기독교 환경운동 연대에서 나온 환경통신강좌를 단기 교육과정으로 진행하기도 하였다. 청지기훈련에서는 6주간의 환경문제 전반에 대한 교육 과정을 통하여, 물, 에너지, 공기, 쓰레기 문제등을 성경의 가르침에 비추어 살펴보고 하나님이 창조하신 세계를 회복하도록 어떻게 실천할 것인지에 대한 훈련을 하였고, 이를 통해 환경선교를 위한 평신도 일꾼의 배출을 시도하는 일이었다.

다. 태백광산지역환경연구소

- 공동대표 : 이상진 소장
- 주소 및 연락처 : 강원도 태백시 황지동 368-13
    사회봉사관내 / ☎ (033) 553-7979
- 홈페이지 : http://tbgreen.net
- 활동사항 :

강원도내의 시민운동을 주도적으로 이끌고 있는 이상진 목사(황지중앙교회)가 중심이 되어 1994년 광산지역 환경연구소를 개소하였다. 1989년에 석탄산업 합리화라는 정책이 발표되고, 영세한 탄광이 문을 닫게 됐고, 이 과정에서 환경이 오염됨으로 본격적인 환경운동을 시작한 것이다.

석탄합리화 사업으로 인한 지역의 많은 탄광이 폐광의 절차를 거쳐 하나둘 문을 닫으면서 정책과 관심의 뒷전에서 방치되고 있는 여러 가지 환경문제와 폐광에 따른 산성 폐갱수 문제가 지역의 환경현안으로 대두되는 시점에서 광산지역환경연구소는 지역의 환경문제에 적극적인 관심을 갖고 나아가 정책의 대안과 더불어 더 이상의 환경파괴를 막아야겠다는 당위성에 입각하여 전문적인 지역의 환경단체로 그 발걸음을 시작하였다.

태백지역은 뛰어난 자연경관과 맑은 공기, 고지대가 가지는 독특한 환경으로 인한 여러 가지 많은 자연적인 이점이 있음에도 불구하고 낙후된 지역의 발전과 개발을 바라는 지역민의 열망사이에서 그 가치가 상충되는 보전과 개발이라는 극단의 선택에서 지역이 나아가야 할 올바른 방향제시와 대두되는 지역의 여러 가지 현안문제들, 특히 환경을 중심으로 하는 문제들에 대한 해결책을 제시하는 가운데 지역의 환경과 자연을 살리며 나아가 인간을 살리는 것을 그 설립목적으로 삼는 가운데 오늘에 이르고 있다. 비단 환경이라는 문제에만 국한된 활동이 아니라 이제는 다른 시민단체와의 연대와 공조를 통하여 이 시대가 요구하는 다양한 문제들에 적극적으로 개입하는 가운데 향후 그 위상을 높이면서 점차 내실을 다져가고 있는 광산지역환경연구소는 앞으로도 하나님의 창조질서를 회복하고 자연과 인간이 서로 협력하여 삶을 나누고 가꾸어가는 아름다운 미래를 꿈꿀 것이며 그 꿈을 이루기 위하여 주어진 시대의 소명을 거부하지 않는 환경의 파수꾼이 되고자 한다.

<표 Ⅲ- 5> 태백광산지역환경연구소 주요사업

광산지역환경연구소가 지금까지 진행해온 주요 사업
♣ 폐갱수 등 지역 환경현안 해결을 위한 노력들
석탄합리화 사업으로 인한 대량에 탄광이 폐광되고 여기에 따른 산성 폐갱수 문제가 지역 환경현안으로 대두되었다. 이를 해결하기 위하여 2002년부터 매년 세미나 및 토론회를 주관하고 여기서 마련된 해결책을 가지고 중앙정부 등 관계부서에 해결을 촉구하는 등 폐갱수 해결을 위하여 계속 노력하여 왔다. 또한 태백산 필승 사격장으로 인한 생태계파괴와 관련 2000년부터 태백시 현안대책 위원회를 통해 문제제기를 하고 폐쇄운동에 힘쓰고 있으며 각종 개발로 인한 환경문제에 대하여 문제제기 및 대안을 제안하면서 지역 환경지킴이로서의 역할을 담당하고 있다.
♣ 환경 상담 및 신고센타 운영을 통한 환경보전운동
1998년부터 태백 환경 센타를 설립 운영하면서 지역 주민으로부터 환경과 관련하여 상담하고 불법 쓰레기 투기 등의 환경문제에 대하여 신고를 받아 태백시 환경보호과에 의뢰 처리하고 있으며 자원봉사자를 동원하여 산불조심, 녹색휴가, 자연보전 이라는 현수막을 게첨하고 쓰레기 수거와 캠페인 통해 환경보전에 힘쓰고 있다.
♣ 녹색가게 운영과 아.나.바.다 나눔장터 운영
1999년부터 약15평에 공간을 마련하고 녹색가계를 운영하고 있다. 녹색가게에서는 환경상품, 유기농산물, 우리밀 제품, 지역특산물, 헌옷 등 재활용 및 재사용 물품을 판매 및 교환함으로 환경보전 운동에 힘쓰는 이들에게 편의제공과 동시에 쓰레기 감량과 재활용, 재사용 운동에 힘쓰고 있다. 더욱이 2003년부터 태백시 후원으로 매월 둘째 토요일 황지연못에서 아.나.바.다 나눔장터를 열고 녹색가게 물건을 판매하고 시민, 사회단체들로 하여금 재활용, 재사용 가능한 물건을 판매 및 교환을 하도록 권장하면서 환경보전운동 및 나눔문화 확산에 힘쓰고 있다.
♣ 교육 및 강의를 통해 시민들에게 환경보전의식 고취
1998년부터 매주 1회식 태백 라디오 방송국에 연구소 소장이 출연해 약 10분간 지역 환경현안 및 환경과 관련한 내용들을 소개하였고, 2000년부터 연구소 소장이 환경부 원주지청 홍보 및 강사로 위촉받아 군부대, 학교, 교회, 관공서, 시민, 사회단체에서 환경을 주제로 강의를 통하여 환경보전의식을 고취시키고 있다.

♣ 생명밥상 운동과 텃밭운동을 등을 통한 생태문화 사업

2003년부터 시작한 운동으로 오늘의 먹거리가 오염되었고 오염된 먹거리는 우리와 우리후손의 생명을 위협하고 있다는 사실을 알리고 음식을 마련할 때 텃밭에서 농약이나 화학비료를 사용하지 않고 재배한 채소나 유기농산물 혹은 잡곡으로 음식을 준비하되, 유전자 조작 식품과 가공식품을 피하고 직접 조리하여 먹자는 운동이다. 몸과 지구를 살리는 운동으로 생명의 밥상 운동을 전개해 나가고 있다. 또한 2003년부터 황지중앙교회 사회봉사관 옥상에 텃밭을 운영하고 있는데 이를 자료화하여 텃밭운동을 전개하고 녹색 휴가운동, 에너지 절약운동 등을 통해 생태문화를 창출하고 확산시키고 있다.

♣ 환경관련 단체와 연대활동을 통한 환경보전 운동

1997년부터 우리 밀 살리기 운동과 우리 땅 살리기에 힘쓰고 있으며, 1998년부터 태백 생명의 숲 가꾸기 국민운동에 참여하여 숲 가꾸기 운동, 2000년부터 태백 환경운동협의회에 참여 지역 환경단체와 연대하여 환경보전 운동을 진해하여 왔다. 2002년부터 그린 신태백 21 실천협의회(태백 의제21)에 참여 의제 운동 곧 지속가능한 도시 가꾸기에 힘 쓰고 있다. 2003년부터 청정21실천협의회(강원 의제21)에 참여하여 강원도 차원의 의제 활동에 참여하고 있으며 2004년부터 강원시민사회단체 연대회의에 참여 강원도 현안에 대처하는 활동에 참여하고 있다.

<표 III- 6> 광산지역 환경연구소 연혁

연대	주요 활동 내용
1994년 10월 1일	본 연구소 개소식 및 공개 강연회 제1대 이사장에 밝나라 목사(한사랑 교회) 취임 소장에 이상진 목사(황지중앙교회) 취임
10월	10월 연구소 자료집 제1집 발간(태백과 환경)
1995년 4월	개발과 보전 토론회 (주발제/ 조명래 단국대교수, 공동주최/ 광산지역 사회연구소)
11월	개발과 보전 토론회 (주발제/ 조명래 단국대교수 공동주최/ 광산지역 사회연구소)
1997년 4월	연구소 자료집 제2집 발간(환경보전과 개발)
7월	북한동포 석탄보내기 운동본부 창립을 주도(이상진 소장이 대표에 피선)
1998년 8월	태백생명의 숲가꾸기 창립 주도(이상진 소장이 대표이사 피선)
12월 15일	제2대 이사장에 황재용 목사(연화교회) 취임, 한국교회 환경연구소 태백지소로 등록
1999년 8월	태백 우리밀 살리기 국민운동 창립을 주도(이상진 소장 공동대표 피선)
1월	이상진 소장 태백시 발전 자문위원회 위원으로 위촉
2000년 3월	녹색가게 운영 시작(황지중앙교회와 연대)

	9월	태백시 환경운동 협의회 창립 주도(이상진 소장이 회장에 피선)
	10월	연구소 자료집 제3집 발간(환경은 생명이다)
2002년 6월		그린신태백 21실천협의회 창립을 주도(이상진 소장이 운영위원장 피선), 청정21실천협의회 참여(이상진 소장이 운영위원 위촉)
	12월 6일	제3대 이사장에 마대원 목사(신태백교회) 취임
2003년 4월		아나바다 나눔장터 운영 시작(쓰시협, 태백시 후원), 텃밭 사업 시작 (황지중앙교회 사회봉사관 옥상), 생명의 밥상 운동 시작(황지중앙교회, 소도교회 최초 참여)
	11월	폐갱수 해결을 위한 토론회 (주발제/ 최종문 동해대교수 공동주최/그린21실천협)
2004년 6월 5일		세계 환경의 날 기념 제1회 차 없는 거리 행사 참여(노동부 뒷편)이상진 소장 제6회 강원 환경대상 수상
	6월	강원 시민사회단체 연대회의 창립에 참여(이상진 소장이 상임회장 피선)
	9월	노무현 대통령 초청, 강원도 혁신위원과 시민사회단체장 초청 간담회 참석, (이상진 소장이 강원시민사회단체 상임회장 자격으로 참석하여 노무현 대통령에게 폐갱수 문제 건의)
	11월	폐갱수 해결을 위한 토론회 (주발제자/ 최종문교수, 제헌수 사무국장 공동주최/ 그린21실천협의회)
2005년 6월 4일		세계 환경의 날 기념 제2회 차 없는 거리 행사 참여(명동로/여관골목)
2006년 3월~6월		친환경 휴가문화 및 환경보전운동 캠페인-산불조심, 자연보전 현수막
	7월~8월	친환경 휴가문화 및 환경보전운동 캠페인-녹색휴가, 자연보전 현수막
	4월~10월	텃밭 만들기 (살림터 옥상 진행, 각 교회 권장)
	4월~11월	아나바다 나눔 장터 운영(매월 둘째 토요일/ 쓰시협 지원사업)

아래에서는 기독교환경운동연대 각 지역 연대조직들에 대한 기독교환경운동연대 책임연구원 유미호의 "피조물과 함께 해 온 기독교환경운동 25년"[25] 글에 소개된 것이다.

라. 광주 기독교환경운동연대

1998년 5월 창립된 이후 월성, 양림, 지산 등 10여 개 교회가 정

---

25) 이정배 외, 『현대생태신학자의 신학과 윤리』, 서울: 대한기독교서회, 2006, 351-382, 366-367.

기적인 모임을 가져 왔다. 이들 교회 목회자들과 평신도들은 환경통신강좌를 받았으며, 지교회 성도들에게는 '새 하늘 새 땅' 환경비디오를 활용하여 교육하였다. 몇 몇 교회들은 교회별로 실시되는 구역모임(주별)을 활용하여 재생비누 만들어 이웃과 나누는 등의 환경실천을 하고 있다. 또 무등산 살리기 운동과 연계하여 매월 한 번 무등산에 올라 쓰레기를 줍는 등 지역단체들과 연계하고 있으며 천주교, 원불교인들과 더불어 '환경을 생각하는 종교인모임'을 구성하여 활동하고 있다.

마. 함양 기독교환경운동연대

1998년 5월에 몇 몇 목회자들을 중심으로 창립된 후 환경전반에 대한 세미나를 격월로 여는 등 환경교육에 힘쓰고 환경사랑운동을 지속적으로 전개하고 있다. 또 전 군민을 대상으로 한 환경사진전시회를 열어 환경의식을 심어 주고 있으며, 군 환경협의회에 대표가 참여하여 지역 환경파괴 현안을 중점적으로 지역여론을 모아 지역 시민운동을 이끌어가고 있다. 또한 저공해세제를 보급하고 있으며 무공해 농산물을 판매하고 있다. 최근에는 환경주일 낮 예배시 공동기도문으로 하나님의 창조질서 회복과 보전을 위한 기도 및 말씀을 선포하였으며 저녁 예배에는 회원교회가 연합으로 세미나를 가졌다.

한편 지역에서 가장 중요한 현안인 지리산 함양댐 건설 백지화 대책위를 구성하는 데 결정적인 역할을 하였다. 이 일로 지역에서는 처음으로 기독교, 천주교, 불교와 시민단체가 한 자리에 마주앉아 지역의 문제를 함께 풀어가게 되었고, 시민운동체의 역량을 향상시켰다. 특히 지리산연대 결성에는 처음부터 적극적으로 참여하기도 하였다. 또한 지역 쓰레기 매립장과 소각장문제로 첨예하게 대립하고 있는 지역주민과 군과의 대체정국을 중재하여 최선의 방안을 모색하는데 성공하였다. 이것을 계기로 환경연대의 위상은 높아졌고 지역 환경운동에 탄력이 붙었다.

바. 대구 기독교환경운동연대

1999년 9월 대봉교회를 중심으로 한 30여 개 교회들과 함께 창립되기는 하였으나 그동안 활동이 미미한 관계로 몇몇 임원을 교체하여 새로운 돌파구를 도모하였으나 아직 그 활동이 정상적이지 못하다. 임원을 중심으로 몇몇 행사 참여이외는 특별한 행사가 없는 것이 현실이다. 진행한 프로그램으로는 새만금간척지 답사와 종교환경회의와의 연대활동 등이 있다.

사. 부산 기독교생명운동연대

1999년 파괴되어 가는 지역 생태계를 살리고 환경오염에 대처하기 위해 부산지역 기독인들이 모여 창립했다. 부산지역 2백여 교회가 참여하여 창조보전을 위한 신앙운동, 윤리운동, 환경운동의 입체적 시각에서 자연을 회복하는 데 앞장서고 있다. 정기 세미나, 환경통신 교육, 자연예배, 환경캠프를 실시하고, 교인과 지역주민들에게 환경상품과 재활용품을 보급하고 있으며, 교회마다 생명운동위원회를 조직, 생활 속에서 구체화할 수 있는 환경운동 프로그램을 개발, 실천해나갈 방침이다. 또 정부나 지방자치단체가 건설적이고 건강한 환경정책을 세울 수 있도록 하는 제언도 준비 중이다.

3. 개신교 생태공동체운동 단체

가. 민들레공동체

- 대표 : 김인수 박사
- 주소 및 연락처 : 경남 산청군 신안면 갈전리 42번지/
  ☎ 055-973-6813
- 홈페이지 : http://dandelion.or.kr
- 지나온 길과 활동사항 :

민들레공동체의 가장 큰 특징은 기독교 정신에 근거한 무소유생태공동체라고 할 수 있다. 현 민들레공동체가 있기까지의 역사는 5단계로 나누어 볼 수 있다. 제1단계 시작은 농촌선교로 시작된다. 서부경남의 특수한 지리적 상황과 어느 지역보다 열악했던 기독교 선교의 취약지역이었다. 이렇게 기독교 교세가 미약한 지역에 대한 한 젊은 전도사의 소명의 발걸음으로 시작되었다.

제2단계로 1986년 처음으로 '노천성경학교'를 열면서 기독교 복음 전파의 선교의 첫 발걸음을 뗀다. 그 후 1년이 지나자 14곳의 무교회 마을 지역에 청년, 대학생들이 파송되어 일하게 되었고, 1988년에는 서부경남 복음화를 위한 서부경남 선교동지회라는 단체를 결성, 본격적인 교회개척 사역을 시작한다. 그리고 1991년에는 공동체적 생활양식의 선교정책의 틀을 잡고 본격적인 민들레공동체가 세워지게 되었다.

제3단계는 교회개척 시기다. 1988년 최초로 개척된 진주(당시 진양군) 단목교회를 시작으로 서부경남 무교회 지역에 교회를 세우는 일에 집중되었다. '노천성경학교' 뿐 아니라 전도자가 무교회 마을에 살러 들어가서 섬김으로 예수 믿는게 무엇인지 보여주는 한시 선교를 하기도 하고 순회전도를 하기도 하였다. 그 결과로 지금까지 서부경남 무교회지역에 세운 교회가 20개(단목, 미천, 상미, 집현, 대곡평안, 한실, 본촌, 외율, 세간, 성태, 월광, 곤명, 민들레, 용계리, 자연, 지리산평화, 양보제일, 월운, 고이반석, 술상)에 이른다.

제4단계는 농촌교회 협력사업이다. 당시까지 교회가 없는 지역 복음화를 힘써 오던 민들레공동체는 농촌의 문제는 단지 영혼구원과 교회건립의 문제가 아니라 보다 근원적인 구조문제가 있음을 인식 하게 된다. 이때부터 본격적으로 농민들에게 생명농업으로서의 유기농업의 필요성 보급과 함께 농촌목회자, 농민들을 대상으로 농촌 선교 세미나를 개최해서 농촌선교를 어떻게 해야 하나 하는 다방면의 접근도 시도하였다.

제5단계는 생명농업 육성을 위한 인재양성에 힘을 쏟는 기간이었다. 경상대학교 농대 학생들을 모아서 '민들레 선교회'를 조직, 이들을 통해 지역농촌을 되살리는 운동을 시작하고, 이것이 결정적으로 오늘의 민들레공동체를 설립하게 된 계기가 되었다.

현재 민들레 공동체의 주요한 사업으로는 '대안기술센터'(Alternative Technology Centre)', 민들레 아트센터(www.dandelionart.com)와 함께 해외 특히 제3세계권에 대안기술의 보급과 생명농업을 위한 교육 인재 양성에 힘을 쏟고 있다. 또한 2007년에 개교할 민들레학교(Dandelion School)와 제3세계 농촌지도자 양성소 설립을 계획 중이다.

'민들레아트센터'에서는 야생초와 잎새를 찍어서 만든 다양한 생활용품(손수건, 다포, 주머니, 가방, 커텐, 방석 등)을 개발하여 현대인의 감각에 맞는 목판화 그리고 투에 제작 등도 진행 중에 있다. 민들레공동체는 자신들의 이러한 예술문화사업이 향후 우리의 농촌 문화를 지켜 나가고 사람들에게 친 환경적인 의식을 불러일으키는 매개체가 될 것이라고 내다본다. 국내 곳곳에 대안학교가 점차 늘어나는 추세에 맞춰 민들레공동체가 2007년에 중등 과정의 대안학교로 설립하고자 하는 민들레학교(http://dandelionschool.net)는 그 무엇보다도 민들레공동체의 특징과 염원을 담고 있는, '가난한 자를 섬기는 교육'이라는 기본 목적에 집중할 예정이다. 바로 이 '가난한 자를 섬기는 교육 이념'이 곧 민들레공동체의 특징을 잘 설명해 준다.

민들레 공동체의 장기적 비전은 공동체 내에 국내외 농촌사역자를 길러내는 훈련센터를 두는 일이다. 그동안은 공동체의 삶의 일부로써 이 일을 해 왔지만 이제는 점증하는 국내외 농촌선교인력의 요청으로 집중적인 훈련 및 교육의 필요를 절감하고 있기 때문이다. 이 일을 위해서 영어로 강의할 수 있는 교수 요원 최소 5명 확보와 지역사회 개발 및 친환경농법 및 적정기술을 중심으로 한 지역 활성화 전략을 가르치고 무엇보다 개척선교와 다양한 현장 중심의 훈련을 통해 능력 있는 농촌 선교 인력을 키우는 방안이다. 이는 최근 일본 아시아학원 (ARI-Asian Rural Institute)와의 협력이 모색되면서 이 계획이 가시화 되고 있는 중이다.

♣생태적 요소들: 민들레공동체는 현재 5가구 28명이 함께 무소유 공동체를 이루고 살아가고 있다. 공동으로 유기농사를 지으며 생산과 분배를 공동으로 한다. 매일 아침 성경을 읽으며 공동체 명상시간을 통해 공동체 영성을 키우고 있으며, 공동 저녁식사 후에는 하루일과에 대한 토론과 찬양, 기도로 이어진다. 공동체내의 갈등을 해결하는 열쇠는 가난한 자를 섬기는 영성에 있다고 김인수 박사는 말한다. 가난에 익숙해지면 질수록 가난이 주는 행복을 맛볼 수 있고, 이는 모든 공동체간의 소유로 인한 갈등의 문제들을 풀어주는 것이라고 공동체 식구들 모두는 믿고 있다. 이들은 가난이 주는 불편함을 해결하는 일이 곧 더불어 사는 공동체라고 본다.

민들레공동체 대표 김인수 박사는 '생태공동체'에 대한 입장에 대해 처음부터 환경오염과 생태계위기에 대한 대안적 이론으로 접근하지 않았다고 답한다. 그에겐 기독교 복음의 요체인 예수의 삶과 그에 대한 믿음이 그 출발이었다. 그것은 무엇보다도 가난한 자들에게 복음이 되는 것이었다. 가난한 자들이 가질 수 있는 것은 오직 자연밖에 없다는 것을 직시한 그는 자연과 함께 살아가는 가난의 믿음을 키웠고, 또 가난한 자들을 위해 자연으로부터 그들의 삶을 위한 중요한 자원들을 발견하고 이를 나누는 일에 몰두해 온 것이 곧 오늘의 민들레공동체의 생태적 삶을 이루게 된 것이라고 말한다. 가난한 자들을 위해 세상에 오셔서 그들에게 복음이 되었던 예수의 삶을 따라가는 참 제자의 삶을 살기 위해 민들레공동체 가족들은 자신의 소유를 철저히 거부한다. 그러나 그 누구도 불편해 하거나 이를 이상하게 여기지 않는다. 다만 공동체 밖의 사람들에게만 이들의 무소유의 삶이 항상 첫 질문이 될 뿐이다. 그러나 이들은 세상과 격리되어 자신들만의 공동체를 이루고 사는 것이 아니라, 끊임없이 이 땅에 수많은 가난한 자들과의 연대를 목표로 하고 있다. 그 일환으로 민들레공동체의 특징 중 하나인 자체적으로 '대안기술센터' (Alternative Technology Centre)'를 설립하여 대안적인 삶의 기반이 될 수 있는 각종 대안에너지 기술을 연구하고 보급하는데 힘쓰고 있는 점이다. '대안에너지' 기술 보급은 무엇보다도 과학문명의 혜택을 누리지 못하는 가난한 이들을 위한 것이 이들이 목적하는 바이다. 현재 볏단흙집 건축, 바이오디젤, 풍력발전 등의 기술과 개념 워크샵을 개최하고 있으며, '대안기술센터' 는 영국에서 '적정기술' 을 훈련받은 공동체 가족인 이동근 형제 가정을 통해 운영되고 있다. 이 센터를 통하여 장차 제3 세계 지역사회개발 기술 자문 역할을 기대하고 있다. 민들레공동체 '대안기술센터' 가 자체적으로 만들고 있는 모습을 통해 이 공동체의 특징을 한 눈에 엿 볼 수 있다. 이들의 대안에너지 기술은 무엇보다도 대부분의 대안에너지 기술들에서 보이는 초기 투자 및 설비의 돈이 많이 들어가지 않는 점이다. 전국 통닭집에서 쓰고 버리는 폐식용유를 수거해 바이오디젤을 만드는 일이나, 풍력발전을 위해 손수 나무로 프로펠러를 제작하고, 간단한 라면박스에 은박지 호일을 씌워 태양열 오븐을 만드는 일 등이다. 가난한 자들을 위한 이들의 관심과 노력을 짐작케 하는 면이다. 민들레공동체 식구들이 적정기술(appropriate technology)에 대한 관심과 열정에 생태적 마인드가 담겨있다. 이는 선진국의 하이테크놀로지와 아세아 농촌지역의 열악한 기반(토착기술, 농촌기술, 전통기술)을 상호 보완하는 기술로써 가난한 사람을 살리는 기술 환경과 공동체를 파괴하지 않고, 자본의 종이 되지 않고 삶을 유지할 수 있는 지속가능한 기술의 한 유형으로 보기 때문이다.

 민들레공동체는 이상의 대안기술센터의 적정기술 보급이야 말로, 오늘날 새로운 기독교 복음 선교로 그 중요성이 부각되고 있다. 민들레공동체는 이를 위해 제3세계 가난한 이들을 위해 이들만의 독특한 해외선교를 진행해 오고 있다. 2000년에 캄보디아에 김기대 선교사가 파송되어 타께오 지역에 〈꿈과 미래학교(School of Dream and Future)〉를 세워 16세에서 22세 사이의 교육혜택을 받지 못한 청년들을 1년 단기과정 직업훈련 지도자 교육을 시키고 있다(학생, 스텝 80여명). 그리고 수도 프놈펜에 대학생 기숙사도 운영(20여명)하여 미래의 캄보디아 지도자를 준비하고 있으며, CHE(Community Health Education)프로그램을 통해 가난한 4개의 농촌마을에 매우 성공적인 지역사회개발 프로그램을 진행시키고 있다. 이 모든 일은 민들레공동체가 세운 〈캄보디아의 이웃(Neighbor of Cambodia, NOC)〉이라는 비정부 기구(NGO)를 통해 진행하고 있는 중이다. 현재 캄보디아에 진행하고 있는 새 프로젝트는 약 10Km의 농업/교통용 운하건설과, 2009년 개교예정인

Edu-Eco-Mission 개념의 대학이다. 현재 약 3만평의 부지위에 대학을 위한 기반작업을 하고 있으며, 농업, 지역사회와 농촌개발, 그리고 국제기구와 비정부기구 전문과정을 개설할 예정이다. 민들레 공동체는 또한 미얀마 오지 농촌교회를 우물을 파 주는 프로젝트인 오아시스 프로젝트로 후원하기도 하였다.

캄보디아와 더불어 가장 큰 해외 프로젝트 중 하나로, 인도 북동쪽의 나가랜드(Nagaland)의 랭마부족(Rengma)과의 협력사역이다. 나가랜드는 인도의 북동쪽에 위치해 있으면서 인근의 인도와 미얀마, 네팔, 부탄, 티벳 등 힌두교, 무슬림, 불교가 가장 광범위하게 퍼져있는 미전도 족속의 중심에 위치해 있는 곳인데 놀랍게도 성령의 놀라운 임재로 세 차례의 부흥을 경험하여, 현재 인구 90%이상이 신자화 된 곳이다. 이들의 선교적 역할을 지원하기 위하여 지도자개발원(LDI - Leadership Development Institute)을 건립, 농촌선교사 훈련, 농촌 및 지역사회 개발 훈련 및 청년을 위한 직업훈련이라는 다목적의 교육을 진행시키고 있다. 그리고 국내 초청 및 선교지와의 사역자 파송 등도 활발한 인력교류로 이어지고 있다. 최근에는 한국 낙농 농가에서 수송아지 한 마리 값을 기증해 현지에서 암소를 구입해 키우게 해 빈곤타파에 도움이 되게 하는 낙농프로젝트와 고아들을 위한 어린이집 건립 프로젝트를 추진하고 있는 중이다.

나. 한마음 공동체

- 대표 : 남상도 목사
- 주소 및 연락처 : 전남 장성군 남면 평사리 614-27/
  ☎ 한마음 물류센터 061-393-0649, 6245
  ☎ 한마음유기농쇼핑몰 0505-625-6245

☎ 한마음자연학교 061-393-1925

• 홈페이지: http://yuginong.co.kr
• 지나온 길과 활동사항 :

한마음 공동체는 4가지 운동인 공동체운동[26], 생명운동[27], 민족운동[28], 문화운동[29]을 지향한다. 아울러 한마음 공동체는 유기농장터, 한마음자연학교, 한마음자연생태유치원, 장성여성농업인센타, 장성자활후견기관 등을 운영 중이다.

한마음공동체의 시작은 현재 공동체가 있는 전남 장성 남면에 1960년에 설립된 백운교회에 1984년 남상도 목사(현 한마음공동체 대표)가 부임하면서부터 시작된다. 1986년 당시 장성댐 건설을 앞두고 수세거부대책위원회 활동을 하면서 지역 환경운동을 시작으로 지역 농민회와 함께 '농촌만들기사업'을 시작되었다. 이는 80년대 농촌의 열악한 문제들에 대한 정치투쟁의 성격이 짙었으나, 90년대 들면서 민족·생명·정의의 한마음공동체운동정신을 실현해 나가는 방향을 잡았다. 그 주요운동의 성격과 내용은 첫째, 민족보전을 위한 생명운동은 유기농업으로, '정의' 실천운동은 사회운동으로서의 분배의 형평성을 중심으로 하는 것으로 나타났다. 농민운동가인 남상도 목사는 생명운동가로 민중신학자로서 90년대 들면서 유기농업을 중심으로 공동출하, 공동생산, 공동분배를 기본으로 하는 지역에 맞는 공동체 운영방식을 꾸려나갔다. 1994년 생명중심의 지역

---

26) 농촌과 도시, 생산농민과 소비자가 상호협력의 유기적 관계속에서 생산농민은 소비자의 건강을 지키고 소비자는 생산농민의 생활을 보장하는 공동체 운동이다.
27) 죽어가는 땅을 유기재배를 통해 생명을 되살리고 이곳에서 생산되는 안전한 먹거리를 통해 건강을 위협 받는 현대인을 살려내는 생명운동이다.
28) 민족자존을 위한 가장 중요한 농업기반을 잘못된 경제논리만 내세워 수탈과 파괴를 자행하는 살생농업을 거부하고 미래지향적 유기농업을 통해 민족의 기반을 다지는 민족운동이다.
29) 사라져가는 우리 향토 토속문화를 살려내기 위하여 추수감사제, 유기농축제등의 축제를 열어 일상속에서 축제를 농촌이 앞장 서서 전개해 가는 문화운동이다.

조직화를 위한 영농조합법인을 만들고, 자연과 사람이 생태적 관계를 유지하기 위하여 생산은 유기농을, 그리고 도시와 농촌을 잇는 유통과 소비를 하나로 잇는 지역공동체운동으로서의 생산자협동조합을 만들어 내었다. 23년간 백운교회를 담임하였고 2년전 사임한 그는 현재는 오로지 한마음공동체를 꾸려 나가는데 전심전력하고 있다.

♣생태적 요소들 : 현재 한마음공동체가 하는 일은 의·식·주의 문제, 곧 인간 삶의 가장 중요한 모든 것에 집중하고 있다. 의(衣)는 황토로 천연염색한 옷을 지어 입고, 먹거리 식(食)은 유기농산물이며, 주(住)는 곧 황토집이다. 이렇듯 한마음공동체는 생태공동체의 기본요소들을 그대로 지니고 있다. 그러나 그가 처음 '농촌살리기'에 전념했던 동기는 한국뿐 아니라 세계 전 지역의 농촌이 죽어가고 있다는 인식에서부터였다. 그 상황에서 농촌을 살리는 길은, 도시를 이길 수 있는 것을 농촌에서 찾는 길에서부터 시작한 것이다. 그것이 곧 도시에 없는 자연이었다. 이는 그가 처음부터 생태운동가이며 이론가로 출발한 것이 아니었음을 말하는 것이다. 도시에 없는 농촌의 자연을 살리는 일로 의식주 교육철학을 내세웠다. 입고, 먹고, 사는 일에 무엇이 더 친환경적이며, 어떻게 하면 더 자연적인 것이 될 것인가에 집념하였다. 황토집을 짓는데 대하여 남 목사는 건축, 폐기물이 생기지 않는 지속가능한 흙집이 가장 친자연적이라고 말한다. 무엇보다도 황토를 구하기가 가장 용이하다는 점과 에너지 절약과 건강을 위한 친자연적 생태건축으로 흙집을 고집하는 이유이기도 하다. 아울러 흙집에 대한 장점으로 그는 예술성을 든다. 어떤 고정된 각과 선의 이미지를 떠나 자유자재로 곡선을 만들어 내는 자연적 예술성을 흙집이라고 말한다. 한마음공동체를 방문하면 제일

먼저 눈에 들어오는 것이 곳곳에 들어선 황토집들이다. 지금도 곳곳에 황토집짓기가 이루어지고 있다. 도시에서 온 방문객들을 위한 황토집체험프로그램도 진행중이다. 연간 2만명 이상의 방문객이 생태체험학습마을을 방문하고 있다. 현재 황토로 천염염색을 지어 입는 그 소재는 뽕에서 추출하는 실크이다. 이를 위해 20만평 규모의 대단위 뽕사업을 계획하고 있는 중이다. 특히 한마음공동체는 2007년도에 '일하는 실버타운'을 설립할 계획중이다. 사회복지사업의 일환으로 노동하는 건강한 노인들의 일터가 곧 뽕밭이 될 것이라고 남 목사는 말한다. 유기농에 대해서 남 목사는 현재 국내 많은 유기농사가 유기질 퇴비를 사용하고 있다는 점에서 본질적으로는 유기농이 아니라고 말한다. 그는 땅이 스스로의 힘으로 생산해 낼 수 있다는 신념이 강하다.

한마음공동체의 친환경적이고 생태적인 대안교육으로 현재 교육부에 인가되지 않은 자연학교를 운영 중에 있으며, 국내 대표적인 대안학교인 간디학교와 인영을 맺어, 간디학교 학생들이 정규학습 일정으로 이곳에 와서 흙집짓기 실습을 하고 있다. 남 목사는 대안학교의 교육목표는 스스로 의식주를 해결하는 일이며, 그것은 자연으로부터 배우고, 자연으로부터 그 모든 것을 얻는 것에 있다고 말한다.

'공동체'에 대해 남 목사는 세계 많은 공동체들의 실패들로부터 새로운 대안을 찾는다. 그는 '공동체'란 뜻있는 이들의 모임으로 규정한다. 그렇기 때문에 공동체가 반드시 공동소유와 공동주거생활만을 의미하지는 않는다고 말한다. 그런 의미에서 한마음공동체는 모여 사는 생활공동체가 아닌 생명먹거리를 위한 경제 목적 공동체이며 유통공동체(한마음유기농업 영농조합법인)가 그 중심이다. 생산은 각자 하고, 판매와 운영 및 유통만 공동으로 하는 공동체이다.

생태공동체 결속을 위한 영성의 문제에 대해서 남 목사는 특정종교를 고집하지 않는다. 배타적 종교를 고집하는 것은 자기중심적이고 이기적인 영성만을 고집하는 것이고, 이는 공동체 결속을 오히려 깨는 것이라고 말한다. 물론 개신교 목사인 그는 한마음공동체의 영성의 중심엔 하나님의 창조질서의 회복과 보전이라는 개신교 신앙고백을 벗어나지 않는다고 말한다.

다. 지리산두레마을

- 대표 : 김호열 목사(공식대표: 김현조);
  두레공동체운동 대표: 김진홍
- 주소 및 연락처 : 경남 함양군 함양읍 죽림리 817
  ☎ 055-964-2317
- 홈페이지 : http://www.doorae.com
- 카페 : http://cafe.daum.net/JIRISANDOORAE
- 지나온 길과 활동사항 :

지리산두레마을은 두레공동체운동(http://www.doorae.com) 산하 기관으로 그 시작은 남양만에 있었던 두레마을의 연장선에서 찾아야 한다.

1971년 청계천에서 김진홍 목사(당시 전도사, 현 두레공동체운동 대표)를 중심으로 한 활빈교회를 거점으로 빈민선교활동으로 시작하여, 서울 재개발로 인해 "활빈귀농개척단"을 조직하여 남양만 지역 간척지로 집단 이주하여 자본주의에 대한 대안으로 우리 조상들이 어울려 함께 살았던 과거의 전통적인 '두레공동체'에 그 근원을 둔 '두레마을'이 시작됐었다. 남양만에서의 두레마을은 처음부터 환경운동을 목적으로 시작된 것은 아니지만, 가난을 극복하는 단계를 넘어서 환경문제와 생태위기의 극복에 일조하는 생산과 소비, 교육과 유통 등 생활 전반에 걸쳐 광범위한 대안적 공동체로서 자리를 잡아나갔다.

두레마을은 생산·소비·유통·교육뿐만 아니라, 생태적·자연순환형 마을과 생태적 농장을 구축하기 위한 구체적인 계획을 이행하기 위한 노력을 전개하였다.[30] 두레마을의 재산은 모두 공유한다. 공동체에 가입한 회원들은 재산과 부채를 모두 가지고 들어오며, 다시 나갈 때에는 가지고 들어 온 것을 모두 반환해 주는 것을 원칙으로 한다. 그리고 부분적인 사유재산을 인정하고 있고, 용돈 제도를 두어 필요에 따라 용돈이 지급된다. 또한 공동체는 개인의 생활비와 의료비, 자녀들의 교육비 등 모든 것을 책임진다.

2002년 10월에 현재 지리산 자락의 경남 함양에 새로 자리를 잡은 지리산두레마을은 지난 남양만에서의 두레마을과 공동체운동을 진행하면서 축적해 온 다양한 방면의 실험들을 새롭게 도전하는 곳이라고 할 수 있다. 남양만 두레마을이 정리되고 2004년 1월 남양만에서 함께 공동체 생활을 해 왔던 2가구가 이곳으로 이주해 오면서 새로운 공동체가 시작되었다. 현재 약 30여명이 함께 공동체를 이루며 살아가고 있는 지리산두레마을의 가장 큰 특징은 기독교 신앙공동체이다. 매일 예배와 공동체기도문 묵상을 통해 생태공동체의 중요한 영성의 요소를 강조하고 있다.

지리산두레마을은 2003년 1월 '청년,대학생 말씀과노동학교', 2004년 7월에는 '청소년 말씀과노동학교'를 개설해 '일과 노동'의 생태적 대안교육에 힘써오고 있다. 지리산두레마을은 2002년 처음 자리를 잡은 뒤 올해까지 제1단계 작업으로 상주가족의 영적, 생활적 안정 및 교육 프로그램 확충(자체, 협력)과, 공동체의 자립경제 구축, 기본시설 확충, 치유단지 운영과 생태공원 조성에 힘써왔다.

---

30) 두레마을, 1997. 10·11, 「공동체이야기」, 제4호, 75-78.

제2단계(2007년~2010년) 계획으로는 영성단지조성, 문화, 예술단지, 지역사회 협력(농촌개발 참여) 및?연구소운영등이고, 2010년 이후 장기적 발전 계획으로?두레영성 및 사상을 내용화 및 체계화와 생태공동체운동 확대를 꾀하고 있다.

올해(2006년 10월23일~10월27일)부터 시작된 두레생태귀농학교는 자립적인 귀농을 위한 준비과정과 공동체적인 삶을 경험해보는 장을 마련했다. 생태적 가치에 대한 자각을 기초로 자연과 사람이 조화를 이뤄 함께 살아가는 상생의 삶, 땅과 그 땅에 살고 있는 여러 생명을 해치지 않는 생명 존중의 농사에 대해 관심 있는 이들을 위해 마련된 두레생태귀농학교는 지속가능한 대안사회를 꿈꾸는 생태공동체의 염원을 가꾸는 길라잡이의 역할을 하고 있다.

♣**생태적 요소들** : 지리산두레마을은 지리산과 주변 삼봉산 및 오봉산 자락에 위치하여 자연친화적인 조건을 갖추고 있고, 그 외에 별도로 생태공원(1만평)을 조성 중에 있다. 아울러 산머루 단지(5천평), 채소 밭(3천평), 허브밭(1천평), 야생화 밭(5백평), 약초 밭(5백평)등을 조성하여 생태적 삶을 꾸려 나가고 있다. 이러한 천혜자원을 바탕으로 지리산두레마을은 적정기술 운영과 생태농업을 위하여 지역이 지니고 있는 자원을 최대한 활용함으로써 외부 에너지의 소비를 줄이고 지역내 순환과 자급자족 에너지를 만들고자 하는 생태학적 의미를 지니고 있다. 지리산두레마을은 지난 1979년부터 중국 내몽고에서 사용해오던 태양과 겸용 풍력발전기 기술을 도입해 현재 3기를 교육용으로 운영하고 있다. 현재 지리산두레마을에서는 이 발전기를 이용하여 낮에는 축전을 하고 야간에 가로등의 전기를 자정까지 사용하고 있으며 현재 전체 전기에너지의 10%를 담당하고 있으나, 대체에너지로서의 역할은 아직 많이 미비한 실정이다.

지리산두레마을 공동체 중앙 도로 옆으로는 태양광 가로등이 심어져 있어, 야간 조명등의 역할을 담당하고 있으나, 생태공동체 주거의 대체에너지로서의 의미로는 보이지 않는다.

지리산두레마을 공동체의 건축물은 현재 생태건축의 요소를 충분히 갖추고 있지는 않으나, 앞으로 짓게 되는 집들은 친환경적인 생태건축으로 할 예정이다. 이를 위해 생태건축 집짓기 체험 프로그램도 구상중이다. 먹거리 전체를 유기농으로 자체 생산하지는 않으나, 자체생산한 채소로 식단을 꾸미고 음식물쓰레기는 사육하는 가축 사료로 쓰고, 소·돼지 똥과 풀·농사 부산물 등을 이용한 퇴비를 만들 때 약 70~80도의 열이 발생하는 데 이때 발생하는 열을 이용하여 난방 등에 사용할 계획이다.

남양만 두레마을에서는 유기농업을 중심으로 농사를 진행했으나, 지리산두레마을에서는 한 단계 더 생태적인 농사방식인 생태농업을 지향하고자 한다. 지리산두레마을이 진행하고 있는 생태농업 방식으로 진행되고 있는 작물이 약 2만평 규모로 조성되어 있는 산머루이다. 특히, 지역에 산재해 있는 토착식물을 재배하고 있다는 점이 주목할 만한 사항이다. 이미 지역사회 주민들에게 15만평 정도가 보급되어 있는 실정이며 향후 3년간 50만평을 지역에 보급함으로써 지리산의 특화작물로 성장시킬 계획이다. 이러한 지역사회와의 공유를 강조하는 것은 지역사회와 함께 호흡하는 것이 생태공동체 구상의 기본적인 원칙에서 시작했다고 보고 있다. 지리산두레마을의 건축물의 공간은 그 누구의 소유라기보다는 지역사회 주민들과 함께 하는 것을 원칙으로 삼고 있다. 두레마을은 지역사회 주민과의 공유가 생태마을이나 생태공동체를 형성함에 있어서 가장 중요한 요소로 보고 있다.

라. 평화원 공동체(옛 풀무원 농장 '한삶회')

- 대표 : 김일곤 목사(공식대표: 원경선)
- 주소 및 연락처 : 충북 괴산군 청천면 평단리 241
  ☎ 043-833-2887
- 홈페이지 : http://hoyasmile.com
- 지나온 길과 활동사항 :

무소유 생태공동체인 평화원의 기원은 약 3년 전 해체되고 없지만 원경선 옹에 의해 세워진 '한삶회'였다. 더불어 사는 삶을 실천하는 '한삶회'는 1976년 원경선 선생이 우리나라에서 처음으로 무공해 유기농법을 도입, 실천하기위해 '바른농사'를 지향하는 사람들과 함께 설립한 생명존중의 농촌생활 공동체였다. '한삶회'는 20여년 이상을 농약은 물론 화학비료와 제초제를 전혀 사용하지 않는 무농약 유기농법을 연구하고 보급하는 일을 꾸준히 실천하고 있다. 연관 사업으로는 도시의 음식물찌꺼기 재활용으로 퇴비를 생산, 전국 유기농가에 보급하고 있으며 그 농가에서 생산된 친환경농산물을 다시 도시 소비자에게 공급하는 도시, 농촌 먹거리 순환 사업을 추진하기도 하였다. 정농회의 결성자이기도 했던 원경선 옹이 기독교 정신에 입각한 '수고하고 무거운 짐 진 자들'을 위해 공동체를 꾸리고 함께 일할 농장을 차림으로써 시작된 '한삶회' 공동체의 목적은 기아 문제를 해결과, 전쟁의 위험에서 인류를 보호하며, 공해에서 인류를 건지는 것에 두었다. 그런 의미에서 '한삶회' 공동체 운동은 생명 운동이라고 할 수 있다. '한삶회'의 원경선 옹의 근본 철학적 이념은 이 땅에 전쟁이 없는 평화의 세계이고, 전쟁종식과 평화정착을 위해 필수적으로 가난과 굶주림을 퇴치하는 일이며, 이를 위해 생산증대를 통한 가난한 이웃들과의 나눔을 실현한다. 그렇기 때문에 자신의 소유란 존재하지 않는다.

2003년 IMF 파동은 '한살림' 공동체에도 예외는 아니었다. 설립자 원경선 옹은 현 풀무원 농장이 있는 충북 괴산으로 이주한 후, 평생 유기농에 대한 꿈을 버리지 않았다. 풀무원이 무상임대해 준 6천평의 땅에 다시 시작한 유기농사를 지으며 현재의 평화원을 다시 만들게 된 것이다. 현재 풀무원 농장은 '한살림'의 정신과 유기 농법과 과학적 영농법을 배우려는 농촌 청년이나 학생들을 교육시키고, 각종 유기농 농산물, 비료, 사료 등 생산물을 '풀무원 식품' 등에 공급하고 있다. 그러나 풀무원 농장과 평화원 공동체간에는 실질적인 공동체 관계를 유지하고 있지는 않다. 현 평화원 공동체는 예전 남양주에 있었던 한살림 가족 몇 분과 함께 15명의 가족들이 무소유 공동체를 이루고 있다. 현재 평화원 공동체를 이끄는 김일곤 목사는 예전 다일공동체(대표 최일도)에 있다가 2003년 9월 15일에 이곳으로 이주한 후, 2004년 현 평화원을 개원하였다.

♣**생태적 요소들**: 풀무원으로부터 무상으로 임대받은 6천평의 농지에 평화원은 유기농법으로 콩 재배가 주작물이며 채소류와 감자, 고구마 등을 재배하고 있다. 벼농사는 오리농법으로 하고 있으며, 화학비료는 전혀 사용치 않고, 무엇보다 땅의 자생적 생명력을 위하여 연작을 금하고 있다. 현재 평화원 공동체가 거주하고 있는 주택이 생태건축으로 지어지지 않은 이유에 대해, 김일곤 목사는 본래 원경선 옹이 생태적 이론에 입각한 공동체를 설립한 것이 아니라, 무엇보다도 가난한 이웃들과의 나눔이 가장 큰 관심이었기에, 2003년 현 거주동이 지어질 당시에 생태건축에 입각해 지어지지 못했다는 것이다. 그러나 새로 평화원을 이끌고 있는 김일곤 목사가 현 평화원에 정착하면서부터 평화원의 미래는 생태적 마인드를 갖고 이끌어 가려는 의지가 강하다. 추수후 생태건축으로 흙집을 지을

예정에 있고, 난방을 위한 주 연료는 주변 산에서 나무를 주어와 화목보일러와 심야보일러 및 조개탄을 사용중이다. 평화원 공동체의 먹거리는 자연식이며 건강식으로 자체 생산한 유기농 식단이다. 생태공동체 경제의 중요 요소로 자급자족을 실천하고 있는 모습이다. 쓰레기는 퇴비화 하여 사료화 하고 있으며, 생활 오폐수는 친환경 정화조를 이용하고 있는 중이다. 생태 화장실을 새로 지을 계획이다. 생태공동체 구성요건으로 중요한 의사결정구조에 있어서 평화원은 공동체 전원의 '마음나누기' 프로그램을 진행한다. 평화원은 생활공동체이기에 때로 발생하는 공동체 구성원간의 갈등은 구성원 전체가 치유와 위로의 마음나누기를 통해 공동체 구성원 각자 스스로 변화해 가는 것을 발견해 나간다. 일주일에 한 번씩 모이는 공동체 전원회의에서 결정된 사항에는 누구나 절대적으로 순종하는 규칙을 갖고 있으며, 이는 평화원 공동체의 가장 중요한 생명력이며 결속력으로 보고 있다. 공동체의 의사결정구조는 전원일치제를 따른다. 비록 더딜지라도 더불어 함께 가는 생활을 가장 중요한 규칙으로 삼고 있다. 평화원 공동체 입회는 누구에게나 열려 있지만, 1년간의 수련과정을 거치고 공동체 전원회의를 통해 정식으로 공동체 가족이 된다. 개인 자산은 공동체에 귀속되고, 공동체내에서 개인소유란 인정되지 않는다. 다만 퇴소하게 될 시엔 다시 환원된다. 평화원공동체는 기독교 영성 생태공동체이지만, 기독교인이 아니어도 체험생활을 경험할 수 있고, 공동체 생활 프로그램에 누구나 참여해야 한다.

평화원에서는 매일 새벽기도회와 성경공부 및 주일 예배가 있다. 주일에는 공동체 식구들 뿐 아니라 지역주민들도 참여한다. 주일 헌금은 전액 구제와 평화를 위한 선교헌금으로 사용되고, 공동체의 주 수입원은 유기농 콩재배를 통해 만든 청국장 판매수입에 전적으로

의존해 있다. 그러나 평화원은 공동체를 위해 최소한의 수입만을 사용하고 남는 것은 절대 쌓아 놓지 않는다. 판매를 통해 얻은 수익 중 공동체를 위해 사용하고 남는 것 전액은 밥퍼 다일공동체에 후원금으로 보내진다. 평화원 대표인 김일곤 목사는 도시에서의 환경 및 생태운동에 대한 질문에 대해, 실제 농촌에서의 삶의 경험을 통해 생태인식을 깨닫는 것이 절대적으로 필요하다고 역설하면서도, 도시인들에게 환경 및 생태인식을 일깨워주는 일도 매우 중요한 것이기에, 도시와 농촌의 환경, 생태운동가 및 단체들이 서로 유기적 연대를 이루어 나가는 것을 중요 과제로 덧붙였다.

4. 개신교 생태 대안학교

가. 풀무농업고등기술학교
- 대표 : 정승관 교장
- 주소 및 연락처 : 충남 홍성군 홍동면 팔괘리 664
  ☎ 041-633-3021
- 홈페이지 : http://poolmoo.or.kr
- 지나온 길과 활동사항:

충남 홍성에 위치한 풀무농업고등기술학교(이하 풀무학교)는 국내에선 가장 오랜 역사를 지닌 대표적인 기독교 생태 대안학교이다. 1958년 평북 오산학교 출신으로 '교육, 기독교 농촌'에 의한 민족 구원을 평생 준비하시던 이찬갑 선생과 신학을 공부하고 지역에서 독립 전도를 하던 주옥로 선생에 의하여 '그리스도인, 농촌(생명)의 수호자, 세계의 시민' 형성을 목표로 세워졌다. 개교 당시에는 고등공민학교였다가 뒤에 폐교되고 1963년에 고등기술학교로, 그 후 1983년에 문교부 학력인정 학교가 되었고, 2001년에는 전문과정인 전공부가 부설되어 현재에 이르고 있다.

풀무학교는 기독교 학교로 성서에 바탕을 둔 깊이 있는 인생관과 학문과 실제 능력에서 균형 잡힌 인격으로 하나님과 이웃, 지역과 세계, 자연과 모든 생명과 함께 더불어 사는 평민을 교훈으로 내세우고 있다. 진리에 겸손하고 인간을 존중하며 생명을 사랑하는 것을 기본내용으로, 성서를 포함한 교양과 보통과목, 실업과목 등 전인교육 과정을 배우고 있으며, 학생 자치 활동이 활발하다. 자기실현과 협력을 강조하며 더불어 사는 평민을 키우는 교육과, 한국의 전통적 가치에 뿌리박고 보편성을 지닌 기독교 가치관에 접목된 교육을 실시한다. 또한 생명을 섬기는 농업 교육을 통해 평화, 생태, 공동체를 실현하는 학교가 되도록 노력하고 있다. 풀무농업기술학교의 대안적 교육이 지향하는 바를 크게 열 가지로 나뉜다:[31]

① 성서 위에 학원: 학생이 재학 중 성서를 배우고 그리스도를 만나는 것을 바른 인격교육의 바탕으로 믿으며, 아침 예배와 성서 과목을 둔다.

② 기본층의 평민: 풀무에서 지향하는 인간상은 한국의 혼과 서민의 순수함이 결합된 인간이다. 이는 선비와 서민의 좋은 점을 결합한 평민이다. 평민은 자기와 남의 가치를 자각, 존중하면서 주어진 자기실현과 사회 기여에 힘쓴다. 사회 대다수를 차지하는 깨어난 평민이 사회의 저력이자 향상의 희망이다.

③ 머리, 가슴, 손의 조화: 입시편중 교육을 배격하고 머리(학문), 가슴(신앙), 손(노작)을 고루 발전시켜 인문 직업교육의 극단적 2원성을 극복한다. 전인교육의 차원에서 유기농업, 컴퓨터, 가공, 기계, 목공 등 노작으로 생명을 가꾸고 생태를 생각하게 하면서 강건한 심신을 기르고 직업의 기초를 놓으며 지식의 추상화를 막고 실천

---

31) http://www.poolmoo.or.kr/hspub/pur.html

력을 키운다.

④ 작은 학교: 한사람 한사람을 소중히 여기고 배울 수 있게 각자의 다양한 소질과 능력의 발전을 돕고 그들이 창조적 힘을 발휘하며 대화와 인격적 만남을 할 수 있게 학교 규모를 작게 한다.

⑤ 전원 생활관 생활: 공동생활 속에서 자기 일을 스스로 하고 서로 협력하며 사는 생활 습관을 기르며, 여러 활동을 통해 창업 후 살아갈 인생의 기본자세를 배우고 훈련한다. 전원 생활관 생활을 중심으로 학교는 예배하고, 배우며, 생산하고 생활하는 하나의 공동체를 목표로 한다.

⑥ 무두무미(無頭無尾): 교직원과 학생은 예수를 교주로 각기 자기 역할을 하면서 유기적 공동체를 이루는 일원이며 동료로서 학교 일을 민주적으로 협의 결정함은 물론 교사회, 학우회, 이사회, 학부모회, 수업생회가 자기 자리에서 서로 보완하여 더불어 사는 학교를 만든다.

⑦ 밝은 학교생활: 학생들이 검소하고 고상한 것을 추구하도록 책, 음악, 영상매체, 발표 등 학생문화 환경을 충분히 마련하며 개별지도, 묵학시간과 교실 안팎에서의 공동학습, 자치활동을 장려하여 학생 생활을 밝고 뜻있게 한다.

⑧ 더불어 사는 지역과 학교: 지역의 교육적 환경을 선용하며 지역과 함께 더불어 사는 사회 실현에 협력한다. 앞으로 국가 중추의 중앙관리는 생태, 경제, 자치, 문화 등 협동적 공동체에 바탕을 둔 지역사회로 분산되어야 한다고 믿는다.

⑨ 국제이해: 좁아지는 세계에 편견, 오해, 무지를 없애고, 평화로운 동북아시아 건설을 위해 중/일어를 배우고 일본의 자매학교와 교류하며 동북아의 중간 역할을 감당할 성실한 시민을 기른다.

⑩ 사학의 책임: 어느 나라고 사학이 학업이나 생활지도에 열심

이고, 사회에도 책임이 있다. 풀무는 작은 학교로서 사학의 자율적인 정신을 살려 사람을 기르는 교육과 학교의 바른 모습을 꾸준히 추구하려고 한다.

♣생태적 요소들: 풀무학교는 그 이름에서 드러나듯이 농업교육을 무엇보다 우선시 하고 있다. 이미 1975년부터 단순한 관행농업의 유지, 지속이 아니라, 국민의 건강과 환경을 중시하고 도시를 포함하여 더불어 사는 사회, 뿌리 깊은 민족 문화를 살리기 위해 유기농업을 학교 실습지에서 실천하고 지역 농민과 협력해 왔다. 또한 전업 환경농업인을 기르기 위하여 2001년에 환경농업 전공부를 개교하여 주민, 환경농업, 풀뿌리, 대안대학으로 발돋움하고 있다. 전문 유기농법 기술교육은 곧 환경 및 생태와 평화를 지향하는 인문학적 노력을 등한시 하지 않는다. 이를 위해 주 일회 외부 강사를 초빙하여 문화시간을 갖고 있다. '환경'이라는 개념이 인간을 중심으로 하고 자연을 대상화 한다는 인식아래 현재 전공부에 설치된 '환경농업과'를 '생태농업과'로의 변경 계획을 갖고 교육부 허가를 기다리는 중이기도 하다.

풀무학교에서 유기농업을 가르치기 시작한 것은 옛 풀무원 '한살림회' 원장이었던(현 평화원 공동체 공식대표) 원경선 옹의 초청을 받고 1975년 9월 26일 일본의 애농고등학교 교장이면서 애농회장을 겸임하고 있던 고다니준이치 선생이 자매학교인 풀무학교를 방문한데서 비롯된다. 그는 기독교 정신에 서서 과거의 역사를 사죄하고 일본 아와지마섬의 몽키 센터의 예를 들어 농약과 화학비료를 쓰는 일본 농업의 전철을 밟지 말고 유기농업을 실천할 것을 간곡히 부탁했다. 9월 30일에는 원경선 옹께서 공동생활을 하던 소사 도당리에서 고다니 선생의 강의를 들은 농민들이 주축이 되어 정농회가 발족하게 된 것이다.

풀무학교를 졸업하는 모든 학생들은 환경과 생태 관련 논문을 작성할 정도로 풀무학교의 생태교육열은 대단하다. 그 외에 학생 자체의 다채로운 동아리 활동인 '풀빛모임'에서도 환경과 생태는 이들의 가장 중요한 일상의 관심사이기도 하다. 학교축제인 '풀무제' 행사역시 학생들 스스로 생태와 관련한 주제를 정하고(2005년 주제: 쌀, 2006년 주제: 먹거리), 이를 위해 학생들 스스로 주제발표와 조별 행사들을 준비한다. 이들에게 환경과 생태문제는 단순히 교실에서만 일방적으로 주입받는 교육이 아니다.

생태건축의 요소들을 살펴보면, 우선 학교 정원에 설치된 12kw를 생산해내는 대형 태양광 발전시설을 볼 수 있다. 옥상에는 풍력발전기도 설치되어 있다. 새로 신축한 남학생 생활관은 전통 한옥구조로 순전히 나무와 흙으로만 지어진 생태건축이다. 특히 이 생활관은 학생들 스스로 협력하여 지었다는데 학생들 자신들에게 큰 의미를 주고 있다. 화장실은 재생 순환식으로 되어 있고, 앞으로 더 생태화장실을 지을 계획이다. 학교 정원 태양광 발전 시설 옆에 있는 연못에는 천연정화식물들을 심어 하수를 친환경적으로 정화하고 있다. 전원 기숙사 생활을 하고 있는 풀무학교 학생들은 전공부에서 짓고 있는 유기농 쌀농사를 통해 유기농 식사를 하고, 음식물 쓰레기는 나오지 않고, 잔반은 퇴비로 사용한다.

생태대안학교로서의 풀무학교의 의사결정구조 역시 교사회와 학우회 모두의 전원일치제를 규칙으로 하는 생태공동체 요소를 지니고 있다. 이를 위해 학급회의, 전교생이 참여하는 학우회, 교사와 학생 전원이 참여하는 전교회의 및 생활관생 전원이 참여하는 총회 등의 많은 모임과 토론 등을 거치는 과정들을 두고 있다. 비록 비효율적인 면이 있을지 모르나 오랜 논의 과정을 통해 공동체의 정신이 남는다는 것을 이들은 알고 있다. 풀무학교의 모든 교사들의 월급은 동일하다. 이는 모두가 평등하다는 학교교훈의 평민정신에 따르는 '무두무미'의 정신을 실천하고 있는 것이다.

풀무학교는 환경과 생태에 대하여 하나님의 창조원리에 따르는 기독교 생태영성을 기반으로 하고 있다. 입학자격이 반드시 기독교인에 한정되지는 않지만, 입학후 열가지 약속에 따라 매일 아침예배시 학생들 자체로 운영되는 성경통독에는 누구나 참여해야 한다. 풀무학교의 기독교교육은 특정종교를 전도하려는 목적에 있지 않고, 설립정신을 이어받아 기독교의 생태적 신앙교육을 그 목적으로 하고 있다.

풀무학교의 특징 중 하나는 지역과의 연대라는 점이다. 실제 풀무학교 졸업생들을 통해 현재의 홍성의 문당리 생태마을이 이루어졌을 정도다. 풀무학교는 지역의 교육적 환경을 선용하여 지역과 함께 더불어 사는 사회 실현에 협력해 왔다. 학생들의 지역 노작활동뿐 아니라, 개교와 동시에 협동조합의 정신과 운영을 배워 농촌의 협동사회에 기여하고자 구판장을 설치하기도 했다. 협동조합의 또 하나의 기둥으로 신용협동조합을, 지역 문화를 위해 지역신문과 도서조합을 학교 안에서 시작하여 자립 단계가 되면 과감히 지역에 이양하여 주민이 운영하도록 하기도 하였다. 현재 풀무학교와 인근 홍성지역의 유관기관들을 살펴보면, 생산: 정농회 홍성 지부, 오리 작목반; 가공: 풀무사람들, 풀무우유; 유통: 풀무소비자협동조합; 교육: 갓골어린이집; 문화: 홍동신문, 생활자료전시관, 시골문화사; 여성: 농촌여성센터; 여신: 풀무신용협동조합; 생태마을: 홍성환경농업교육관; 환경: 풀무학교 재생비누공장 등이 있다.

나. 산마을고등학교

- 대표 : 윤영소 교장
- 주소 및 연락처 : 인천광역시 강화군 양도면 삼흥리 460번지
  ☎ 032-937-9801
- 홈페이지 : http://www.sanmaeul.org
- 지나온 길과 활동사항 :

강화도 양도면 산자락의 아름다운 자연 속에 자리한 산마을고등학교는 이곳을 찾는 이로 하여금 그 이름처럼 학교라는 모습보다는 하나의 공동체 마을이라는 느낌을 제일 먼저 갖게 한다. 그래서 산마을고등학교는 "사람과 자연이 함께 사는 산마을"이라고 자신들을 소개한다. 자연과 평화를 이루는 상생의 생태철학의 바탕위에 생명과 배움의 공동체를 이루어 나가는 것이 산마을고등학교의 기본 교육이념이다. 산마을고등학교의 교육이념도는 이 학교의 특성을 잘 보여준다. 학교는 에너지자립의 생태적 교육환경을 꾸려주고, 언제나 지역사회와 연대하며, 학생들은 그 속에서 자신의 가치와 미래지향적 진로를 개척해 나간다. 노작수련과 생태적 영성을 갖추어 가는 통전적교육을 통해 지혜와 땀과 마음을 나누는 생태적 문화를 만들어 생명과 배움의 공동체를 이루어가는 산마을고등학교는 학생들로 하여금 평화의 씨를 뿌리는 사람으로 만들어 가는 것을 학교의 최종 교육 목표로 삼고 있다.

산마을고등학교는 2000년 인천 유일의 대안학교로 개교한 국제복음고등학교를 시작으로 탄생되었고, 2002년 10월에 현재의 이름으로 개명하였다. 2006년 5월에 현 부지로 이사 오면서부터 산마을고등학교의 생태적 교육철학이 오늘의 모습을 만들게 되었다. 현재 각 학년 20명씩 세 학급으로 이루어져 있고, 교사 포함 전체 직원 20명으로 학생 전원 기숙제이다. 향후 학급당 40명 정원으로 늘려 나갈 계획이고, 100명 수용의 80~100편 규모의 교육관 및 실내 체

육관을 2년내 지을 계획이다.

♣**생태적 요소들**: 산마을고등학교는 교육부 정식 인가학교로서 정규교육시간외에 환경 및 생태 교육으로 6단위 매주 한 시간씩 생태농업시간을 갖고 있으며, 12단위, 매주 2시간씩 생태교육프로그램을 통해 섭생과 수련의 먹거리, 몸과 마음의 건강 프로그램을 갖고 있다. 정규교육시간 외에 학생들은 매일 아침 자신들의 텃밭을 일구고 노작시간에는 마을봉사활동으로 풀베기, 도랑치우기 및 독거노인 목욕봉사등 지역사회와의 연대를 이루어가고 있다. 전원 기숙사 생활을 하는 학생들에게 지역 친환경 유기농산물이 먹거리로 제공되고 있다. 음식물 쓰레기는 퇴비장에서 발효시켜 100% 사료화 하고 있다. 일회용품을 자제하여 일반쓰레기를 줄이고 생활폐수는 연못을 만들고 천연정화식물을 심어 자연정화 시켜 나가고 있다. 반생태적 문화와 삶에 습성화 되어 있던 신입생들이 입학후 처음에는 적응하기가 다소 어려움은 있지만, 학교 생태교육과 학교의 전반적인 생태문화 생활양식들을 통해 그리고 선배들로부터 학생들 스스로 '생태바이러스'를 전염시켜 나가고 있다고 전남 담양에 있는 한빛고등학교에서 올해 6월에 이곳으로 온 윤영소 교장은 웃으며 말한다. 식당 주방에서는 쌀뜸물로 설거지를 하고, 발효시킨 천연비누와 세제를 사용한다. 쌀겨와 톱밥을 이용한 생태화장실도 3곳이 설치되어있다.

산마을고등학교의 생태적 요소를 들라면 제일 먼저 학교의 건축에서 찾아볼 수 있다. 우선 건축의 생태적 자제에 앞서, 생태건축의 상상력이 그 근본을 이루고 있다. 산마을고등학교 건축의 가장 큰 특징은 토목을 하지 않았다는 점이다. 일반적으로 어떤 건축물을 세우기 위해 자연적 지형을 바꾸는 토목작업이 이루어지는데 산마을

고등학교는 지형적 특색인 전통적 다랑이 논 위에 토목을 하지 않고, 기존의 표고 위, 본래 자연의 모습 그대로의 '터'에 자리를 잡았다. 산과 논, 밭이 이 학교의 울타리인 셈이다. 학교의 동선은 반듯하지 않고 전통 촌락 마을의 본을 따서 획일적이고 평균적인 직선길을 버리고 전통 시골 마을의 구불구불한 골목길을 따랐다. 각 교실이 서로 마주 보고 그 사이에 서로가 만나는 마당이 마치 촌락의 전통 시장터 같이 보이게 한 공동체성을 추구 한 것이다. 교무실도 그 사이에 위치하여 건축물의 자리매김부터 교사와 학생간의 권위적 틀을 벗었다. 교장, 교감실도 따로 있지 않다. 2,3층 건물이 특징인 일반 학교의 모습은 전혀 찾아 볼 수 없고, 땅을 밟고 살아가게끔 한 모두 단층으로 이루어진 모든 건축물은 친환경적 소재인 흙과 나무로만 이루어진 생태건축물이다. 학교 전체의 분위기는 마치 수도원 같고, 학생들과 교사들은 마치 수도자의 길을 걷고 있는 듯 보였다. 또한 학교 운동장에 설치된 50kw 용량의 대형 태양광발전기는 시간당 30~40kw의 전기를 생산해 학교 전체에 대안에너지로 활용되고 있다. 아울러 지열을 이용해 난방을 활용하고 있다. 땅 속에 200미터나 되는 대공을 대여섯 개 파고 그 안에 파이프를 묻어 땅 속의 열을 끌어올리도록 되어 있다. 산마을고등학교는 지역의 지형적 특징에 따라 바람이 적고 햇빛이 많아 풍력발전이 아니 태양에너지를 대체에너지로 택하게 됐다고 말한다. 그러나 태양광발전시설 설비에 있어서 정부의 산자부의 추천과 달리 한전과는 전기료로 인한 갈등의 소지가 여전히 남아 있어서 행정적인 어려움이 있다고 말한다. 총 설비비는 5억이 들었고, 이중 학교 자비는 30%가 들었다. 총 공사비 2억 3천만원이 들어간 지열을 이용한 설비비는 학교측이 50%를 지불했다. 지열을 이용시 지하수를 끌어올리기 위해 물질을 첨가하게 되는데, 이 부분에 대해서는 아직 환경검증이 나지는 않은 상태라고 말한다.

산마을고등학교는 기독교 정신에 의거해 설립되었으나, 입학조건에 기독교인 자격요건은 없다. 또 입학 후에도 학생들에게 기독교를 특정종교교육을 하지 않는다. 생태교육 전반에 '영성'이라는 단어가 들어가 있지만, 그것이 기독교 특정종교의 영성을 고집하지는 않는다. 학교의 초기 설립자 및 이사진들 그리고 전 교사들이 기독교 신앙을 가지고 있지만, 모두 범 종교적 생태영성을 추구하고 있다고 윤영소 교장은 말한다.

다. 늦봄 문익환 학교
- 대표 : 이승요(봄맞이, 대표 길잡이)
- 주소 및 연락처 : 전남 강진군 도암면 만덕리 196
  ☎ 061-433-7212
- 홈페이지 : http://www.bomedu.com
- 지나온 길과 활동사항 :

강진만이 내다보이는 전남 강진 다산초당 인근 5천평의 부지에 올 2006년 8월에 첫 문을 연 늦봄문익환학교(이하 늦봄학교)는 통일운동가 늦봄 故 문익환 목사(1918~1994)의 정신을 잇기 위해 설립된 중·고 통합형(중학 2년, 고교 2년, 진로 2년) 대안학교다. 학력인정 대안학교로 인가 받을 예정이지만 현재는 비인가 대안학교다.

늦봄학교는 문화,지리적으로 이른바 '명당자리'를 골라잡았다. 조선후기 대표적 실학자 정약용이 유배기간 중 머물렀던 다산초당이 바로 인근에 있고, 백련사가 바로 옆에 자리하고 있다. 무엇보다도 낮은 산자락 중턱에 자리해 눈앞으로 탁 트여 강진만이 내다보이는 전경은 이곳서 배우고 자라나는 학생들에게 자연이 주는 풍성한

은혜를 선물해 준다. 학교 전체 황토 교실과 한옥 기숙사 및 통나무집 소강당 등 자연 친화적인 교육 및 주거환경은 주변의 자연과 잘 어우러져 있다.

늦봄학교의 첫 특징은 무엇보다도 그 이름에서 보이는 늦봄 문익환의 정신에 있다. 비록 목사라는 그의 신분 때문에 늦봄학교를 흔히 기독교 학교로 생각하기 쉽지만, 늦봄학교는 특정종교를 고집하지 않는다. 13년 전 당시 현실적으로 폐교를 구입하는데 어려움이 있었고 새로운 터를 찾다가 현재의 부지를 마련하면서, 새로운 대안사회를 꿈꾸던 이들이 자연스레 대안학교의 방향성을 토론하는 과정 중에 자연스레 늦봄 문익환을 정하게 됐다고 실무 책임자인 박현 목사는 말한다. 그는 무엇보다도 대안학교들의 현실이 서구식 자유주의의 영향에서 벗어나지 못하고 있다는 한계를 직시하고, 한국 현실에 맞는, 한국 고유의 철학을 담는 대안학교를 모색하게 되었다고 들려준다. 그러한 대안학교로서의 상징으로 당시 준비모임에 참여한 전체가 동의할 수 있고, 학교의 이름에서부터 추상적거나 관념적이지 않는 인물의 이름을 따기로 합의 했다. 학교 이름을 특정 인물로 정하게 되는 데에는 구체적 인물을 통해 교육의 방향이 보다 더 구체성을 드러낼 수 있다는 신념이 있었고, 선명한 기치와 대중성을 확보할 수 있는 특정 역사적 인물, 그러나 현시대와 그리 오래지 않은 인물을 상정해 늦봄 문익환 목사로 정하게 됐다는 이야기다. 생태적 대안학교로서의 늦봄학교가 늦봄 문익환과의 연결에 대해서, 박현 목사는 민주화운동과 통일운동에 전념했던 늦봄이 실제 감옥에 있을 때, 미래의 새로운 대안사회를 생태사회로 보았고, 시골과 농촌 자연이 가장 풍부한 너그러움을 지니고 있다고 말했다는 것이다. 그는 이러한 생태사회가 꿈이 아니라 현실이며 과제라고 보았다. 이러한 늦봄의 정신이 늦봄 문익환이라는 이름으로 현 늦봄학교를 세울 수 있었다는 것이다.

늦봄의 이름을 지닌 늦봄학교는 늦봄의 정신을 잇는 다음과 같은 교육이념들을 갖고 일반 대안학교운동이 표방하는 자유, 자율, 생태주의 교육철학에 덧붙여 민족성과 역사의식을 담는 대안학교가 되고자 한다:
- 늦봄의 순수한 열정과 감성을 통한 자아탐구와 실현
- 늦봄의 진리, 자유, 해방의 영성
- 늦봄의 고난 받는 이웃들을 향한 지극한 사랑과 나눔
- 늦봄의 민족통일을 향한 의지와 실천
- 늦봄의 섬김과 예지의 지도자 상

늦봄학교의 교육과정은 중학(2년)·고교(2년)·진로(2년)과정 등 3단계로 나뉘어 지고 정규교육 외에 체험·과제수업을 병행한다. 과제수업은 일주일에 하루는 흙집짓기나 여행 등의 단계별 숙제를 줘 모둠별로 진행하도록 하는 형태다. 하루 2시간의 '노작수업'은 일을 하며 땀의 의미를 깨닫도록 하기 위해 포함됐다. 전 교육과정을 요약하면, 1년차에는 '늦봄학생되기'를 통해 기존의 도시에서 자본주의의 틀 안에 습성화된 학생들이 점차 생태적 문화에 길들여지는 기간이다. 2년차에는 해외이동학습이 중요 교육과정이다. 특별히 제3세계 공동체들을 방문하고 이들의 생태공동체영성을 체험하는 기간이다. 3-4년차에는 선진 유럽 국가들의 생태공동체 및 평화단체들을 방문하여 3-4개월간 수업하는 기간을 갖는다. 5-6년차에는 '꿈 찾기 길 찾기 기간'으로 졸업 후 진로를 위한 인턴과정으로 학생 스스로 자신들의 진로를 결정할 수 있도록 전국 각처의 작업장을 찾아 직업 체험 및 견습하는 기간이다. 늦봄학교에 입학하는 학생들은 1학년 때부터 앞으로 미래사회에서 자신이 어떤 인생

관을 갖고 어떻게 사회화할 것인가를 위한 6년간의 '꿈 찾기'의 길에 들어선다. 늦봄학교 실무자인 박현 목사는 흔히 "배워서 남 주냐?"식의 교육이 아니라, "배워서 남 주자!"는 신념으로 학생과 교사 그리고 학부모가 하나 된 교육 이념을 갖고 있다고 말한다.

♣생태적 요소들: 늦봄학교의 교육의 이면을 들여다보면 생태교육의 면면을 살펴볼 수 있다. 늦봄학교의 교육목적은 '스스로 서고·더불어 섬겨 행복하라'는 1. 생명과 영성, '온 생명·참 나를 밝히 드러내라'는 2. 자율과 공동체, 그리고 '역사의 주인이 되어 평화세상 가꾸라'는 3. 통일과 평화 이다. 첫 번째의 '생명과 영성'은 인간(나,이웃,인류)의 생명을 비롯하여 우주적인 생태순환계에 가득한 생명의 기운과 실재를 유기적으로 느끼고 더불어 교감하고 존중하고 배려하여 공생·공존·공영하는 세밀한 감수성을 의미한다. 이는 시와 음악과 자연과 명상을 매개로 참 자아를 깨닫고 자아를 실현해 가는 삶이며, 절대적 신적 존재 앞에서 겸허하고 경건하게 살아가는 삶의 진지한 구도적 자세를 말한다. 두 번째 '자율과 공동체'는 학생들에 대하여, 이들을 천부적으로 타고난 자유롭고 고결한 인격체이며 다양한 아름다움을 드러내 보이는 개성파들로 인정하고 또한 스스로의 힘으로 홀로 설 수 있고 사고하고 판단하며 실천 할 수 있는 독립적 실제로 봄과 동시에, 반면에 더불어 아끼고 사랑하고 협력함으로 더 크고 더 아름다운 그림을 그려낼 수 있는 공동체적인 존재들로 보려는 학교 교육담당자들의 철학이 담겨 있다. 세 번째 '통일과 평화'는 민족과 인류의 문제, 한국과 세계의 역사적 궤적과 진로를 놓고 씨름하고 밤 새워 고뇌하고 함께 토론하며 연구·모색하며 또 참여·실천하는 역사적 존재가 되기를 희망하는 교육이념으로 '통일과 평화'는 새로운 내일의 성숙과 진보를 이루

려는 진취적인 기상을 담고 있다. 이상의 교육목적을 실천하기 위한 방침은 다음과 같다:

1. 생명과 영성
   ① 생명 : 생명의 존엄성과 가치관, 생태 세계의 상생과 조화,
         검소한 생활양식
   ② 감성 : 풍부한 감성표현, 창조적 자기발현 및 대상과의
         교감 소통
   ③ 노동 : 땀 흘려 일하는 보람과 노동을 통해 익히는 겸허,
         진실, 협력
   ④ 영성 : 스스로 돌아보아 참 자아와 이웃을 발견하고 진리와
         자유를 추구

2. 자율과 공동체
   ① 개성 : 개개인의 흥미, 개성, 적성, 진로를 이해하고
         존중하며 서로 배우는 삶
   ② 자율 : 스스로 현재를 점검하고 과정을 이끌며 결과에
         책임지는 자율
   ③ 자립 : 자신감 있게 홀로 서며 도리어 이웃에게 도움을
         줄 수 있는 실제생활
   ④ 공동체 : 나눔과 섬김, 이해와 인정, 일치와 조화, 단순과
         검약, 참여와 실천
   ⑤ 지역사회 : 지역사회 공동체의 역사, 문화, 생활현장,
         사회활동과 연계, 연대

3. 통일과 평화
   ① 역사 : 바른 역사관에 입각한 민족과 인류에 대한 이해와
         애정
   ② 통일 : 분리 분단을 극복하여 화합과 일치를 이루어가는
         자주, 민주, 통일의식
   ③ 평화 : 미래 자신의 직업, 생활, 활동에서 인류사회의 평화
         일꾼으로 살아 갈 품성과 지혜와 실천력

늦봄학교도 다른 대안학교와 마찬가지로 전원 기숙사 생활을 한

다. 대안학교들이 저마다 기숙사 생활제도를 굳이 채택하고 있는 이유는 우선 대안학교들 마다 자리한 지리적 특징이 도시와 떨어져 자연 속에 위치하고 있기 때문에 현실적으로 학생들이 통학하기 어렵다는 이유도 있을지 모르지만, 보다 근본적인 것은 공동체 교육에 있다. 전원 함께 생활하는 기숙생활을 통해 학생 스스로 자치회를 통한 의사결정구조들을 익혀 나가는 것은 생태공동체 구성 요건에서 매우 중요한 것이다. 도시에서 일상화 되었던 개인주의와 이기적 문화에서 벗어나 공동체를 통한 성숙한 사회성을 배워나가는 장이 곧 기숙생활에 있기 때문이다. 함께 생활하기 때문에 대안학교의 생태적 교육환경에 누구나 참여하게 되는 교육적 효과도 누릴 수 있다. 생태건축 주거 환경에서 살고, 함께 유기농 식단으로 먹거리를 제공받는 등, 모든 생활이 생태적 환경 속에 놓임으로써 그 어떤 교육보다 효과가 있기 때문이다.

늦봄학교의 건축물은 흙과 나무 등 자연소재를 이용하여 폐기물이 생기지 않을 뿐 아니라, 건강한 자연 생태건축을 이루고 있다. 이제 막 시작한 단계이기 때문에 대체에너지를 활용하고 있지는 못하지만 점차 이루어 나갈 계획에 있다. 도시에서 맛보지 못한 농촌이 허락하는 자연의 생명을 직접 보고 느끼고 체험할 수 있는 자연환경과의 만남은 토,일요일을 제외한 5일간 매일 1시간씩의 여러 형태의 노작활동을 통해 이루어진다. 그 중 하나로 학생들은 각 모듬별로 유기농법으로 밭을 경작한다. 학생들은 스스로 노동을 통해 땅의 소중함과 노동이 곧 생명과 직결됨을 깨닫도록 하고 있다. 늦봄학교 학생들은 스스로 나무를 심고 가꾼다. 그러나 중요한 것은 단지 나무를 심는데 그치는 것이 아니라, 매일 아침 자기 나무 앞에 가서 기도하며 자연의 영성을 길러나가기도 한다.

라. 산돌학교

- 대표 : 이은재 교장
- 주소 및 연락처 : 경기도 남양주시 수동면 운수리 357
  ☎ 031)511-3295, 3296
- 홈페이지 : http://www.sundol.or.kr
- 지나온 길과 활동사항 :

기독교대한감리회 교육국'과 '감리교신학대학교 기독교교육연구소'가 주관이 되어 오랜 준비과정을 거쳐 2004년 3월에 설립된 산돌학교는 기독교교단 산하로는 최초 설립된 감리교 산하 중.고교 6년 통합과정의 대안학교이다. 산돌학교가 개교하기까지의 준비과정들을 살펴보면 산돌학교가 어떻게 준비되고 설립되게 되었던 지를 엿볼 수 있다.

<표 Ⅲ- 7> 산돌학교 연혁

일 시	주요 내용
2002. 10. 17	- 학교설립을 위한 첫모임 - 현재의 조건과 향후 계획에 대해 논의 - 기독교대한감리회 교육국'과 '감리교신학대학교 기독교교육연구소'가 주관이 되어 준비위원회 단계를 꾸려가기로 함.
2002. 11. 7	- 인가(학교법인, 학교형태의 평생교육시설), 비인가 사례분석을 통한 학교형태 고찰 - 학교설립의 방향성과 내용을 위한 개방적 워크샵 계획
2002. 11. 28	- 대안교육 워크샵의 형식 주제 논의 - 워크샵을 학교설립을 위한 예비 세미나로 운영하기로 결정
2002. 12. 23	- 대안교육 예비 세미나의 구체적 일정, 주제, 홍보방법 등 논의 확정
2003. 1. 27	- 대안교육 예비 세미나 최종 점검
2003. 2~ 2003. 3	- 매주 목요일 저녁 7시, 감리교신학대학교 - 8주 동안 생명적 가치를 추구하는 대안학교 모형탐색 세미나 진행 (총 80여명이 세미나에 참석)

2003. 2~ 2003. 3	– 대안교육 대안학교의 이념과 방향, 생명 신학적 관점에서의 대안학교, 기독교 대안교육, 철학적 신학적 인간상, 교육과정, 교육적 경험의 이해와 실천, 학교모형의 현실화를 위한 방안 등에 대한 세미나를 통해 '기독교 신앙과 한국 사상'에 기반한 대안학교 설립에 대한 공감대 형성 – 발제자: 고병헌(성공회대), 이정배(감리교신학대), 송순재(감리교신학대), 김창수 (녹색대학), 윤상호(대전산성교회), 안성균(대광중), 이수광(송호대), 양은주(순천대), 강혜인(이우공동체), 이경재(실상사작은학교)
2003. 4. 10	– 세미나를 통해 학교설립 프로젝트에 참가할 사람(10여명)을 중심으로 한 1차 준비모임 – 예비 세미나 평가 및 향후 일정 논의 – 본격적인 프로젝트에 앞서 준비 모임을 꾸리기로 함
2003. 4. 24	– 2차 준비모임 – 향후 세미나 내용 및 일정 논의(기독교 신앙과 한국 사상에 대한 세미나 계획)
2003. 5. 7~ 5. 8	– 3차 준비모임, 입석 교육원 탐방 – 학교형태(인가, 비인가), 모집 대상, 학생모집 방법 등 토론 – 교사 세미나 일정 및 내용 논의
2003. 5. 13	– 학교설립 추진위원회 결성을 위한 준비모임 – 학교설립위원회의 얼개와 방향, 위원회의 구성과 역할 등을 논의
2003. 6. 26	– 학교설립위원회 발족식을 위한 2차 준비모임 – 학교설립위원 위촉 및 발족식 초청공문, 학교설립자료집 및 안내지 제작 등을 협의 – 발족식 순서 및 내용 점검
2003. 5. 15~	– 매주 월, 수, 금 교사 세미나 진행
현재	– 하늘과 사람은 하나다, 기독교적 삶의 형성을 위한 '통전성' 문제, 자연의 길을 따르는 생명교육, 퇴계의 '경'과 창조영성, 영성교육의 새로운 명제 등을 주제로 교육이념에 대한 논의와 공유, 교육과정의 구체화, 학교 틀거리짜기 작업을 진행 중.
2003. 7. 14	– 감리교대안학교설립위원회 발족식
2003. 9. 5	– 대교계 학교사업설명회
2003. 11월~12월	– 학교시설 보완 / 교구자재 반입 / 2차 학교설명회
2004. 1월	– 신입생 전형 및 예비학교
2004. 2월	– 신입생 적응교육 및 개교준비
2004. 3월	– 개교 및 입학식

산돌학교는 기독교 학교지만 신앙을 강요하거나 예배 참여를 종용하지는 않으며, 오히려 불교와 원불교(주변 오덕수련원)등 타종교와의 교류도 원활하다. 산돌학교도 여느 대안학교와 마찬가지로 정규교과 과정 외에 명상과 농사, 목공, 원예, 도예, 요리, 천연염색, 연극, 풍물, 애니메이션, 음악, 회화, 여행, NGO활동, 봉사활동, 국토순례, 국제이해, 통일교육, 민족무예 등 교실공간을 벗어나 전인교육이 가능한 체험위주의 교과목을 집중적으로 편성하고 있다.

산돌학교는 무엇보다도 '작은 구도자'로서의 인간을 양성하는데 교육의 근본이념을 갖고 있다. '작은 구도자'란 하나님의 우주 안에서 생명적 진리를 추구 하고 이를 발견하여 이웃과 더불어 몸소 실천할 수 있는 인간을 말한다. 다만 "작은"이란 말은 아직 어리기 때문이요, 자라나야 할 몫이 있기 때문이며, 이는 아이들뿐만 아니라 가르치는 교사도 마찬가지로 여긴다. 무엇보다도 '작은 구도자'란 '궁리(窮理)하는 사람'이며, '마음을 다하는 사람'이고, '생명을 살리는 사람'이며 '나누고 섬기는 사람'을 뜻한다. 다른 대안학교와 달리 교단 산하 대안학교의 특성을 현 공교육 체제 안에서는 종교와 영성 교육을 기대하기 어려운 현실에 직면해, 공교육의 지평을 넘어서 나타나는 초월의 영성을 모색하기 위한 기독교적 영성교육의 필요성에 있다고 본다. 산돌학교는 이를 '영혼의 교육학'이라 부른다. 산돌학교의 인간화 교육의 특성은 인간의 창조적 자유의 발현에 있으며, 이 자유는 결코 방만한 자유가 아니라 스스로 양심과 하나님, 이웃과 사회, 문화적 과제에 묶여 있는 책임적 자유를 말한다. 인간에 대한 산돌학교의 이해가 교육의 목표를 담고 잇는데, 이는 인간을 우주, 자연과 그가 속해 있는 사회 문화적 조건 안에서 다면적으로 이해하고 그 발달을 돕는데 있다. 이는 근대 교육이 어느 한 쪽을 강조하다 상실한 삶의 전체적 양상을 회복하자는 것이요, 성서가 말하는 참된 인간적 삶의 원형을 회복하자는 뜻으로 보는 것이다. 주입식 교육을 탈피하고 학생들 스스로 오랫동안 궁리(窮理)하여 도달하는 '깨달음'을 목표로 한다. 그것을 통해 학생들은 자기 내면세계를 하나님께 열도록 이끄는데 교육 목표가 있는 것이다. 특히 산돌학교는 한국인의 철학, 예술, 삶의 형식들에 녹아난 교육 문화적 전통들 중 의미 있는 것들을 되살리고 재해석하여 우리들 정서와 몸에 맞는 새롭고 창조적인 교육을 진행하고 있다. 경쟁과 지배, 착취와 종속의 교육을 거부하며, 생명을 살리고 더불어 사는 가치 속에 평화로운 세상을 만들려는 생태교육철학을 담고 있다.

♣생태적 요소들: 다른 생태적 대안학교들이 도시와 떨어져 자연 속에 위치한 것과는 달리 산돌학교는 주변 도시와 가깝게 자리하고 있지만 깊은 숲속에 자리한 감리교 교육원에 위치하고 있어 친환경적 자연조건을 갖추고 있다. 다른 학교들이 산과 논, 밭에 있다면, 산돌학교는 숲속의 작은 학교라고 말할 수 있다. 운동장 한 편에 서 있는 아름드리 나무만 보아도 오랜 숲의 나이를 보여주고 학생들은 자연의 위대한 생명의 품안에서 직적 보고 자라나는 것이다. 또한 학교 뒤편으로 나 있는 숲길은 학생들은 매일 아침 명사의 산책을 통해 '작은 구도자'로서 자연의 생태영성을 키워 나간다. 숲길산책 뿐 아니라, 주 1회 정기적 '몸, 마음 다루기' 프로그램은 정규학습 과정이다. 여기서 학생들은 요가를 중심으로 하는 명사의 시간을 갖고, 비록 기독교 학교이지만 타종교와의 교류, 특히 노작시간을 통해서는 주변의 원불교 소속 오덕 수련원에 가서 영성 수련 프로그램에 참여하기도 한다.

전원 기숙사 생활을 하는 학생들에게 먹거리는 100% 유기농 식단으로 꾸려지는데, 이는 감리교 농동생협 및 지역생협을 통해 제공

된다. 음식물 쓰레기는 거의 나오지 않으며, 남는 것은 이전에는 퇴비로 사용했으나 요즘은 양계장 사료로 이용하고 있다. 일반 쓰레기는 교육원과 함께 분리 처리한다. 학생들은 스스로 개인 텃밭을 일구고, 유기농 양계장을 운영하기도 한다. 산돌학교는 유기농 급식에 매우 신경을 쏟는데, "먹는 것이 각 사람의 영성을 좌우한다는 생태 영성철학"에 기반하고 있다고 이은재 교장은 말한다. 산돌학교의 특징적인 생태교육 프로그램 중 하나는 두 달에 한 번 3박4일간의 건강교실에 참여하는 것이다. 이는 설립 때부터 산돌학교의 교육방침에 많은 도움을 주었던 정농회 회장인 임낙경 목사가 이끄는 것으로, 주 내용은 환경 및 생태에 관련한 문제들 및 먹거리로 인한 각종 질병들과 이에 대처하는 음식처방 및 건강식에 관한 것들이다. 실제로 이 프로그램에는 산돌학교 학생들 뿐 아니라, 주위의 아토피 환자들과 가족들도 많이 참여한다.

   산돌학교는 한국의 고유한 민속절기에 맞춘 행사들이 여럿 있다. 단오절을 맞아 창포에 머리감기를 하는 식이다. 예부터 자연의 순환적 삶에 적응해 온 우리 고유의 문화와 전통에 서려있는 생태문화를 배우고 익혀나가게 하려는 주목적이 들어 있는 것이다. 주당 4시간씩 배정된 농사수업을 통해 현재는 논농사는 못하고 밭농사만 하고 있지만 학생들은 유기농의 중요성과 아울러 이론과 실습을 겸하고 있다.

   현재 산돌학교는 기존에 지어진 생태건축이 아닌 일반 건축물인 감리교 교육원 건물을 사용하고 있지만, 기숙사 별채에는 가공되지 않은 원목으로 만든 책상과 옷장을 제작해 사용 중이다. 낙후한 기숙사와 중,고 통합과정을 계획하고 있어 시설확충의 문제가 있고, 앞으로 전통 생태 건축으로 한옥을 건립할 예정이고 이는 현재 감리교단과 합의 중에 있다. 학생들은 주당 4시간씩 재량활동을 하는

데, 여기서는 '집짓기수업'을 통하여 목공기술을 익히기도 하면서 생태건축의 이론과 실제를 겸하고 있다. 그 외에도 천연염색을 배우기도 하고, 특히 지역 도예가가 교사로 참여하여 도예 수업도 진행 중이다. 앞으로는 교내에 가마를 지어 학생들 스스로 도자기를 구워낼 계획에 있다. 산돌학교는 학생들의 진로를 위해 직업 인턴제를 도입하여 도제수업과정 및 외국 생태대안학교와의 교류 및 교환 수업을 계획 중이다.

산돌학교는 한국의 전통 교육의 중요성을 일깨우고 온몸으로 체험하는 한국의 역사와 문화 배우기 및 체험학습이 다양하다. 이를 위해?역사 문화 유적지 답사, 국토 순례, 동양고전 읽기, 전래 놀이, 전통음악(풍물 민요 정악 등), 민족무예, 전통예절, 한글살이, 다도, 서예(전각) 등을 배운다. 배움은 교실 밖에서 노작 교육을 통해 일상적 노동 속에서 생명의 가치와 아름다움을 깨닫는다. 기독교적 영성의 모체를 둔 산돌학교는 하늘, 땅 그리고 사람이 서로 교감하는 전인적 교육을 지향해 나가고 있다. 공동체 생활을 통한 전인적 삶의 방식 체득하고, 정기적인 기도와 수행, 경건과 실천(회심.성화.완전)을 통해 하나님, 나, 이웃, 자연과의 깊은 대화와 성찰을 이행 중에 있다.

5. 개신교 생협활동 단체

가. 정농회(正農會)
- 회장 : 임낙경 목사
- 주소 및 연락처 : 서울시 강북구 미아2동 762-21 일심회관 3층 ☎ 02) 984-2145
- 홈페이지 : http://jeongnong.or.kr

• 지나온 길과 활동사항 :

정농회는 하나님의 사랑을 생명의 농사로 실천하는 농민들의 모임이다. 敬天愛人의 진리를 농업으로 구현하여 우리나라 전 농토가 화학적 오염으로부터 벗어나 자연환경 및 생태계의 질서를 보전하는 생명농업으로 조속히 전환할 것을 바라고 유기농업을 솔선 실천함으로써 전 국민의 건강증진과 건전한 생활(사회)풍토 조성에 기여하는 것을 목적으로 1976년에 창설되었다.[32] 정농회 창립20주년을 맞으며 고다니 선생의 제안으로 일본의 愛農會(고다니 선생을 중심으로 창설된 일본인 기독교 농민단체)와 두 나라 사이에 교류회를 갖기로 한 후 매년 양국을 오가며 한.일 평화 교류회를 개최해 오고 있다. 아울러 또한 부안지회와 한울생협, 장성지회와 한마음공동체, 팔당지회와 팔당생명살림연대, 홍성지회와 마을운동 그리고 풀무학교와의 연대 등 각 지회마다 지역공동체적 모습으로 함께 생명을 살리고 바른 먹거리와 유기농사를 나누는 정농(생명)운동이 퍼져 나가고 있다. 정농회는 현재 전국에 약 700여명의 회원이 활동하고 있으며 이들은 각 지역에서 유기농업운동의 중심적 역할을 감당하고 있으며, 여름 연수회와 연 1회 회보, 연 6회의 소식지, 바이오 다이나믹 농사력(생명역동농법)을 발행하고 하고 있다. 특히 1990년에는 경실련과 합작하여 경실련 정농생활협동조합을 결성하여 정농회원이 생산한 농산물의 유통을 경실련 정농생협이 맡게 되었다.

---

[32] 정농회는 다음과 같은 5가지의 강령을 두고 있다: 1. 우리는 농업이 인류생활의 근본임을 확신하고 하나님의 생육 번성케 하시는 일에 순응하기 위하여 바른농사에 정진한다. 2. 우리는 인생의 궁극적인 목적이 사랑의 실천에 있음을 확신하고 정농으로써 이웃 사랑하는 실 천을 철저히 한다. 3. 우리는 농사의 참 사명을 자각하고 정농정신으로 모든 노고를 기쁘게 받는다. 4. 우리는 농촌의 근본적인 개선이 청년들에 대한 정농교육에 있음을 확신하고 이를 위해 자신이 모범이 된다. 5. 리는 동지적 단결을 확고히 하여 사랑과 협동의 이상농촌 건설에 매진함으로써 인류사회의 초석이 된다.

<표 III- 8> 정농회 연혁

일 시	주 요 내 용
1976년	1976년 기독교 신앙인 30여명이 모여 유기농업을 실천하기로 결의하고 정농회를 창립. 오재길 선생을 초대회장으로 선출하고 이후 매년 1월에 정기연수회 및 총회를 개최하고, 매년 7~8월에 여름연수회를 개최하여 회원에 대한 정농교육을 전개. 매년 각 지회별로 회원들과 지역 농민들에 대한 유기농업 교육을 실시. 정농회보 발행(현재 23호까지 발행) 연6회 소식지 발행.
1986년	정농회 해남지회 창립.
1987년	정농회 회원의 농산물 판매를 위해 정농유통센타 설립.
1990년	경실련은 농산물의 판매와 유통을 책임지고, 정농회는 안전한 정농농산물을 생산하여 공급하기로 하여 경실련정농생활협동조합을 결성. 오영환 선생 제2대 정농회장 취임.
1991년	정농회 홍성지회 창립.
1994년	김준혁선생 제3대 정농회장 취임. 정농회 화천지회 창립.
1995년	정농회보선집(16권의정농회보에서 중요한 글을 모아엮은520면의 단행본) 발행. 바이오 다이나믹농법 도입. 바이오다이나믹 농사력1995년판 발행. 창립20주년기념식 거행. 일본 애농회 제안으로 매년 한.일교류회 갖기로 함1996년
1996년	김복관선생 제4대 정농회장 취임. 바이오다이나믹 농사력 1996년판 발행. 농림부 사단법인 등록. 일본 애농회 주최 한.일 교류회 참가. 제1차 아시아 청둥오리벼농사 농민농민교류회 참가. 전국귀농운동본부 창립에 참여하여 귀농자들에 대한 교육과 현장실습에 주력. 오재길 고문 전국귀농운동본부 공동대표로 추대됨.1997년
1997년	사단법인 정농회 출판사 등록. <<청둥오리와 함께짓는 벼농사>> 출간. 바이오다이나믹 농사력 1997년판 발행. 제2회 한.일 교류회 개최 (정농회 주최) 제2회 아시아 청둥오리벼농사 농민교류회 개최(충남 홍성)
1998년	정상묵회장 제5대 정농회장 취임. 정농회 부안, 장성, 팔당지회 창립. 바이오다이나믹 농사력 1998년판 발행.1999년

1999년	바이오다이나믹 농사력 1999년판 발행. 국제 바이오다이나믹농법 연수회 참가.(스위스) 제3차 아시아 청등오리벼농사 농민교류회 참가(베트남) 제3회 한.일 교류회 참가(일본 애농회 주최)
2000년	바이오다이나믹 농사력 발행. 제4회 한.일교류회 개최 (정농회주최)
2001년	바이오다이나믹 농사력 발행. 제5회 한.일교류회 참가(일본 애농회 주최) 정농회 보성지회 창립. <<자연과사람을 되살리는 길>>발행2002년
2002년	강대인 부회장 회장으로 취임 바이오다이나믹농업농사력 2002년판 발행 『자연과사람을 되살리는 길-루돌프슈타이너의 농업강좌/역자: 변종인』발행 제6회 한 · 일 교류회 개최(서울) 우리쌀 지키기 100인 100일 걷기 대회2003년
2003년	바이오다이나믹농업농사력 2003년판 발행 인증기관 등록을 위한 인증위원회 구성 제7회 한 · 일 교류회 참가(일본 애농회) 정농회 무안, 상주지회 창립 (주)정농과 분과위원회가 유통위원회 구성(6차유통위원회) 유통사업 준비를 위한 심포지엄 개최2004년
2004년	바이오다이나믹농업농사력 발행 8월 민간인증기관으로 지정, 인증업무 시작 인증지침서, 영농일지 발행 유통업무 추진을 위한 유통심포지엄 개최, 유통실무진 구성2005년
2005년	강대인 회장 경실련정농생협 대표로 취임, 박흥석 이사 (주)정농 대표로 취임 11월 예술자연재배(무투입자연재배) 연수회개최
2006년 1월	임락경 이사 회장으로 취임
11월 12일 ~14일	'생명과 평화' 한.일 평화 세미나를 개최(장소: 한국교회100주년 기념관, 강사: 김용복 박사), 일본 애농회원 초청, 부여 유적지 방문 및 홍성 환경농 업현장, 풀무학교 방문

나. 예장생활협동조합(예장생협)

- 주소 및 연락처 : 서울시 송파구 풍납동 338-16호
  ☎ 02)426-0193/1392

• 홈페이지 : http://www.yj-coop.or.kr
• 지나온 길과 활동사항 :

　예장생협은 농촌과 환경을 되살리고자 크리스천 생산자와 소비자가 손을 잡고 만든 생명 공동체임을 표방하고, 안전한 먹거리 제공과 친환경적 소비생활과 더불어 사는 공동체 성격을 지향한다. 농어촌 선교정책의 일환으로 1995년 설립되어 농촌과 도시교회의 신자들이 조합원으로 가입되어 농산물 직거래와 문화교류를 벌이는 매개가 되어왔다. 서로가 신뢰하는 경제를 만들어 나가는 것과 동시에, 생산자는 농약, 제초제, 착색제, 성장조절제, 호르몬제, 화학첨가물을 비롯한 자연과 몸에 해로운 화학물질에 의존하지 않는 생산을 하고, 소비자는 그것을 이용하면서 경건과 절제된 신앙생활을 함으로써 농촌과 환경을 되살리는 생명 공동체를 만드는 것을 목표로 삼고 있다. 이를 위해 유기농산물 생산 지원과 인터넷 등을 이용한 소비 촉진, 유통활동과 총회(예장통합) 농어촌부와 연계하여 도시 회원들의 생산자 방문 프로그램, 해외 생태공동체 및 생협 방문 등의 활동을 지속적으로 수행하고 있다. 예장 생협은 1996년 2월 창립되어 현재 생협 회원으로 가입한 교회와 회원들은 1000여명 가량이고 매장은 서울시 송파구 방이동에 위치하고 있다. 이곳과 연관되어 생산 활동을 하고있는 농촌 생산공동체들은 한마음공동체(1990년) 백운교회(남상도목사), 새누리공동체(1991년) 옥방교회(천정명목사), 한울타리공동체(1992년) 다대교회(김수영목사), 춘천 새땅공동체(1992년) 금산교회(한철인목사, 북한강유기농업 운동연합), 바른농사실천농민회(1993년) 임실제일교회(심상봉목사), 땅지기공동체(1994년) 산당교회(한종현목사), 귀래 생명농사공동체(1998년) 강원노회(한경호, 손주완목사) 등이 있다.

다. 기독교대한감리회 농도생활협동조합

- 대표: 차흥도 이사장
- 주소 및 연락처 : 서울 서대문구 북아현1동 950 아현 감리교회 사회교육관 1층, 농도생활협동조합
  ☎ 02) 393-8092
- 홈페이지: http://www.ndcoop.net
- 지나온 길과 활동사항:

농촌과 도시를 함께 살린다는 이름의 농도 생협은 감리교의 농촌 선교 차원에서 농촌 교회의 생산공동체들과 도시 교회의 소비자를 연결하여 건강한 먹거리들을 생산, 소비, 유통하고 환경상품을 보급함으로서 생명운동을 확산하는 일을 담당하고 있다. 1993년 농촌과 도시가 하나 되는 생명공동체운동을 하기 위한 '농도공동체 선교회'가 창립된 것이 그 발판이 되었다. 감리교농도공동체선교회는 하나님의 창조질서 회복을 위하여 생명연대운동을 확산시키고 농촌교회와 도시교회간의 더불어 사는 선교공동체를 형성하는데 그 목적을 두었다. 1996년 농어촌 목회자들의 모임인 농목이 농산물 매장인 '농목 텃밭'을 개장하게 되었고, 당시 아현교회의 지원으로 농촌선교목회자회 회원들의 헌신과 봉사로 농촌교회 유기농산물 직매장을 아현교회 사회봉사관 1층에 열게 되었다. 이후 농도공동체와 농목 텃밭이 통합되어 1998년에 농도 생협을 결성, 1999년에 발기인 총회를 가지고 법인화를 추진 중이다. 현재 조합원이 850여명 가량이고, 서울 북아현동 아현감리교회와 방배동 경신교회에 두 개의 매장을 운영하고 있으며, 음성 농민교회, 이천 성락교회, 강화 인사교회, 벌교 원동교회, 아산 송악교회, 홍천 우이교회 등 전국 50여 개의 생산 공동체와 연결하여 유기농산물을 조합원들에게 공급하고 있다. 또 2년마다 농촌의 삶과 생태적인 삶을 체험하도록 하

는 정주(定住)목회 훈련과, 감리교 귀농학교도 운영하고 있다. 뿐만 아니라 지역통화의 일종으로 감리교통화 '품앗이'를 시작하여 새로운 공동체운동도 실험 중에 있다.

<표 III-9> 농도생협 정책과 사업방향

♣ 농도생협 정책과 사업방향	
1. 사업배경	하나의 운동으로서 생협은 소비생활에서 자본에 의해 소외당하는 소비자들이 스스로 자주권을 되찾는 운동이며, 생산자들로 하여금 건전하고 안전한 재화를 생산할 수 있도록 유도하는 운동이다. 실상 대량생산, 대량소비, 대량폐기를 종용하는 현대 산업사회의 경제구조는 거대한 생산자본의 경제 운용에 소비자들을 종속시키는 논리를 가지고 있다. 이와 같은 경제논리는 유통구조와 분배구조를 왜곡하고 다생산 다폐기로 인한 자연 생태계의 파괴, 유해물질의 범람, 인간 건강의 위험을 심화시키고 있다. 이런 문제를 해결하고 소비자의 주권 회복과 자연환경 및 인간 자신의 건강을 생각하는 소비자의 자주적 조직체가 바로 생협인 것이다.
2. 사업목적	감리교농도생협은 생명연대운동을 확산시키고 건강한 먹을거리와 환경제품의 생산, 유통, 소비를 통해 농촌교회와 도시교회간의 더불어 사는 선교공동체를 형성하는데 그 목적이 있다.
3. 사업방향	1) 자주적 소비문화와 올바른 음식문화를 정착시킨다. 2) 지속가능하고 환경친화적인 유기농업을 확산시킨다. 3) 농촌과 도시가 나눔의 생활 공동체가 되도록 한다. 4) 사업의 잉여금의 일부를 생산공동체(농촌교회)에 지원하여 지속적인 생산 기반을 확충해 준다.

6. 개신교 사회(생명,평화)운동 단체

(1) 기독교사회선교연대회의(KCAO)

71년 전태일선생 분신사건에 대처하기 위해 '한국산업문제협의회'를 조직을 시작으로 80년대말까지 한국교회사회선교협의회(사선)로 활동하다가, 89년 이후에는 기독교사회운동연합(기사련)으로 기독교사회운동의 중심축을 감당하였다. 현재는 '기독교사회선교

연대회의'로 재조직되어 활동하고 있다. 회원단체로는 고난받는이들과함께하는모임, 기독교도시빈민선교협의회, 기독교환경운동연대, 기독여민회, 기장생명선교연대, 새시대목회자모임, 생명평화전북기독인연대, 영등포산업선교회, 예장일하는예수회, 한국기독청년학생연합회, 한국기독청년협의회, 한국기독학생회총연맹 등(총 12개 단체)이다.

(2) 기독교윤리실천운동(기윤실)

1987년 기독 교수들을 중심으로 시작된 이 단체는 기독교신앙을 바탕으로 교회를 바로 세우며 건강한 시민사회를 형성하는 것을 사명으로 여기고, 이의 구현을 위해 생활신앙운동과 건강교회운동, 사회정의운동, 문화소비자운동 등을 착실히 실천해오고 있다. 또 1994년 들어서는 기독교학문연구회와 함께 환경모임을 만들어 △기독교적 환경운동사상에 대한 연구(사상) △생활쓰레기 문제와 소비생활패턴에 관한 연구(가계부문) △환경과 조화된 지속가능한 개발에 대한 연구(기업부문) △환경을 건전하게 유지할수 있는 정부제도와 정책연구(정부부문)로 나눠 연구 활동을 전개하였고 교육 교재 편찬, 크리스천을 대상으로 한 교육강화 등의 방향으로 활동을 전개한 바 있다. 기윤실은 "성경의 원리를 실생활에 적용하며 교회를 바로 세우고 정의롭고 평화로운 사회를 만든다"를 사명으로 하고 있다. 활동 내용은 1. 생활신앙운동 : From Me! 캠페인 / 자기정직도 측정하기, 2. 사회정의운동 : 도박산업규제개선운동 / 배아복제 반대운동(생명윤리), 3.건강교회운동 : 가족자원봉사 운동 / 지역사회와 함께하는 교회상 시상, 4. 문화소비자운동 : TV & PC Turn Off 캠페인 / 청소년 유해환경감시운동 등이다.

(3) 기독청년의료인회(기청의)

　기청의는 '무료주말진료소' 활동을 하던 대학 내 기독학생회 조직을 근간으로, "6월 민주항쟁"의 열기를 이어받아, 1987년 10월 설립되었다. 현재 전국 9개 지역 이상에서 새로운 의료질서를 꿈꾸는 대안 의료공동체로서 지역 주민이 스스로 주체가 되어 건강을 관리하고 증진시키며, 서로를 위하여 나누고 섬기는 사랑의 생활협동조합이며, 산하에 '환경생명위원회'를 두고 있다. 1987년 시작된 이 단체는 기독학생회 소속 대학생시절 무료진료와 농활을 했던 지역에 병원을 세우고 주민들과 함께 하고 있다. 1988년 영리를 목적으로 하지 않는 순수한 목적으로 평화의원이 세워졌고 이는 새로운 의료 질서를 꿈꾸는 대안적 의료공동체인 의료생활협동조합으로 발전했다(안성의료생활협동조합, 안성의원). 현재 약 1백 명의 회원들이 성서연구위원회와 환경생명위원회, 지역의료위원회 등을 두고 활동하고 있다. 환경위에서는 창조질서 보전을 위해 세미나는 물론 다이옥신 피해의 현황에 관한 국제 워크숍을 여는 등 환경문제에도 끊임없는 관심을 가졌다. 또한 1990년대 초 한국 고엽제 피해자들의 의료 자문을 하면서부터 베트남 고엽제 피해지역을 직접 방문하고 진료하는 등 고엽제 문제에 깊이 관여해왔다. 지금은 고엽제 문제를 전문적으로 다루는 전문인과 자료가 턱없이 부족하다는 사실을 알고 나서, 미국의 논문을 번역 소개하는 등 고엽제 자료를 발굴하고, 전문적으로 조사한 것을 담은 다이옥신 홈페이지(dioxin.eacenet.or.kr)를 녹색소비자연대와 함께 운영하고 있다.

(4) 대화문화아카데미 (구 크리스챤아카데미)

　이 곳에서의 환경과 관련된 프로그램은 1971년 '환경오염과 인간파괴'를 주제로 대화모임을 개최한 데서 출발한다. 이 모임에서 근대화로 인한 환경오염이 인간파괴로 이어지는 문제에 대해 사회적으로 제기하는 모임을 가진 이후, 1970년대 양극화 극복을 위한 인간화를 기치로 삼고 있던 아카데미에서는 환경문제를 집중적으로 다루지는 않고, 1973년 6월 지역개발과 환경정화를 주제로 제주도 개발의 문제점과 환경파괴를 다루는 대화모임을 갖는 등 간헐적으로 모임을 갖고 근대화에 따르는 환경파괴의 문제를 대사회적으로 제기하였다. 그 후 환경문제가 사회적으로 고개를 들기 시작한 1980년대 후반부터 아카데미에서는 환경운동이 부문운동이 아니라 사회 전체의 방향 전환과 관련된 중요한 핵심과제라는 사실에 초점을 두고 본격적인 전문가, 현장 활동가들과 대화를 통해 환경운동의 사회적 확산, 외국의 환경운동과의 대화, 새로운 사회적 방향 모색 등을 시도해왔다. 또 90년대 중반부터는 현대 사회를 움직이는 중심에 있는 물질가치, 화폐가치를 생명가치로 전환해야 한다는 문제의식을 바탕으로 "생명가치 중심의 공동체문화 형성"을 기치로 내걸고 환경운동, 생명운동을 새로운 차원에서 제기해 나가기 시작한다. 특히 이에 대한 연구를 전담할 '바람과 물 연구소'를 1995년 개원하여 본격적인 연구 활동에 들어가 생명가치를 중심으로 한 과학, 윤리의 모색, 환경정책 등을 모색해 왔다.

2000년대 접어들면서 아카데미는 생명 중심 패러다임을 한국화하고, 이를 기반으로 하는 대안사회 시스템을 연구하면서 이를 사회적으로 제기하는 대화모임, 이 대안사회 시스템을 만들어나갈 주체 형성의 교육 프로그램, 출판·홍보에 역점을 두고 있다. 이 가운데에서 교파를 초월한 소장 목회자들과 공동세미나 형식으로 진행하고 있는 생명목회 콜로키움은 생명가치 중심의 한국 교회의 갱신과 새로운 신학적 기초를 형성하려는 모색이었다. 1998년부터 시작된 이 프로그램은 현재 3차까지 진행되었다. 이밖에도 한국 신학의 새로운 모색을 통한 생명신학의 정립, 영성훈련 프로그램, 종교청년대화캠프, 젊은 종교인 대화모임 등을 통해 생명가치에 근거한 새로운 교회와 인간을 찾아가는 다양한 프로그램이 모색되고 있다.

(5) 기독교청년회 (YMCA)

1970년대에 들어서면서 한국사회의 급격한 산업화로 인해 발생한 개발의 불균형과 사회 문제들에 대한 사회적 역할과 운동과제를 모색하였고, 1980년대 후반부터 전개한 향락문화추방운동(1989), 환경보전 시민운동(1990), 바른 선거문화형성을 위한 시민운동(1992), 부정부패추방시민운동(1993), 한강물 되살리기 시민운동(1993) 등의 활동을 통해 다른 환경, 시민운동단체들과 더불어 한국의 시민사회와 환경, 시민운동의 지평을 넓히는 초석의 역할을 해왔다. YMCA의 구체적인 환경관련 활동들은 다음과 같다.

- 1990년, 환경보전 시민운동 결의대회 및 활동 전개
- 1991년, 생활협동운동 전개(지역별 YMCA)
- 1992년, 자원재활용 시민연대회의 구성 활동시작
- 1993년, 한강물 되살리기 시민운동 전개
- 1994년, 시민환경 감사운동 전개, 녹색청소년단 조직 및 활동 전개
- 1996년, 녹색 청소년단 도시생태환경 탐사 활동 전개
- 1997년, 녹색소비문화 정착을 위한 녹색가게운동 실시,
  청소년 푸른문화가꾸기 운동 출범

특히 이 가운데에서도 YMCA의 녹색가게 운동과 청소년 환경교육운동이 대표적인 환경관련 활동이다. 현재 녹색가게는 전국적으로 64개, 서울 지역에만 21개가 운영 중인데, 이를 통해 자원절약, 쓰레기감량, 자원 재사용·재활용, 지속가능한 소비실천이 이루어지고 있다. 이밖에도 전국에 있는 지역 YMCA 들의 소하천 살리기 및 쾌적한 골목길 가꾸기 운동 등 시민환경문제들의 개선 운동들이

다양하게 전개되고 있다.

(6) YWCA

젊은 여성들이 하나님을 창조와 역사의 주로 믿으며 인류는 하나님 안에서 한 형제자매임을 인정하고 예수 그리스도의 가르치심을 자기 삶에 실천함으로써 정의, 평화, 창조질서의 보전이 이루어지는 세상을 건설함을 목적으로 하고 있다. 주요활동으로는 건강한 생활공동체 만들기, 50/50 세상 이루기, 생활협동 운동, 도·농 문화 교류, 사랑의 먹거리 나누기, 아나바다 운동, 도·농 직거래 운동, 노인 소비자 주권 운동, 여성 일자리 창출, 환경지도자 교육 및 환경교재 발간, 청소년 지도력 훈련 등 대표적인 활동으로 음식물쓰레기 줄이기 운동과, 아나바다 운동, 녹색 소비자 운동, 청소년 환경 지킴이단 활동 등을 들 수 있다. 1997년부터 시작된 음식물 쓰레기 줄이기 운동은 캠페인과 아울러 환경사랑 음식점을 선정해왔다. 아나바다 운동은 전국 55개 지역에서 운영되고있는 아나바다 알뜰 장터를 통해 자원을 재사용·재활용하는 활동인데 현재는 온라인 아나바다 장터가 개설되어 운영되고 있다. 청소년 환경 지킴이단은 어린이 환경교육과 생태체험, 교내 환경운동을 통해 청소년들의 환경의식을 고취시키고 있으며, 녹색 소비자 운동을 통해 환경에 대한 소비자교육과 환경상품을 소개하고 에너지 절약 지역사회 운동과 자전거 타기 운동, 유전자조작식품 반대 캠페인 등을 해나가고 있다.

(7) 생명평화기독연대

생명과 평화를 이루는 영성운동, 목회자와 평신도가 함께하는 공동체운동, 평화통일, 환경, 사회복지에 대한 실천운동을 목적으로 하는 단체로, 월례강좌 매월 4번째 목요일에 생명평화포럼을 개최하고 있다. 실천활동으로 반전평화통일, 환경실천, 사회복지, 교회개혁등을 두고 있다. 그 외 연대활동으로 기독교 사회운동 단체들과 연대활동을 전개해 오고 있다: 민주개혁을 위한 인천시민연대, 환경운동 및 평화통일 운동 단체와의 연대활동, 종교간의 대화 및 연대활동

(8) 성경적토지정의를위한모임(성토모)

성토모는 성경적인 토지정의, 곧 토지가치 공유를 토지사유제 사회에서는 지대조세제로, 토지공유제사회에서는 토지공공임대제로 구현하기 위해 설립된 단체이다. 강원도 태백 예수원을 설립한 고 (故) 대천덕 신부가 헨리 조지의 지대공유론을 열정적으로 강조해 온 것이 열매를 맺어 1984년에 평신도들이 연합하여 "한국헨리조지협회"를 결성하였다. 1996년에 "성경적토지정의를위한모임"으로 개칭한 본 모임은 성경적 토지정의의 실현을 위해 연구, 교육, 홍보 및 출판사역을 감당하고 있다. 최근에는 토지정의에 공감하는 17개 단체와 연대하여 "토지정의시민연대"를 구성하여, 간사단체로 섬기고 있다.

(9) 생명평화연대

하나님나라는 '생명의 온전함을 회복하는 사건'과 '생명상호간의 평화를 이루는 사건'을 통해 생성된다는 믿음으로 결성된 연합체이다. 다양한 단체들과의 연대와 협력을 통해 역사적 과제를 실천적으로 배우며 구현해 가고 있다. 청년학생 뿐 아니라 지역, 분야별 모임을 다양하게 생성하고, '생활현장'에서 은사와 소명에 따라 자율적이고 유기적으로 실천하는 생활 활동가들의 연대체이다. 주요 활동은, 기독청년학생 지도력 양성 및 지원 활동(기독청년아카데미,

성서한국), 통일,환경,친일청산,언론개혁,학벌반대,토지정의 등 다양한 사회개혁운동과 연대 및 대안적 생활공동체 운동(마을생활공동체, 저소득 어린이 '사랑의 책 배달부', 독거노인 진료, 기타 지역 현안 운동), 교육문화운동(마을공동체를 토대로 공교육과 대안교육을 통합한 교육문화운동(아름다운 마을학교-임신출산육아교실/공동육아/주말/계절학교/지역주민 마을배움터 등)등을 진행하고 있다.

(10) 영등포산업선교회

 1958년 설립되었으며 예장(통합) 총회의 영등포노회가 운영하는 기관이다. 본 선교회는 노동현장의 복음과 정의와 평화를 위한 선교적 목적으로 설립되었다. 노동현장에서 하나님의 정의와 평화를 일구어내는 것이 노동선교의 정신이며 수난의 시대에 우리가 가야할 길이라는 확신으로 활동하여 왔습니다. 지난 58년부터 현장의 노동자들과 함께 두 세대를 이어가고 있는 본 선교회가 하나님의 역사 안에서 거듭나는 모습으로 21세기에도 노동사회의 노동자와 민중들의 고난에 동참하는 지향점을 갖고 있다. 주요활동으로는 1. 조직교육부 : 노동상담과 교육활동, 장기파업현장지원활동 / 노동사회의 생명평화교육 프로그램 상시 운영, 2. 협동운동사업부 : 신용협동운동(경제공동체운동) / 다람쥐회, 대안적 건강을 지향하는 의료협동운동/서울의료생활협동조합, 대안교육을 지향하는 문화협동운동 / 밝은공동체, 건강한 먹거리 협동운동/서로살림협동조합, 3. 노동복지부 : 노숙인24시간 개방 이용시설(상담보호센타) / 햇살보금자리, 4. 국제연대부 : 세계교회 에큐메니칼 운동 참여, 아시아교회지도자 훈련과 교류, 국제노동연대, 5. 아시아도시농어촌디아코니아훈련원 : 아시아도시농어촌선교 실무자 훈련 , 아시아도시농어촌선교 현장

네트워크 활동 등이 있다.

(11) 일하는 예수회

예장(통합) 소속으로 민중 목회와 선교 일꾼들이 함께 고민을 나누고 새로운 시대 민중선교의 소명을 공동으로 모색하며 연대를 이루어가는 교회와 선교현장 연합체이다. 2004년의 20주년 행사를 깃 점으로 양극화가 심화되어가는 21세기의 민중 선교와 목회를 정립하고 민중선교의 현장에서 선교적 실천을 위한 대안을 모색해 나가는 것을 주요한 목적으로 삼고 있다. 주요활동은 노동상담소, 지역아동센타, 노숙인선교, 노인선교, 장애인선교, 이주노동자선교, 생태문화선교, 청소년쉼터, 국제연대활동, 상담교육활동, 생명목회, 민중목회 등이다.

(12) 정의평화를위한기독인연대(기독인연대)

갈릴리 민중과 함께 하시다가 십자가에서 처형당하신 예수의 삶을 살고자 하는 기독인들이 연대하여 사회변혁과 교회갱신을 위해 일하고, 실천적인 참여를 통해 정의롭고 평화로운 사회를 만들어 가며, 하나님의 창조 질서를 보전하여 더불어 함께 사는 하나님 나라를 이 땅에 실현하는데 그 목적을 두고 창립. 특별히, 이러한 목적에 찬동하여 가입하는 평신도 회원들로 구성되어 있다. 주요사업은 회원들의 자기 발전과 신앙 성숙을 위한 평신도 아카데미 등 각종교육 / 한국교회 갱신을 위한 지속적이고 다양한 실천 / 가난과 소외로 고통 받는 사회적 약자에 대한 연대와 지원 / 정의와 평화를 위한 사회변혁과 창조질서의 보전을 위한 활동 / 민족과 평화와 통일을 위한 활동 / 종교 NGO 네트워크를 통한 종교간의 화해와 일치 / 인류사회의 평화와 발전을 위한 국제교류 및 연대 사업 등이다.

(13) 청년평화센터 푸름

　신앙인으로서 '인간과 사회가 하나님의 창조와 평화의 섭리 안에서 하나님의 형상대로 지음 받은 본연의 모습을 회복하고 이 땅을 하나님의 공의가 펼쳐질 수 있는 선한 장(場)으로 형성해가고자 평화의 문화를 확산하고 평화의 일꾼(Peace Builder)을 양육하는 것을 비전으로 청년활동가들이 중심이 된 평화단체이다. 1. 평화에 대한 푸름의 비전은 에큐메니칼 정신에 따라, 인간과 사회, 그리고 자연이 하나님의 선한 형상과 섭리를 회복하는 소망을 갖고 노력하는 것이 신앙인의 소명임을 고백하고, 복잡한 갈등과 분쟁, 불의가 넘쳐나는 이 시대에 에큐메니칼 정신의 실현은 '하나님의 자녀로서 평화를 만드는 것'이며, 사람과 관계, 사회와 자연에 파괴된 평화의 원형인 '샬롬'의 섭리를 회복하는 것이다. 2. 비전의 실천적 좌표들로는 생명 회복(하나님으로부터 부여받은 모든 생명의 존엄성과 최소한의 삶의 보장), 원형(하나님의형상) 회복(하나님의 형상대로 지음 받은 인간본연의 성질을 회복), 관계 회복('하나님 - 인간 - 자연'간의 평화로운 관계 회복), 질서 회복(평화적인 삶·관계의 원리와 양식, 문화의 회복), 세상 회복(하나님나라의 실현-하나님의 공의가 펼쳐지는 사회구현)을 삼고 있다.

(14) 한국기독교장로회 생명선교연대(생선연)

　1986년 교회개혁과 사회변혁운동의 교회적 사명을 갖고 '한국민중선교협의회'로 출발. '기장 민중교회운동협의회'와 '기장민중교회연합'을 걸쳐 1997년 '기장 생명선교연대'로 명칭 변경. 1970년대 초반부터 형성되어지기 시작한 한국기독교장로회 교단내의 인권교회, 민중교회의 흐름을 역사로 받아들이고 있다. 가난한 이들, 소외받는 이들과 함께 하는 교회 공동체 지향, 이 땅에 정의와 평화가 제대로 실현되는 하나님 나라 건설 위한 다양한 활동을 전개 중이며, 정의 평화 해방의 영성공동체를 위한 활동 / 청소년 쉼터, 그룹홈 및 대안학교 운영, 외국인이주노동자 지원 및 대책마련 / 밥상공동체 운동 및 먹거리 나눔 운동, 저소득층 자녀 위한 공부방 및 지역아동센터 / 노숙자·실직자 자활 및 재활 지원과 쉼터 / 교단 및 교회 개혁운동 / 장애우 지원, 재활교육 활동 및 장애공동체 / 사회변혁을 위한 활동 등을 하고 있다.

(15) 한국기독청년협의회(EYCK : Ecumenical Youth Council in Korea)

본회는 1976년 군사독재의 엄혹한 시절에 민주화, 인권 운동, 민중의 고난에 동참했던 각 교단의 기독청년들이 모여 조직하였다. 2003년부터는 '생명·평화를 짓는 그리스도의 일꾼' 이라는 주제로 정의. 평화, 창조질서의 보전을 성취하기 위한 사업들이 진행되고 있다. 기독청년평화학교 '다평화'와 기독청년생명학교 '더하나'를 통해 생명과 평화의 감수성을 훈련하고, 구체적 일상에서 실현해 나가는 노력을 다하고 있으며, 아시아 민중을 지원하고 지속적인 연대를 위해 청년선교사를 파송하려고 합니다. 국제연대는 CCA를 비롯해 아시아태평양 기독청년학생네트웍(Easy-net)과 일본 기독청년과의 교류에도 주도적으로 참여하고 있다. 특히, 올해는 기독청년운동이 EYC 이름으로 활동해 온 지 30년을 맞는 해이다. 최근 들어 신자유주의 지구화, 정보화로 정리되는 세계적 변화와 한국사회의 급격한 변화는 기독청년운동에도 새로운 변화가 필요함을 말하고 있다. 이에 기독청년운동의 자랑스러운 전통을 계승하고 변화의 흐름을 분석함으로써 한국사회와 한국교회, 그리고 기독청년들에게 새로운 희망을 보여주기 위한 30주년 기념사업을 진행하고 있다. 기독청년운동의 진단과 새로운 비젼을 탐색하는 '기독청년 비젼포럼'과 활동가훈련프로그램인 '기독청년학생 희망만들기'를 핵심 사업으로 진행하고 있다.

(16) 한국여신학자협의회(여신협)

여성신학의 정립과 확산을 통하여 여성의 존엄성 회복, 사회와 교회의 민주화, 이 땅의 정의, 평화, 환경보전에 이바지함을 목적으로 1980년 4월 20일 창립하였다. 주요 사업으로는 다음과 같다: 한국여성신학정립협의회 개최; 여성주의적 신학연구와 실천; 여성주의적 목회연구와 실천; 계간지「한국여성신학」출판; 여성신학 자료센터 운영; 여성신학 교육과 확산 활동; 교회여성 지도력 개발과 육성을 위한 이동교육; 여성신학 통신교육; 여성신학 심포지엄; 여성신학동아리연합회 육성과 지원; 여성목회자와 신학생 지원; 교회의 민주화와 여남평등공동체 운동; 교회와 사회의 성차별적 법과 제도, 관행에 대한 개혁운동; 여성들의 권익상과 복지증진-여성안수 대책 활동 등; 여성목회 지원 활동; 평등한 여남공동체 실현을 위한활동; 성차별적 미디어 비평과 대안제시 활동; 여성주의 예배 연구와 개발; 평화와 통일을 한 연대활동; 한국여성단체연합 통일평화위원회; 전쟁반대여성평화행동; 전쟁반대교회여성연대; 여성문제와 평화 통일 실현을 위한 국내외 단체들과 연대

(17) 기독여민회

민중과 더불어 살기를 원하는 기독여성들이 연합하여 여성을 비롯한 소외받은 자들의 해방과 대안적 기독문화 창출을 위해 일하고 있다. 1987년에는 공단지역에 설치한 탁아방과 상담실을 운영하기 위해 새터교회를 설립하였으며, 이후로 여성성서교실, 어머니교실, 새날을 여는 여성 노동자들의 예배 등의 프로그램을 실시하였다. 또

1998년부터는 재활용품의 사용함으로 환경을 살리고자 새터 어린이집에서 토요장터를 열고 있으며, 저소득층 여성을 대상으로 '엄마와 아이들이 함께 하는 생명존중 테마기행' 과 자연 속에서 나 발견하기 등 자기성찰 프로그램도 매년 한 번씩 진행하고 있다.

(18) 기독교사회문제연구원

1979년에 창립되어 1980년대 초까지는 해직교수들을 중심으로 구성된 프로젝트위원회와 조사연구위원회 등을 중심으로 기독교의 사회운동과 인권운동을 이론적으로 뒷받침, 한국 사회의 신학, 농촌, 노동, 공해문제 등 사회 전반에 걸쳐 연구했다. 80년대 중반 이후부터는 에큐메니칼 진영의 연구자문기관으로 위치를 확고히 하는 한편 사회운동에 사회과학적 분석을 도입함으로써 연구와 실천을 병행, 노동 상담과 정책건의를 수행해 민중 생존권 지원과 민주화를 위한 운동 등을 실천했다. 이후 1990년대 들어서는 서울에서 열린 JPIC세계대회를 계기로 정의와 평화 인권 환경문제 등에 보다 깊은 관심을 기울였다.

(19) 한국생명학연구원

2000년 들어 개신교계 여러 연구소들이 합심해 기독교 사상을 바탕으로 생명을 살리는 대안을 제시하고자 시도하고 있다. 한국생명학대학원대학교를 설립해 생명을 살리는 새 문명을 이끌 인재를 양성하고, 생명주식 참여 운동을 통해 거대 자본으로부터 벗어난 새로운 금융기관 설립에도 나설 계획도 세워놓고 있다. 한국생명학연구원은 생명의 종교이며 생명의 복음을 선포하는 기독교 신앙정신을 토대로 하여 생명학 및 관련 분야에 대한 연구 및 교육활동 및 이론과 실천의 결합을 통해 새 시대에 필요한 이론적 능력과 실천적

응용능력을 향상시키고 창의력을 계발하며 민족과 인류사회의 발전에 필요한 지도력을 함양하는 것을 목표로 하고 있다. 한국생명학연구원이 밝히고 있는 설립취지의 배경을 살펴보면 다음과 같다: 1. 지구화의 과정은 세계시장화, 지정학적 헤게모니, 빈부격차의 심화, 기아의 팽배와 질병의 기승, 정치적 무력감과 압박, 사회적 불안과 부정의, 문화적 퇴폐와 사막화, 종교적 분쟁, 생태계의 파괴 등 무수한 생명파괴의 요인들을 내포하고 있다. 2. 이에 대응하여 생명파괴 세력을 극복하고, 모든 생명을 존중하고 보전하는 새로운 문명창조의 역사적 계기가 마련되어 한다. 3. 이를 위해서는 현대학문(과학)체계가 가지고 있는 축소주의적이며 파편주의적인 접근을 극복하고, 모든 민족들과 우주적 생명의 충만함(Fullness of Life)을 위한 대안적 학문연구와 교육훈련이 필요하다. 4. 생명과 생명운동을 연구하고 전문적인 훈련을 하기 위한 대안 대학원을 설립하여 새로운 학문적 기틀을 마련하기 위해 지난 2002년 4월 교육인적자원부로부터 학교법인 목민학원 설립인가를 받고 현재 '아태생명학대학원대학교'를 개교하기 위해 준비 중에 있다. 주요추진사업으로는, 1. 연구사업: 월례 대안정책연구모임, 국제 심포지움, 2. 교육 및 훈련사업 : 생명운동 아카데미, 생명 학교, 3. 생명운동사업 : 캠페인 운동, 생활환경운동 4. 국내외 교류사업, 5. 출판사업: 도서출판 목민 등이다.

IV. 한국 개신교 환경 및 생태 운동의 분석과 전망

1. 환경 및 생태 운동의 인식과 성격

한국 개신교 교회의 환경 및 생태 운동 단체들의 현황에 대한 기초 자료적 성격을 띠는 본 조사에서 나타난 가장 큰 특징은 이미 서론에서 그 문제점과 본 연구의 한계에서 밝혔듯이, 환경, 생태 운동은 서로 대조되거나 상반적 개념으로 분리, 독립되어 나타나지 않는다는 점이다. 이는 환경운동단체들이 새로운 대안적 공동체 성격을 띠는 생태공동체 건설에 전념하려는 것도 아니며, 또한 개신교 사회운동단체들에서 보이는 생명, 평화 운동이 정치, 사회, 경제 제반에 걸친 기독교 복음의 정의 실현에 그 의미를 두는 만큼 환경문제 및 생태적 삶의 구현의 구체적 활동에는 미비한 실정이라는 점이다. 나아가 국내 개신교 사회운동단체들에게서 보이는 환경 및 생태, 생명 운동에서도 다양한 인식들을 가지고 있다는 점이다. 이는 일반적으로 개발과 발전이라는 산업화 사회에서 환경, 생태, 또는 창조 보전에 대한 여러 인식의 차이들에서 출발하는 것으로 보인다. 환경운동의 수준과 의미는 환경보전과 경제성장이라는 두 개의 가치 사이의 관계를 통해 대체로 다음 네 가지로 구분해서 볼 수 있다. 첫째로 지속적인 성장 속의 환경보전운동이 있다. 이러한 입장에서는 사람들은 환경문제를 기존의 사회, 정치, 경제, 체제 안에서 해결될 수 있는 문제로 파악한다. 따라서 인간의 물질적 욕구를 충족시키기 위한 경제성장이라는 가치가 훼손되지 않는 범위 내 에서 환경보전을 옹호하는 입장이다. 즉 현재의 환경문제를 근본적인 위기상황으로 인식하지 않으며 체제 내의 제도 개선과 효율적인 환경관리를 통해 극복할 수 있다고 생각한다. 이들은 환경기술의 발전을 매우 중시하는 기술 지향적 환경문제 해결방식과 높은 친화성을 보인다. 이러한 견해는 대체로 친기업가적 환경운동론 이라고 할 수 있으며 현재 대부분의 개발도상국이 경제성장이라는 가치를 추구한다고 할 때 그들이 채택하는 입장이라고 할 수 있다. 둘째로 개발과 환경의 조화를 위한 환경운동이 있다. 최근 들어 '환경적으로 건전하고 지속가능한 성장'이라는 개념이 널리 이야기되고 있는데, 이 입장은 경제개발과 환경보전이라는 두 개의 가치를 동시에 추구하는 것이라고 할 수 있다. 환경이 지금과 같은 상태로 계속 파괴된다면 결코 지속적인 성장도 불가능할 것이라는 인식이 배태되어 있다. 이 입장은 개발과 환경이라는 두 개의 가치가 서로 배타적이고 상호모순 적이기보다는 서로 조화를 이룰 수 있는 가치로 파악하고 있다. 셋째로 개발보다 환경을 우선시 하는 환경운동이 있다. 이 입장을 크게 생태주의적 입장이라고 부를 수 있다. 이러한 입장은 인간과 자연과의 관계를 도구적 관계로 파악하기 보다는 자연을 하나의 전일적인 생명으로 파악한다. 따라서 무분별한 개발이 낳는 환경 위기가 종국에는 인간의 통제범위를 벗어나게 외면 자연의 일부인 인간 스스로도 생존할 수 없는 상태가 도래할 수 있다고 본다. 따라서 이들은 반생태적 자연관을 넘어서는 새로운 세계관을 지향하는 정신문화운동적인 향상을 보인다. 즉 더 이상 규모의 경제에 얽매이는 것이 아니라 지방주의, 그리고 나아가서 공동체주의를 실현해야 한다는 것이다.

한편 좌파 환경주의는 환경위기의 원인이 사회적 불평등을 낳는 자본주의, 제국주의, 국가주의와 같은 사회구조라고 본다. 산업화, 도시화, 풍요와 같은 요소들도 거론될 수 있지만 이러한 요인들은 사회구조적인 문제들로부터 직접 도출되는 것으로 파악된다. 좌파 환경주의는 사회적 불평등의 문제를 환경위기의 차별적 피해와 직접 연결시켜 파악한다. 즉 환경오염 피해의 계급 간, 국가 간 차별성의 명제를 보다 강조한다. 환경위기의 원인을 위와 같이 파악하기 때문에 좌파 환경주의는 사회구조적인 문제의 해결을 통해서만 환경위기의 극복이 가능하다고 본다. 즉 자본주의의 변형, 제국주의의 극복, 국가주의의 억압에 대한 저항 등을 통해서 환경위기는 극복할 수 있다는 것이다. 이러한 관점 위에서 좌파 환경주의는 환경문제에서도 억압받고 피해를 받는 피지배계급, 혹은 민중의 생존권 확보를 위한 지원을 중요한 실천 활동으로 부각시킨다. 한국 개신교의 여러 사회단체들이 환경 문제에 대해 접근하는 방식들이 위에서 열거한 인식들의 차이에서 기인한다고 보인다.

2. 환경, 생태 운동의 유형 및 평가

환경문제가 사회적으로 이슈화되면서 80년대 이후 개신교 환경운동은 일반 시민단체들과 함께 그 보조를 맞추는 성격이 짙었다고 볼 수 있다. 기독인들의 시민단체 참여 폭은 점점 더 증가하는 추세이다.

환경운동에 대한 개신교 단체들 및 개교회의 입장은 전반적으로 보아 크게 그 운동 주체에 따라 개교회 지역의 피해자운동단체와 일반 시민운동단체로 나누어볼 수 있다. 이는 피해자운동단체가 집단이주 요구, 혐오시설 반대, 피해보상 요구, 공장입주 반대, 소각장 주변 주민의 쓰레기 줄이기 등의 운동을 전개하는 일에 치중한다면, 일반 기독교 사회 운동단체의 환경운동은 입법요구, 정치적 압력, 불매, 오염감시 활동, 생활환경운동, 유기농 직거래, 생명문화운동 등에 더 치중한다고 볼 수 있다. 환경운동에 대한 이러한 구분은 그 단체가 어떤 성격을 갖고 있느냐에 따라 환경운동단체의 주체, 이념, 조직적 특성, 행동수단, 연결망 등이 달라진다고 여겨진다. 환경운동단체는 그 유형에 따라 상이한 조직적 특성을 보여주고 있다. 지역환경운동이 그 사안의 성격상 높은 조직적 결속력을 보여주고 있다면, 시민환경운동단체는 전자와 비교해 비교적 낮은 결속력으로 특징지어진다. 경제적 관심, 또는 경제적 관심과 생태적 관심이 결합되어 있는 반핵운동의 조직이 높은 참여와 결속력을 보여주고 있는 반면에, 생태적 관심이 강조되는 생활환경의 조직은 상대적으로 낮은 참여와 결속력을 보여주고 있다는 점이다. 이는 환경과 생태에 대한 인식의 차이에서 기인한다고 보인다. 개신교 교회들의 지역환경운동의 동기들을 보면 대부분 지역사회에 기반을 둔 개신교 교회들이 지역의 환경오염 등의 문제를 해결하는 차원에서 일어난 것이다. 이는 지역교회들의 연합운동이라는 장에서 열거된 환경이슈에 따른 운동들이 그 예이다. 사실 개신교 환경운동이 이러한 대응적 동기에서 시작된 것은 분명하다. 80년대에 들어서면서, 생겨나기 시작한 공업화와 자본주의의 여러 병폐들을 고쳐나가는 것이 지금 이 시대 모든 사람들의 공통적인 과제이고, 그래서 여기저기에서 환경운동이 일어나고, 그러한 가운데 개신교 환경운동도 생겨나게 된 것이다. 대응적인 동기에 있어서 중요한 일이 있다면, 그것은 다른 종교나 환경운동단체들과 연대하는 양상으로 나타난 것이다. 물론 개신교 환경운동이 보다 더 적극성을 가질 수 있었던 중요한 이유는 신앙적 동기로써 그리스도인이 마땅히 살아야 할 삶의 모습이라는 차원에서 일어나는 환경친화적인 삶이라고 할 수 있다. 일반 시민 단체들과 함께 보조를 맞춰온 개신교 환경운동의 유형들은 크게 1) 환경 피해지역 주민운동, 2) 일상생활 속에서의 환경운동, 3) 전문 환경운동 단체의 환경운동과 연합체 성격, 4) 기존 시민운동 및 사회단체의 환경운동의 관심 고조, 5) 환경 및 창조보전의 신학적 연구 및 생태 신학 연구의 활성화 등의 활동 등으로 분류될 수 있다.

이미 1970년대부터 기독교정신에 기초해서 다양한 사회 운동을 전개해오던 크리스챤 아카데미나 YMCA가 근대화에 따르는 환경 파괴의 문제를 제기하였고, 환경문제가 사회적으로 고개를 들기 시작한 1980년대에 접어들면서는 기장여신도회전국연합회 등을 시작으로 교회여성들의 환경에 대한 관심이 서서히 싹트기 시작했다. 박정희 군사정권의 경제개발의 정책으로 불거진 공해문제에 대해 1982년에 '한국공해문제연구소'(현 기독교환경운동연대)가 설립될 당시만 해도 이는 독자적 환경운동의 성격보다는 사회단체의 형태를 띠기는 하였으나 환경운동을 부문운동이 아닌 전체운동으로서 펼쳐나가게 되는 중요 계기를 마련해 주었다. 이 시기의 개신교 환경운동은 민간 차원의 환경운동의 기초를 놓는 역할을 담당하였다고 할 수 있다.

기독교신앙을 바탕에 둔 실질적인 개신교 환경운동의 시작은 1990년대로 보는 것이 적절하다. 이 시기 운동의 특징은 운동의 주체가 되는 기독인과 교회를 서서히 자리를 잡고, 지역에서의 전문 기독환경단체들이 속속 조직되었기 때문이다. 뿐만 아니라 이들 운동의 주체들이 신앙을 토대로 한 '환경통신강좌', '창조보전을 위한 기도운동', '생명길 좁은문운동' 등의 교육과 훈련, 실천운동이 전개하는 등 교회들의 참여가 확대되는 움직임이 역력하다. 특히 기독교환경운동연대와 한국기독교교회협의회가 주도해 온 '환경주일'에 맞춘 환경운동 교육과 실천강령들은 개교회들에게 환경에 대한 성서적이고 신앙적 동기를 부여해 주는 데 큰 몫을 담당해 왔다. 이 같은 분위기는 1987년 이후 일반 환경운동이 괄목할 만한 성장을 이루었고, 1990년 서울에서 정의, 평화, 창조질서의 보전(JPIC) 세계대회가 열린 것이 중요한 계기가 되어 형성되었다. 점차 교회들의 환경운동의 발전양상은 각 교단에 '환경위원회'의 설치와 함께 환경에 대한 교단적 선교정책이 지교회에까지 확산되도록 주도해 옴으로써 그 동안의 환경운동과는 차원을 달리하는 전 교회적 운동으로 전개된다. 이러한 변화의 동력이 된 첫 번째 요인은 1980년대와 1990년대 동안 진행되어온 개신교 환경운동의 내적인 힘에 있다. 두 번째 요인은 기독교 경전인 성경을 재해석하고, 자연과 인간의 조화 그리고 인간중심주의의 극복을 개신교 교리 속에서 발견하는 등 생태신학적 논의가 발전한 데 따른 것이다. 세 번째 요인은 생태위기를 초래하는 거대한 물결로서의 세계화가 교회로 하여금 더욱 강하게 저항하게 하고 대안을 추구하도록 몰아가고 있다는 점이다. 90년대 이후, 한국 개신교의 에큐메니칼 운동의 선상에서 각 교단간의 연합활동이 특히 환경 문제에 있어서 활발하게 진행되었다는 점은 개신교 환경운동의 현 상황을 가장 잘 보여주는 특징이 될 것이다. 그 대표적인 예가 곧 환경주일 제정과 실천이다. 이를 통해 교회는 물론 교단, 지역연대조직들이 환경문제에 공동으로 대처함은 물론 이들의 실천을 하나로 엮어가는 네트웍을 구성하기 위한 움직임이 태동했다는 것이다. 이는 보다 구체적이고 실질적인 교회의 녹색화를 모색하는 데 큰 힘이 될 것이다.

한국 개신교의 환경운동에 대한 평가를 한 마디로 말하기 어렵다. 비록 초교파적 연합체로서의 '기독교환경운동연대'가 한국 환경운동 초기서부터 지금까지 해오고 있는 사업을 중심으로 한국 개신교 환경운동의 그 대표적 모습을 보여줄 수는 있으나, 이를 국내 개신교 전체의 환경 및 생태 문화 인식에 대한 표본으로 삼기는 어렵다. 보다 근본적인 '생태공동체'적 성격을 요구한다면 환경운동단체들을 통해 국내 개신교 생태 인식에 대한 표본으로 삼기도 어려움이 따르게 될 것이다. 무엇보다도 한국 개신교 전체를 그 어느 하나로 말할 수 없는 여러 교단과 교파로 갈라져 있는 한국 개신교 자체의 성격과 각 교단, 교파적 신앙과 신학적 차이로 인해 생태적 인식에 대한 생명, 평화 운동에 있어 여러 차이를 보이기도 하는 것이다. 이런 면에서 개신교 진보적 사회운동단체들을 표본으로 이를 국내 개신교 전체의 성격으로 통일성 있게 말하는 데에도 그 한계를 갖기 때문이기도 하다. 그럼에도 불구하고 기독교환경운동연대의 그간의 노력들을 통해서 국내 수 없이 많이 갈리고 찢긴 한국 개신교의 분열의 아픔 속에서도 환경 및 하나님의 창조세계 보전에 대한 공통의 관심과 신앙공백을 이끌어 내어 교단간 에큐메니칼 운동을 넘어서, 각 지교회에 이르기까지 폭넓은 환경과 생태, 창조세계보전에 대한 기독인들의 관심과 실천을 이끌어 내었다는 것은 매우 높게 평가해야 할 것이다. 다만 한국 개신교 각 교단 및 교파간에 교리적 신학적 차이로 인해, 환경운동에 대한 인식과 운동의 모습에 차이를 보이는 점은, 앞으로 생태신학에 관한 에큐메니칼적 공동의 결과물들이 보다 많이 논의되고 나타나야 하는 과제를 안고 있다고 할 수 있겠다. 교회와 교단이 환경운동에 있어서 일반 시민단체들과 연대하는 일들은 쉬우나, 타종교 환경운동 단체들과는 연대를 꺼리거나 반대하는 경향들은 여전히 한국 개신교의 보수적 성격을 말해주는 것이고, 이는 온 인류가 함께 하나님의 창조세계 보전을 위한 연대책임의 신앙고백으로 대처해 나갈 수 있는 노력이 필요할 것이다. 그러기위해서 우선 교단이 서로 다른 신학교들 내에서 공동의 생태신학의 논의들이 이루어지고, 신학생 및 지교회 목회자들의 열린 신학 및 환경, 생태신학적 관심과 교육이 보다 절실히 요구되어져야 할 것이다. 사실 개교회가 구체적인 환경운동을 실천하게 되는 직접적인 동기는 교단 총회의 선교정책에 따른 것이기 보다는 개교회 목회자들의 태도에 달려 있기 때문인 것이다.

V. 나가는 말

　기독교인들이 암송하는 대표적 신앙고백인 사도신경은 "전능하사 천지를 만드신 하나님 아버지를 내가 믿사오며…"라고 시작한다. 그러나 하나님을 '창조주'라고 믿고 고백하는 이른바 '창조신앙'과 성서(특히 창세기)가 증언하는 '창조신앙'의 내용은 과연 같은 것인가? 일반적으로 기독교인들이 고백하는 '창조신앙'은 이 세상을 만드신 분은 곧 하나님이라는 것에 무게를 둔다. 그러나 창세기의 증언은 '누가' 이 세상을 만들었느냐가 그 핵심이 아니라, '어떻게' 만들었느냐가 보다 더 중요하게 다루어지고 있음을 볼 수 있다. 이스라엘의 '창조신앙' 고백은 이미 그들의 하나님인 야훼가 '창조주'임을 전제한 상태에서 창조주가 세상을 창조한 목적에 그 의미를 두고 있다. 이런 점에서 '진화냐 창조냐'의 논쟁에 창세기의 증언이 그 증빙자료로 쓰일 수 있는 것은 결코 아니라고 본다. 창세기 1장에 묘사된 하나님의 창조과정에 계속적으로 반복되고 있는 '보시기에 좋았다'라는 표현만 보아도, '누가' 만들었는가가 아니라, 하나님이 만든 것이 '어땠었는가'를 증언하려는 데 그 목적이 있음을 엿볼 수 있다. 그렇기 때문에 천지를 지으신 창조주가 곧 하나님이라고 믿는 것만이 '창조신앙'이 아니라, 하나님이 보시기에 좋았던 세계(자연)를 보전하고 만들어 가는 실천적 행위에 진정한 '창조신앙' 고백의 의의를 두어야 하는 것이다. 인간의 창조에 대한 성서의 증언도 다르지 않다. '아담'(사람: 남자와 여자)을 '누가' 만들었는가를 증언하려는데 목적이 있는 것이 아니라, '어떻게' 만들었는가를 강조한다. 곧 '하나님의 형상'으로 사람, 곧 남자와 여자를 만들었다는 것이다(창 1:27). 창조주가 '누구'였는가를 나타내려는 것이 아니라, 남자와 여자 모두 동일한 '하나님의 형상'으로 지음 받았다는 남녀의 근원적 평등성 및 사람은 누구나 하나님의 형상을 지닌 고귀한 존재임을 보여주는 대목인 것이다. 이는 창조주 하나님을 믿는다고 고백하면서도 성차별이 이루어진다거나 사람에 대한 차별과 억압이 있다면 그곳엔 '창조신앙' 고백이 들어있는 것이 아님을 말해주는 것이다.

인간과 자연에 대한 관계에 있어서 오랜 기독교적 관점은 '땅을 정복하고 다스려라'는 하나님의 명령(창 1:28)에 따라 자연은 언제나 인간의, 인간에 의한, 인간을 위한 대상으로 여겨져 왔다. 자연의 파괴는 인간의 보다 나은 삶을 위한 개발의 필수적 요건처럼 자연스레 받아들여져 온 것이다. 그러나 '정복하라'는 히브리어 '카바쉬'의 본 의미는 '덮다, 차지하다'라는 의미를 지니고 있다.[33] 무언가를 덮어씌운다는 말은 마치 비가 오면 물건이 비에 젖지 않도록 비닐로 덮어씌우는 것과 같다. 이는 무언가를 보호하려는 의미를 지닌다.[34] '차지한다'는 의미 역시, 남의 것을 빼앗기 위한 행위로서의 '정복'의 의미가 아니라, 어떤 위험에 노출된 것을 차단하기 위해 빨리 차지하고, 무언가로 덮어서 이를 보호하고 보전하라는 뜻이 담겨 있는 것이다. 그렇기 때문에 '땅(자연)을 정복하라'는 하나님의 명령은 인간으로 하여금, '땅'(자연)을 마음대로 인간을 위해서 사용하라는 의미가 아니라, 하나님이 '보시기에 좋았던' 그 '땅'(자연)을 보호하고 보전하기 위해 책임적 의무를 다하라는 의미로 받아 들여야 하는 것이다. '다스리라'는 명령 역시 인간이 땅(자연)보다 더 높은 어떤 권위를 신으로부터 부여받아 마치 땅을 노예 부리듯 하라는 말이 아니다. 히브리어 '라다'의 의미는 하나님의 신적

---

33) 이 단어에 대해서는 ThWAT IV, 1984, S. Wagner, ???, 54-60, 을 참고하라
34) 김균진은 '정복하다'(???,kabash)라는 말은 '하나님이 그들에게 복을 주시며'라는 구절과 결합되어 있다고 보면서 인간이 자연을 착취하고 파괴하면서 복을 받을 수 없기 때문에 자연의 착취와 파괴를 뜻하지 않는다고 본다. 김균진,『생태계의 위기와 신학』, 103

통치의 대리자로서 신의 주권을 위임받아 신의 뜻이 전달되도록 '부리고, 관리 및 통치하는' 의미인 것이다(왕상 5:4; 시 72:8; 110:2; 겔 34:4).[35] 그렇기 때문에 이스라엘의 땅에 대한 오랜 신앙 전통은 '땅은 하나님의 것'이기 때문에 인간에 의해 '땅은 매매될 수 없는 것'으로 되어 있다. 결코 땅의 주인이 인간이 될 수 없다는 것이다.

창세기가 전하는 '창조신앙'의 이야기에서 빼 놓을 수 없는 매우 중요한 이야기가 노아의 홍수심판 이야기이다(창 6-9장). '창조신앙'에 대한 성서의 증언은 하나님이 '보시기에 좋았던' 세상(자연)이 끝내는 인간의 죄악과 폭력(하마스)으로 인해 하나님이 보시기에 '악한 것'이 되었다고 증언한다(창 6:5). 세상에 모든 악한 것들을 홍수로 깨끗이 씻긴 후에 하나님은 '모든 생명체'(콜 바사르)와 새로운 '계약'(베리트)[36]을 맺게 된다(창 9:1-17). 성서는 홍수심판의 이유가 '온 생명체'(콜 바사르)들의 '폭력'(하마스)과 동물들과 인간들 간의 불화에 있었다고 말한다(창 6:13). 홍수심판 이전의 모든 폭력을 금지하는 것, 노아계약을 통해 인간과 동물들 사이의 모든 죽임의 행위들의 금지(창 9:5)가 이제 '온 생명체'와 맺으시는 하나님의 새로운 평화의 규정이라는 것이다. '온 생명체'에 대한 폭력으로 인해 홍수 심판이 왔다면, 이제 그런 폭력을 근절하고 '온 생명

---

35) 베스터만은 어원학적 연구를 통해 새로운 창조이해의 길을 열었다. 그는 땅에 대한 인간의 지배권(창 1:28)은 왕의 지배권에 상응되는 것임을 지적했다. 고대 세계에서 왕은 독재적인 지배자가 아니라 그 나라의 축복과 번영에 대한 책임과 의무를 지닌 보호자겸 관리자였다. 이와 같이 땅에 대한 인간의 지배도 자연에 대한 정복이나 착취가 아닌 책임적인 보전을 의미한다. 전통신학은 하나님의 형상을 인간의 정신적 능력, 영적인 능력 등과 같은 인간의 특성으로 간주함으로써 자연에 대한 인간의 지배권과 통치권으로 주장하였으나 베스터만은 그것을 자연의 운명을 함께 책임질 인간의 미래적 목적으로 해석했다. 그는 하나님 구원의 행위 못지않게 축복의 행위를 중시하고 이를 관계의 관점에서 이해했다. C. Westermann, Genesis, BK I/1, Neukirchen-Vluyn, 1974, 222ff.
36) '계약'(베리트)에 대한 성서의 의미에 대해서는 박경철, "이사야서에 나타난 베리트의 신학적 의미 1", 『구약신학저널』제6호, 서울: 도서출판 이레서원, 2001, 352-372을 참고하라.

체'를 보전함으로써 하나님은 세상(자연)을 다시는 홍수로 심판하지 않을 것이라는 '계약"을 맺는다. 이것이 하나님의 새 창조의 규정이며 성서가 전하는 '창조신앙' 고백의 마무리이다.

창세기가 보여주는 '창조신앙'은 단지 야훼 하나님이 우주 만물을 지으신 분임만을 천명하려는 것이 아니다. 하나님의 창조 사역을 통해 일하시는 하나님과 쉬시는 하나님의 모습은 이스라엘 백성들의 삶의 한 복판에서 일구어 낸 하나님과 인간, 인간과 인간, 인간과 자연사이의 조화와 공존의 세계를 그리고 있는 것이다. 인간의 생명(자연)에 대한 파괴에 대한 하나님의 심판은 온 생명들과의 새로운 계약을 체결함으로써, 새로운 생명세계의 보전을 이루어 나가는 것이며, 이 하나님의 새로운 창조사역에 인간은 동역자로서의 그 의무를 지니게 된다. 하나님과 인간이 함께 이루어 나가는 새로운 창조세계의 보전은, 폭력, 살인과 전쟁이 그치고 온 생명이 함께 정의롭게 공생하는 진정한 평화의 세계라는 것이 성서의 '창조신앙'인 것이다.

지난날 '창조신앙'은 자연을 정복과 다스림의 대상으로 여기는 인간만의 지배 이데올로기로 오용되어왔다. 이는 성서가 본래 정하려 했던 것이 아니라, 오히려 인간이 자신들을 위해 성서를 오용하고 거기에 성서의 절대적 권위를 앞세워 자연을 지배의 목적으로 사용하여왔다는 것이다. 거기에 인간의 물질문명은 곧 신의 축복으로 인식되어 왔다. 그러나 이미 오래전부터 우리의 현실은 어떠한가? 지구의 환경위기는 어제 오늘의 이야기가 아니다. 인간과 인간 사이의 관계는 함께 동반자로서 서로 돕는 짝이 아니라, 아담의 범죄 후 이루어진 살인의 세계가 아닌가? 흙(아다마)으로부터 온 사람(아담)이 다시 돌아갈 수 있는 우리 '아담'의 땅, '아다마'의 모습은 어떠한가? 이제 우리가 새로이 고백하고 실천해 나가야 할 그리스도인 실천적 신앙의 모습은 정의와 평화를 인간과 인간, 인간과 자연 사이에 이루어 나가는 공생과 상생의 '창조신앙'은 어떤 모습으로 개신교회의 환경운동과 생태운동이 되어야 할 것인가?

서론에서 밝혔듯이 환경과 생태에 대한 근본적인 인식의 차이가 모든 환경운동 및 생태공동체 운동 아울러 일반 사회운동 단체들의 성격을 규명해 줄 것이다. 과연 생태위기에 대한 대응으로써의 한국 개신교 환경운동이 나아가고 있는 방향들은 어느 정도 그 정당성을 부여 받을 수 있을까?

노아 홍수 인후 하나님께서 노아(인간)만이 아닌 모든 생명체(콜 바사르)와 함께, 다시는 땅에 피를 흘리지 말 것과, 홍수심판이 다시는 없을 것이라는, 하나님 스스로도 하나님의 창조세계를 절대 파괴하지 않으실 것이라고 영원한 계약을 맺으신 것은 오늘날 한국 개신교 환경운동과 생태운동이 나아가야 할 방향과 어떤 의미를 던져 줄 수 있을까? 하나님의 창조세계가 파괴되지 않기 위해서 이를 잘 보전해야 할 책임은 인간을 위해서인가? 그러기 위해 물을 아껴 쓰고, 깨끗이 써야 하는 것인가? 흙(아다마)로부터 지음을 받은 사람(아담)의 영성은 곧 땅, 흙의 영성을 받아야 하는 것이 아닌가? 흙으로부터, 땅으로부터, 자연으로부터 인간 본연의 영성을 찾으려는 '생태영성'에 대한 인식이 절실히 필요한 때이다. 생태영성은 단지 인간과 자연간의 관계만이 아니라, 자연의 일부로서의 인간에 대한 생태적 인식으로부터 인간과 인간간의 생태적 유기체적 관계가 이루어지는 것이다. 그렇기 때문에 모든 인간 사회에서 일어나는 정의의 문제는 생태영성의 중요한 한 부분을 차지한다고 볼 수 있다. 그래서 개신교의 수많은 일반 사회운동단체들이 벌이고 있는 생명, 평화, 통일, 민주, 노동, 여성 등 모든 운동들은 성서의 생태영성을 근저에 둔 운동으로 발현되고 발전되어야 할 것이다. 단지 진보적 운동을 하는 단체이기 때문에, '환경'이라는 단어를 단순히 끼어 맞추기 식이 되어서는 안 될 것이다.

제4장
불교 환경 및 생태운동 실태조사

최동순 · 차차석

I. 들어가는 말

　환경문제는 지구상에 존재하는 뭇 생명과 산하대지를 이루는 모든 존재들에게 해당된다. 문제의 해결을 위해 여러 분야에서 다양한 담론이 제시되었다. 그러나 문제의 시작이 인간 욕망으로부터 비롯되었다고 할 때, 그 해결과 치유 역시 인간의 심성에서 시도되어야 할 것이다. 따라서 이 분야를 다루는 종교의 역할 역시 지대할 수 밖에 없다. 부처님은 동산에서 태어나 숲 속에서 열반하셨다. 부처님의 가르침은 자연환경과 인간심성의 충분한 가교 역할임을 일깨웠고 연기적 관계에서 공존하고 있음을 밝혔다. 그러나 개발광풍이 지나간 세월과 미래를 바라볼 때, 우리는 환경고(環境苦)의 시대에 살고 있음을 자각하게 된다. 이제 환경문제는 사회문제를 넘어 인류의 생존 문제로 비화되고 있고 불교적 역할이 요구되는 것은 당연하다.
　산업혁명 이후 환경문제의 증가에 따른 해결 노력 또한 배가되었다. 국내에서도 1960년대 이후 급속한 공업 발달과 함께 환경문제를 상정해왔다. 그러나 불교의 환경운동은 1990년 이후 본격적으로 진행되었다. 1991년 한국불교환경교육원의 창립을 필두로 불교 환경단체들이 창립되었고, '95국토청정운동, '96국토청정운동'을 기점으로 연대 가능성을 보여주었다. 2000년대에 접어들면서 불교와 환경에 대한 전문성과 활동 역량을 갖춘 단체들이 창립되었다. '지리산살리기운동'을 통해 불교계 단체의 연대가 활성화되었고, 투쟁적, 선언적 환경운동에서 더 나아가 환경에 대한 개인의 의식과 생활의 변화를 지향하고 있다. 이들이 주도한 불교환경운동은 불교계뿐만 아니라 대 사회적 반향을 일으키며 국내 환경운동의 주도적 반열에 섰다.

이에 비해 환경운동의 성과들을 검토하고 그 활동 내용들을 자료로 구성하거나 학술자료로 구축하는 작업이 제대로 진행되지 못했다. 이 점에 있어서 불교문화연구원이 진행하는 '한국3대종교의 생태문화'(과제번호: 한국학술진흥재단 2005-079-AM0028) 과제는 불교 환경운동에 대한 실태를 분석하고 그 대안을 마련하는 연구이다. 학술적 입장에서 불교환경단체들에 대한 활동 자료들을 조사하고, 이를 토대로 미래 비전을 제시한다는 것은 매우 고무적이다. 오히려 해당 단체들에 대한 실태조사가 늦은 감이 있다. 이에 본 과제 연구자들은 불교환경운동 단체들을 대상으로 운동 추진경위와 그 과정을 조사할 것이다. 또한 해당 조사에 의한 데이터를 기반으로 불교환경운동의 성과를 진단하며 운동에 대한 대안적 요소들을 마련하고자 한다.

조사대상은 대상을 크게 세 분야로 나누어 선정하였다. 첫째는 한국의 불교 종파를 대상으로 환경단체 유무 및 활동 여부를 조사하였다. 둘째, 종파나 사원에 소속되지 않고 순수한 불교 환경단체를 표방하는 단체들을 대상으로 설립 경위와 운동 추진과정, 그리고 활동 현황에 대하여 조사하였다. 셋째는 불교 신앙과 환경 활동을 병행하는 단체들에 대한 활동과 현황을 조사하였다. 위의 세 가지의 과정에서 불교 학술단체도 환경운동의 범주에 포함시켰다.

Ⅱ. 불교 환경운동의 내용

1. 불교계의 환경운동 추진경위

한국불교 1600년 역사는 발전과 쇠퇴의 부침을 겪었고, 깊고도 넓은 문화를 형성해왔다. 삼국시대나 통일신라시대에는 국가적으로 불교를 수용했고 고려 역사에서도 국교로서 역할을 다해왔다. 그러한 자취들은 사찰을 중심으로 이어졌고 사원은 불교문화의 산실 역할을 하였다.

1990년대 이전까지 사찰은 승려와 불자들이 함께하는 순수한 신앙의 중심지였다. 그러나 사찰은 글로벌 시대인 현대에서 발생하는 환경문제 역시 방관할 수 없는 입장이다. 중생구제라는 불교의 이념은 환경문제도 함께 해결해야할 과제를 안고 있기 때문이다.

불교의 교리적, 논리적, 실천적 컨텐츠(contents)들은 환경운동의 목표점과 일치한다. 이들 컨텐츠들은 환경운동을 통해 대 사회적 계몽의 기반을 갖추고 있다. 이제 전통이라는 자산(컨텐츠)을 향유했던 사찰(불자)들은 환경오염으로 야기된 제 문제들로 인해 변화할 것을 요구받고 있다. 현대 사회에 접어들면서 사찰단위 혹은 불교종단, 그리고 스님과 불자 개인들도 새로운 패러다임을 이해하고 동참하기 시작하였다.

대표적으로 한국불교환경교육원을 시작으로 1990년대에 많은 불교 환경단체들이 설립하였고, 다양한 행사들이 개최되었다. 환경문제에 대한 불교적 담론이 성행하였고, 그 역량을 기반으로 각종 개발 정책에 대한 대응이 현실적으로 가능해졌다. 물론 소수 스님들의 개인적 신념에 의거한 측면도 있지만, 2000년 이후 불교환경단체들의 연대가 가능해지면서 대 정부, 대 사회적인 압력단체로서 위상을 유감없이 발휘하였다.

불교 환경운동의 시도와 활발한 활동이 시대적 소명이긴 하지만, 이미 수 천 년간 문화적 바탕을 축적해왔기에 가능했다고 하겠다. 불교 환경단체들은 그러한 불교문화를 기반으로 다양한 활동을 펼치고 있다. 해당단체들의 설립과 운동과정 및 현황들을 살피고자 한다.

(1) 불교 종단의 환경운동 추진

한국에는 불교 종파로서 현재 〈한국불교종단협의회〉에 등록된 26개 종단과 그밖에 20여 개 군소 종단들이 불교 포교 활동을 펼치고 있다. 본 조사 대상은 〈한국불교종단협의회〉에 등록된 26개 종단으로 한정한다. 종파불교는 해당 종파의 사상과 종조(宗祖)를 중심으로 교단체제를 구성한다. 종조가 일으킨 서원(誓願), 수행, 전법 등을 인정하고 추종하는 것은 물론 불교적 해석과 가르침에 따라 신앙생활을 한다. 따라서 각 종파는 차별화된 종파적 특징을 지니며 대 사회적 불교 포교의 일익을 담당한다.

대부분의 종파적 역사는 신라와 고려시대에 연유하지만, 조선조에 사라졌던 종명을 되찾아 새롭게 중창(重創)된 종파도 많다. 그러나 환경문제에 있어서 몇몇 종단만이 적극적으로 대처하고 있으며, 여타 대부분의 종단들은 적극적인 활동을 보이지 않고 있다. 각 종단의 환경문제에 대한 활동을 요약하면 다음과 같다.[1]

---

1) 해당 종파의 총무원 혹은 종무소에 근무하는 승려 혹은 직원들을 대상으로 직접 전화 연결하여 소속 환경단체의 설립과 활동 여부를 조사하였다(2006.08.30~09.04). 그리고 해당 종단이 발행하는 신문과 홈페이지를 참고하였다.

<표II-1> 불교 각 종단별 환경단체 설립 및 활동 여부

종단명	환경 단체 및 활동 사항
대한불교조계종	종단 내에 '환경위원회'가 설치되어 있으며, 환경 관련 조사와 정책을 세우고 불교계 환경단체들을 지원한다. 조계종 각 말사의 환경 분쟁에 대한 해결책을 지원한다.
한국불교 태고종	종단 산하 환경단체 없음.
대한불교 천태종	산하 환경 단체로서 '나누며하나되기운동본부' 설치 소백산지킴이 활동
대한불교 진각종	산하단체에 '청정국토운동' 설치 – 각 지역 심인당을 중심으로 비정기 활동
대한불교 관음종	종단 산하 환경단체 없음.
대한불교 총화종	종단 산하 환경단체 없음.
대한불교 보문종	종단 산하 환경단체 없음.
대한불교 원융종	종단 산하 환경단체 없음.
불교 총지종	종단 산하 환경단체 없음.
대한불교 원효종	종단 산하 환경단체 없음.
대한불교 법화종	종단 산하 환경단체 없음.
대한불교 조동종	종단 산하 환경단체 없음.
보국불교 염불종	종단 산하 환경단체 없음.
대한불교 법상종	종단 산하 환경단체 없음.
대한불교 진언종	종단 산하 환경단체 없음.
대한불교 용화종	종단 산하 환경단체 없음.
한국불교 법륜종	종단 산하 환경단체 없음.
대한불교 본원종	종단 산하 환경단체 없음.
재)대한불교 일붕선교종	종단 산하 환경단체 없음.
대한불교 대승종	종단 산하 환경단체 없음.
대한불교 삼론종	종단 산하 환경단체 없음.
대한불교 열반종	종단 산하 환경단체 없음.
대한불교 미타종	산하단체 환경보존중앙협의회 설치 – 지역대민봉사.캠페인, 종단산하 사찰별로 시행
한국불교 여래종	종단 산하 환경단체 없음.
대한불교 대각종	종단 산하 환경단체 없음.
한국불교 미륵종	종단 산하 환경단체 없음.

위의 도표에서 살펴보듯 환경문제에 적극적으로 대처하고 활동하는 종단은 조계종 뿐이며 여타 종단 중에서도 천태종과 진각종, 그리고 미타종만이 소극적이나마 활동을 하고 있는 것으로 조사되었다. 2000년 6월 지리산살리기댐백지화 추진 과정에서 범불교 연대창립을 계기로 불교계 전체 종단이 비공식적인 협의체를 구성하였다. 2004년까지 부정기적인 회동을 가졌으나 환경생태에 대한 각 종단의 입장 차이로 협의체가 존속하지 못하고 폐지되었다.[2]

대한불교 조계종은 1990년 초부터 환경문제에 관심을 가지고 대처하고 있으며, 종단 산하 각 교구본사의 환경 분쟁을 지원하고 있다. 조계종의 환경활동은 다음 장에서 자세히 살펴보기로 한다.

대한불교 천태종은 환경운동 역시 소의경전(所依經典)인 『법화경』사상, 천태종의 교리에 바탕을 두고 있다. 상월조사가 조선조에 사라졌던 종단을 새롭게 중창하였고, 그의 서원과 가르침을 실현하기 위한 일환으로 환경문제에 대처하고 있다. 2004년 천태종 소속의 법인체로 출발한 '나누며하나되기운동본부'는 대 사회봉사 및 환경활동을 위한 기구이다. 1996년 천태종 중앙청년회가 불교계 환경행사인 청정운동에 참여하면서 소극적이나마 환경운동을 시작하였고, '나누며하나되기운동본부'가 설립할 수 있었다. 현재 종단산하의 단체와 각 지역 말사조직을 이용하여 통일운동과 환경운동을 병행하고 있으며, '소백산지킴이' 모임이 결성되어 활동하고 있다.

진각종은 1993년 종조열반 30주년을 계기로 '청정국토가꾸기운동본부'(9월16일)를 발족하고 환경청 산하단체에 등록시키기로 하였다. '청심정토'라는 스티커를 전국에 보급하고 관련 예산을 확보하는 등 본격적인 환경 운동을 지향하였다.[3]

---

2) 대한불교 조계종 총무원 사회부 김한일 주임의 참고 증언(2006.12.04).
3) 불교신문, 1993.08.18일자(1449호), 14면 기사.

그 외의 종파들도 불교정신에 입각하여 환경문제에 대하여 크고 작은 행사와 성명을 발표하면서 종단 내외의 환경운동을 지원하고 있다.

(2) 불교 이념에 의한 환경 단체의 설립

불교 종파에 소속되지 않고 독자적인 불교적 이념에 의해 설립되어 활동 중인 환경 단체들이 있다. 한국불교환경교육원을 필두로 공해추방불교인모임, 맑고향기롭게 등이 설립되어 불교 환경운동의 길을 닦았다. 2001년 불교환경연대의 설립을 전후로 불교 이념에 의한 전문 환경단체들이 설립되었고, 대 사회적 환경운동에 매진 중이다. 설립 경위와 활동 사항은 다음 장에서 상세히 다루고자 한다.

<표II-2> 불교계 환경단체 설립 및 활동 여부

환경단체명	설립 연도	활동 여부
한국불교환경교육원 (현재 사단 법인 에코붓다로 개명)(2005.04) http://www.ecobuddha.or.kr	1991.03	현재 활동 중
공해추방불교인모임 (청정국토만들기운동본부)	1992.02.29	소극적 활동 중
맑고향기롭게 http://www.clean94.or.kr	1994.01.01	불교 포교 및 환경 활동 병행
인드라망생명공동체 http://www.indramang.org/	1999.09.11	현재 활동 중
불교환경연대 http://www.budaeco.org	2001.09.06	현재 활동 중
두레생태기행 http://www.ngodoore.com	2002.03.16	현재 활동 중 (불교계 활동에는 소극적)
에코포럼 http://www.eco-forum.or.kr	2004.10.16	현재 학술 활동 중

대한불교 진흥원 http://www.kbpf.org	1975	현재 소극적 활동 중
청정국토 한마당	1995	현재 소극적 활동 중
불교문화연구원 http://www.kbri.co.kr	1962	현재 학술 활동 중 부정기적 학술 행사

(3) 조계종의 환경운동에 대한 인식

대한불교 조계종은 불교의 바탕에 선사(禪師)들의 가르침을 바탕으로 설립된 종파이다. 달마대사가 중국에 선의 씨앗을 뿌리고, 당의 혜능선사가 많은 제자들을 배출하였다. 이후 신라, 고려, 조선조에도 수많은 선사들이 활약하였고, 그 선사들의 가르침은 오늘의 조계종이 있게 하였다.

선찰과 선자들은 선수행 생활 속에서 계율은 물론 청규(淸規)라는 선원(禪院) 규칙을 지켜야 한다. 소욕지족의 최소 단위의 소비는 오늘날 환경운동에 커다란 귀감이 되었고, 미래 사회를 여는 커다란 희망이 되고 있다. 때문에 불교의 환경단체들은 사찰, 특히 선찰의 생활 방식을 모델로 다양한 환경 보전 운동을 기획할 수 있었다.

그러나 조계종 산하 전국의 사원들은 그 자체적으로 친환경적 사찰생활을 영위하므로 굳이 환경문제를 거론할 필요가 없었던 것이다. 사찰의 새로운 불사를 위한 건축이나 시설확충 등에 의한 자체적 환경훼손이 문제가 되기도 하였다. 이와 반대로 외부 기관의 개발로 인한 사원환경의 훼손이 조계종의 환경운동을 유발시켰다고 볼 수 있다. 대표적으로 해인사 신행문화 도량 건설[4]이 전자에 해당하며, 후자는 1994년 범어사 앞 고층의 경동아파트 건설문제이다. 때문에 조계종은 자체적 환경운동이라기보다 환경훼손으로부터 도량을 수호하고, 환경보전과 훼손에 대한 조사연구, 그리고 불교 환

---
4) 불교신문, 제2043호, 6월29일자 내용.

경운동 단체들을 지원하는 성격이 크다고 하겠다.

조계종에서는 1995년 '깨달음의 사회화 운동'을 전개하면서 환경문제에 관심을 갖기 시작했으며, 1996년 대대적인 지역개발과 그로 인한 국립공원 내 사찰의 훼손과 맞물려 11월 22일 '전국본말사 주지결의대회'를 갖고, 96년 12월 조계종총무원 내에 자문기구로서 사찰환경보존위원회를 발족시키기에 이르렀다. 사찰환경 실태조사, 사찰환경 분쟁 조정 및 법적 행정적 대응방안수립, 사찰환경에 관한 이론의 개발정립, 사찰환경보존 시범지구선정 및 운용 프로그램 마련, 불교환경교서 성안 등의 사업을 펼쳐 온 사찰환경보존위원회는 환경위원회로 확대 개편되었다. 확대개편 이후 '불교환경의제21'을 수립하는 등 환경문제에 대한 불교계 내외의 지원 역할을 담당하고 있다.

(4) 조계종 교구 본사의 환경단체 설립 여부와 활동 사항

대한불교 조계종은 종명(宗名)에서 보듯 중국 선종(禪宗)의 혜능선사를 종조로 지칭한다. 배출된 많은 선사들도 서원(誓願)을 세웠고, 선(禪)을 수학하고 제자들을 가르쳤다. 그들의 수행이나 활동은 모두가 선종의 가르침에 입각하고 있다. 조계종은 선수행을 비롯하여 선문화가 갖는 친환경적 요건들을 살려 현대의 환경문제에 적극적으로 대처하고 있다.

조계종은 중앙에 총무원과 종회, 포교원 등이 설치되어 있고, 환경문제 역시 총무원 환경위원회 및 사회부에서 관장한다. 환경위원회는 불교계의 환경생태 문제에 대한 조사와 함께 여기에 대응하는 각종 지침들을 마련하며 이에 대한 대책회의 주관 및 본말사에 대한 공문발송 등의 역할을 한다. 오히려 조계종 산하 각 교구본사 중심으로 현실적인 환경 문제들을 풀어가고 있다. 각 교구본사의 환경단

체의 설립 및 활동 여부를 다음과 같이 도시한다.[5]

<표II-3> 조계종 교구본사별 환경위원회 구성 및 활동 현황

교구 본사명(소재)	환경위원회 구성 및 활동 사항
제1교구 본사 조계사(서울 견지동) http://www.ijogyesa.net	조계사 법회, 교육, 수련회 등을 통한 비정기적 환경 교육 및 행사
제2교구 본사 용주사(경기 수원) http://www.yongjoosa.or.kr	환경위원회 구성, 용주사 주변에 골프연습장 계획으로 국방부 방문하여 항의 총무원장스님께 협조요청 등
제3교구 본사 신흥사(강원) http://www.sinhungsa.or.kr	환경 단체 없음, 선재스님의 사찰 음식 강좌, 빈그릇운동에 동참됨
4교구 본사 월정사 http://www.woljeongsa.org	환경위원회 구성, 숲길 콘크리트 걷어내는 일 계획 중, 템플스테이, 수련회 등을 통한 비정기적 환경 교육
제5교구 본사 법주사 http://www.beopjusa.or.kr	환경위원회 구성 안 됨, 환경템플스테이 실시
제6교구 본사 마곡사 http://www.magoksa.or.kr	환경위원회 구성 안 됨
제7교구 본사 수덕사 http://www.sudeoksa.com	환경위원회 구성
제8교구 본사 직지사 http://www.jikjisa.or.kr	환경보호회 창립(1995.09.15)
제9교구 본사 동화사 http://www.donghwasa.net	환경위원회 구성, 옛길 복원운동 계획 중
제10교구 본사 은해사 http://www.eunhae-sa.org	환경위원회 구성 안 됨, 수림장(차세대 장묘법으로 각광받는 수목장)실시, 사찰주변 산림보호
제11교구 본사 불국사 http://www.bulguksa.or.kr	환경위원회 구성 안 됨, 수목보호(수액주사 등)
제12교구 본사 해인사 http://www.haeinsa.or.kr	환경위원회 구성, 가야산 지킴(계곡수질관리, 친환경세제사용 등), 템플스테이를 통한 친환경 교육
제13교구 본사 쌍계사 http://www.ssanggyesa.net	환경위원회 구성

---

5) 해당 교구본사 종무소에 근무하는 승려 혹은 종사자들을 대상으로 직접 전화 연결하여 환경위원회의 구성과 활동 여부를 조사하였다(2006.08.30~09.04); 김용구, 「불교계 환경운동 평가 및 과제」(조계종환경위원회 회의록, 2006.12), p.9.

제14교구 본사 범어사 http://www.beomeosa.co.kr	환경위원회 구성, 범어사 계곡 쓰레기 정리(비정기 행사), 신도회 소속의 환경운동 산악동아리 운영
제15교구 본사 통도사 http://www.tongdosa.or.kr	환경위원회 구성, 봉사회는 환경단체가 아니지만, 자비원 및 재활원 방문하며, 양산 부산지역 등산로 산불조심 띠테이프 부착 작업을 진행
제16교구 본사 고운사 http://www.gounsa.net	환경위원회 구성
제17교구 본사 금산사 http://www.geumsansa.org	환경위원회 구성 안 됨
제18교구 본사 백양사 http://www.baekyangsa.org	환경위원회 구성 안 됨 말사인 실상사는 환경위원회 구성
제19교구 본사 화엄사 http://www.hwaeomsa.org	환경위원회 구성 안 됨, 구례사암연합회를 통한 친환경 사업 전개키로, 구례 농민들과 함께 환경농산물 생산, 환경관광 사업 시도
제20교구 본사 선암사	순천시 환경연대와 동참하여 활동하고 있음
제21교구 본사 송광사 http://www.songgwangsa.org	환경위원회 구성, 말사인 서울 법련사를 통한 문화환경교실 개설, 강릉 현덕사 동식물 천도
제 지원제22교구 본사 대흥사 http://www.daeheungsa.co.kr	환경위원회 구성 안 됨
제23교구 본사 관음사 http://www.jejugwaneumsa.or.kr	환경위원회 구성 안 됨, 환경정화운동 (한라산 청소, 재활용 분리수거)
제24교구 본사 선운사 http://www.seonunsa.org	환경위원회 구성 안 됨, 정기 하계수련회를 통한 생태특강 마련
제25교구 본사 봉선사 http://www.bongsunsa.net	환경위원회 구성, 능엄학림에서 환경 전문가 초빙 특강

조계종 각 교구 본사는 대부분 고찰(古刹)이며, 문화사적으로 중요한 의미를 지닌다. 뿐만 아니라 교구본사에 소속된 말사들 역시 국보나 지방문화재로 등록된 사례가 많다. 이 때문에 국가정책이나 지방자치의 세원(稅源) 발굴이라는 명목 하에 개발 위기에 직면하고 환경 분쟁이 발생할 여지가 있다. 본사는 대부분 총림(叢林)[6]이며, 총림에서는 교육기관과 법회 및 특별행사들을 주관한다. 교육기관

을 통해 자연스럽게 환경문제에 대한 주제를 설치하고 정기·비정기적 교육이 시행된다. 특히 승려들을 교육하는 승가대학, 신도들을 교육하는 불교대학, 그리고 청소년과 어린이들을 위한 불교 교육이 이루어진다.

대부분의 교구본사는 특별한 환경단체가 설립되어 있지 않지만, 교구본사나 말사 단위 자체가 환경단체로서의 역할을 한다. 환경 분쟁이 발생하면 교구 본사를 중심으로 총무원과 소속 말사가 협력하여 대처하는 모습을 볼 수 있다. 또한 본사 자체적으로 법회, 교육, 특별행사 등을 통해 환경 교육에 임하고 있다. 각 사찰은 또한 템플스테이(Temple stay)를 적극적으로 도입하고 있다. 수행자 체험을 통해 발우공양이나 욕심 끊기 등 소욕지족의 생활을 가르치고 있다. 템플스테이 자체가 친환경적 프로그램이며, 일련의 일과 과정에서 특별히 환경문제 프로그램이 삽입하기도 한다.

2. 불교 환경운동 추진 과정

(1) 불교계의 환경운동 추진 과정

불교가 환경생태 문제해결을 위해 제공할 수 있는 자료는 무궁무진하다. 생태적 담론은 물론 환경운동 실천에 매우 긴밀하고 유용하게 사용될 수 있는 배경들이다. 환경문제에 직면해 있는 현 사회에 불교 교리를 적용시키고, 이를 토대로 대 사회 구제로서 환경운동의 실천은 대승불교의 가르침이다. 작게는 개발행위에 대한 항의 혹은 대안제시가 있을 수 있겠지만, 크게는 개인적 욕망의 절제를 통한 사회적 계몽운동과 연계될 수 있다. 환경생태적 담론은 1990년대에

---

6) 총림(叢林)은 참선수행 전문도량인 선원(禪院)과 경전 교육기관인 강원(講院), 계율 전문교육기관인 율원(律院) 등을 갖춘 사원이며, 이를 지원하는 직무(종무)의 역할이 자체적으로 해결되는 사원을 말한다.

들어 갑작스럽게 추진된 측면이 있다. 대기오염이 유발한 기상이변이나 수질오염이 우려를 넘어 위험수위에 다다랐고, 개인적 피해가 속출하기 시작한 때와 궤를 같이 한다. 자연의 지속성 즉 연기(緣起)적 영속성을 무너뜨린 결과이다. 첨단 문명의 이기(利器)들이 오히려 인간의 생명을 위협하였고 종교 영역의 치유적 논리들을 요구하게 된 것이다.

무분별한 개발·소비 행위에 대한 불교적 반성이 제기되었고, 개인적 환경운동을 추구하던 스님과 재가인들이 단체를 결성하게 되어 불교계의 반향을 일으키기 시작하였다. 그 운동들은 불교계뿐만 아니라 국책 사업에도 영향을 미치는 단체로 발전하였다. 여러 불교 단체들이 수행환경 보호와 자연환경의 보전이라는 공유의식을 기반으로 연대를 결성하고 사회적 압력 단체로 성장하였다. 대규모 개발 행위에 대한 불교의 현실적 대응이 시도되었다. 새만금 사업은 개발을 통해 국가적 이익을 거둘지는 모르겠지만, 불교적 입장에서 갯벌에 터전을 마련한 뭇생명들을 죽이는 것으로서 불살생계에 배치되는 사항이다. 또한 북한산과 천성산의 터널 공사는 자연환경의 훼손은 물론 불교 유적의 훼손과 직접적인 관련이 있어 문화유산의 멸실 또한 우려할 사항이다. 이러한 사항들은 생태문화에 대한 범불교적 대응체제를 초래한 대표적인 사건들이라 하겠다. 환경문제에 대한 충분한 배경을 가진 불교계는 대표적으로 불교 종파와 소속 사찰들, 불교환경단체, 학술분야의 추진이 진행되었다. 그 추진 과정을 살펴본다.

첫째, 종단과 소속 사찰들의 환경생태 운동의 추진이다. 불교 수행의 특성상 사찰이나 암자가 산야에 위치한 경우가 많다. 때문에 주위 환경은 물론 자연 생태와 밀접할 수밖에 없는 구조이다. 더욱이 생명을 소중하게 여기는 불교의 특성상 환경 생태 문제에 대한 관심이 깊을 수밖에 없다. 더욱이 사찰 주변 개발에 따른 수행환경의 침해가 커다란 동인이 되었다. 직지사환경보호회 창립(1995)과 조계종의 사찰환경보존위원회의 출범(1996)이 그것이다. 천태종 중앙청년회의 환경수호대(1993) 발족과 태고종의 환경보존실천수륙제(1994)가 대표적인 환경운동의 추진이다.[7]

둘째, 전문성을 갖춘 불교환경단체의 출범과 운동의 추진이다. 불교환경운동단체들은 1990년대의 준비기를 거쳐 1990년대 말 2000년 초에 인드라망생명공동체(1999), 불교환경연대(2001), 에코붓다(2005)('불교환경교육원'의 전신임)의 창립과 함께 다양한 환경운동을 펼치고 있다. 불교 종단이나 지역적 불자들을 중심으로 각각 추진되어왔던 환경 생태운동이 연합 체제를 구성함으로써 효율적인 대응이 가능해졌다는 점에서 의의가 크다.[8] 지리산 댐 건설 추진, 북한산·천성산 관통도로 건설추진, 새만금사업 등의 국책사업 강행은 불교환경단체들의 반발과 함께 불교환경운동을 사회전반으로 확대시키는 동인이기도 하였다.

셋째, 불교생태학에 대한 학술적 연구 추진이다. 위와 같이 불교 종단이나 불교환경운동 단체들의 환경문제에 개입하면서 실천이념에 대한 자료요구가 증가하였다. 불교환경운동의 궁극적 목표가 불교적 가르침의 실현이라는 점이며, 환경운동에 있어 준거적 관점을 제공해야 하는 학술연구가 필요했기 때문이다. 불교환경운동은 잡지의 기고문을 넘어서는 성찰적 담론을 요구하게 되었고, 학계에서는 학술발표로 화답하였다. 에코포럼 개설이 그 대표적이며, 불교계 학술단체들은 꾸준히 관련 논문들을 발표하게 되었다. 여기에 환경

---

7) 1 불교환경의제21 추진위원회, 『불교환경워크숍 결과보고 자료집』(2003.05), p.42.
8) '지리산댐반대국민행동' 결성을 계기로 불교계의 본격적인 연대활동이 시작되었다고 볼 수 있다. 『불교환경워크숍』(불교환경의제21추진위원회), 2003.05.23, p.67 참조.

생태학 관련 학위논문과 전문서적들이 번역되거나 출판되면서 학계 또한 환경운동에 일조하게 되었다.

불교 환경활동의 출발은 '불교의 가르침과 사회적 발전에 따른 개발의 괴리'에 따른 문제점 때문이라고 보아야 한다. 이는 인간의 욕망에 의해 파괴되는 것이 자연 생태만이 아니라 결국 인간에게도 심각한 해악을 끼칠 수 있다는 우려에서 출발하였다. 또한 불살생(不殺生)과 자비방생을 지향하는 불교적 관점과 정면으로 배치된다는 점에서 불교계의 환경운동이 확대된 동인이다.

(2) 연대별 불교환경운동의 추진과정

1) 1990년 이전의 불교 환경운동 상황

불교 환경운동은 1990년대 초반을 기점으로 활약이 두드러지고 있다.[9] 정토포교원이 산하의 한국불교사회교육원을 한국불교환경교육원으로 개명하면서 본격적인 환경단체의 활동이 시도되었다고 하겠다. 이듬해 공해추방불교인모임이 결성되었고, 1993년에는 맑고향기롭게 운동이 결성되었다. 여기에 리우 환경선언의 파장과 함께 정부와 민간 환경단체의 리우환경선언을 수용함으로써 불교의 환경운동 역시 본격적인 궤도에 올랐다고 해야 할 것이다.

불교 환경단체들의 출범은 불교 종단이나 사찰 중심이 아닌 불자들이 주도한 사회운동이라고 할 수 있다. 이는 한국불교 역사에 있어 새로운 경향이다. 사찰 중심의 신도단체를 벗어난 형태로서 불교와 환경운동을 접목한 점이 특징이라 할 것이다.

---

9) 이병인은 '불교환경활동의 평가와 전망' 워크숍자료집(『불교환경활동의 새로운 전망』-불교환경워크숍 자료집, 2003.05, p.35)에서 불교환경운동의 시기를 세 가지로 구분하였다. 1990년대 이전을 '준비기'라 한다면, 1990년대를 '적응기'로, 2000년대를 '활동기'라 하였다.

불교 환경운동에 있어 1980년대와 그 이전 상황은 환경운동의 배태기라 할 것이다. 불교 역사에 있어 사원 중심의 불교 활동은 소욕지족(小欲知足)의 수행자적 삶이었다. 때문에 굳이 환경운동을 필요로 하지 않았다고 보여 진다. 그런데 1980년대에 접어들면서 사원 건축이 대형화의 경향을 띠게 되었고, 신축 및 개축 불사들이 진행되었다. 따라서 종단이나 사찰들은 자체적으로 환경운동을 추진하기 어려운 상황이었다. 종단이나 사원에 소속되지 않은 순수 환경운동 단체들이 탄생하게 된 경위이다. 환경운동 단체들이 태동된 그 배경으로서 다음 몇 가지를 살펴볼 수 있다.

첫째, 과학기술 입국에 의한 성장 중심의 국가계획이다. 1990년대 불교 환경운동을 유발시킨 과정을 살펴본다면 서구의 산업혁명으로부터 한국의 1970, 1980년대 고도성장의 과정을 다룰 수 있다. 경제 성장을 위해 자본에 기초한 대량생산과 소비의 국가적 정책은 또 다른 사회문제를 낳게 된 동인이었다. 공업화에 이은 과학기술 입국의 가치주도 또한 필연적 환경오염을 유발하게 된 이유이다. 때문에 반성적 환경운동이 세계적으로 시작되었고, 그 여파는 불교 환경운동에도 영향을 끼쳤다고 해야 할 것이다.

둘째, 민주화 운동전개 과정과 환경운동의 위축이다. 1970년대 이후 제3공화국으로부터 비롯되는 군사정권의 등장과 민주화를 위한 투쟁이 사회적 이슈였다. 때문에 시민운동 자체가 주목받지 못하던 시기였다. 불교계 역시 환경운동에 대한 구체적인 계획을 마련하지 못했으며, 전도된 사회질서와 성장 중심의 국가정책에 반성적 입장만 되풀이했던 것이다.

셋째, 사찰단위의 환경운동의 한계성이다. 사찰은 수행자가 영위하는 친환경적 장소이며, 그러한 전통은 1600년의 불교 역사와 함께 한다. 그러나 1980년대에 접어들면서 도심은 물론 산중에서도 사찰이 대형화 과정을 살펴볼 수 있다. 여기에 수반하여 도로보수와 편의시설들을 수용함으로 인해 자연생태에 대한 훼손이 불가피했다. 따라서 종단이나 종단에 소속된 사찰들은 무소유의 가르침과 사원확장이라는 양면성을 가질 수밖에 없었다. 그러한 상황은 사원 스스로 환경운동을 펼칠 상황이 어렵게 한 요인이라 하겠다. 따라서 불자들을 중심으로 한 환경운동이 배태하게 된 경위라고 할 수 있다.

1980년대의 국내 상황은 격변기로 대변되는 변환기라고 할 수 있다. 성장 중심의 사고는 필연적으로 공해와 수질오염을 낳았고, 또한 반성적 시민운동이 배태될 수 있는 이유이다. 불교환경운동 역시 개발에 따른 폐해를 반성하고 불교의 친환경적 가르침을 기반으로 탄생할 수 있었다.

2) 1990년대 불교환경운동의 창설과 활동

1999년 말까지 불교계는 환경생태관련 다양한 시도들이 행해졌다. 불교환경단체의 창립과 환경관련 토론과 세미나, 그리고 환경관련 법회와 행사들을 통해 대중의 관심을 이끌어내는데 기여했다. 따라서 2000년대 시작된 본격적인 환경운동과 사회 계몽운동의 발판이 되었다고 볼 수 있다. 또한 환경과 관련 불교계의 연대는 물론 사회적 관심을 도출시켰다. 그러한 관점에서 뒤돌아본다면, 1991년 정토회 산하 불교환경교육원의 출범은 시민운동의 성격을 띤 불교환경운동이라 할 수 있다. 이어서 공해추방불교인모임(1992)의 결성, 맑고향기롭게(1993)가 창립하였다. 그리고 청정운동실천전국대회(1996)의 개최는 불교환경운동 단체들의 협력과 충분한 연대 가능성을 보여주었다. 불자들의 환경운동에 발맞추어 조계종 총무원에서는 '사찰환경보존과 민족문화수호를 위한 전국 본말사주지대

회'(1996)를 계기로 사찰환경보존위원회(1996)를 결성하게 되었다.[10]

<표II-4> 1990년대 불교환경운동 관련 주요 사항

연월일	설립 및 그 경과
1991. 03.	한국불교 환경교육원 창립
1992. 02. 29	공해추방불교인모임(공추불) 창립
1993. 08	맑고 향기롭게 운동 창립
1994. 02. 28-31	태고종, 환경보존실천 수륙영산대법회
1995. 03. 17	경불련 환경모임 창립
1996. 06. 07-21	'96청정운동 실천 전국대회 개최
1996. 12	대한불교 조계종 사찰환경보존위원회 발족
1998. 03. 28	실상사 불교 귀농학교 개교
1993. 10	천태종 중앙청년회, 환경수호대 발족
1999. 09. 11	인드라망생명공동체 창립

인드라망생명공동체(1999)의 탄생과 불교환경연대(2001)의 설립을 계기로 뒤돌아본다면, 1990년대는 불교환경운동을 위한 준비기간이라고 할 수 있다. '96년과 '97년에 개최된 청정운동실천전국대회처럼 대법회와 캠페인과 같은 선언적·구호적 환경활동이 두드러졌다. 특징적인 것은 종단이나 사찰 주도의 행사가 아닌 불자들을 중심으로 진행될 수 있다는 가능성이다. 따라서 환경운동을 위해 대법회와 같은 일시적 행사를 벗어나 지속적인 운동을 펼치기 위한 활동이 시작되었고, 인드라망생명공동체와 에코붓다와 같은 환경단체의 설립 가능성을 보여주었다. 그러한 가능성을 보여준 불교적 기반을 다음과 같이 적시할 수 있다.

---

10) 이병인, '불교환경활동의 평가와 전망' 워크숍자료집(『불교환경활동의 새로운 전망』-불교환경워크숍 자료집(2003.05), p.42.

첫째, 불교가 갖는 충분한 교리 내용과 실천성, 그리고 역사·문화적 뒷받침이다. 경율론(經律論)으로 대표되는 방대한 대장경 자료에서 도출해낼 수 있는 풍부한 자료성을 말한다. 석존 설법의 무아(無我), 공(空), 불살생(不殺生), 연기(緣起)사상이 주는 친환경적 가르침은 불교운동을 추진하는 강력한 바탕적 요소이다. 무소유와 절제된 삶을 살았던 역대 수행자 상(像) 또한 실례(實例)적 요소이며, 대승보살사상 또한 대 사회운동을 위한 충분한 발판이 되었던 것이다. 따라서 불교의 역사적·문화적 바탕은 타 분야의 환경운동보다 장점적 요소를 가졌다고 할 것이다.

둘째, 교양대학을 통한 신자 교육의 결과이다. 1980년대 초·중반부터 불교 교양대학이 활성화되었고, 불교 교리에 한 불자들의 의식(意識)을 제고시키는 계기가 되었다. 대원불교대학을 시작으로 많은 교양대학이 설립되었다. 신행단체 단위에서 발전하여 사찰별로 교양대학을 운영하였고, 이는 불교 확산에 긍정적 영향을 미쳤다. 불교교양대학을 졸업한 불자들은 불교에 입각하여 다양한 활동을 할 수 있는 가능을 심어주었고, 또한 불교환경운동을 위한 바탕이 되었다고 해야 할 것이다.

셋째, 미디어 기술의 발달이다. 뉴스 전달에 있어 신문과 잡지에서 라디오·TV 매체로 발전하였고, 1990년대에는 인터넷의 발달로 쌍방향의 정보전달이 가능하게 되었다. 인터넷 미디어나 홈페이지 활성화는 뉴스를 전달받는 수동적 형태를 벗어나고 있다. 특히 컴퓨터 네트워크는 회원활동이 가능하게 되었고, 사회운동에 적극적으로 참여할 수 있는 발판을 마련하였다. 불교환경단체들이 홈페이지를 적극적으로 활용하는 이유이다.

불교환경운동에 있어 1990년대는 종합적인 상황들을 노정해 볼 수 있다. 근대화를 통한 개발과 성장과 함께 반성적 경향이 일어났다. 시민들의 다양한 욕구분출과 함께 민주화 투쟁이 귀결되는 시점이다. 특히 미디어의 발달은 시민사회의 변화를 초래하였고, 그러한 여파는 불자들에게 영향을 미쳤고, 적극적인 불교환경운동을 위한 배경이라 할 수 있다.

3) 2000년 이후의 불교 환경운동

1990년대는 불교환경운동을 위한 준비기라면, 2000년대는 환경문제에 적극적으로 개입하는 한편 대 사회운동을 활발하게 펼치는 확산기라고 할 수 있다. 리우선언에 맞추어 국가적인 환경의제를 설정하였고,[11] 불교계의 활동도 두드러졌다. 국책 개발 사업들에 대해 불교계가 정면대응 함으로써 불교계의 구체적인 환경운동을 유발시켰다. 조계종의 불교환경의제 수립이 그것이며, 전문적인 환경운동을 표방하는 단체의 출현이다.

도법 스님이 주도하는 인드라망생명공동체, 그리고 수경 스님이 주도하는 불교환경연대의 탄생과 함께 본격적인 불교환경운동이 시작되었다. 그리고 정토회 산하 불교환경교육원도 에코붓다로 명칭을 변경하면서 본격적인 환경운동에 뛰어들었다. 이들 단체들은 종단이나 단위 사찰 주도라기보다 불자 중심의 환경 관련 순수 단체이다.[12] 그리고 그들은 환경운동을 불교에 국한하지 않고 사회 일반으로 확대시키고 있다는 점이다. 여기에 대한불교 조계종 환경위원회가 발족하면서 사찰환경 보전은 물론 조계종 산하 사찰과 신도회의 환경운동을 지원하고 있다.

---

11) 대한불교조계종 환경위원회(2001 발족)는 누차에 걸친 워크숍을 통해 '불교환경의제21'의 초안(2004.03)을 마련하였고, 그 부록에 '리우선언'과 '의제21 국가실천계획', '불교도환경선언문' 등을 싣고 있다.

12 인드라망생명공동체는 비록 남원의 실상사를 근본도량으로 삼고 있지만, 실상사 또한 공동체에 포함된 산하단체로 보는 경우이다.

2000년 6월에 시작된 '지리산살리기댐백지화추진범불교연대'의 창립은 불교계 환경운동이 확대되었음을 알 수 있는 사례다. 불교계뿐만 아니라 범종교계는 물론 많은 환경운동 단체들이 연대하는 계기를 만들었다. 2001년 3월 건설교통부는 사실상 댐 백지화를 선언하였고 그 기간에 불교환경연대의 창립을 비롯한 많은 변화가 있었다. 종교계와 환경단체들이 연대하여 지리산 위령제를 지냈으며, 북한산 국립공원 관통 저지 시민종교 연대결성과 함께 고속철도 천성산 관통반대가 전개되었다. 불교계가 주도하는 환경운동은 급기야 새만금갯벌과 온 세상의 생명평화를 염원하는 삼보일배(三步一拜)를 하였고, 국내는 물론 세계적인 반향을 일으켰다. 불교계 일련의 환경운동을 다음과 같이 연대순으로 서술한다.

<표II-5> 2000년대 이후 불교환경운동 관련 주요 사항

연월일	설립 및 그 경과
2000. 01. 28	불교 등 7개 종교 '종교단체 환경정책실천협의회' 창립
2000. 06. 29	'지리산살리기 댐백지화 추진 범불교 연대' 창립
2001. 03. 14	대한불교 조계종 환경위원회 발족
2001. 05. 26	'생명평화 민족화해 지리산 위령제' 봉행
2001. 09. 06	불교환경연대 창립
2001. 09. 26	'북한산 관통도로 저지와 대안노선 건설 및 사찰 수행환경 수호를 위한 불교대책위' 출범
2002. 01. 22- 02. 15	고속철도 천성산 관통반대 천성산 살리기 국토순례
2002. 12	'불교의제' 수립을 위한 불교환경실태조사 보고
2003. 03. 28- 05. 31	새만금 갯벌과 온 세상의 생명평화를 염원하는 삼보일배
2004. 08	도룡뇽 소송인단 100만인 서명 범불교운동
2005. 01.	지율 스님과 생명평화를 위한 종교인 참회기도
2006. 02	동국대 불교문화사상사(BK)『불교생태학적 이해』등 총 4권 출간
2006. 05. 25-26	불교문화연구원 '지식기반사회와 불교 생태학' 국제 세미나
2006. 09. 27	조계종, '불교환경의제21' 및 '불교환경헌장' 제정, 선포

2006. 11. 8	환경운동가, 생명과학자 제인 구달(Jane Goodall) 서울 화계사 강연
2006. 12. 12	환경 오계(五戒) 운동 세미나 개최(서울 조계사)

 선언적·투쟁적 환경운동의 병행에 수반하여 불교계 자체적인 환경생태 보전에 대한 개념 정립이 요구되었다. 불교계 각 사찰들은 물론 단체들이 지향해야할 환경 활동 및 이에 부응하여 신행 생활의 지침을 마련한 것이 '불교환경의제21'이다. 2002년 의제 설정을 위한 준비 작업을 거쳐 5년의 기간이 소요되었다. 불교의 장점인 친환경적 가르침과 생활양식을 바탕으로 시대적 비전과 대안, 그리고 실천 방안을 제시하고 있다.[13]

 환경운동에 발맞추어 불교학계에서도 환경생태관련 연구가 진행되었다. 불교환경 운동을 추진하기 위한 이념적·논리적 발로로서 학술적 자료들을 요구하게 되었고, 학계에서는 여기에 부응하여 생태포럼구성은 물론 생태학 관련 각종 세미나와 학술행사를 개최하는 등 다양하게 응용방법들을 모색하고 있다.

 동국대학교 부설 불교문화연구원은 학회지인『불교학보』를 통해 불교생태학 관련 내용을 삽입시키고 있다. 특히 2006년 5월 25, 26일 양일간에 개최된 '지식기반사회와 불교생태학' 국제세미나는 불교계뿐만 아니라 각 언론의 집중적인 조명을 받았다. 요한 갈퉁, 노르베리 호지 등 국내외 석학들이 한 자리(동국대 문화관)에 모여 토론한 국제학술대회를 기점으로 미래 생태환경에 대한 본격적인

---

13) 대한불교조계종,『불교환경의제 21 초안』(2004), p.9; 조계종환경위원회,『불교환경의제 21』(2006), p.15. '불교환경의제 21'이 확정되어 선포되기까지 오랜 기간 토론과 심의 과정을 거치고 있다. 그 과정을 살펴보면, '불교의제' 수립을 위한 실태조사보고(2002), 불교환경워크숍(2003.05), '불교환경의제 21' 수립을 위한 불교환경워크숍(2003.11),'불교환경의제 21 초안' 마련, 불교환경의제 21 확정 선포이다. 이 과정에서 조계종환경위원회를 중심으로 불교환경연대, 에코붓다, 사찰생태연구소, 인드라망생명공동체, 맑고향기롭게 등의 환경단체들이 참여하였다.

연구와 토론이 진행된 바 있다. 이 외에도 한국불교학회, 불교학연구회, 한국선학회, 보조사상연구원 등 불교계 각 학술단체에서도 특집이나 부분특집을 통해 불교학과 생태학의 학제적 연구를 시도하고 있다.

Ⅲ. 불교 환경운동의 실태 분석

1. 불교 환경운동의 외부 환경 분석

불교학술 분야에서 불교생태학의 역사는 걸음마를 시작하는 단계이다. 더구나 인문학 일반이나 사회학적 연구 분야의 역사에 비교할 때도 매우 짧은 역사적 배경을 가지고 있다. 그러나 불교학이 가지는 컨텐츠(contents)로서의 생태학 분야는 상상하기 어려울 정도로 많은 연구 대상들이 기다리고 있다. 현대사회는 산업화와 서비스 분야를 넘어 디지털문화라고 일컫는 첨단문명의 기로에 서있다. 이제 환경 문제들은 인간의 육체와 인성을 파괴할 뿐만 아니라 자연환경이나 미래자원까지 훼손하거나 고갈시키고 있다. 불교생태학의 외부적 요인을 아래와 같이 몇 가지로 살펴보고 불교의 대표적인 환경운동을 소개하고자 한다.

(1) 불교 외부적 요인

현대인의 생활 자체를 위협하는 환경문제의 야기는 결국 인간의 욕망에서 비롯된다. 홍윤기 교수는 그의 논문에서 인간이 기본적으로 가지는 1차적인 굶주림, 갈증 등 생존욕구와 함께 2차적 욕망인 권력이나 부(富) 혹은 문화적 욕구 등이 있다고 하였다. 그러나 산업혁명과 근대화의 과정에서 1차, 2차 욕망의 구분이 없어지고, 욕망의 확대 재생산을 통해 대량적인 소비구조를 만들었다는 것이다.[14] 이와 같이 욕망해소를 위한 소비생활은 당연히 자연 생태는 물론 인문환경에 심각한 문제를 야기했다고 진단하고 있다. 따라서 부존자원이나 부의 분배에 따른 사회적 갈등 표출과 함께 이를 치유하려는 노력들이 수반되었으며, 이에 대한 문제 제기와 환경생태에 대한 새로운 해석과 연구가 진행되었다. 환경문제에 대한 실천적, 학술적 접근에 따라 종교의 본연인 사회치유라는 교차점이 형성되었다. 인간의 욕망에 대하여 지혜롭게 대처할 것을 가르치는 불교는 무리없이 환경생태 문제에 접근할 수 있었다. 그러나 급변하는 현대사회가 안고 있는 생태 문제에 대한 불교적 대안이나 행동 지침을 마련하기에 어려운 문제가 대두되었다.

환경생태 문제에 대한 외부적 요인에 관심을 갖게 되었고, 1972년 스톡홀름에서 채택된 'UN 인간환경회의선언'과 1992년 6월3부터 14일까지 리우데자네이로에서 개최된 '리우선언'에 지대한 관심을 갖게 된 것이다. 대한불교조계종 환경위원회가 불교환경의제 21에 대한 초안을 마련하면서 리우선언 전문과 27개항의 원칙, 그리고 의제 21의 전문과 40장을 수록하고 있다. 여기에 의제 21국가실천계획 40개항 수록과 더불어 국가환경선언문, 종교지도자 환경녹색선언, 환경윤리에 관한 서울선언문을 수록하면서 불교 외부적 요인에 대한 많은 관심을 가졌음을 알 수 있다.[15]

국내적으로는 지난 1980년대 노동자 농민들의 민주화운동 과정을 겪으면서 민주주의의 진전을 겪게 되었고, 다양한 분야들의 가치

---

14) 홍윤기, 「현대의 욕망확대구조와 불교의 욕망이론」('지식기반사회와 불교생태학 국제세미나' 제4분과, 불교문화연구원), pp.21~24.
15) 대한불교조계종, 『불교환경의제 21 초안』(부록)(2004), pp.71~91.

가 새롭게 부각되었고, 이 가운데 환경생태문제도 마찬가지였다. 특히 1960년대에서 1980년대에 이르는 고속성장의 응보로서 물, 공기, 토양의 오염이 현실화되었고 1991년 발생한 낙동강 페놀사태는 그 대표적인 예이다.[16] 따라서 지속가능한 개발 문제를 두고 대규모 세계 환경회의가 개최되기에 이르렀고, 불교계 또한 환경 생태문제에 대한 세계적 추이를 관망하고, 이를 수용할 다각적인 준비에 돌입했던 것이다.

(2) 일반 환경운동의 불교적 전이(轉移)

산업화에 따른 공해문제를 비롯하여 다양한 사회문제들이 현대인들의 생활방식을 바꾸어 놓았다. 문제해결을 위한 다양한 대안 이론들이 등장했다. 대표적인 학설로서 리프킨이 제기한 '엔트로피(Entropy) 법칙'과 그에 따른 세계관의 등장이며 환경운동에도 많은 영향을 끼쳤다. 또한 1992년 6월 3일 브라질에서 시작된 '리우회의'는 각국 대표들과 민간단체들이 지구 환경보전과 지속가능한 발전을 위한 40개 항목을 채택하였다. 국내에서도 각종 환경관련 시민단체들이 대안을 제시하였고, 또한 국가적 정책이 뒤따랐다. 환경문제는 단순히 오염해결이 아닌 인간의 심성 개조와 생활양식을 변화시켜야 한다는 결론일 수밖에 없다. 따라서 환경문제는 종교적 영역으로 확대되었고, 각 종교단체들은 자신들이 추구하는 교리에 따른 다양한 해결책을 제시하였다. 개발과 보존에 따른 첨예한 대립과정이 사회적 담론으로 나타났고, 개인의 사고를 다루는 종교적 역할이 시작되었다고 보는 것이다.

---

16) 이정호, 「불교환경운동에서 불교생태(생명)운동으로 전환」(『불교환경워크숍결과보고자료집』)(2003.05.23~24), pp.60~62. 불교환경의제21추진위원회, 『불교환경워크숍결과보고자료집』

1984년 공해추방운동연합 등 민간단체의 활약이 시작되었고, 불교계에서서 환경생태 문제에 대하여 인식하고 적응하려는 노력으로 보였다. 대표적인 단체는 불교환경교육원(1991)이며 이듬해 결성된 공해추방불교인모임(1992)이다. 이후 1996년 '96청정국토한마당을 위시하여 캠페인 중심의 생태운동이 전개되었다. 2000년대에 접어들면서 불교적 이념을 사회적으로 실천하는 전문 환경단체들이 태동하였고, 불교환경연대, 인드라망생명공동체 등 국가적인 환경문제에 대하여 선도적인 활동을 시도하였다.[17]

일반 환경생태 운동의 불교적 전이(轉移)는 몇 가지의 선언문을 통해 살펴볼 수 있다. 불교도환경선언문, 청소년불자 환경지킴이 창립선언문(1996), 대한불교조계종 원로회의 유시(2002), 조계사불교대회결의문(2002), 부산정진대회결의문(2003) 등이 발표되었고, 다양한 선언을 통해 불교의 환경생태 운동에 대한 인식변화와 연대를 촉발시키는데 일조한 것으로 보인다.[18]

불교환경운동의 전이성에 대한 또 다른 예를 살펴본다면, 환경보존운동에서 '불교생태운동'으로의 용어 정리 노력이 보이고 있다. 불교계에서 진행해왔던 선언적 투쟁적 환경운동 대신 생활 속에서 친환경적 삶을 영위하는 생태운동 혹은 생명운동으로의 전이를 요구하게 된 점이다. 특히 이정호는 불교가 지향하는 개인과 세계, 인간과 인간, 혹은 인간과 자연 관계는 환경에 대한 사회운동이나 정부정책의 범위를 넘어서기 때문에 불교생태운동으로서의 이념적 전이가 있어야 함을 주장하고 있다.[19]

---

17) 대한불교조계종,『불교환경의제21초안』(2004), p.11.
18) 대한불교조계종, 위의 자료, pp.95~102.
19) 이정호,「불교환경운동에서 불교 생태(생명)운동으로 전환」(『불교환경워크숍결고보고자료집』, 2003.05), pp.66~67.

(3) 환경생태문제에 따른 불교적 역할의 확대

2005년 센서스에 따르면 종교 인구가 53.1%를 차지하고 있다.[20] 종교가 인간 심성(心性)의 제어에 따른 사회적 치유 기능을 추구한다고 할 때, 환경문제에 대한 종교인의 역할이 지대함을 말해준다. 실제로 각 종교들은 환경문제의 심각성을 인식하고 다양한 활동을 전개하고 있다.

불교계의 대표적인 환경단체는 불교환경연대이다. 2000년 '지리산살리기'를 추진하면서 범불교연대로 개발에 대응하였다. 다음해에는 '북한산살리기' 운동을 전개하였고, 불교계뿐만 아니라 종교계와 사회일반의 환경운동에도 많은 영향을 미쳤다. 2003년에는 경부고속철도의 금정산과 천성산의 관통 백지화를 요구하였고, 그 대안을 마련하기 위해 노력하였다. 특히 2006년 새만금 사업이 재개되었지만, 갯벌을 살리기 위한 삼보일배(三步一拜)(2003)의 종교적 노력은 환경운동뿐만 아니라 한국 사회에 커다란 반향을 일으켰다.[21]

불교계의 선언적, 캠페인적 환경운동에 이어 자연 생태를 보전하려는 지리산살리기 댐백지화운동, 북한산살리기, 천성산살리기 등을 통해 환경문제에 대처하는 불교계의 연대의 필요성이 제기되었다. 이어 빈그릇운동, 희망의밥상, 환경 오계(五戒)운동 등 불교환경단체들의 대 사회적 생태운동에 대한 활동이 이어지고 있다. 그러나 불교를 기반으로 환경생태운동을 진행하기 위한 이념과 이를 준

---

20) 대한불교종계종 화엄회, 『한국불교 미래를 준비한다』(화엄회종책자료집2, 2006.09.01, p.159)의 1995-2005 종교인구 비교분석에 의하면 1995년 종교인구는 50.7%이다. 이와 함께 불교 · 기독교 · 천주교 3대 종교가 차지하는 비중은 97.5%이다.
21) 한겨레신문, http://www.hani.co.kr/section-014005000/2001/05/014005000200105241746021.html(편집시각 2001년05월24일17시46분 KST)

거하는 지침이 마련되지 않은 문제점이 존재했고, 이를 보완하려는 노력이 불교환경의제21의 준비이며 5년간의 작업 끝에 2006년 완성된 것이다. 따라서 다양한 생태문제에 대처하는 활동에 있어 명확한 목표의 설정, 진행 과정에 있어 시행착오를 줄이는 등 그 효과를 극대화할 수 있다는 점에서 매우 긍정적인 요소로 작용할 것으로 보인다.

불교생태운동의 영역 확대는 학술 쪽에서도 그 보조를 맞추고 있다. 불교 종립대학교인 동국대학교를 중심으로 불교생태학에 대한 이론적 지식과 관련 자료들을 제공하는 형태로 창립(2004)되어 활동하고 있으며, 동국대학교 BK 불교문화사상사교육연구단에서는 전집 형태의 연구서를 출간(2006)하면서 제9권, 제10권, 제11권, 제12권에 불교생태학 관련 논문들을 수록하고 있다. 특히 동국대학교 100주년 기념의 일환으로 개최된 '지식기반사회와 불교생태학'(2006.05)은 세계적으로 명망 있는 생태학연구자들을 초빙하여 불교생태학에 대한 학술토론대회를 개최한 바 있다. 그리고『불교평론』,『불교학연구』,『불교학보』등의 학술지들도 특집을 통해 불교생태학을 학술적으로 다루고 있으며, 대한불교조계종 및 인드라망생명공동체가 주최했던 '불교생명윤리 정립을 위한 공개 심포지움'(2005.12)은 불교생태학에 대한 영역 확대를 보여주는 좋은 예라고 할 수 있다.

2. 불교 환경운동의 운영체계와 활동 현황

불교계를 중심으로 활동하는 다양한 환경단체들이 존재한다. 또한 생태환경 문제에 간접적인 관여하고 있는 단체 또한 많은 숫자를 헤아리고 있다. 이들 단체들에 대한 조사가 본격적으로 이루어지지 않은 시점에서 활동 현황을 제시하기엔 어려움이 많다. 여기서는 생태환경문제를 지향점으로 활동하고 있는 단체의 현황들을 살펴보고자 한다.

(1) 대한불교 조계종 환경위원회의 운영과 활동

1) 주요 활동

조계종 총무원의 환경운동과 직접적으로 관련된 사항은 1996년 12월에 발족한 '사찰환경보존위원회'이다. 총무원 산하로 출범한 사찰환경보존위원회는 발족 전후로 수행환경 보전을 위한 조사와 오염 대책을 추진하였다. 1996년 11월 22일에는 '사찰환경보존과 민족문화수호를 위한 전국 본말사 주지 대회 개최'하였고, 1997년 12월에는 사찰환경조사를 통해 오·폐수와 쓰레기 배출, 산림훼손 등 사찰 자체 내에서 행해지고 있는 환경오염을 방지하기 위한 실태조사와 오염 방지시설 설치 등의 자구노력을 추진하였다. 1998년 1월(복재재단 강당)과 2월(대구 진각회관)에는 사찰환경포럼을 개최하였고, 1999년 4월 환경운동연합과 함께 '동강댐 백지화를 위한 33일 밤샘' 현장을 방문하여 지지입장을 밝히기도 하였다.[22]

1999년 4월 6일에는 조계종 사찰환경보존위원과 환경부, 국립공원관리공단, 환경단체시민모임관계자 20여명이 참석해 사찰환경보존에 대한 다양한 논의를 펼치기도 하였다(종단협 사무실). 이외에도 해인사 관통도로 건설 강행 반대, 해인골프장 허가무효소송, 문경 봉암사 인근 휴양시설 건립 백지화 추진을 지원하였다. 그리고 1999년 9월 15일, 환경친화적 사찰만들기 토론회 개최하여 '21세

---

22) 불교신문, 2002년 02월 15일자 내용.

기사찰환경안'을 마련하기도 하였다.

2000년 6월 급증하는 불교계의 환경문제에 적극적으로 대처하기 위해 기존 '사찰환경보존위원회'를 확대·개편하여 '환경위원회' 설치의 검토 및 발족 결의하였다. 8월에 환경위원회 구성을 위한 간담회를 가졌으며, '대한불교조계종환경위원회' 발족시키기로 하였고, 동년 10월 7일 환경위원회령을 제정·공포하였다.[23] 종단의 친환경적 운영과 생활·문화·생태·종교환경 보전을 목적으로 대한불교 조계종령으로 발족된 기구이다. 2001년 3월 7일 조계종환경위원회(위원장 성타 스님)가 출범하였고, 이를 계기로 해인사, 월정사 등 교구본사별로 환경위원회가 설치되었다.

조계종환경위원회의 대표적인 성과는 '불교환경의제21'의 수립이다. 이는 불교계의 환경운동을 지원하면서 종단과 산하사찰, 불교계, 일반사회에 불교환경운동의 방향을 설정하고 상세한 지침을 마련하기 위한 작업이다. 불교환경연대와 공동으로 불교환경 실태조사(2002)에 이어 두 번에 걸친 워크숍(2003)을 개최하는 과정에서 '불교환경의제21'(2004) 초안을 마련하고 이를 검토 후 확인과정을 마치고 있다.[24] '불교환경의제21'의 내용을 다음과 같이 요약한다.

1. 불교환경 기본의제
(1) 불교생태·생명사상을 현대화하여 사회적으로 구현한다.
(2) 시대적 과제에 대한 불교적 대안문화를 정립하고, 실천한다.
(3) 사부대중을 위한 환경교육 프로그램을 개발하고, 보급한다.
(4) 사찰의 문화유산을 잘 보존하고, 체계적 관리와 그 올바른 이해를 도모한다.

---

23) '대한불교조계종환경위원회령' 총무원법 제9조 및 제17조에 의거하고 있다. 불기2544(2000)년 10월 7일 제정·공포하였고, 2545(2001)년 4월 2일 개정·공포, 2548(2004)년 6월 24일 전면 개정 이후 2548(2004)년 7월 7일 공포한 이후 오늘에 이르고 있다.
24) 조계종 환경위원회, 『불교환경의제』(2004), p.5.

(5) 환경관련 전담기구를 설치하고, 환경예산을 현실화한다.
(6) 불사를 환경 친화적으로 시행한다.
(7) 정기적으로 불교환경실천대회(워크숍)를 개최한다.
(8) 불교계의 환경전문가와 환경단체를 적극 육성 지원한다.

2. 분야별 의제

가. 친환경적인 생활과 수행

   (1) 자원절약과 재활용을 실천한다.
   (2) 에너지문제를 환경친화적인 삶의 방식으로 풀어나간다.
   (3) 수질과 수량 문제를 환경친화적인 삶의 방식으로 풀어나간다.
   (4) 대기와 소음 문제를 환경친화적인 삶의 방식으로 풀어나간다.
   (5) 발우공양의 전통과 정신을 되살린다.
   (6) 방생을 생태적으로 실천한다.

나. 생태사찰 만들기

   (1) 사찰 주변 자연생태계를 보전한다.
   (2) 사찰의 물 환경을 환경친화적으로 관리한다.
   (3) 사찰 조경을 전통적이고, 환경친화적으로 가꾼다.
   (4) 거닐고 싶은 사찰 숲길을 만든다.
   (5) 사찰림을 생태적으로 관리한다.
   (6) 전통 해우소를 복원한다.

다. 수행환경 지키기

   (1) 청정한 수행가풍을 되살려 유지, 발전시켜 나간다.
   (2) 정부와 지자체의 개발사업 계획과 추진에 참여하여 의사를 적극 개진한다.
   (3) 환경관련 법령 및 제도 제정이나 개선에 적극 참여한다.
   (4) 사찰 수행환경보존을 위한 기본원칙을 제정하고 이를 널리 계몽한다.

(5) 사찰환경문제의 발생 시 행동을 공유한다.

라. 사찰과 지역공동체
 (1) 농업을 권장하고, 유기농을 실천한다.
 (2) 도농 사찰교류를 통해 상생의 가치를 창출한다.
 (3) 사찰이 지역 환경활동의 중심역할을 수행한다.
 (4) 생명평화 공동체를 지향하는 대안교육을 진행한다.
 (5) 사찰이 지역복지의 중심처 역할을 맡는다.
 (6) 사찰을 생태문화 체험교육의 장으로 활용한다.[25]

'조계종 환경위원회는 독자적인 환경운동을 주도하기보다 불교계 환경운동단체의 활동지원과 산하 사찰의 수행환경보호를 지원하고 있다. '지리산살리기댐백지화추진범불교연대'를 시작으로, '북한산 관통도로 건설저지를 위한 불교대책위' 지원, '새만금갯벌살리기삼보일배와 천성산살리기' 등 불교환경운동단체들에 대한 지원을 아끼지 않았다.

2) 활동 연혁

<표 III-1> 대한불교조계종 환경 관련 주요 활동 연혁[26]

연월일	설립 및 그 경과
1995. 09. 15	조계종 제8교구본사 직지사 환경보호회 창립대회 대한불교조계종 총무원, 불교환경교육원, 첫 환경수행 지침서
1996. 05. 15	『생명을 푸르게 마음을 자비롭게』 발간
1996. 11. 22	조계종 총무원, '사찰환경보존과 민족문화수호를 위한 전국 본말사 주지 대회 개최'

---

25) 대한불교조계종환경위원회, 『불교환경의제21』(조계종출판사, 2006.09.27)의 요약문 전문을 발췌하였다(pp.4~5).
26) 『불교환경의제21초안』(대한불교조계종, 2004.03), pp.92~94.
 『불교환경의제21』(대한불교조계종환경위원회, 2006.09.27), pp.15~16.

1996. 12. 13	'96 불교지도자 환경워크샵 개최
1996. 12	대한불교조계종 사찰환경보존위원회 발족
1997. 11. 26	조계종 사찰환경위원회, 교구본사 및 직할사암에 '환경오염 방지시설 설치 및 대책 결과보고 요청서' 발송
1999. 03. 31	제2기 사찰환경보존위원회 토론회-사찰과 환경-개최
1999. 09. 15	대한불교조계종 사찰환경보존위원회, '환경 친화적 사찰 만들기 토론회' 개최
1999. 10. 12	환경보존과 민족문화 수호를 위한 사부대중 결의대회
200. 01. 28	불교 개신교 천주교 유교 천도교 원불교 민족종교 등 7개 교단 '종교단체 환경 정책실천 협의회' 창립
2000. 06. 10-12	대불청, 제19차 전국불교청년대회에서 환경 5계(물 아끼기, 음식물 남기지 않기, 대중교통 이용하기, 모피 옷 안 입기, 사후 화장 등)발표
2000. 09-12	대한불교조계종 총무원 사회부, 사찰오수특성조사
2000. 11. 30	13개 불교단체, 종단 및 사찰에 '환경훼손 참회', 대형 불사 자제 건의
2000. 12. 08	대한불교조계종 환경위원회 발족
2001. 01	대한불교조계종 총무원, 『사찰환경침해사례집』발간 대한불교조계종 포교원, 『환경/인권/생명 방생프로그램』발간
2001. 02. 05	조계종 총무원 사회부, 『사찰환경 침해 사례집』발간
2001. 03.1 4	조계종 환경위원회 발족
2001. 03	조계종 '새만금간척 반대' 성명
2001. 05. 22	종교환경회의 창립(기독교 · 불교 · 원불교 · 천주교)
2001. 07. 09-11	제1회 생태사회를 위한 종교인 대화마당-생명의 시대, 깨달음과 영성을 위하여
2001. 06. 27- 09. 13	조계종 본말사 주지연수 환경교육시행
2001. 09. 20	'북한산국립공원 관통 서울외곽순환도로 조계종 제25교구 대책위' 발족
2002. 03. 26	조계종 원로회의 유시발표 및 조계종 중앙총회의 수행환경수호를 위한 대정부 촉구 결의문발표
2002. 04. 12	금정산, 천성산 고속철도 통과반대 시민종교대책위 구성 및 종교인선언문 결의

2002. 04. 19	조계종 24개 교구본사 주지 스님 송추현장방문
2002. 07. 22	경부고속철도 금정산, 천성산 통과반대를 위한 2차 토론회 -생태, 소음, 진동, 시민설문조사-
2002. 07. 22	조계종교구본사주지회의 결의문 발표
2002. 08	대한불교조계종 환경위원회, 『방생지침서』발간
2002. 12. 04	노무현 대통령후보의 노선백지화 및 대안노선선정공약 접수
2003. 01	불교환경의제 수립
2003. 02. 13	경부고속철도 금정산, 청성산 관통백지화 및 대안노선결정을 위한 토론회-참여정부의 공약이행을 위한 현안 토론회-개최
2003. 05. 14	불교환경운동 방향 모색 워크샵 개최
2004. 02	'불교환경의제21' 세부 의제 수립 작업 진행
2005. 02	불교환경의제21 및 불교환경헌장 확정
2006.	04. 불교환경의제21 실천 프로그램 확정 09. 불교환경의제21 선포
2006. 10.	사찰쓰레기 처리 현황 및 대책(연구용역 12월 말 종료 예정)

(2) 인드라망생명공동체의 환경인프라와 활동 현황

1) 인드라망생명공동체의 출범 경위

　인드라망생명공동체는 더불어 함께 살고 서로 협력하며 평등하게 균형과 조화를 이루는 삶의 문화를 가꾸는데 그 지향점을 두고 있다. 불교적 이념을 생명공동체와 환경생태운동에 적용시키고 이를 실천하기 위한 기관(실상사농장, 작은학교, (사)한생명, 인드라망지리산교육원, 인드라망생협, 불교생협연합회(준))를 두고 있다. 실상사 농장을 시작으로 불교귀농학교를 설립하여 도농(都農) 간의 상생을 도모하였다. 그리고 이를 뒷받침하는 한생명, 실상사작은학교 등 사회적 공동체 운동을 실천하고 있다. 인드라망생명공동체의 근본도량은 전북 남원시의 실상사(實相寺)이다. 조계종 제17교구인 금산사의 말사인 이 곳을 중심으로 인드라망생명공동체의 이념 제공은 물론 실천 지향점을 제시하고 있다.

공동체의 출범 경위를 살펴보면 도법 스님 개인적 서원(誓願)에 힘입은 바 크다. 스님은 금산사에 입문하여 해인사 승가대학과 송광사 등 제방 선원에서 안거(安居) 수선하였다. 특히 금산사의 화엄학림에서의 간경(看經)은 인드라망생명공동체의 근본이념을 세우는 계기가 되었다. 『화엄경』에 나타난 우주관 및 세계관을 뚫어보았고, 그 내용 중에서 밝히고 있는 제법의 연기관계, 생명과 질서 등에 대한 간접 체험의 기회를 갖게 되었다.

『화엄경』을 연구하면서 화엄논리를 생명질서의 개념으로 정립하였다. 그리고 대(對) 사회적 적용을 위한 대승보살도로서 환경생태운동에 대한 지향점을 마련하고 있다. 스님은 전쟁이라는 극악을 조망하였고, 본능적 욕망이 우선하는 인간 군상에 대한 고찰이 이어지고 있다. 이를 통해 인간뿐만 아니라 공존하고 있는 뭇 생명들과의 관계성을 감안한 점이 돋보인다. '같은 피를 지닌 인간 생명이 함부로 취급되어지는 것도 부끄럽게 여기지 않는데, 하물며 인간 이외의 생명에 대한 몰자각'은 생명의 세계와 그 본질에 대한 깊은 고뇌를 하도록 하였다.[27]

스님은 인간군상은 어머니의 품인 자연으로부터 떠나왔고, 급기야는 그 고향마저도 망각해버린 현실을 개탄해하고 있다. 물, 불, 바람, 땅, 식량 등 자연의 시혜에 대하여 고마움을 느끼지 못하고 발전, 풍요, 자유라는 미명 하에 파괴에 혈안이 되어 있는 현실을 직시하였다. 이를 교활한 인간중심·자기중심으로 보았고 정신착란 증세를 일으켰다고 보았다. 인간 무지에 의해 저질러진 잘못을 바로

---

27) 도법 『화엄경과 생명질서』(세계사, 1990), pp.13~15.

잡기 위해 『화엄경』이 시혜하는 근본 질서와 가치를 도입하고자 서원을 세웠다.[28]

『화엄경』이 제공하는 세계관과 그 관계성에 깊은 관심을 보인 스님은 법계의 산천초목, 불보살과 중생, 그리고 자타, 시공, 유정·무정 등이 형성하는 씨줄날줄의 아름다운 관계성을 보았다. 무수한 동체들이 조화를 이루고 있는 모습을 이상으로 삼고 현실 변화를 위한 출발점으로 삼았다. 그리고 보살의 수행단계인 십신(十信), 십주(十住), 십행(十行), 십회향(十廻向), 십지(十地)의 단계를 다양한 관계성 속에서 이해하였고, 또한 이를 우주 질서로서의 연기법이었음을 밝히고 있다. 스님은 제 경전에 나타난 연기법들을 세심히 조사하였고, 모두 화엄정신과 보살도로 귀결시키고 있다.

『화엄경』에 제시하는 이상과 이념이 현실에 적용되어야 한다는 서원은 곧 신해행증(信解行證)의 행동지침을 마련하고 있다. 또한 현실적 철학으로서 엔트로피(Entropy) 개념[29]과 유사함을 인식하였고, 생산과 소비, 소득과 지출, 그리고 소유개념에 대한 새로운 대안을 마련하고 있다. 이상과 현실의 조화를 위해 화엄정신을 도입하였고, 구체적인 행위 이념으로서 보살정신을 내세우고 있다. 그러한 총체적 구심점을 인드라망(因陀羅網)[30]이라는 불교적 세계관을 도입한 것이다.[31]

그러나 도법 스님은 곧바로 환경운동에 매진한 것이 아니라 한국불교의 중흥을 위해 종단개혁이라는 현실문제에 뛰어들었다. 경전 공부를 통한 이상을 정하고 실천에 매진한다면 무슨 일이든 이룰 수

---

28) 도법『화엄의 길 생명의 길』(선우도량, 1999), p.93.
29) 도법 스님은 하나의 사물 즉 개체는 전체와 조화되는 일심동체의의 진리에서 조화되어야 한다는 화엄경의 가르침을 리프킨의 엔트로피 견해에 적용하고 있다. 특정한 일요일을 위해 나머지 6일이 고통스런 노동이 되지 않아야 한다는 것이다. 노동과 휴식, 명상, 오락이 조화되는 라이프 밸런스를 강조하고 있다 (도법『화엄경과 생명질서』(세계사, 1990), p.43).

있을 것 같았지만, 종단 개혁이라는 쉽지 않은 문제에 부딪쳤다. 새로운 희망을 안고 남원 실상사로 돌아와 불교적 이상을 도입한 환경생태운동을 시작하였다. 자신의 선수행과 화엄학림에서의 연구, 그리고 선우도량 개설과 종단개혁이라는 체험을 바탕으로 대 사회적 보살도를 실천하게 된 경위이다.

1998년 불교 귀농학교를 매개로 도농(都農) 간의 연결을 통해 상생의 길을 열고자 시작하였다. 그리고 이를 계기로 인드라망생명공동체가 탄생하였다. 문명 속에 매몰되어 가는 개인들의 소외를 불교적 교리에 의해 해소하고 다양한 생태문화를 전파하려는 의도로 시작되었다.

인드라망은 화엄세계의 연기법(緣起法)을 상징적으로 표현하는 말이다. 모든 생명들과 우주존재들이 연기라는 관계성 속에 포함되어 있는 것이 구슬그물[인드라망]과 같다는 의미이다. 생명공동체 인드라망에서는 불교귀농학교를 비롯하여 생태적 생활방식 실천운동, 사찰환경운동 등을 실천한다. 창립선언문에서 보듯 '우주의 생명질서인 공존-협동-균형의 길을 간다'와 '인드라망세계관 확립과 존재가치의 깨달음과 평화공존의 문화를 갖춘다'는 평화공존을 목표로 내세우고 있다.[32]

---

30) 도법 『청안청락하십니까?』(동아일보사, 2000, p.37)에는 『화엄경』이 나타내는 이상적 세계인 인드라망의 설명을 제시하고 있다. 연기(緣起)에 의한 비유를 다음과 같이 설명하고 있다. "제석천 궁전에는 투명한 구슬그물(인드라망, 因陀羅網)이 드리워져 있다. 그물코마다의 투명구슬에는 우주 삼라만상이 휘황찬란하게 투영된다. 삼라만상이 투영된 구슬들은 서로서로 다른 구슬들에 투영된다. 이 구슬은 저 구슬에 투영되고 저 구슬은 이 구슬에 투영된다. 작은 구슬은 큰 구슬에 투영되고 큰 구슬은 작은 구슬에 투영된다. 동쪽 구슬은 서쪽 구슬에 투영되고 서쪽 구슬은 동쪽 구슬에 투영된다. 남쪽 구슬은 북쪽 구슬에 투영되고 북쪽 구슬은 남쪽 구슬에 투영된다. 위의 구슬은 아래 구슬에 투영되고 아래 구슬은 위의 구슬에 투영된다. 정신의 구슬은 물질의 구슬에 투영되고 물질의 구슬은 정신의 구슬에 투영된다. 인간의 구슬은 자연의 구슬에 투영되고 자연의 구슬은 인간의 구슬에 투영된다. 시간의 구슬은 공간의 구슬에 투영되고 공간의 구슬은 시간의 구슬에 투영된다. 동시에 겹겹으로 서로서로 투영되고 서로서로 투영을 받아들인다. 총체적으로 무궁무진하게 투영이 이루어진다"
31) 도법 『화엄경과 생명질서』(세계사, 1990), pp.31~46.

한 몸 한 생명의 연기적 세계관에 기반한 진리로서의 공존, 협력, 균형이라는 원리가 현대 사회의 문제 해결 방법에 적용되어야 한다는 것이다. 그러나 바탕에서 논의의 흐름을 만들어 가는 의사소통의 경로로서 인드라망생명공동체는 삶과 수행의 문제를 중심에 두고자 출발한 공동체임을 말해준다.[33]

2) 창립 과정 및 주요 연혁

인드라망생명공동체 상임대표인 도법 스님은 인드라망 세계관을 설명하면서 『화엄경』 내용의 그물구슬을 연기법을 상징한다고 하였다. 인드라망은 생명 질서로서 더불어 사는 삶을 구현하는 가르침이며, 질서와 균형의 유지는 물론 새로운 가치 창조를 위한 주체적인 삶의 방법임을 역설하고 있다. 결국 인류의 영원한 꿈인 자유와 평등, 평화를 실현하는 길로서 인드라망 세계관을 채택하고 있는 것이다.[34]

그러한 세계관에 의거하여 현실적인 운동을 전개하고 있다. 불교귀농학교의 개설과 함께 유기농산물의 매매를 통해 도농간의 직접적인 연결 맺는 공동체를 구성하였다. 다양한 행사와 사업의 진행 결과 현실적인 인드라망생명공동체로 거듭나게 되었다.

도법 스님의 사회구제에 대한 서원과 실상사라는 고찰이 있어 구심점 역할이 가능하였다. 이미 신행단체인 선우도량을 이끌었던 경험과 종단개혁 과정을 통해 얻은 경험을 통해 인드라망생명공동체의 기획이 가능했다고 하겠다. 98년에 개설된 불교귀농학교를 개설하고 농장경영을 통해 수확한 농산물을 도시에 직접 공급하는 시스

---

32) 인드라망생명공동체, http://www.indramang.org
33) 『인드라망』 3.4월호(인드라망생명공동체 홍보국, 2000), pp.4~5.
34) 도법 「인드라망세계관과 삶의 철학」『인드라망』 창간호, 2000), pp.8~11.

템을 구축하였다. 도심사찰 및 포교당과의 결연을 통해 '불교도농공동체운동'이 결의되었고, 곧 인드라생명공동체가 탄생하게 된 직접적 경위이다. 이후 대안학교인 '작은학교'가 설립되었고, 생태농업의 경영과 함께 '불교생협'이 문을 열었다.

<표Ⅲ-2> 인드라망 생명공동체의 주요 연혁

연대	월일 및 내용
1998	03. 제1기 불교귀농학교 개설(2006년말 19기까지 진행/ 년2회진행) 06. 27 장기귀농학교 개설준비모임 08. 26 불교귀농학교 운영위, (가)불교도농공동체운동본부 건설합의 08. 영화사 유기농매장 '한마음' 개장 09. 01-11.30 장기귀농학교 개설(=이후 귀농전문학교로 개칭, 2006년말 17기까지 진행/년 2회진행)
1999	03. 30 제1기 불교생협학교 개설 05. 유기농산물 봉축특판팀 운영 04. 09 (가칭) 불교도농공동체운동본부(준) 결의 06. 불교계 대안학교 설립추진 논의 07. 봉은사 수원포교당 매장 개장 09. 11 인드라망생명공동체로 창립 09. 실상사 작은학교 준비팀 발족
2000	01. 02 제1회 지리산선돌마을 겨울학교 02. 05 생활재소식지 <인드라망생협> 창간 03. 30 격월간 <인드라망> 창간 04. 27 지리산 살리기 실상사대책위 발족 05. 30 지리산 댐 백지화와 친환경적 수자원정책을 위한 범불교토론회 06. 14 범불교연대 소식지 <지리산> 창간 06. 29 지리산 살리기 댐 백지화추진 범불교연대 창립 10. 09 귀농전문학교, 친환경농업교육장 기공식 12. 20 작은학교 2001년도 신입생 선발
2001	01. 지리산선돌마을 어린이청소년 겨울학교 03. 04 작은학교(대안학교) 개교(중등과정) 03. 07 제2차 화엄광장 '생태주의에 대한성찰과 생명운동원리' 03. 15~05. 24 조계사생명문화학교 05. 26 생명평화 민족화해 지리산위령제 08. 11 제4차 화엄광장 '대안교육에 대한 성찰과 과제' (홍성 풀무학교) 08. 27 사단법인 한생명 창립총회(환경농업교육장) 11. 24 환경농업교육장 개원식 및 기념세미나/제9기 귀농전문학교 졸업식

2002	03. 09 불교생협운동본부 발기인 대회(봉은사) 06. 05 실상사 작목반 창립총회(실상사농장) 06. 05~16 생태농업4계절체험, 제8차 화엄광장(실상사) 06. 05 우리쌀지키기 100일 100인 걷기운동 출범식(진도 용장산성) 07. 26 제2기 대체의학 중급강좌 개최 (귀농전문학교) 08. 28 제11기 불교귀농학교 입재식 11. 14~15 한국 환경단체 회의 워크샵(김포 청소년수련관)
2003	01. 18 불교생협운동본부 '생협' 창립식 (봉은사), 대의원 구성을 위한 부산지역 모임 07. 25 한생명사회문화교육 대체의학강좌 08. 02 한생명 생명문화학교(~5일) 08. 03 지리산 평화결사 발족식, 천일기도 900일 행사 08. 18 11기 귀농전문학교 입학식 09. 19 토론회 개최 "불교환경의제21/ 사찰과 지역공동체" 10. 26 '인드라망생명공동체 가을 한마당' – 나눔마당 / 봉은사
2004	03. 01 상임대표 스님 생명평화탁발순례 시작 03. 12~14 '불교사회단체 활동가 워크샵' 07. 25~30 (작)지리산청소년생명평화학교 실시 08. 05~07 (인) '생태농업4계절체험–여름' 진행(교육원) 09. 06 (인)'도룡뇽소송인단 100만인 서명' 가두 캠페인 시작 11. 09 (불사)생명살림불사–소박한 밥상, (작)세상보기 11. 27 환경비상시국회의 1만인선언식
2005	04. '소박한 밥상' 행사 06. 인드라망교육센터 개관(서울) 08. 부산 홍법사 · 인드라망 친환경공양미 실천 협약 10. '2005 가을한마당' 행사 12. 여주 신륵사 · 인드라망 친환경공양미 실천협약, 현장귀농학교 간담회
2006	01. 지홍 스님–인드라망 공동대표 추대 03. 현장귀농학교 입학식 06. 대구 관오사 · 인드라망 친환경공양미 실천 협약 07. 햇빛발전소 건립 추진 08. 어린이계절학교(지리산교육원) 09. 도선사 · 인드라망 친환경공양미 실천 협약 10. 길상사 · 인드라망 친환경공양미 실천 협약 11. '2006 가을한마당' 행사, 화계사 · 인드라망 친환경공양미 실천 협약 11. 불교생협연합회(준) 발기인대회, 김장축제(한생명) 12. 현장귀농학교 1기 졸업식

3) 인드라망생명공동체의 운영체제

인드라망생명공동체는 총회를 최고 의결기구로 한다. 총회산하에는 지도위원, 공동대표, 감사가 있으며, 공동대표 산하에 전문위원과 운영위원회를 두고 있고 운영위원회를 지원하는 정책위원회를 두고 있다. 그리고 운영위원회는 (사)한생명을 비롯하여 실상사작은학교, 인드라망지리산교육원, 인드라망생협, 실상사농장공동체의 기관기구대표와 지역대표, 실상사와 현장귀농학교 동문회장으로 이루어져있다. 총회와 운영위원회 등을 지원하는 사무처에는 살림팀, 교육팀, 옷살림팀, 기획팀으로 구성되어 있다.

4) 인드라망생명공동체의 현황과 활동

①근본도량 실상사

실상사(http://www.silsang.net)는 전라북도 남원시 산내면(山內面)의 지리산(智異山) 기슭의 평지에 건립된 고찰이다. 구산선문(九山禪門) 가운데 신라 828년 홍척 스님이 세운 최초의 선종 가람으로서 조계종 17교구 금산사의 말사이다. 인드라망생명공동체의 근본도량으로서 불교문화의 계승과 수행, 삶을 일치시키는 사부대중공동체 실현을 모색하고 있다. 본 공동체가 지향하는 이념을 수행하는 성지로서 불교문화와 생명, 평화사상을 접목한 템플스테이를 운영하고 있다. 불교 귀농학교 운영과 함께 도농 간의 상생을 추진하는 선구적 도량이다. 실상사 자연의학체험(남원) 등 다양한 환경체험시설은 물론 체험프로그램의 운영으로 현대를 살아가는 대중들에게 생태적인 삶을 가르치고 있다.

②사단법인 한생명

가)설립취지

조화로운 삶, 더불어 사는 지역 공동체, 생명을 살리는 농업을 지향하는 인드라망생명공동체 산하의 지역단체이다. 본 공동체의 세계관과 친환경 농업을 바탕으로 경제, 문화, 복지, 교육 등 지역 문화를 가꾸고, 농촌과 도시 공동체의 삶을 실현해 가는 지리산 실현지이다. 근본이념을 실현하기 위한 '한생명'의 취지는 다음과 같다.

좋은 생각을 나눕니다
- 인드라망 세계관으로 생명의 존귀함을 깨우치고 널리 펴기 위해 노력 합니다
- 사람의 도리를 다하는 삶을 추구하는 인간성회복을 위해 노력합니다.
- 생태, 자립, 공동체 등 새로운 사회에 맞는 대안의 가치관을 찾아 갑니다

이웃과 더불어 공동체의 터전을 가꿉니다
- 이웃이 겪는 일들이 우리의 일임을 알고 함께 나눠서 슬픔은 덜고 기쁨은 보탭니다.
- 교육, 의료, 주택, 문화, 생태환경 등 지역민의 삶의 질을 높이는 일에 앞장서며 더불어 사는 지역공동체를 만들고자 합니다.

농촌과 도시교류에 앞장섭니다
- 농민, 농업, 농촌의 소중함을 널리 알립니다.
- 생태적 감수성을 일깨우는 교육장을 만듭니다.
- 도시민들을 농촌 살리기의 동반자로 이끕니다.

- 지역을 돌아가고픈 어머니의 품으로 가꿉니다.

나)주요사업

<표Ⅲ-3> 사단법인 한생명 주요 사업

구 분	내 용
사회문화 교육원	- 귀농전문학교: 남원시환경농업교육장 / 귀농자 전문교육/환경농업교육 - 생명문화학교: 생태적 깨달음을 위한 체험수련학교/연 2회(여름/겨울) - 생명살림강좌: 대안의학, 흙집짓기, 천연염색, 활동명상, 우리옷짓기 등 강좌
산내여성 농업인센터	- 여성농업인 고충상담실: 여성농업인 영농교육 / 가사, 건강, 자녀교육상담 등 - 어린이스스로배움터: 방과후학교 어린이도서관 독서교실 / 열림터 등 - 산내어린이보육원: 0세부터 초등학교 이전 아이들을 위한 종일반 - 주민건강사랑방: 건강관리기구 설치 상설운영/건강 상담 및 건강관리교육 - 생활·문화·교양강좌: 여성농업인 정보화교육 / 각종 생활문화교양강좌
지역발전 센터(준)	- 환경농업지역 만들기: 실상들 친환경농업지구 조성사업 - 지역경제 활성화 기반 마련: 친환경농산물의 생산, 가공 및 유통망 건설 - 자연생태마을 만들기: 자연과 조화를 이루는 생태마을 만들기 - 지역발전·화합포럼 추진: 진정한 주민자치의 실현을 위한 모임 활성화
대안의료체계 형성을 위한 사업	치료·예방할 수 있는 의료방법의 연구, 자가진단과 예방능력을 기르는 교육을 진행하면서 주민건강생협, 대안의학연구소, 대안의학센터를 준비
교육 및 문화사업	실상사 작은학교와 더불어 지역에 희망을 심고 가꾸는 다양한 교육·문화사업 준비
농촌도시 교류사업	4계절 농촌살림 및 농사체험 / 농촌·도시 어린이 한마음 캠프 실시.

③인드라망 지리산교육원

지리산 인드라망교육원은 우주만물이 '한 몸 한 생명'이라는 인드라망생명공동체의 기본이념을 바탕으로 인간과 자연의 조화로운 삶, 인간과 인간이 유기적으로 연계된 아름다운 사회, 지속가능한 인류의 미래를 보장하기 위하여 생명살림의 유기농법 보급과 생명평화 운동의 전개 및 교육과 실천을 위해 설립되었다. 주요사업을 살펴보면 다음과 같다.

<표Ⅲ-4> 실상사 귀농학교 주요 사업

구 분	내 용
실상사 귀농학교	취지: 자연파괴적 도시문명에 대한 반성으로 자립적, 생태적, 농민 육성. 내용: 05년까지 봄, 가을 2회 총 15기 300여명 교육. 50%이상의 귀농율 보임.
자연 의학교실	취지: 고비용의 서양의학을 대체할 저비용, 자가 치료가 가능한 자연의학 급 내용: 1회 20여명 교육, 수지침, 이침, 뜸, 부황 등 일상에서 즉각 시술 가능한 것들로 구성
어린이 계절학교	취지: 일등주의와 경쟁의 가치관을 극복하고 자립과 공생의 가치관 전파 내용: 여름, 겨울 2회 운영, 장애 비장애아와 통합운영, 자연체험활동, 공동체놀이 등
인드라망 명상학교	취지: 수행법, 일상에서 깨달음 추구, 공동체 식구의 재교육과 에너지 충전 내용: 명상 중심의 부처님 수행법: 대중상대 / 25명 이내(격월 5박6일) 하·동안거 인드라망 식구 수행: 스님들의 불교 강의와 명상(보름, 한 달 과정) 하·동안거 집중 명상 수행: 대중상대 / 강의와 명상(보름 또는 한 달 과정)
황토집짓기 강좌	취지: 생태적 삶, 전원생활을 꿈꾸는 도시인 및 귀농인들에게 황토집짓기를 교육 내용: 초보자를 위한 3~4평 규모의 맞배지붕 구조의 집짓기강좌
음식살림 강좌	취지: 전통·생태적 먹거리 문화 교육 / 지역 친환경농산물 소비·보급 내용: ① 장류(된장, 간장, 고추장, 각종 장아찌), ② 김장류(배추김치, 무김치, 동치미, 갓김치), ③ 사찰음식, ④ 떡과 별미류(시루떡, 백설기, 약밥 등), ⑤ 음료(산야초차와 효소, 식혜, 수정과, 동동주, 과실주)(매월 3박4일) - 사찰음식 : 금수암 대안 스님, - 산야초차 : 전문희(<지리산에서 보낸 산야초 이야기> 저자, - 장과 김장 : 인월 달오름마을

④실상사 작은학교

개교이념은 인드라망의 연기적 세계관에 의해 구상되었다. 1999년부터 불교계 최초의 대안학교 준비를 위해 팀이 구성되었고, 이듬해에 교사모집과 함께 개교를 위한 준비에 들어갔고 2001년 3월 개교가 이루어졌다. 학생간의 조화로운 생활은 물론 학부와 학교 사이의 이해를 높이며, 친환경적 사고를 통해 육성된 인물이 사회에 기여하도록 하는 교육시스템이다. 실상사 작은학교의 교육이념과 모토는 '깨달음은 나무처럼 자라난다.' 이다. 그 내용은 다음과 같다.

<표Ⅲ-5> 실상사 작은학교 교육 이념

구 분	내 용
생명 살림 학교	불교의 연기적 세계관을 바탕으로 생명의 소중함을 깨닫고 더불어 살아가는 삶의 방식을 배우고 실천합니다.
작은학교	학생 개개인의 특성과 창의력을 존중합니다. 학생과 학생, 교사와 학생이 서로를 살리는 만남을 통해 성숙한 인격과 조화로운 삶을 체득합니다.
지역공동체 학교	실상사 사부대중 공동체와 지역민의 삶과 함께 하며 우리는 지리산의 꿈과 희망이 됩니다.
실상사 작은 학교는	학생은 열린 마음으로 사랑하고 스스로 배우고 실천하며 자신의 행동에 책임질 줄 압니다.
교사는	연기적 세계관을 바탕으로 생태적·자립적 삶을 지향하며 배움과 실천을 통해 끊임없이 자기변화를 추구합니다.
학부모는	스스로의 성찰적 삶을 통해 인생의 참된 가치를 깨닫고, 자녀의 행복을 위해 교사와 함께 올바른 교육현장을 일굽니다.

⑤ 불교생협연합회(준)

인드라망 세계관에 입각한 친환경 제품과 먹거리들을 사찰생협에 제공하고 있다. 쌀과 잡곡, 견과류, 건어물을 비롯하여 친환경 생활용품인 세제, 환경생활재, 자연화장품, 속옷 등을 취급한다. 그리고 차와 음료, 면류, 김치, 반찬류, 양념류, 기름, 장류, 가루, 꿀, 유정란, 건강보조식품, 과일 등을 매매한다.

봉은사(서울), 능인선원(서울), 석왕사(부천), 수원포교당(수원) 등 사찰단위의 매장에 귀농자들이 생산한 유기농산물을 소개하고 매매가 이루어지도록 하고 있다.

2004년부터는 부처님전에 친환경공양미를 올리자는 친환경공양미운동을 전개하고 있다. 봉은사를 시작으로 한 이 운동에 홍법사(부산), 불광사(서울), 구미불교대학(구미), 신륵사(여주), 관오사(대구), 도선사(서울), 길상사(서울), 화계사(서울)가 친환경공양미 실천협약식을 체결했고, 삼보정사(서울), 봉원사(서울), 도리사(구미), 대둔사(구미), 인과선원(서울), 봉인사(경기도), 청명사(경기도), 미타선원(부산)이 동참하고 있다.

인드라망 불교생협은 경기도 시흥시 조남동에 위치하고 있으며, 친환경 농산물 품질 인증제도를 채택하고 있다.

⑥ 인드라망생활협동조합

도시에 사는 소비자(조합원)를 대상으로 친환경농산물을 제공하고 교육과 생산지 탐방등을 통해 소비조합운동을 펼쳐나간다. 물류는 불교생협연합회(준)에서 제공받으며 조합원 인드라망생명공동체 회원, 사찰신도로 구성되어있다.

(3) 에코붓다의 설립 과정과 활동 현황

1) 에코붓다의 설립과 명칭 변경 과정

(사)에코붓다는 1988년 3월에 '한국불교사회교육원'이라는 이름으로 불교의 사회교육활동을 전개하다가 1990년 6월부터 환경활동을 시작했으며, 1994년 환경부로부터 '(사)한국불교환경교육원'이라는 이름으로 사단법인 인가를 받아, 2005년부터는 '(사)에코붓다' 라는 새 이름으로 활동하고 있다.

에코붓다(www.ecobuddha.org)는 법륜 스님의 중생구제의 서원과 사회적 활동 결과 탄생한 환경 단체이며 정토회 산하단체 중의 하나이다. 정토회는 한반도의 평화와 통일을 위한 다양한 활동과 함께 제3세계에 대한 구호에도 적극적인 단체이다. 에코붓다는 불교정신에 의한 순수 환경운동단체로서 불교계뿐만 아니라 대 사회적 환경운동이 가장 활발한 단체라 하겠다. 일찍이 환경생태에 대한 대 불교계, 대 사회적 활동을 위해 매진해왔으며, 최근 빈그릇운동을 펼쳐 사회적 공감대를 형성하고 있다.

법륜 스님은 1969년 경주분황사에서 불교에 입문하였고, 이듬해 영남불교중·고등연합학생회 회장을 맡으면서 활동을 시작하였다. 1983년 한국 대학생 불교 연합회 상임 지도법사의 직책을 수행하면서 암울한 사회현실을 직시하고 보살도를 실천하기 시작하였다. 1985년 중앙불교교육원 설립과 함께 본격적인 사회활동에 뛰어들었고, 1988년 마침내 정토회를 설립하게 되었다. 정토회는 수행을 기초로 한 사회참여운동 단체이다. 때문에 1980년대 이후 세계 모든 사회가 안고 있는 환경문제에 대해 관심을 기울이게 되었으며 불교사상을 바탕으로 이를 풀어나가고자 하였다.

한국불교사회교육원에서 한국불교환경교육원으로 명칭을 변경한 것은 환경문제에 대하여 불교적 해결의지를 높이려는 의도라 하겠다.

이렇게 1990년대 초반부터 한국사회에 환경문제를 제기하면서, 생명존중사상을 중심으로 한 불교의 근본가르침을 토대로 새로운 환경윤리를 정립하고 사회화하는데 심력을 기울여왔다. 현대 환경문제의 해결을 위해서는 가치관과 생활양식의 변화를 통해 삶을 근본적으로 바꾸어야 한다는 문제의식을 가지고, 교육을 주요한 과제로 삼아 각계각층의 시민, 학생, 전문가들을 대상으로 교육과 체험 프로그램을 진행해 왔다 또, 생태적 사회를 위한 비젼을 내오기 위해, 활동가와 전문가들을 중심으로 다양한 활동과 연구를 전개해왔다. 또한 환경단체간의 연대와 네트웍을 위한 사업들을 매우 적극적으로 펼쳐왔다

그리고 1999년 이후에는 풍요와 소비의 상징인 쓰레기문제를 화두로 하는 '쓰레기제로운동'을 통해 대안사회를 일구어가고 있다. '쓰레기제로운동'은 생활 속에서 직접 친환경적인 삶을 실천하는 운동이다. 이를 위해 끊임없이 의제와 실천방법을 개발하고 확산하고 있다.

에코붓다의 환경운동은 선언이나 구호만 남아 있는 환경운동이 아니다. 정토회관의 실천과 체험을 바탕으로, 시민들이 생활영역에서 대안적인 실천을 확산하는 생활 환경운동 사례라는 점에서 의의가 크다고 하겠다. 환경운동은 많이 먹고 많이 쓰는 소비적인 생활양식을 버리고, 욕심을 줄이고, 적게 쓰는 삶으로부터 출발해야한다는 인식은 2000년대에 들어 대사회적으로 다양한 환경운동을 확산할 수 있는 원동력이라고 보아야 할 것이다.

정토회의 환경문제 해결 노력이 가능했던 점은 산하단체 숫자의 증가를 통해 알 수 있다. 특히 2000년대 들어 전국에 지역정토회가 생겨나면서 정토회의 이념과 그 활동에 적극적으로 동참하고 있으므로, 수도권뿐만 아니라 전국적으로 환경운동을 확대하는 효과를 초래하였다. 이리하여 에코붓다는 '교육운동'을 넘어 '실천'을 통해 생활환경운동에 영향을 끼치게 되었다.

2000년에 접어들면서 에코붓다는 적극적인 대 사회운동을 펼치고 있다. 1990년도 이후 집적된 환경운동에 대한 논리적·실천적 노하우를 바탕으로 조직적이고 체계적인 활동을 효과적으로 진행 중이다. 특히 2004년부터는 "쓰레기제로운동"의 일환으로 사찰의 음식문화를 사회화한 "빈그릇운동"을 전개하였다. 또 지렁이를 이

용한 음식물 쓰레기 퇴비화를 사회운동으로 펼쳐 각계로부터 좋은 반응을 얻고 있다. 그래서 단순히 환경교육적 측면에서 벗어나, 국내외를 막론하고 환경실천운동을 펼치기 위해 한국불교환경교육원을 '에코붓다'(www.ecobuddha.org)로 개명하게 되었다.

2) 에코붓다의 환경운동 추진 경위

에코붓다는 불교 수행공동체인 정토회 산하의 환경운동단체이다. 정토회는 산하에 에코붓다를 비롯하여 JTS, 좋은벗들, 정토수련원 등 여러 단체를 두고 있다. 정토회는 물론 에코붓다 설립 역시 처음에는 법륜 스님의 서원(誓願)에 힘입은 바 크다.

정토회의 정토는 사후에 왕생하는 세계인 극락정토를 가리키기보다 현실 세계를 맑히는 유심(唯心)정토를 지향하고 있다. "맑은 마음, 좋은 벗, 깨끗한 땅"을 지향하며 "수행 · 보시 · 봉사"를 정토회원의 공통과제로 삼고 있다. 고통을 유발하는 사회적 조건들이 팽배하고, 탐욕과 성냄, 어리석음의 고통이 가득찬 예토(穢土)를 정화하고 청정한 사회를 만들기 위한 목표를 설정하고 있다. 곧 정토를 위한 대승불교의 실천을 그 근간으로 채택하고 있다.[35]

법륜 스님이 서원을 일으키기 위한 소의(所依)경전은 정토계 경전이 아닌 『금강경』임이 이를 말하고 있다. 그리고 『반야심경이야기』(1991)가 말해주듯 불교적 지혜에 기반한 사회정화운동이 그 목표임을 말해준다고 하겠다.[36] 그리고 환경적 마인드를 도출시키기 위해 먼저 인간이 갖는 관념적 견해를 비판하고 있다. 우주적 · 진리적 실제의 세계를 망각하고 개인의 잣대로 결론짓는 것을 지양하라

---

35) 법륜 스님, 『미래문명을 이끌어갈 새로운 인간』(정토출판, 1998), p.18.
36) 『무량수경』 혹은 『관무량수경』 등 정토계 경전에서 말하는 정토왕생의 추구가 아니라 현실 예토(穢土)를 정토로 바꾸는 유심(唯心)정토의 지향이라 해야할 것이다. 따라서 법륜 스님은 소의경전으로서 『반야심경』, 『금강경』 등 지혜를 일구는 반야계 경전들에 의거하고 있음을 볼 수 있다.

고 한다. 그리고 불생불멸의 이치를 깨닫고 생태적 사고로 전환할 것을 요구한다. 따라서 환경이란 중중첩첩으로 이루어진 연기적 세계임을 자각해야 한다고 하였다. 곧 불교적 지혜를 생태관에 접목시키고 있다.[37]

그리고 거시적 생태운동과 별개로 개인이 영위하는 생활과 관련된 생태운동을 금강경 서분(序分)에서 찾고 있다. 부처님도 기원정사에서 대중의 일원으로 최소한의 의복과 식사, 그리고 걸식을 통한 식사 해결로 이어지는 모습을 읽을 수 있다. 법륜 스님은 이들 기원정사 대중들이 조용하게 펼치는 오전 일정이야말로 생태적 삶에 가장 근접해 있다고 보았다.[38] 에코붓다 설립과 그 캠페인인 '빈그릇운동'과 '쓰레기제로운동'과 무관하지 않다.

법륜 스님의 불교운동은 이미 1969년 불심도문 스님을 스승으로 출가한 때부터 시작되었다고 할 것이다. 1970년 영남 불교 중고등 연합 학생회회장을 시작으로 1983년 한국 대학생불교 연합회 상임지도법사를 역임하였다.[39] 오랜 기간동안 청소년과 대학생들을 대상으로 전법한 경험을 토대로 정토회를 설립하고, 그 산하에 에코붓다가 탄생한 것이다.

환경운동 단체인 에코붓다는 JTS, 좋은벗들과 함께 정토회 산하의 기간단체이다. '한국불교사회교육원'은 '한국불교환경교육원'으로 개칭되었으며 다시 에코붓다로 개명되었다. 그 궤적을 살펴본다면 불교사회교육에서 환경교육, 그리고 환경운동으로 전환된 과정을 살펴볼 수 있다. 결국 에코붓다의 출현은 불교사상을 바탕으로 한 대(對) 사회운동과 그 실천에 매진하려는 지향성이 담겨져 있

---

37) 법륜 스님, 『불교와 환경』(정토출판, 1998), pp.39~45.
38) 『법륜 스님의 금강경 이야기』(정토출판, 1995), pp.48~57.
39) 정토회, http://www.jungto.org/home/pom/history.html

다.[40]

 그러나 에코붓다의 환경운동은 단순히 1990년대의 생태적 트렌드에 기인하지 않았다고 해야할 것이다. 그것은 정토회가 다양한 NGO활동에 매진하면서 북한동포돕기와 세계평화운동을 실천했다는 것이 바탕이다. 특히 인도 비하르주 보드가야 둥게스리 불가촉천민마을에 '수자타아카데미'를 설립하는 과정에서 사회운동의 다른 면을 발견하게 되었고, 실천성을 넓혀 가는 과정이었음을 발견하게 된다.[41] JTS를 설립하여 인도와 아프간을 비롯한 빈민국들에 대해 국제 기아·질병·문맹 퇴치 활동을 하였다. 대북지원도 활발히 하였다. 사단법인인 좋은벗들 설립을 통해 국제 인권·평화·난민 지원센타의 활동을 하였고, 평화와 통일을 위한 활동을 하였다. 정토회의 3000여 신도(회원)들은 모두 개인적 수행과 더불어 위의 사회적 실천에 동참하는 것을 목표로 하고 있다.

 결국 정토구현을 위해, 남북간의 긴장과 갈등, 세계적 불평등과 전쟁, 가난, 그리고 전 지구적 위기로서 생태환경문제를 해결하기 위해 정토회의 각 사회부서와 모든 활동가, (신도)회원들이 노력하고 있고, 이러한 정토회원들의 서원 속에서 정토회를 비롯한 에코붓다가 설립되고 유지되고 있다고 볼 수 있다. 에코붓다(환경운동), 좋은 벗들(P평화운동), JTS(국제 구호, 개발 지원 운동)는 하나의 정신의 3가지 다른 표현형이라고 할 수 있다.

---

40) 정토회, http://www.jungto.org/introduction/intro_history.html
41) JTS, http://jts.or.kr/india_active.html

3) 주요 연혁

<표Ⅲ-6> 에코붓다 주요 연혁

연 도	설립 및 그 경과
1988	01월 홍제동 정토포교원 개원
	03월 한국불교사회교육원 개원 수련 및 교육 등으로 다양한 불교실천활동들 전개 (1990년 5월까지)
1990	06월 한국불교사회교육원, 환경 문제로 활동을 전환
1991	09월 생태학교 시작 (일반인 대상 환경교육) (2006년까지 총 26기 진행, 각 기 10회~16회 강좌, 현장교육 포함)
	환경현장교육 시작 (1994년까지 총 15회, 이후에도 종종 진행)
1992	03월 불교환경강좌 시작 (1998년까지 전국 사찰 환경 교육 다수 진행)
	04월 생명운동아카데미 시작 (전문환경강좌) (2001년까지 총15맥 진행, 각 맥별 약 9회 강좌 및 심포지움)
	04월 생태주의이념 학습독회 및 세미나 시작 (1994년까지 68회)
	06월 주부환경교실 시작 (1994년까지 총 8회 진행)
	생태주의 운동의 사상 모색 강좌 (1994년까지 3회, 1회당 1개월~3개월)
	06월 국내환경연대 활동 시작 (2001년까지 적극적 진행, 현재까지 존속)
	07월 국제환경연대 활동 시작 (학술대회 주제발표, 교류프로그램, 총 20여회)
	녹색휴가 보내기 시민운동 (1993년까지)
1994	06월 불교사회교육원, 불교환경교육원으로 명칭 변경, 사단법인 인가(환경부)
	생태학교 졸업생모임(초록바람)을 중심으로 다양한 환경실천활동 전개 시작
	어린이 환경교육 시작
1995	자원봉사 시민대학 환경강좌 2회 (각회당 총 10회, 13회 강좌, 현장교육포함)
	04월 지역별, 범종교, 불교계 생명운동 워크샵,포럼 시작(2000년까지 총19회)
	08월 청소년 자원봉사자 환경교육
	09월 BTN "날마다 좋은 날" 목요환경칼럼 고정페널 시작 ('96년 12월까지)
	전국 귀농운동본부 부 본부장 (사무국장 유정길 2001년까지)
1996	전국환경활동가워크샵 주관 진행 시작 (환경단체들간의 네트워크 역할) (2001년 6차까지 매년 주관 진행)
	11월 아리야라트네 박사 초청 시민단체 좌담회

1996	〈지속가능한 개발을 위한 한국사회운동의 지구적 책임〉
1997	01월 공동체 운동 탐방, 조사연구 시작
	07월 '생명공학의 올바른 방향에 대한 시민, 사회단체 토론회' 공동주최
	10월 제 1회 사회교육 심포지움 〈시민사회단체의 시민교육현황과 방향〉
1998	08월 장기 불교귀농학교
	09월~11월 서울의제21 교육 (12개 학교 방문 교육)
	10월 "혼돈속의 조화" 정토회 10주년 기념 심포지움
1999	05월 쓰레기제로운동(친환경적생활양식의 실험실천사업) 시작 (현재까지지속) 정토회관 매월 환경공청회 - 내마음의 푸른마당 진행 대내외 환경실천캠페인 및 프로그램, 환경실천 일일점검,환경상품개발
	07월 청년정토회의 청년환경강좌 (총 5강, 심포지움1회)
	10월 99서울 NGO 세계대회 워크샵개최 〈생태적깨달음을 위한 소비주의의 극복〉-윤리와 가치 분과
	10월 생명운동 작은대학 제 1기 〈생태적 논의와 생명운동의 지향〉
2000	생태선재기행 시작 (2004년까지 15차)
	07월~08월 대학생 생태교육 모임 (총8회)
	지역화폐 '두레' 사업 진행 (소식지, 장터, 워크샵)
	부산지역 생태학교 시작 (2001년까지 4기 ,1기당 약9회강좌, 현장및숙박교육)
2001	05월 9개 지역 정토회원들의 생활환경운동(환경수행일일점검) 시작 (2003년까지 약 100일씩 9회 진행)
	08 한여름 인사동 생명학교 (가나아트센터) 지역 정토회 환경교육 시작 (현재까지 매년 진행) - 환경시설 탐방, 환경교육, 환경법회, 지도자 교육 및 간담회
	04월 늘푸른 대화마당 -뒷골목선지식을 찾아서 시작 (2003년까지 총 20회)
2002	2002년부터 지렁이를 이용한 음식물 쓰레기 퇴비화 사업 시작 (정토회관 및 가정 실험,확산, 학교 및 공동주택 지렁이 퇴비화 모델개발)
	정토회관 환경실천 방문교육이 많아지기 시작 (사회단체, 학교, 기관 등)
	방배동 땅살림 생태교육장 개장
	불교환경교육원 정책위원회 출범
2004	01월 가족환경실천단 사업 (2005년 1월까지) 9개 지역 287명 실천단의 100일간 실천프로그램, 조사연구
	04월 정토회 쓰레기제로운동의 결과를 담은 토론회-프레스센터

2004	<환경운동의 새로운 지평, 쓰레기제로운동과 대안적 생활양식>
	생태뒷간 연구팀 운영
	09월 빈그릇운동 10만인 서약 캠페인 시작
	06월 환경을 살리는 요리 공모전 녹색연합과 공동 주최
	11월 지렁이를 이용한 음식물 쓰레기 퇴비화 사업 보고 및 정책토론회
	12월 빈그릇운동 결과보고회 – 기금전달 및 감사패 수여 (21만여명 서약 빈그릇운동 2천5백만원 기아 나눔기금으로 전달)
2005	03월 빈그릇운동 100만인 서약 캠페인 시작
	04월 (사)불교환경교육원, '(사)에코붓다'로 명칭 변경
	05월 에코캠퍼스 사업 시작 (대학내 쓰레기제로운동, 빈그릇운동)
	09월 빈그릇운동 학교사례 발표회, 빈그릇운동 활동가워크샵
	11월 지렁이를 이용한 남은음식물 공동퇴비장 사업보고 및 정책토론회
	12월 빈그릇운동 100만인 서약캠페인 결과보고회 (120여만명 서약, 사회 각 분야별 빈그릇운동, 생태교육 250여회, 기아나눔기금 3천8백만원 전달)
2006	빈그릇운동 실천 모델 사업장 개발, 조사연구 (학교, 지자체를 중심으로) (사전 설명회, 간담회, 150여곳 학교 및 단체 빈그릇생태교육)
	05월 심포지엄 <환경운동의 새로운 가능성, 빈그릇운동과 대안적 생활양식>
	06월 빈그릇운동 중간평가회
	11월 음식물쓰레기Zero를 위한 열린토론회<빈그릇운동요? 좋은데 부담스러워요>
	11월 양천구청과 (사)에코붓다 빈그릇운동 협약 체결

4) 에코붓다의 조직체계

에코붓다는 불교 수행공동체인 정토회[42] 산하단체이다. 정토회가 수행을 기초로 한 사회참여활동을 목표로 하며, 에코붓다 또한 환경문제 해결을 위한 대 사회 실천활동을 진행하고 있다. 따라서 정토회의 모든 조직의 활동은 에코붓다의 환경생태운동과 그 궤를 같이

---

[42] 정토회 산하단체는 에코붓다를 비롯하여, 국제사회 구호지원기관인 JTS(Join Together Society), 통일운동을 위한 '(사)좋은 벗들', 정토법당 등 불교신행과 환경운동, 국제구호 등 많은 산하단체가 소속되어 있다.

한다고 하겠다. 정토회 회원들은 개인과 가정을 위해 불교적 신행활동을 하지만, 사회를 위한 다양한 봉사활동을 함께 한다.

정토회는 최고 의결기구인 보살단 회의가 있고, 최종 의결기구로 정토행자대회(총회)가 있다. 활동가 및 회원들의 수행지도를 담당하는 법사단과 활동기구는 분리되어 있다. 정토회의 환경운동을 담당하는 에코붓다, 국제평화·인권·난민지원센터인 사단법인 좋은 벗들, 국제 기아·질병·문맹 퇴치 기구인 사단법인 JTS, 수행수련 전문기관인 정토수련원, 정토불교대학 등의 활동 기구가 있으며, 기획홍보실, 총무국, 출판국, 정보통신국, 회원국 등이 전체 활동을 지원하고 있다. 또 중앙사무처가 국내외 20여개의 지역정토회를 총괄하고 있으며 청년, 대학생, 청소년, 어린이 등의 각 부문별 활동도 관리하고 있다. 국내외 20여개 지역 정토회는 신행활동 뿐만 아니라, 사회참여 운동과 봉사활동을 주체적으로 진행하고 있다.

5) 주요활동

에코붓다의 초기의 운동은, 공해나 환경담론을 지양하고 전지구적 관점의 생태주의나 생명운동으로의 지평 확대를 주창했고, 이러한 관점에서 시민환경교육운동을 전개해왔다. 두 번째로는 저항과 감시 비판운동을 지양하고 대안사회운동을 전개해왔고, 세 번째로는 자기주장적 운동에서 포괄적 생태적 생명적 가치를 발산하고 확산하는 네트워크 운동에 심혈을 기울여왔다. 이후 2000년 들어 그 동안 주장해왔던 녹색, 생명적 가치와 대안운동의 제기가 이제 널리 일반화되었다고 판단하여, 활동의 전략적인 방향을 변경하게 되었다. 그래서 대량생산, 대량소비, 대량폐기의 사회를 자원순환적 사회, 작고, 적게 살며 궁극적으로 생활양식을 변화시키는 운동으로 방향을 수정하고, 그 중 한 부문으로 쓰레기제로운동에 초점을 두고 활동을 전개하기 시작하였다. 지금 그 운동의 일환으로 2006년 160만명의 전국적 서약운동을 펼쳐 사회적 작은 물결을 만든 '빈그릇운동'으로 이어지고 있다. 에코붓다는 이제 '물질적으로 청빈하게, 정신적으로 풍요롭게' 자발적 가난을 사회화하고 생활세계의 변화를 통해 점에서 선으로, 선에서 면으로 나가며 사회문화의 중심을 이동시키는 활동을 전개하고자 방향을 잡고 있다.

①환경교육 및 의식 실천 확산 운동

에코붓다의 전신인 한국불교환경교육원은 교육이라는 실천방식으로 환경운동을 전개해왔다. 그 결과 많은 성과를 거두어 왔다. 무엇보다 한국사회에 많은 환경활동가와 환경지도자를 배출했다고 할 수 있다. 2000년대 초반까지 환경교육원의 교육을 받은 사람만도 총 3500여명이 넘을 정도였고, 이들은 현재 환경운동의 요소요소에서 큰 지도력을 발휘하며 활동을 전개하고 있다. 대표적인 사례를 살펴보면 다음과 같다.

첫째, 일반인 대상 환경 교육을 활발하고 꾸준히 펼쳐왔다. 기수별 생태학교를 개설하여 '생태적 삶', '새로운 인간, 생태적 사고와 환경친화적 생활양식', '느림, 단순, 조화로운 삶을 위하여-생태적 삶을 위한 녹색화 전략' 등의 주제로 진행해왔다. 단순한 지식의 전달이 아닌 생태적 감수성을 회복하고, 실천을 다짐하는 프로그램으로 운영하고 있다. 특히 생태학교 졸업생들의 모임인 초록바람은 이후 사회 각계에서 귀농운동, 유기농 생산활동, 생태마을 만들기 등 다양하게 친환경적인 삶과 환경지도자로서의 삶을 열어가고 있다. 이외에도 주부, 청년, 어린이, 청소년, 전국 사찰을 대상으로 대중 환경교육과 생태기행을 꾸준히 펼쳐왔다. 또, '늘푸른대화마당-뒷골목 선지식을 찾아서'를 운영했다. 이는 생태적 삶을 실현하기 위해 노력해온 분들로부터 진솔한 삶의 이야기를 들을 수 있는 깊이 있는 교육의 장이 되었다.

둘째, 생태 사회의 비젼과 전략수립을 위해 활동가와 전문가들을 중심으로 다양한 프로그램과 연구활동을 진행해왔다. 생명운동 아카데미를 개설하여 '생태적 각성을 위한 수행과 깨달음, 영성', '에코아나키즘-생태적 자율공동체를 위한 비전', '환경윤리', '에코페미니즘' 등 다양한 주제로 진행했다. 이는 환경운동진영의 새로운 이념을 정립하는 계기가 되었다. 1999년에는 생명운동 작은대학을 개설하여 운영하였다. 이외 생태주의 사상을 모색하는 세미나와 강좌를 꾸준히 진행하였으며, 생태 공동체 운동 연구, 생태뒷간 연구팀 등을 진행했다.

셋째, 서울의 주요사찰인 "조계사, 봉은사, 능인선원, 관문사, 정토법당"등을 모델로 의제21실천을 위한 사찰신도조직을 결성하여 '서울의제21'의 실천과 사찰의 환경운동조직, 생활실천운동과 지역운동의 활성화를 연계하여 녹색서울을 만드는 프로그램을 진행했다.

넷째, 이외에 많은 단체에서 교육과 강의, 각종 사안별 토론회 발제 및 원고 활동을 하였다. 특히 2005년도부터는 정토회의 주부 활동가들이 매년 150~250여곳의 학교와 단체에서 빈그릇 생태교육을 진행하기도 했다.

② 연대활동을 통한 환경운동(국내, 국제), 불교사회단체 인큐베이팅

에코붓다와 정토회는 불교계와 종교계는 물론 각종 환경단체와 연대하여 다양한 환경운동을 펼치고 있다. 특히 1992년부터 2001년까지는 불교환경교육원이 환경시민단체 간의 연대와 네트웍을 위한 역할을 매우 적극적으로 해왔다.

특히, 불교사회단체의 인큐베이팅 역할을 했다. 에코붓다의 전신인 한국불교환경교육원의 당시 유정길 사무국장은 인드라망생명공동체 설립 준비위원회의 운영위원장을 맡아 현재 인드라망생명공동체와 지리산의 장기 귀농학교 등을 출범하게 하는 역할을 하였고, 역시 불교환경연대 설립 준비위원회의 실무 집행위원장을 맡아 불교환경연대를 출범하게 하는데 실무적 노력을 하였다. 또한 참여불교재가연대, 불교 내 의미 있는 환경단체나 사회단체를 출범시키는데 작은 역할을 해왔다.

또한 6대 종단의 연대 모임인 종교인 평화회의(KCRP)의 환경위원회 (간사단체1993~2000 푸른대화마당 등 진행)와 종교환경연대를 제안하여 초기 실무지도력을 맡아왔고, 기타 지역자치, 주민자치운동의 촉매자와 네트워크의 중간 매개자 역할을 해왔으며, 특히 지역통화운동(LETS)과 협동조합운동, 귀농운동, 공동체운동, 대안사회운동을 제안하고 만드는 활동을 전개해 나갔다.

연대기구의 실무단체, 간사단체가 되어 네트워크를 위한 주요한 역할을 하였으며, 행사들을 진행하였다, 대한불교 조계종 환경위원회 실무단체 (1994~1997 청정국토한마당 행사 및 심포지움), 서울의제 21 문화분과 간사단체(1994~1997), 생명민회 실무간사활동 (1994~1997 6차의 토론회 및 심포지움 등), 서울시 녹색서울시민위원회 시민참여분과 총무(1995~1999), 한국환경사회단체회의 간사단체 및 상임공동대표 (2000년) 활동을 하였다. 또, 전국환경활동가 워크샵을 6차에 걸쳐 매년 주관진행하였다.(1996~2001) 또, 10개 지역별 환경 워크샵과, 범종교 및 불교계 생명운동 워크샵, 포럼(1995~2000 총19회)등을 진행하면서 지역운동과 생명운동의 필요성을 서로 확인하고 교류의 장을 열었다. 또, 서울의제21 작성에 참여(1996~1997)하였다. 지역 종교지도자 환경교육 및 사찰환경교육을 활발히 진행하였으며, 불교내 환경 행사를 지원하기도 하였다. 불교환경의제 21에서는 환경친화적 생활과 수행 분과를 진행했다 (2003~현재)

또, 주요한 국내 환경 연대 기구에 (운영)위원, 집행위원으로 참여하고 각종 운동과 세미나 및 행사에 참여했다. 대전 엑스포 93 민간환경제, 불교시민단체연합회, 한국불교재가회의, 불교귀농학교, 조계종 사찰환경연구회, 사찰환경보존위원회, 종교환경회의, ASEM 2000 한국민간단체 포럼 환경분과, 민간환경정책협의회, 시민단체협의회, 민주시민교육포럼, 그린벨트 살리기 국민행동, 환경교육전문가 회의, 지리산살리기 댐 백지화를 위한 범불교연대, 참여연대 아파트공동체모임, 경인운하건설 백지화 시민대책위, 국립공원을 지키는 시민의 모임, 난지도 골프장건설 백지화 시민연대, 지구의 날 한국위원회, 쓰레기문제해결을 위한 시민운동 협의회, 에너지시민연대회의, 불교환경의제21, 불교사회단체네트워크, 지율스님 살리기 운동 등에 참여했다.

또한 국제 환경연대활동도 활발히 했다. 기독교,불교 학제간 대화 주제발표(1992. 미국), 한일 종교인 환경심포지움 주제발표(1993), 종교,평화,환경을 위한 한일종교청년 교환교육에 참여(1993), 세계종교회의 환경관련 세션(1993), 한일불교문화교류대회 (1993, 1998), 유럽과 미국 환경단체 방문 (1994), 아시아 태평양 지역 환경운동가 워크샵(1994), 동아시아 환경협력을 위한 한국환경단체와 그린피스의 공동웍샵(1995), 글로벌 에코빌리지 네트워크 국제회의 (1995), 대만 세계평화회의(1995), 시카고 국제학술대회 (1995 불교-기독교 학회 주최), 미국, 캐나다 시민단체 방문 (1996, 1997), 호주국제학술대회 주제발표(1997), 슐락 시바락샤 초청 간담회 개최(1998), 미국 공동체 탐방 및 조사(2000), 유럽지역 생태공동체 탐방 및 조사(2001), 국제참여불교네트워크 환경분과 주제발표(2003), 아시아지역 쓰레기 문제 해결을 위한 국제워크샵(2004), 통영 RCE(유엔 지속가능발전교육 통영센터)를 통해 일본 요코하마RCE 세계총회 참여(2006, 빈그릇운동 소개) 등의 활동을 통해 안목과 경험을 넓히고, 환경운동의 이념과 과제를 전파하고 공유했다.

③환경운동

에코붓다의 대표적인 환경운동은 쓰레기제로운동과 이의 일환으로 진행된 빈그릇 운동, 지렁이를 이용한 남은음식물 퇴비화다.

'쓰레기제로운동'은 풍요와 소비의 상징인 쓰레기문제를 화두로 생활 속에서 직접 친환경적인 삶을 실천하는 운동이다. 쓰레기는 자신의 삶을 성찰하게 해주는 거울이 되므로, 쓰레기를 제로화시키려는 노력 속에서 소비주의적인 생활양식을 반성하고, 친환경적인 생활양식을 모색하고 실천하고자 하는 것이 쓰레기제로운동의 목적이다. 일단 도시라는 생활공간이 가지는 현실적인 한계를 인정하면서도 이 속에서의 새로운 실천적 대안 마련이 필요하다는 점에 주목하여 진행하였다. 정토회관의 자체적인 실험을 바탕으로 그것을 다시 개인과 사회에 보급하는 환경운동이다.[43]

이렇게 해서 정토회관에서 시작된 쓰레기제로운동은 다양한 측면에서 의미있는 성과를 나타냈다. 우선 가시적인 성과로 쓰레기발생량 자체가 대폭 감소하였다. 그리고 또 다른 중요한 성과는 바로 '쓰레기제로운동'을 전개하는 과정에서 나타나는 삶에 대한 태도와 생활양식의 변화를 들 수 있다. '쓰레기제로운동'은 정토회관 내 생활 속의 계율로 자리잡으면서 자신의 행동과 심리를 관찰하고 점검

---

43) 에코붓다, http://ecobuddha.org/waste/waste.html

하는 수행생활의 일부가 되었다. 이는 공동체 전 구성원이 참여, 매월 진행하는 환경공청회(내마음의 푸른마당)을 통해 함께 일구어오고 있다.

철저한 분리배출과 쓰레기 성상 및 발생량 조사, 화장실 쓰레기 제로운동 (화장지 대신 뒷물하기, 면생리대 사용), 비닐쓰레기제로운동(쇼핑비닐 대신 장바구니와 방수망·투명망 사용, 비닐에 싸인 과자, 빵, 사탕 반입금지), 환경부하가 큰 캔음료 반입금지, 음식물쓰레기배출제로운동(그릇 닦아먹기, 생쓰레기는 지렁이를 이용한 퇴비화, 텃밭가꾸기) 일회용품 쓰지 않기, 자기컵쓰기, 물은 받아서 두 번 이상 사용, 에너지 절약(플러그 뽑기, 내복입기, 선풍기 사용하기, 컴퓨터 끄기 등) 등은 이미 정착되어 확산되고 있는 실천내용이다.

이러한 정토회관의 1차적인 실험을 바탕으로 2001년부터는 정토회원들이 가정이나 직장에서 위와 같은 실천을 하며 매일 자신의 환경실천을 점검, 수행하는 환경운동을 개척하였다. 2004년에는 전국의 일반시민 287명을 대상으로 가족환경실천단 사업을 진행하였다. 이를 통해 환경실천프로그램과 시민환경실천 항목과 방법에 대한 조사연구사업을 실시하였다. 또 2005년부터는 에코캠퍼스 운동으로 대학에서의 쓰레기제로운동을 펼치고 있다.

음식물쓰레기제로운동을 사회적으로 확산하기 위해 2004년도에 시작한 '빈그릇운동'은 국내외 보도매체들은 물론 사회적 관심 속에서 진행되고 있는 환경운동이다. 빈그릇운동의 취지는 환경보호는 물론 개인의 건강, 이웃과 나눔, 식량자원 절약을 통한 경제 기여 등이다. 실천 모델은 사찰의 발우공양이며 그 것을 현대화, 일반화시킨 형태이다. 실천 가능한 조항[44]을 만들어 전국 각 단체들을 대상으로 홍보하였다. 서울을 포함한 각 지역 정토회의 빈그릇운동의 노력 결과 2006년 말 현재 1백60만명 정도가 동참할 것을 서약하였다. 각급 학교의 급식에서부터 기업, 군부대, 지자체, 종교계, 일반식당 등에서 빈그릇운동이 확산되었고, 2005년 12월20일에는 빈그릇운동 100만인 서약캠페인 결과 보고회를 가졌다.[45] 특히 2002년부터는 지렁이를 이용한 남은음식물 퇴비화를 실시하고, 보급하였으며, 그 방법과 해당 정보들을 웹사이트와 책자를 통해 보급하고 있다.

6) 환경관련 도서출판 목록

정토회에서는 독자적인 출판사를 운영하고 있으며, 환경운동과 관련된 출판서적들과 자료집을 소개하면 다음과 같다.(※한국불교환경교육원을 '교육원'으로 약칭함)

단행본

    1996   동양사상과 환경문제 | 교육원 엮음 | 도서출판 모색
    1996   불교수행지침서
    1996   아나키·환경·공동체 | 도서출판 모색
    1996   사르보다야 슈라마다나 운동
    1997   공동체를 찾아서 | 교육원
    1998   불교와 환경 | 법륜스님 | 정토출판
    2000   인간의 얼굴을 가진 경제, 지역화폐운동(LETS)의 가능성과 과제 | 교육원
    2000   지역화폐운동, 공동체의 새로운 가능성 | 교육원

---

44) 1. 재료를 온전히 써서 요리합니다. 2. 적당량을 요리합니다. 3. 1식3찬으로 소박한 밥상을 차립니다. 4. 감사하는 마음으로 먹을 만큼 덜어서 남기지 않고 먹습니다. 5. 음식을 먹고 난 다음 그릇을 닦아 먹습니다. 6. 사과, 배, 감, 참외 등의 과일은 껍질째 먹습니다. 7. 발생한 음식물 쓰레기는 가정 내에서 퇴비화합니다.
45) 에코붓다, http://ecobuddha.org/bin_main.html

2001 평화의 씨앗 | 슐락 시바락사 지음 변희욱 옮김
      |정토 출판
2005 2003| 2004 | 2005 지렁이를 이용한 남은음식물 퇴비화
      종합 보고서 | 에코붓다
2006 에코캠퍼스 자료집

단행본(자료집)- 생명이야기 시리즈
2003 생명이야기① 발우공양 : 밥과 깨달음의 길 |
      교육원 |정토출판
2003 생명이야기② 음식물 쓰레기, 지렁이와 함께 | 교육원
2003 생명이야기③ 음식물 쓰레기 줄이기 외국 사례 모음 |
      교육원
2003 생명이야기④ 쓰레기제로 백서 |교육원

2004 생명이야기⑤ 착한농부지렁이 −지렁이를 이용한
      음식물쓰레기 퇴비화 실천가이드북 |교육원
2005 생명이야기⑥ 우리 가족 환경이야기 |교육원
2005 생명이야기⑦ |에코붓다
      착한농부지렁이 − 지렁이를 이용한 남은 음식물 퇴지화
      실천가이드북 − 가정, 공동퇴비장
2005 생명이야기⑧ 에코캠퍼스 사업 보고서 |에코붓다
2006 생명이야기⑨ 빈그릇운동 백서 (부록 별책) | 에코붓다

영상물
      2004 정토회 쓰레기제로 운동
      2005 2006 빈그릇운동 교육용 CD(학교용, 군부대용)

행사 자료집 (심포지움, 워크샵, 토론회, 기타행사)

1991 〈지구환경파괴와 생태계의 위기〉 생태학교 교재용
1994 사단 법인 한국불교환경교육원 창립대회 및 기념 심포지움
1994 〈생명의 가치관과 새로운 생활양식〉 자료집
1995 제 1회 환경 세계화 심포지움
    〈현대과학사항의 흐름과 환경문제〉
1995 제 2회 환경 세계화 심포지움
    〈환경친화적 대안경제체제를 찾아서〉
1995 청정국토한마당 심포지움
    〈지방자치시대의 국립공원관리와 불교의 환경운동〉
1995 생명민회 토론 자료집〈생명가치를 찾는 민초들의 모임〉
1995 세계 환경의 날 기념행사 자료집
    〈만생명이 하나되는 청정국토한마당〉
1996 아리야 라트네 박사 초청 시민단체 좌담회
1996 불교지도자 환경워크샵
1996 〈환경친화적 대안사회를 위한 공동체 교육의 성과와 전망〉
    워크샵
1997 생태마을 만들기 그 현황과 과제 토론회
1997 제 1회 사회교육 심포지움
    - 시민사회단체의 시민교육현황과 방향
1998 대학생 생태농활 워크샵
1999 불교운동 네트워크 포럼
    - 불교운동, 21세기의 눈으로 오늘을 준비한다
1999 지역생명운동네트워크포럼 자
2000 야성의 삶, 그리고 생태적 깨달음과 영성
    - 게리스나이더 초청강연 자료집
2000 지리산 살리기 토론회
2000 지역 통화(LETS) 활성화를 위한 워크샵
2002 〈아름다운 공양〉 음식물쓰레기제로 실천을 위한 심포지움

2002 〈장바구니 속 비닐봉투 배출 제로〉
　　　- 주부와 전문가가 함께 대안을 모색하는 열린 토론회
2003 불교환경의제 21 생명의 시대,
　　　〈환경친화적 생활과 수행 분과〉
2004 〈환경운동의 새로운 지평, 쓰레기제로운동과 대안적
　　　생활양식〉토론회 (프레스센터)
2004 지렁이를 이용한 음식물 쓰레기 퇴비화 사업 보고
　　　및 정책토론회
2005 빈그릇운동 학교 사례 발표회
2005 빈그릇운동 활동가 워크샵
2005 계성여고 지렁이 축제 자료집
2005 지렁이를 이용한 남은 음식물 공동퇴비장 사업 보고 및
　　　정책토론회
2005 〈비움, 나눔, 순환, 생명의 대학만들기〉 에코캠퍼스 심포지엄
2006 〈환경운동의 새로운 가능성, 빈그릇운동과 대안적
　　　생활양식〉 심포지엄
2006 〈빈그릇운동요? 좋은데 부담스러워요〉
　　　- 음식물쓰레기제로를 위한 열린 토론회

생명운동 아카데미 심포지움 자료집

1995 6맥 현대과학사상과 환경문제
1995 7맥 환경친화적 대안경제체제를 찾아서
1996 9맥 환경친화적 대안사회를 위한 공동체 교육의 성과와 전망
1997 10맥 '에코페미니즘' 과 우리의 여성운동
1997 11맥 국내공동체운동의 현황과 전망
1998 12맥 환경윤리와 한국사회의 생명운동

생태학교, 생명운동 아카데미, 생명운동 작은대학 결과 자료집

1998 생태위기 시대의 공동체 운동 – 생명운동 아카데미 11맥
1999 생태주의 논의와 생명운동의 지향 – 생명운동 작은 대학
2000 환경윤리와 생명가치 – 생명운동 아카데미 12맥
2000 생태적 사고와 환경친화적 생활양식 – 생태학교
2000 생태적 각성을 위한 수행과 깨달음, 영성
     – 생명운동 아카데미 13맥
2000 생태주의와 에코페미니즘 – 생명운동 아카데미 10맥

전국환경활동가 워크샵 자료집

1996 1차:지방자치시대 민간단체의 환경정책 참여,
     2차: 환경활동가의 실무와 조직
1997 21세기 생명의 시대 새로운 대안을 찾아
1998 회색에서 녹색으로
1999 생태적 관점에서 다시 진보를 바라본다
2000 카오스모스시대의 생태적 미래사회 구상
2001 생명운동의 미래, 환경운동가의 삶

환경실천 매뉴얼 책자

2001 ~2003 9개의 환경수행 일일점검표
     (환경실천 일일체크표 및 환경실천 안내)
2004 가족환경실천 일일점검 안내 책자 4분야 4책
     (일반쓰레기, 음식물쓰레기, 물 · 에너지, 녹색소비)
2004 음식물쓰레기퇴비화 모니터링 일지 "지렁이와 함께"
2004 빈그릇운동 안내 팜플렛 (국문, 영문)
2006 환경을 살리는 통장– 비움과 나눔의 빈그릇운동(일반시민용)
2006 환경을 살리는 통장 – 비움과 나눔의 빈그릇운동(학생용)
2006 단체급식소에서의 빈그릇운동
2006 음식물쓰레기 Zero 6단계 실천 – 가정 실천지침서

2006 밥 한 그릇의 명상 (빈그릇운동 학교 교육 매뉴얼)

소식지 : 1995년~현재 (소식지 명칭 변경 : 〈불교와 환경〉→〈에코부따〉→〈에코붓다〉)

(4) 불교환경연대의 운영체제와 사안별 활동 현황

1) 불교환경연대의 설립 경위

　불교환경연대(www.budaeco.org)의 특징은 중립적인 순수 환경단체라는 점이 부각된다. 국가기관이나 특정 사찰, 종파, 신자모임에 소속되지 않았음을 자부하고 있다. 따라서 국가나 불교계의 입장에 영향을 받지 않고 중립적 위치에서 환경운동을 할 수 있다는 점에서 그 의의가 크다.

　불교환경연대의 발족은 수행자인 수경 스님의 서원(誓願)에 기인하고 있다. 뭇 생명체들의 조화체인 자연에 대한 불교적 자비가 깊게 새겨져 있었음을 발견했기 때문에 불교인들뿐만 아니라 타종교인과 더불어 일반인의 관심을 이끌어낸 분이다. 그의 환경운동의 모델은 대한민국을 넘어 국제적인 선례를 남겼으며 환경운동의 표본으로 삼고 있다. 그러한 환경운동 역시 수경 스님의 실천지향성에서 우러난다고 하겠다. 자리이타(自利利他)의 보살도를 통한 청정국토의 실현이 목표이지만 그 실천을 위한 몇 가지 불교적 연원을 갖추고 있다.

　첫째, 수경 스님의 환경운동의 불교적 연원을 수행자 상(像)에서 찾아볼 수 있다. 자신은 환경운동가라기 보다 여전히 수행자일 뿐이라고 강조한다.[46] 그러나 불교환경연대의 창립선언문에서 보듯 환경보살임을 자처하고, 모든 이들도 보살행에 동참할 것을 호소하고 있다.⁴⁷⁾ 따라서 자리적 선수행과 동시에 이타적인 대(對) 자연적·사회적 보살도의 실천을 강조하는 것이다.

둘째 불이(不二)사상의 실천이다. '너는 나의 뿌리이며 나 또한 너의 뿌리'라는 『화엄경』 연기론과 '네가 아프니 나도 아프다'라는 『유마경』의 말씀을 뭇생명살리기 운동의 바탕으로 삼고 있음을 볼 수 있다.⁴⁸⁾ 불이(不二)의 가르침은 '너와 내가 둘이 아니고 우리와 자연이 둘이 아니라는 사실'⁴⁹⁾을 강조하고 이것이 불교계 환경운동의 근간이 되어야함을 강조하였다.

셋째, 참회(懺悔)의 강조와 『아미타경』 독송이다. 스님은 인간의 탐욕 때문에 이미 죽었거나 죽어 가는 뭇 생명들에 대한 참회가 선행되어야 한다고 강조한다. 환경문제를 유발시킨 것은 결국 우리의 무지였고, 그 과정에서 죽어간 뭇 생명들의 왕생을 위해 『아미타경』 독송을 시작하였다.⁵⁰⁾ 그는 새만금갯벌살리기 삼보일배도 참회로부터 시작되었다고 하였으며, 삼보일배 이후에 다시 선원(禪院)을 찾아 수행자 본연의 모습으로 돌아갔음을 말하고 있다.⁵¹⁾ 위의 세 가지 모두는 자비를 바탕으로 뭇 생명들을 살리자는 실천적 의지를 담고 있다. 그는 30년 선원생활을 접고 물량주의로 인해 전도된 가치관을 바로 세우고자 환경운동의 현장을 도량으로 삼았다. 스님의 실천 지향적 환경운동은 다음의 과정을 거쳐 불교환경연대가 출범하는 기반이었다.⁵²⁾

---

46) 「수경·현고 스님을 통해 들어보는 불교환경운동의 전망」(『僧伽』, 2003.06), p.97.
47) 불교환경연대, http://www.budaeco.org/bbs/board.php?bo_table=about&wr_id=1
48) 수경 스님, 「수행과 생명평화운동은 둘이 아니다」(『불교문예』, 2005.12), p.11.
49) 수경 스님, 「산은 물을 건너지 않고, 물은 산을 넘지 않는다」(『海印』, 2000.12), p.16.
50) 수경 스님, 「환경보살, 생명평화 보살님들께」(『불교환경』, 2006.03월04월), p.6.
51) 불교신문, 2213호, 3월22일자 내용.
52) 경향신문, http://news.khan.co.kr/kh_news/khan_art_view.html?artid= 200606091727321&code= 960206

2000년 5월 불교계의 환경 단체들이 '지리산댐 건설 백지화와 지리산 살리기를 위한 범불교토론회'에서 지리산댐 건설을 막기 위한 함양, 산청, 남원 3개군 '범불교대책준비위원회'를 꾸렸다. 당시 수경 스님은 6월 지리산살리기댐백지화추진범불교연대를 발족시켰고 '지리산 문화제'도 함께 개최하였다. 8월 시민·사회·환경·종교계 등 189개 단체가 망라된 '지리산살리기국민행동'을 발족시켰다. 준비위원회의 위원장으로서 토론회를 주재하였고, 이를 통해 '지리산살리기댐백지화추진범불교연대'를 출범시키고,[53]. 그 해 10월부터 11월까지 지리산을 살리려면 낙동강 물이 맑아야 된다는 것을 인지하고 낙동강 살리기 캠페인을 위해 강원도 태백 황지-낙동강 하구까지 1300리를 20여명의 순례단원이 도보순례를 하였다. 다음해인 2001년에는 백두대간 100일 대종주를 하였고, 이어서 지리산 850리 도보순례로 이어졌다. 지리산 도보순례의 회향과 함께 온 국민의 관심 속에서 7개의 종교계가 참여한 가운데 '지리산 위령제'가 지리산 달궁계곡에서 봉행되었다.

수경스님으로 대표되는 지리산살리기 운동은 이후 환경문제뿐 아니라 대사회적 문제해결을 위해 불교계 단체들의 연대가 절실히 필요하다는 인식과 함께 불교환경연대 창립준비위원회가 구성되었고, 다음 해인 2001년 9월 6일 조직의 확대재편과 함께 서울 조계사에 불교환경연대가 출범하였다. 상임대표로 수경스님이 선출되었고, 초대 집행위원장 현응 스님이 내정되었다.[54]

불교환경연대의 창립과 함께 불교계의 환경운동이 본격적으로 시도되었고, 환경생태에 대한 각계의 관심을 이끌어내는데 공헌하였다. 그러한 운동은 수경 스님의 개인적 서원과 실천에 힘입은 바

---

53) 불교신문, 제1768호, 2000.03.30일자 19면 기사 참조.
54) 불교환경연대, http://www.budaeco.org/TopMenu2/default.asp?pagegb=3(2006.06.14)

크다고 하겠다.

2) 불교환경연대의 주요 활동 연혁

<표Ⅲ-7> 불교환경연대의 주요 활동 연혁

연 월	활 동 내 역
2000.06	지리산살리기댐백지화추진 범불교연대 출범
2000.08	지리산살리기 국민행동 출범
2000.10~11	낙동강 1300리 도보순례(태백황지-낙동강하구)
2000.12	불교환경연대 창립준비위원회 구성
2001.05	지리산 850리 도보순례, 지리산 위령제봉행
2001.09	불교환경연대 창립, 2001.07 해인사 청동대불건립 반대활동
2001.11	북한산국립공원살리기운동 시작
2002.03	자연환경보존과 수행환경 수호를 위한 범불교도 결의대회 개최 북한산 송추계곡에 철마선원 설치, 관통터널 반대운동 전개
2002.06	북한산살리기 범불교도대회 개최(조계사)
2002.10	북한산국립공원관통터널 반대 100만인 서명운동, 자료집발간
2002.12	'불교환경의제21' 수립을 위한 불교환경 실태조사
2003.02	경부고속철도 금정산, 천성산 관통 백지화 및 연대활동
2003.03~05	새만금갯벌살리기삼보일배(부안 해창갯벌-서울 광화문)
2003.07	어린이 불교생태학교 시작
2003.08	통영 미륵산 사찰환경 보전 활동(케이블카 건설반대)
2004.06	천성산 살리기 운동 전개, 해인사 신행문화도량 건립반대 활동
2004.08	도롱뇽소송인단 100만인 서명 범불교운동본부 활동
2005.01	지율 스님과 생명평화를 위한 종교인 참회기도 추진, 환경법회 매월 개최
2005.03	천성산을 종교단체 연석회의 활동 푸른사찰가꾸기사업 시작, 사찰 어린이법회 생태프로그램지원 및 계절캠프 시작
2005.12	2005푸른사찰 사례집 발간
2006.01	화해와 상생을 위한 새만금 국민회의 활동, 통영 미륵산 케이블카 건설반대 활동
2006	3월, 발우공양의 생활화를 위한 빈그릇운동 시작 4월, 불교생태교육지도자연수회 시작
2006.05	평택사태의 평화적 해결을 바라는 종교인 연대활동
2006.12	환경오계 제정을 위한 토론회 개최(한국불교역사문화기념관 국제회의장)

3) 운영과 조직

불교환경연대의 운영은 창립 당시의 규약(2001.09.06)에 의한다. 그 목적은 '조계종의 종지종통을 봉대하며 불교의 연기적 세계관과 동체대비 사상을 바탕으로 한반도의 자연생태와 종교환경을 보전하며, 나아가 모든 유정, 무정이 평화롭고 청정하게 살아가는 세상을 구현하는 것'이라고 하였다. 목적사업을 달성하기 위하여 회원모집과 기구를 구성하여 활동하고 있다.

최고 의결기구는 총회이며 총회산하에 고문, 지도위원, 감사, 연구기관, 전문위원, 법률자문위원, 집행위원회를 둘 수 있도록 하였다. 그리고 사무국에는 총무팀, 생태보전팀, 교육팀으로 구성되어 있다.

4) 사찰환경 수호 및 푸른사찰가꾸기 운동

불교환경연대 홈페이지를 중심으로 불교와 환경관련 다양한 칼럼들을 게재하며, 불교와 환경에 대한 정보를 제공하고 있다. 또한 환경문제와 관련하여 각종 입법이나 법령, 조례, 판례 등의 정보를 제공한다. 특히 사찰의 수행환경이나 포교활동에 있어 환경적 침해 사례를 접수하여 이를 해결하는 노력을 시도하고 있다. 푸른사찰가꾸기는 전국 사찰을 대상으로 친환경사원을 만들어 가는 사례들을 소개하고 있다. 2005년 발간된 『푸른사찰사례집』에는 성북동의 길상사, 전북 부안 내소사 등 모두 28개의 사례들을 소개하고 있으며, 해당 사례들을 모아 출간(2005)한 바 있다. 여기에 환경오계제정을 위한 준비와 빈그릇운동을 통해 불교계뿐만 아니라 대 사회적 환경 운동을 펼치고 있다.

5) 불교환경연대의 사안별 연대활동 현황

①환경법회

　불교환경연대는 불자들을 대상으로 환경교육사업을 펼치고 있다. 불교계 사찰이나 각 단체들에 대한 환경법회를 개최하거나 지원한다. 국토(산하대지)는 인간을 비롯한 만생명을 탄생시키고 육성하는 커다란 유기적 관계로서 자연과 인간은 하나라고 본다. 그러므로 불자들에게 교육을 통해 환경의식을 제고하고 이를 실천할 수 있도록 한다.

　교육은 불교와 환경에 관련된 주제를 선정한다. 사찰의 초하루 보름법회를 제외한 각종 재일(齋日)에 일정 시간을 배정하여 강의하며, 각 단체 수련회의 프로그램에 삽입하기도 한다. 강사진은 환경 관련 교수 혹은 관련 전문분야 종사자를 위촉하며, 또한 불교환경연대 집행위원이 파견되기도 한다.

a) 환경법회 현황

　기원사 환경문화학당에서 진행된 법회를 지원(주최: 한국철도공사 성북 승무사무소 법우회)하였다. 2005년 1월부터 8월까지 5회에 걸쳐 법응 스님(불교환경연대 부집행위원장), 이태수(농학박사, 본회 회원), 이추경(본회 중앙위원), 진명 스님(본회 집행위원), 주경 스님(조계종 총무원 불교문화사업단 사무국장, 본회 집행위원)이 법사로 파견되었다.

　진관사 불교대학 주최 환경 법회에는 2005년 6월 지율 스님(내원사, 본회 중앙위원)이 파견되어 '초록의 공명을 위하여'라는 주제로 진행되었다.

b) 어린이불교생태학교

　2003년 불교환경연대가 주최한 어린이불교생태학교에는 북한산의 회룡사, 남한강의 신륵사, 서해안의 부석사 등 3차에 걸쳐 다양한 환경교육프로그램을 선보였다. 2004년7월에도 불교생태학교를 개설하여 서해안 부석사에서 생태탐방과 서해안의 갯벌을 체험하였다. 2005년 7월 여주 신륵사 등 4개 사찰에서 개최하였고 강과 산야의 자연생태를 체험하는 교육이 이루어졌다. 특히 2005년 10월 가을에는 경기도 용문사와 생태농장을 견학하는 일정을 추가하였고, 2006년 1월에는 서산 부석사, 강화 전등사, 공주 영평사 등에서 계절 캠프를 개최하였다.

②백두대간 보전단체협의회 활동 현황

참가단체에는 국립공원을지키는시민의모임, 녹색연합, 문경시민환경연대, 백두대간보전시민연대, 불교환경연대, 설악녹색연합, 야생동물연합, 지리산생명연대, 환경운동연합이며, 대표자회의와 운영위원회를 두고 있다.

③새만금갯벌살리기 활동 현황

새만금 간척사업은 전북 군산, 김제, 부안의 18개 읍면동에 이르는 총면적 40,100ha(토지조성: 28,300ha, 담수호: 11,800ha) 방조제 공사이다.[55] 1987년 12월 간척사업 타당성 조사완료를 시작으로 시작된 사업은 시화호 오염문제로 시민단체들은 새만금간척사업에 문제를 제기하였다. 시민환경단체와 종교계가 모여 새만금생명평화연대가 발족하여 활동을 시작하였다.

2003년 3.28~5.31. 새만금갯벌살리기 삼보일배(부안 해창갯벌~서울 광화문)가 시작되었고, 문규현 신부와 수경 스님, 기독교와 원불교 성직자들은 새만금갯벌에서 서울까지 삼보일배를 시작하였

---

55) 한국농촌공사 새만금사업단, http://www.isaemangeum.co.kr/saup/saqu.htm

다. 300여km, 1200여 리의 기나긴 여정을 65일 만에 서울 광화문에서 회향하였다.[56]

문화일보는 5월 넷째주 금주의 인물로 삼보일배에 몸을 던진 수경 스님을 선정하였고, 이후 많은 언론에서 본 기사를 다루었다. 수경 스님은 탈진해서 쓰러지기까지 했으나 휠체어를 타고 다시 행군을 시작한 것도 국민들로부터 감동을 자아내기 충분하였다. 때문에 새만금-서울의 삼보일배의 장정은 환경운동과 종교계는 물론 일반 사회와 정치계까지 영향을 미쳤으며, 이후 세계적인 화제가 되기도 하였다.

2003년 7월 서울행정법원 제3합의부는 방조제공사는 판결 선고까지 그 집행을 정지한다고 하였지만, 2005년 1월 재판부(서울행정법원 행정3부, 강영호 부장판사)는 2005년 1월에 공사 일시중단 및 재검토를 골자로 하는 '조정권고안'을 내놓기에 이르렀다. 그 활동 현황은 다음과 같다.

- 2001.03. 새만금갯벌 생명평화연대 발족, 단식농성 돌입
- 2003.03.28 새만금 갯벌과 온 세상의 생명평화를 염원하는 3보1배 시작
- 2003.05.31 새만금 갯벌과 온 세상의 생명평화를 염원하는 3보1배 회향
- 2003.07.15 서울행정법원 제3합의부 방조제공사는 판결까지 그 집행을 정지결정
- 2005.01.17 서울행정법원 행정3부(재판장 강영호 부장판사)는 3년 넘게 진행된 새만금 간척사업 관련 재판에 대해 조정 권고안 발표[57]

---

56) 한겨레신문, http://www.hani.co.kr/section-005100007/2003/04/
005100007200304151052454.html
57) 불교환경연대, http://www.budaeco.org/bbs/board.php?bo_table=
saemangeum_net&wr_id=11&page=1

④해인사 신행문화도량 건립불사 관련 대책위원회 활동

　대한불교조계종 제12교구 본사인 해인사는 팔만대장경을 모신 법보종찰이자 한국 화엄종의 근본도량이다. 해인사에 신행문화도량 불사[58]가 진행된다면 사찰 경관의 훼손과 더불어 수행 환경은 물론 문화유산들에 대한 안전이 우려될 수밖에 없다. 따라서 본 불사와 관련하여 토론이 불가피한 사안이었다. 이에 대해 불교환경연대 등 17개 불교단체가 해인사의 대형건축불사 재고를 요청하며 공청회 등 불교단체 입장 수렴 절차를 제안했다.[59] 불교환경연대의 신행문화도량 불사에 대한 대책위원회 활동을 살펴보면 다음과 같다.

<표Ⅲ-8> 해인사신행문화도량건립불사 관련 대책 활동 사항

연월일	활 동 사 항
2004. 06. 21	불교계 16개 단체가 기자회견을 갖고 반대 입장 표명
2004. 06. 29	불교계 16개 단체, 해인사 측에 23항의 공개질의서 발송 (7월 7일까지 답변요청).
2004. 07. 07	공개질의서에 대한 해인사 측의 답변 없음으로 인하여 불교계 16개 단체 "해인사 관광 도량화 중단과 바른 불사문화 정착을 위한 대책위원회"(이하, 대책위) 구성.
2004. 07. 09	대책위, 해인사 측에 공개질의서에 대한 답변 재요청 (7월 15일까지 답변요청).
2004. 07. 15	해인사 신행문화도량 부지 1차 답사.
2004. 07. 16	해인총림 방장 법전 종정 스님, 내원암 불사에 한해 전면중단을 지시.
2004. 07. 17	협의회, 1차 회의 개최.
2004. 08. 05	해인사 신행문화도량 부지, 장경판전, 산내 암자 2차 답사.
2004. 09. 17	협의회, 5차 회의 개최.
2004. 11. 04	협의회, 6차 회의 개최. 이것으로써 협의회 운영 종료.

---

58) 법보신문, 712호(2003.07.02)에 따르면 구(舊)해인초등학교 일대 2000여 평 부지에 들어설 해인사 신행·문화도량은 200억 원의 예산을 들여 2005년 10월 완공 예정이며 수련, 강연, 교육, 학술회의 등을 할 수 있는 다목적 공간과 취침, 휴식 공간인 편의시설 등으로 꾸며진다고 보도하였다.
59) 법보신문, 761호(2004.06.30) 제6면 참조.

⑤북한산국립공원관통터널 반대운동

2001년에 접어들면서 북한산국립공원 관통터널 개설 반대가 본격적으로 다루어졌다. 공사 저지를 위한 시민연대와 해당 사찰들이 강력히 반발하였다. 환경부는 환경영향평가를 마치고 서울외곽순환고속도로 노선을 지속추진 할 뜻을 밝히고 단서조항으로 국립공원 내 터널을 짓되 터널 입·출구 1km에 산림조성을 할 것을 도공 측에 제안하였다. 조계종 환경위원회는 주변 생태계를 망치는 대표적인 환경파괴임을 선언하고 봉선사를 비롯한 회룡사, 망월사, 원각사 등 관통터널 인근 사찰 및 환경시민단체들과 연대해 반대운동을 펼쳐 나갈 것임을 밝혔다.

불교환경연대는 북한산국립공원·수락산·불암산 관통 8차선 고속도로 공사의 문제점을 알리고 그 대책을 호소하였다. 문제점은 허가절차상의 하자, 설계기준의 무시, 안정성 우려, 지하수 하강, 오폐수 문제, 대기오염 등이라는 것을 제기하였다. 북한산 국립공원 관통터널 반대운동의 진행 경과를 연도별로 살펴보면 다음과 같다.

<표Ⅲ-9> 북한산국립공원 관통터널 반대운동 활동 사항

연월일	내 용
2001. 05. 03	환경영향평가 심의와 관련하여 환경부 환경평가와 1차회의(환경부 회의실)
2001. 03-08	송추 농성장에 철마선원 설치, 수경 스님 등 농성 시작 북한산국립공원살리기 홍보산행 매주 일요일마다 실시(6개월간)
2001. 05. 13	대안노선 조사를 위한 1차 모임 및 사패봉 산행(환경단체 회원들)
2001. 07. 11	환경부의 환경영향평가 협의 통과
2001. 10. 24	관통터널 건설 저지를 위한 불교 대책위 출범식 및 제1차 결의대회
2001. 11. 01	북한산국립공원 수락산 불암산 관통터널 저지를 위한 각계인사 213인 선언식 및 기자회견11. 11. 13 관통터널 건설 저지를 위한 불교대책위 제2차 결의대회
2001. 11. 19	북한산국립공원 관통터널 입출구 부분 벌목현장 시위 농성 및 집회
2001. 12. 04	북한산국립공원관통터널저지 시민·종교연대 출범식 및 범국민 결의대회

01. 21~25	북한산국립공원 관통터널 저지를 위한 사회각계인사 1인 시위(정부중앙청사 앞)
01. 22	전국 교구본사 주지연합회 결의문 채택
02. 03	북한산국립공원 인간띠잇기 행사(사패봉)
02. 16	북한산살리기 1,000일 정진 입재
03. 05	조계사 '자연환경보존과 수행환경수호 위반 범불교도 결의대회'
04. 23	북한산국립공원, 수락산, 불암산 관통터널 반대 대정부 규탄집회(탑골공원)
05. 12	'북한산국립공원 관통터널 저지를 위한 자전거 행진'
05. 22	북한산국립공원 살리기 1만인 선언 (종로성당)
06. 26	북한산국립공원 파괴행위 규탄 범불교도대회
07. 04	북한산국립공원 훼손·방관하는 환경부 규탄대회
07. 18	북한산국립공원 살리기 3보1배
12. 04	노무현대통령후보 조계종총무원 방문 '북한산관통노선 백지화와 대안노선검토 공약
07. 02	교구본사주지 스님들의 국무총리실 훼불행위규탄 및 북한산 관통노선 폐기 성명
07. 14	전국 교구본말사 주지 스님들의 릴레이 단식기도 정진(조계사 정문앞)
07. 30	불교환경연대 노무현 대통령 공약을 폐기와 다름없는 발표에 대하여 우려성명서 발표
08. 29	최근 북한산국립공원 관통터널 기존노선 고수를 추진하는 청와대의 의도를 강력 비판하는 성명서 발표 (불교환경연대)

(5) 에코포럼의 운영과 그 현황

1) 에코포럼의 개설 경위

　　에코포럼(www.eco-forum.or.kr)은 불교계의 생태환경운동에 대한 교리적 뒷받침은 물론 학제적 공동연구를 창출하기 위한 모임이다. 불교계에서 논의되었던 생태학의 불교학적 배경 연구에 대한 요구를 동국대학교를 중심으로 수용하고 새로운 연구 기반을 조성하기 위한 학술인 모임이다. 특히 불교 종립대학인 동국대가 대학특성화분야로 채택한 불교생태학의 연구저변 확대와 생태·환경과 관

련된 심도 있는 대화의 장을 마련하기 위한 것이다.[60]

에코포럼은 환경생태문제에 대한 현장 운동이 아닌 이론적 지식과 관련 자료들을 제공하는 형태로 창립되었다. 2004년 10월에 발족되었으며, 동국대학교 홍기삼 총장을 비롯하여 불교학계의 염원으로부터 비롯되었다. 창립취지문에서 보듯 환경오염과 생태파괴 문제는 모든 생명공동체의 생존을 위협하는 제일의 의제로 보고 있다. 환경문제는 정치 경제 등 여러 분야에 걸쳐 영향을 미쳤고, 우리 현실적 삶의 부문에서도 치열한 갈등 요소들이다. 이에 대한 분야별 전문성과 협력이 있어야 한다는 취지에서 학제적 연구가 필요함을 인식하였다. 연구·토론을 통한 전문 지식을 생산하고, 생태운동에 대한 이론적 바탕을 지원함으로써 지속가능한 발전성을 도출해내고자 포럼이 구성되었다. 창립취지문의 일부를 전제하면 다음과 같다.

에코포럼은 생태와 환경문제에 대한 열린 토론을 추구합니다. 에코포럼은 세분화된 분과학문의 전문성을 넘어 학제적 담론의 장을 만들어 갈 것입니다. 따라서 우리는 상호 협력하는 동시에 다양성을 인정하고 유연한 정신으로 탐구함으로써 모든 경계를 넘어 소통하고자 합니다. 우리의 논의에는 학문분야의 전문 연구자들과 시민사회운동의 실천가들은 물론, 일반인들과 학생들도 동등하게 참여할 수 있습니다.

에코포럼의 논의는 전위적 도전보다는 실질적인 해법을 모색합니다. 우리는 전문가들의 지식을 바탕으로 전향적인 대안을 마련하고, 전문성이 대중성으로 확산될 수 있도록 노력할 것입니다.

에코포럼은 '상호의존성'이라는 보편적 관계론을 공유함으로써

---
60) 에코포럼, http://www.eco-forum.or.kr/intro/intro_01.asp

현대의 여러 학문분야와 불교적 지혜와의 대화를 지향합니다. 이러한 만남을 통해 서구 물질문화에 길들여진 현대인들은 생태적 삶의 겸허한 태도를 배우고, 불교는 지금까지 그래왔듯이 시대가 요청하는 새로운 가치와 문화의 창조를 선도할 수 있을 것입니다.

에코포럼은 환경보존의 지혜를 나누고 생태위기 극복의 해법을 찾아 떠나는 학문과 실천의 뜻깊은 여정이 될 것입니다. 우리의 노력과 협력이 생명공동체의 지속가능한 발전과 보다 나은 미래 창조에 기여할 수 있기를 희망합니다.[61]

위와 같은 취지에 의해 에코포럼은 동국대학교가 후원하고, 고건(전 국무총리) 및 권태준(서울대 명예교수), 홍기삼(동국대 총장) 등 3인이 공동대표로 참여하여 창립한 학술단체이다. 불교와 생태학을 중심으로 다양한 학문분야들이 공동으로 참가하는 학제적 연구 및 교류의 장이다. 학문분야의 연구자는 물론 시민운동 전문가는 물론 일반인도 참여 가능한 열린 모임이다.

2) 에코포럼 학술환경단체의 활동 현황

포럼의 취지를 달성하기 위하여 네 가지의 운영 수칙을 두고 있다. ① 불교생태학 이론과 생태환경 기술정책의 연구발표 토론, ② 학제적 연구와 협동교육을 위한 문화소통의 기반 조성, ③ 관련분야 간 협동연구 수행을 위한 네트워크 형성, ④ 시민사회 및 종교계의 실천운동을 지원하기 위한 개방적 학술연구를 목적으로 한다는 것이다.[62]

정례포럼의 운영은 매 학기 단위로 주제를 정해서 인문학·사회

---

61) 에코포럼, http://www.eco-forum.or.kr/intro/intro_06.asp(2006.07.29)
62) 에코포럼, http://www.eco-forum.or.kr/gongji/bd_read.asp?seq=1&page=6&readnum=24

과학·자연과학 등 여러 분야에서 5명의 연구발제자가 매월 1명씩 돌아가며 주제발표 한다. 매월 셋째 주 토요일에 정기 포럼을 개최하며, 지정토론과 종합토론으로 진행한다. 부정기적으로 시사적인 생태·환경 이슈를 중심으로 협동연구와 토론의 장도 마련한다. 발표된 연구발제문과 토론결과는 정리되어 동국대 출판부에서 기획하는 〈불교생태학총서〉로 발간할 예정이다. 세미나는 기별 주제를 확정하고 해당 주제를 중심으로 발표와 토론을 진행하고 있다. 현재까지 진행되었거나 진행될 주제는 제1기 〈시스템과 상호의존성〉, 제2기 욕망과 생명〉, 제3기 〈지속가능한 발전〉, 제4기〈희망의 공동체〉이다. 이미 진행되었던 발표주제는 다음과 같다.

<표Ⅲ-10> 제1기 정례 포럼: 2004. 10월~2005. 02월/주제: 시스템과 상호의존성

횟수	연월일	발표 주제 및 발표자/토론자
제1회 정례포럼	2004. 10. 16	- 주제발표 : 생태학에서의 시스템과 상호의존성(이도원, 생태학) - 토 론 : 박형규(물리학), 김종욱(불교학), 원동욱(정치학)
제2회 정례포럼	2004. 11. 20	- 주제발표 : 시스템 메타포에 대한 철학적 이해(최종덕, 과학철학) - 토 론 : 황태연(정치사상), 이중표(불교철학), 한명수(해양환경생태학)
제3회 정례포럼	2004. 12. 18	- 주제발표 : 복잡성의 과학: 자연 속에 숨은 질서(김상환, 복잡성 물리학) - 토 론 : 홍성기(아주대 교양학부, 비교철학, 논리학), 임중연(동국대 기계공학과, 폐기물처리), 신흥묵(동국대 한의과대학/ 한방생리학)
제4회 정례포럼	2005. 01. 15	- 주제발표 : 사회과학에서의 시스템과 상호의존성(장덕진, 조직사회학) - 토 론 자 : 이상일 (동국대 토목환경공학과/ 수질환경), 장시기 (동국대 영어 영문학과/ 비평이론), 오충현 (동국대 산림자원학과/ 환경생태학)
제5회 정례포럼	2005. 02. 12	- 주제발표 : 시스템과 상호의존성 -불교학분야-(고영섭, 불교사상사) - 토 론 : 한형조 (한국정신문화연구원 철학과/ 유교사상), 백남석 (인드라망 생명연대/ 공동대표), 구승회 (동국대 윤리문화학과/ 환경철학)

<표Ⅲ-11> 제2기 포럼: 2005. 03월~2005. 07월/주제: 욕망과 생명

횟수	연월일	발표 주제 및 발표자/토론자
제6회 정례포럼	2005. 03. 19	▷ 전체주제: 욕망과 생명 - 생태적 인간 이해 - 주제발표 1 : 김종주(반포신경정신과의원 원장/ 정신의학) - 토　　론 : 이정우(철학아카데미 원장/ 프랑스현대철학) - 주제발표 1 : 서유헌(서울대 의대 교수/ 신경과학) - 토　　론 : 정성호(동국대 철학과 교수/ 분석철학, 심리철학)
제7회 정례포럼	2005. 04. 16	- 주제발표 1 : 절제된 욕망은 진화의 산물(최재천, 동물행태학) - 토　　론 : 조은(동국대 사회학과 교수, 문화사회학) - 주제발표 2 : 경제학적 관점에서의 생태적 인간에 대한 이해-불교생태학의 구축을 위한 탐색-(권영근, 경제학사, 한국 농어촌사회연구소 소장) - 토　　론 : 박광서(서강대 물리학과 교수/ 초전도체물리학)
제8회 정례포럼	2005. 05. 20 (오후 2시)	▷ 예술분야 특별이벤트/장 소 : 동국대학교 예술극장 -기획·연출 및 진행 : 유지나 (동국대 영화학과 교수/ 영화평론) -공연자문 : 강 헌 (대중음악평론가) ▷ 제1부 생태영화상영 : "나무를 심은 사람들" - 퍼포먼스 : 뉴에이지 피아니스트 신이경/슬라이드 쇼 ▷제2부 특강 [초빙강사] 김종철 (녹색평론 발행인 겸 편집인) [특강주제] 환경과 경제 - 청중과의 Q&A, 다과회
제9회 정례포럼	2005. 06. 18	- 주제발표 1 : 불교의 생명관과 자비의 마음-불교 생태학의 정초를 위하여 - 한자경(이화여대 철학과 교수, 불교철학) - 토　　론 : 임홍빈(한신대 신학과 겸임교수, 조직신학) - 주제발표 2 : 소유론적 욕망에서 존재론적 욕망에로(김형효, 한국학중앙연구원 철학윤리학과 교수, 프랑스현대철학 및 동서비교철학) - 토　　론 : 유흔우(동국대 철학과 교수, 중국철학)
제10회		제10회 정례포럼(자료없음)

<표Ⅲ-12> 제3기 포럼: 2005. 09월~2006. 01월/주제: 지속가능한 발전

횟수	연월일	발표 주제 및 발표자/토론자
제11회 정례포럼	2005.11.19	▷주제 : 지속가능한 발전과 에너지/동국대학교 덕암세미나실 ▷제1분야 : 기후변화 시대의 지속가능한 발전과 에너지 - 주제발표 1 : 윤순진(서울대 환경대학원 교수) - 토론 : 이상훈 (환경운동연합 정책실장) ▷제2분야 : 에너지 위기의 대안, 대안에너지

제11회 정례포럼	2005. 11. 19	- 주제발표 : 이필렬(한국방송통신대 교수, 에너지대안센터 소장) - 토　　론 : 이상헌(지속가능발전위 에너지팀장)
제12회 정례포럼	2005. 12. 17	▷주 제 : 〈지속가능한 발전과 물〉 - 장소 : 동국대학교 덕암세미나실(문화관 1층) - 후원 : 한국수자원공사, 유한킴벌리(주), 동국대학교 생태환경연구센터 ▷(제1분야) 지속가능한 발전과 물관리 - 발표 : 윤석영 (건설기술연구원) - 토론 : 최동진 (국토환경연구소 소장) ▷(제2분야) 물관리 정책의 과제와 방향 - 발표 : 김종원 (국토연구원 국토계획/환경연구실 연구위원) - 토론 : 이재응 (아주대 환경건설교통학부 교수

<표Ⅲ-13> 제4기 포럼: 2006. 03월~2006. 07월/주제: 희망의 공동체

횟수	연월일	발표 주제 및 발표자/토론자
제13회 정례포럼	2006. 04. 21	- 장소 : 동국대학교 문화관 2층 세미나3/(금)오후 03:00 - 주최 : 에코포럼 /-주 관 : 동국대학교 부설 생태환경연구센터 - 주제 : 지속가능발전과 자원순환형사회 - 좌장 : 권태준 (에코포럼 공동대표/ 서울대 명예교수) - 발표 : 자원순환형 폐기물관리정책 추진방향 　　(전병성, 환경부 자원순환국 국장) - 발표 : 지속가능한 자원순환사회 구축을 위한 과제 　　(박준우, 상명대 경제통상학부 교수) - 토론 : 전재경(한국법제연구원 행정법제연구실 실장), 　　김광임(한국환경정책평가연구원 연구위원)
제14회 정례포럼	2006. 05. 19	- 시간 및 장소: (금) 오후 03:30, 동국대 문화관 덕암세미나실 - 주최 : 에코포럼 - 주관 : 동국대학교 부설 생태환경연구센터 - 주제 : 지속가능발전과 기업경영 - 좌장 : 안병훈(KAIST 테크노경영대학원 교수) - 발표 : 지속가능발전과 기업경영 　　(이병욱, LG환경연구원 원장/한국환경경영학회 회장) - 토론 : 김종천 (지속가능발전위원회 국장) 　　이영면 (동국대 경영학과 교수)/황진택 (삼성지구환경연구소 상무)/ 　　홍성태 (상지대학교 문화콘텐츠학과 교수/ 참여연대 정책위원장)

(6) 기타 불교 환경단체의 활동 현황

불교를 기반으로 하는 신행 단체이지만, 순수 환경단체가 아니라 신행 활동과 환경생태운동을 병행하는 단체들의 설립 과정과 활동 현황을 알아본다.

1) 맑고향기롭게의 설립과 활동 현황

① 설립 과정

맑고향기롭게(www.clean94.or.kr) 창건주인 김영한(법명 길상화)불자가 1987년 미국 LA에서 '대원각'을 법정 스님께 기증할 뜻을 밝힘으로써 시작되었다. 길상사는 95년 송광사의 말사인 대법사로 등록하였다가 97년 길상사로 개명하였으며, 초대 주지에 청학 스님이 임명되었다.[63] 길상사를 근본도량으로 삼고 대 불교적 신행 운동과, 사회적 계몽운동을 펼치는 단체이다.

법정 스님의 서원은 불성[영성(靈性)]에 대한 인식에서 시작하여 보편적인 불교 행위인 칠불통계(七佛通戒)[64]라는 누구나 실천 가능한 것에서 출발점을 찾고 있다. 소욕지족(少欲知足)의 삶을 지향하고 기쁨과 슬픔을 함께 나누는 것에서 맑고 향기롭게 살 수 있는 터전이 된다고 하였다. 맑고향기롭게 운동은 곧 만신창이가 되어 있는 자연과 지구는 물론 우리 자신까지 구제할 수 있다고 하였다. 무소유와 나누는 실천을 통해 풍요로운 삶을 열어가고자 서원한 것이다.[65]

---

63) 길상사, http://www.kilsangsa.or.kr/kilsangsa01.html
64) 모든 악을 짓지 말며(諸惡莫作), 모든 선을 행하라(衆善奉行). 스스로 마음을 맑히는 것(自淨其意)이 곧 부처님의 가르침이다(是諸佛敎). 누구나 말할 수 있지만, 실천하기는 쉽지 않음을 의미한다. 이와 관련하여 당대 도림선사와 백거이와의 문답이 유명하며, 『법구경』, 『출요경』 등에서 유래한다.
65) 법정, 「맑고향기로운 삶을 위하여」(『불일회보』, 1994, 161호), p.3.

맑고향기롭게의 활동은 불교계를 대상으로 하지만, 타종교와 연대하여 환경문제와 관련하여 다양한 운동을 전개하고 있다.[66] 추진과정은 다른 환경 단체보다 오랜 연혁을 가지고 있지만, 생태환경만을 고집하지 않는 점이다. 그러나 환경문제가 일반 사회뿐만 아니라 불교계에서도 적극적으로 대처하고 있는 만큼 맑고향기롭게도 이와 같은 경향에 적극적으로 동참하고 있다.

② 활동 현황

법정 스님의 서원에 의해 시작된 불교운동은 시민 모임인 맑고향기롭게 운동으로 전개되었다. 1993년 8월 준비모임과 함께 10월 불교방송 연중 캠페인을 맑고향기롭게로 확정하였고, 서울 종로구 사간동의 법련사를 중심으로 9개항의 실천덕목을 확정하고 운동을 시작하였다. 1994년 서울 구룡사와 부산KBS홀 등에서 시민모임으로 발족하였고, 이후 다른 도시로 확대되었다. 1996년에는 문화관광부로부터 사단법인으로 인가받았으며, 1997년에는 길상사를 근본도량으로 정하고 대 사회운동을 확대하였다.[67]

대표적인 사업은 대 사회운동을 위한 『맑고향기롭게』 책자 및 스티커를 제작하여 배포하였고, 참선수련회, 특별수련회를 개최하였고 알뜰시장을 운영하여 아끼고 나누어 쓰는 맑고향기롭게의 취지를 알렸다. 지속사업으로 '생태사찰 길상사 만들기'와 더불어 '사찰 생태기행'을 운영하고 있다. 특히 IMF로 무너진 가정과 실직자들을 위한 봉사활동이 전개되었으며, 생태섬 만들기, 우리 꽃과 나무 심기, 사찰생태문화기행 등 생태운동을 본격적으로 전개하고 있

---

66) 조선일보(1995.06.04)는 맑고향기롭게 시민모임이 타종교인 가톨릭과의 연대뿐만 아니라, 각종 환경단체들과 적극적인 협력을 통해 환경운동을 전개하고 있다고 보도하고 있다.
67) 맑고향기롭게, http://www.clean94.or.kr/clean/clean_3.htm

다. 실상사뿐만 아니라 전국 중소도시의 시민모임이 활발하게 활동하고 있다.

2) 청정국토만들기운동본부 환경 활동 현황

① 설립 과정

1992년에 발족된 공해추방불교인모임(대표 월주 스님)이 환경 생태 문제에 대하여 활발한 활동을 펼쳤고, 이후 1997년에는 청정국토만들기운동으로 개명되었다. 공해 등 환경문제 유발에 대하여 적극적으로 대처하였고, 청소년을 대상으로 환경교육 및 환경보전과 관련하여 다양한 문화행사를 펼치고 있다.

② 활동 현황

청정국토만들기운동본부(www.greencosmos.or.kr)의 전신은 공해추방불교인모임이었다(약칭: 공추불). 공추불은 생명존중, 연기사상을 통해 불국토를 건설하겠다는 포부를 갖고 1992년 2월에 출범하였다. 1996년 12월까지 교법사들이 참여하는 심포지움, 청소년들에 대한 캠페인 활동 등을 전개하였다. 계간지 『공해없는세상』 발간하고, 러시아와 일본은 동해에 핵폐기물을 버리는 행위 중지 촉구, 초·중·고생 대상으로 '환경글짓기', '환경포스터 공모' 등 환경문제에 대해 불교계의 의지를 대변하기도 하였다.[68] 그러나 공추불 총재인 월주 스님 체제(대한불교 조계종 총무원장)가 막을 내리고 성타 스님이 취임하였다.

성타 스님의 취임과 함께 공추불은 청정국토만들기운동본부로 개명하고 진행하던 사업을 이어받았다. '환경글짓기' 및 '환경포스

---

68) 불교환경의제21추진위원회, 「불교환경워크숍 결과보고자료집」(2003.05.23), p.45.

터 공모'는 공추불 설립당시부터 현재까지 진행되고 있다. 그리고 '청소년불자들을 위한 강연회'(「지구환경의 실태와 환경보전」)(연세대학교 환경공해연구소 권숙표 교수, 1997.06.07), '환경지킴이 자연탐사대회'(1997.11)[69]를 운영하였다. 또한 불교환경운동의 명확한 이념정립을 위한 연구논문집『불교와 환경보존』(1998)을 출간하였다.

3) 시민모임 두레의 환경 활동

① 설립 경위

비교적 일찍 두레생태기행(대표 김재일)(www.ngodoore.com)이 발족(1988)되었고 생태기행을 통해 자연 사랑과 문화지킴이 활동 등 다양한 생태문화를 지향하고 있다. 두레란 '혼자'가 아닌 '더불어 함께' 한다는 뜻이며, 시민모임을 지향하고 있다. 문화유산 답사를 통해 외래 상업대중문화로부터 우리 것을 지키는 두레문화기행이며, 자연생태 현장탐사를 통해 시민 환경운동을 펼쳐 가는 두레생태기행이 대표적인 활동 모임이다.[70]

순수 불교환경단체가 아니지만 불교 사상에 바탕한 생태 및 문화기행 전문단체로서 그 영역을 넓혀왔다. 사찰생태연구소의 설립, 불교의 생태·생명사상 연구, 생명과 문화가 있는 가람기행 등을 활발하게 추진하고 있다.

② 시민모임 두레의 산하단체와 활동 현황

시민모임 두레는 두레문화기행 모임뿐만 아니라 두레생태기행

---

[69] 불교신문, 1997년 11월 11일자 내용.
[70] 시민모임두레, http://www.ngodoore.com/main_index.html

모임 등 여러 산하단체를 두고 있다. 1988년 문인(文人)들이 두레문화기행을 통하여 문화운동으로 전개되었고, 1991년 3월에 시민단체로 재발족한 문화유산 답사단체이다. 2백여 차례 유적답사와 함께, 어린이를 위한 역사교실을 운영하고 있다. 문화기행의 문화운동에 힘입어 가람문학회가 탄생(1988년 3월)하였으며, 300여 명의 문학청년을 배출하였으며 매주 월요일 문학 강의와 작품토론활동을 지속하고 있다. 두레 문화운동을 통하여 발족한 보리방송모니터회의 발족(1990년 3월)은 새로운 언론운동의 가능성을 보이고 있다. 모니터링을 통하여 방송의 역기능을 바로잡아 건강한 언론풍토를 조성하는 시청자단체를 운영하고 있다.

두레모임에서 시대의 조류를 반영하고 새로운 미래 지성을 창출하려는 움직임이 일었고 여기에 호응하여 두레생태기행이 탄생(1994년 9월)하였다. 불교적 이상을 바탕으로 설립된 단체로서 시민환경단체임을 자부하고 있다. 서울 소재 중고교 생물교사들과 환경운동가 등 67명이 힘을 모아 창립하였으며 매월 한 차례씩 시민들과 함께 자연생태 현장을 탐사하고 모니터하여 자연에 대한 감수성을 길러 환경운동을 펼친다. 현재 회원들은 발기인을 포함하여 600 여명이다. 불교 환경운동과 관련된 활동 현황을 살펴보면 다음과 같다.

<표III-14> 두레 생태기행 불교환경 관련 활동현황

연도	내 용
1994	생태기행 창립 및 제 1차 생태기행-10.23
1995	청정국토한마당 환경행사 참여-06.13
1995	남한강 지역 수질조사(2회)
1995	창립 1주년 기념 자료집 발간-12.10
1996	제1회 민속과 환경 놀이마당(한강 시민공원-5백명 참가)-05.05

1996	해인골프장반대 가야산 자연탐사(1박2일) 주관
1997	서울녹색시민위원회 참여단체 선정-04.01
	창립 3주년 자료집 발간-12.10
1998	신세계백화점 문화센터 생태기행 주관 (3차/5월 17일, 6월 1일, 7월 29일)
	제2차 서울지역 자연생태 탐사보고서 발간-11.30
1999	서울녹색시민위원회 참여단체 선정-40.01
	제3회 서울환경상 수상(환경단체 부문)-06.03
2000	북한산 생태학교 재개(매주 토요일)-04.07
	지리산댐 건설계획 백지화 운동 참여-05.30
2001	북한산 국립공원 살리기 환경운동 동참-11월
2002	방생지침서 발표-01.20
	사찰자연생태연구소 설립-02.17
2003	'불교환경의제21' 워크숍 참여-11.18
2004	천성산 살리기 운동 동참-06월

4) 대한불교진흥원 설립과 환경활동

동국제강(주)의 창업주이며 불교대중화를 위해 헌신하였던 불자인 정경호 거사가 한국불교 중흥을 염원하는 서원으로 정재를 헌납하면서 1975년 설립되었다. 호국종교의 이념과 함께 정법을 지켜온 정신을 이어 현대인들에게 올바른 길잡이가 되고, 국민정신 진작의 원동력에 되고자하는 취지를 담고 있다. 불교적 신앙을 바탕으로 불교 운동을 주도하거나 지원하며, 또한 환경 생태운동에도 적극적으로 참여하고 있다.

청정운동의 일환으로 대한불교진흥원(이사장 서돈각) (www.kbpf.org)의 주도로 범 재가불자들의 청정계율 실천을 위한 '청정운동'을 대대적으로 시행하였다. 불교의 대중화, 의식의 현대화, 교리의 생활화라는 대중불교 이념을 바탕으로한 한국불교 중흥을 구현키 위한 신행개혁운동이자 보시(布施), 지계(持戒)운동이다.[71] 특히 불교생명윤리 정립을 위한 공개심포지엄(2005.12.03)을 개최하도록 후원하였다.

3) 청정국토 한마당의 행사 현황

1995년 제23회 세계환경의 날을 앞두고 청정국토 한마당 행사가 개최되었다. 준비위원회가 주관해 '생명을 푸르게 마음을 자비롭게'라는 주제로 6월 3, 4일 서울 종로구에 위치한 조계사와, 수송공원에서 30여 개의 불교단체가 연합하여 다양하게 펼쳐졌다. 불교계 각 단체들의 개별적인 활동을 벌이다가 연합활동을 처음으로 전개하였다. 첫째날인 3일에는 '생명을 푸르게 마음을 자비롭게'란 주제로 기념법회에 이어 조계사청년회 중창단의 환경노래부르기, 만생명을 위한 불자서원 결단식, 생명나무 만들기 행사 등 만생명을 위한 서원대회가 진행되었다. 둘째 날인 4일에는 조계사 옆 수송공원에서 23개 참가단체가 개별적으로 준비한 문화큰잔치가 6개 분야로 나뉘어 펼쳐졌다. 환경사진, 도서, 조각전을 개최했으며, 판매행사로 석왕사 생협, 불교어머니회, 한국전통사찰음식문화연구소가 재활용장터, 시식회, 무공해농산물 판매전 등을 가졌다. 이밖에도 캠페인, 법회 및 강연, 학술, 문화행사 등이 다양하게 펼쳐졌다.[72]

1996년 세계 환경의 날에도 '96청정국토 한마당'이 펼쳐졌고, 첫째 날은 자연사랑 환경포스터 글짓기 공모전 시상식, 생명나무 만들기, 지구본띄우기, 창작마당극 '금수강산 썩을씨고' 공연 등이 이어졌다. 둘째 날에도 포스터 글짓기 전시회, 환경만화가 사인회, 신토불이 꼬마 요리사, 가족전통민속놀이 한마당 등이 펼쳐졌다.[73]

---

71) 불교신문, 제2215호, 3월29일자 내용.
72) 불교신문, http://www.ibulgyo.com/archive/48406/2006081011557815.asp
73) 불교신문, 1996.06.18(1582호), 14면 기사 내용 참조.

그리고 이듬해 '97청정운동실천전국대회'가 6월 29일 경주 남산에서 1백 여 개 단체 1200명의 시민이 참여하여 개최하였다. 그러나 1998년도의 환경 행사로 이어지지 못하였다.

3년간의 청정국토한마당 행사의 의의는 재가자 중심의 연대활동이 본격화되었다는 것이다. 불교사회단체의 환경운동이 확산되었고, 몇몇 단체들은 내부 기구가 만들어지는 등 환경운동 조직이 활발하게 구성되었다. 그러나 1997년을 끝으로 청정국토한마당 환경운동이 더욱 확산되지 못한 채 유명무실한 상태로 남아 있다.

(7) 기타 불교 학술단체의 환경생태학 관련 연구 현황

1) 기타 불교 학술단체의 연구 배경

불교는 우주만유라는 제법(諸法)에 대하여 고귀한 존재가치를 인정한다. 자연에 대한 무한 가치를 부여함과 동시에 자연과 인간 생활의 공존과 조화를 지향한다. 때문에 오늘날 대두된 환경생태 문제와 불교학의 관계는 매우 깊은 연관을 가질 수밖에 없다. 연구분야에 있어 친환경적 관계를 넘어 긴밀한 관계성을 인정해야 한다.

1990년대 초반부터 불교생태학관련 연구가 진지하게 모색되고 추진했어야 하지만, 환경분야 혹은 생태학이라는 학제간의 연결 시도가 쉽지 않았다. 학제간의 이해는 물론 연구자료의 빈약성 때문에 연구의 진척이 늦어진 것이다. 또한 생태학적 관점에서 불교와 접목하려는 노력 또한 그 토대가 견고하지 않았다.

2000년대에 접어들면서 불교 환경운동이 거세게 대두되었고, 불자들의 환경에 대한 인식이 높아졌다. 특히 사회적 이슈를 통하여 일반 대중매체가 제공한 뉴스 등을 통해 불교인의 반성적 반응이 뒤따랐다고 하겠다. 불교학계 또한 사회적 공감대를 중심으로 뒤늦게

시작한 측면이 없지 않다. 특히 수경 스님의 삼보일배(三步一拜) 혹은 지율 스님의 단식이라는 뉴스를 접하고서 비로소 반성적 반응을 일으킨 점에 있어서 불교 환경의 실천자나 학술인이나 모두 재고해야할 부분이다.

2) 불교문화연구원 생태분야 연구 활동

① 연구 추진 경위

불교문화연구원(www.kbri.co.kr)은 대한불교 조계종 종립 동국대학교의 부속기관이다. 연구와 교육을 병행하며 불교학 및 선학, 그리고 불교문화와 현대 정신문화에 대한 연구가 이루어지고 있다. 연구발표회는 물론 학보의 발행과 기타 간행물의 발간을 통해 연구원의 목적달성을 위한 사업을 진행하고 있다.[74]

건학이념에 따라 불교문화에 대한 다양한 연구를 기획하고 수행한다. 1962년 설립당시부터 불교의 교리, 역사, 문화예술 분야의 학술활동으로 주목할 학문적 성과들을 발표해 왔다. 2003년 3월 홍기삼 동국대학교 총장이 취임하면서 건학 이념과 생태학을 연결한 불교생태학 진흥에 대한 강한 추진의지를 보였고[75] 이를 불교문화연구원 및 에코포럼을 통한 시행을 모색하였다. 그리고 불교문화연구원장에 박경준 교수가 취임(2004.5)하면서 환경 생태 문제에 대한 불교학적 연구가 진행되었다.

② 연구 현황

첨단 문명의 그늘에서 인간은 물론 자연환경까지 고통을 받고 있

---

74) 불교문화연구원, http://www.kbri.co.kr
75) 불교신문, http://www.ibulgyo.com/archive/21531/200608101155173192.asp

고, 불교문화연구원 역시 현 사회의 병폐를 치유하기 위한 불교의 이론적 뒷받침을 위한 연구사업이 추진되어야 함을 인식하고 있었다. 정례화된 학술대회가 아니지만 세미나와 출간 등을 통해 불교생태문화에 이바지하고 있다.[76]

특히 불교문화연구원이 서강대 생명문화연구원 공동 주관한 〈21세기 환경문화와 종교〉(2000년 11월)의 학술대회를 기점으로 〈불교생태학 그 오늘과 내일〉(2003.05)이 개최되었다. 이후 생태학관련 많은 학술대회를 개최하였고, 그『불교학보』를 통해 그 성과물들을 축적하고 있다.[77] 2006년 5월 25일, 26일 이틀 간 동국대학교 건학 100주년 기념으로 개최되었던 국제학술회의인 〈지식기반사회와 불교생태학〉은 요한갈퉁, 노르베리 호지 등 환경문제를 연구하는 석학들이 참여한 학술축전을 개최하기에 이르렀다.[78]

① 『佛教學報』 환경생태관련 연구논문 현황
    「佛教的 觀點에서 본 自然」, 박경준, 제40집, 2003.12
    「현대 생태사상의 경향과 전망」, 구승회, 제42집, 2005.06
    「불교생태학의 현주소」, 류승주, 제42집, 2005.06
    「잉여냉동배아의 이용에 대한 윤리적 평가와 불교적 입장」, 곽만연, 제43집 2005.8
    「동물의 권리에 대한 윤리적 논의의 현황」, 허남결, 제43집, 2005.8
    「동물해방과 불살생」, 신성현, 제43집, 2005.8
    「선사들의 삶을 통해 본 동물의 도덕적 지위」, 서재영, 제43집, 2005.8

---

76) 불교문화연구원, http://www.kbri.co.kr/introduce/introduce_1.php
77) 불교문화연구원, http://www.kbri.co.kr/activity/activity_3.php
78) 한겨레신문, 2006.05.23일자 내용.

③ 동국대학교 건학 100주년기념 국제학술대회

동국대학교는 건학 100주년을 맞이하여 환경생태관련 국제학술대회를 개최하였다. '지식기반사회와 불교생태학'이라는 주제로 2006년 5월 25일부터 27일까지 3일간에 걸쳐 생태학 관련 세계 석학들을 초빙하여 당면한 환경문제에 대하여 학술토론 대회를 개최하였다. 분야별 주제를 중심으로 모두 4분과로 나누어 동국대학교 문화관의 학술관과 대각전 두 곳에서 분산 개최하였다. 발표 주제를 열거하면 다음과 같다.

<표III-15> 제1분과 : 지식기반사회와 환경문제

번호	발 표 주 제 및 발 표 자
1	지식기반사회와 생태이성의 신(新)지평: '내포적 성장체제'에서의 경제합리성과 생태합리성의 동조경향에 관한 고찰, 황태연(동국대 정치외교학과)
2	우리가 전지구적 환경변화에 맞서 중도(中道)를 걸을 수 있을까? -폴 플렉(Vlek, Paul. L. G.), 독일 본대학1
3	동북아시아의 생태 위기와 환경협력-박수진, 서울대 지리학과
4	지식기반사회와 불교생태학-김종욱, 동국대 불교학과
5	불교사상과 지역자립-나카무라 히사시(中村尙司), 일본 류우코쿠 대학

<표III-16> 제2분과 : 불교생태학과 서구 사상

번호	발 표 주 제 및 발 표 자
1	경관미학과 환경론: 불교와 서양예술에서 자연의 표상에 대한 몇 가지 고찰 -이안 해리스(Harris, Ian), 영국 성마틴대학
2	포스트모더니티와 생태불교학: 조안나 메이시의 생태학적 자아와 불교의 자아부정-윤영해, 동국대 불교학과
3	심층생태학과 불교의 생태적 지혜: 네스의 도덕부정론과 불교의 자애의 윤리 -안옥선, 순천대 철학과
4	실타래 풀기: 불교와 에코페미니즘-리타 그로스(Gross, Rita M.), 미국 위스콘신대학
5	불교와 일반시스템이론-이중표, 전남대 철학과

<표Ⅲ-17> 제3분과 : 불교생태학의 학제적 접근

번호	발 표 주 제 및 발 표 자
1	지식정보사회와 자연세계에 대한 불교적 네트워크 이론-양형진, 고려대 물리학과
2	덕의 윤리학과 환경: 최근의 연구 경향에 대한 검토-데미엔 키온(Keown, Damien), 영국 런던 골드스미스대학
3	전통사찰에 대한 경관생태학적 조망: 분포와 토지이용, 식생, 그리고 야생동물-이도원, 서울대 환경대학원
4	한국문학과 불교생태학의 관련양상-홍신선, 동국대 문예창작과
5	종교와 서양의 환경윤리-유진 하그로브(Eugene C. Hargrove), 미국 노스텍사스 대학

<표Ⅲ-18> 제4분과 : 미래사회의 평화와 불교생태학

번호	발 표 주 제 및 발 표 자
1	현대의 욕망확대구조와 불교의 욕망이론-홍윤기, 동국대 철학과
2	지속가능한 발전과 불교경제학-박경준, 동국대 불교학과
3	빈곤과 불교적 생활방식: 세계화 경제에 맞선 불교적 대응-헬레나 노르베리 호지(Norberg-Hodge, Helena), 스웨덴, 생태운동가, 국제생태문화협회 회장
4	선적 깨달음과 생태학적 각성-진월 스님, 동국대 정각원장
5	도가의 천인(天人)관계론과 현대의 환경윤리가치의 구성-쉬 샤오 위에(徐小躍), 중국 남경대학6심층생태학,
6	심층문화 그리고 위기사회: 평화와 불교-요한 갈퉁(Galtung, Johan), 노르웨이, 평화운동가

3) 한국불교학회 환경생태 연구 현황

한국불교학회(http://ikabs.org/)는 1975년 결성된 이래 순수 불교학 분야에 대한 연구를 수행하였고, 학술지인 『韓國佛敎學』 발간을 통해 많은 성과를 인정받고 있다. 1992년 한국불교학 제 17집에 목정배 교수가 '자연환경과 불교교설과의 관계' 라는 주제로 환경생태에 관한 연구 논문을 발표하였지만, 이후 이렇다 할 실적이 없었다. 환경생태에 대한 불교학적 접근이 꾸준히 시도되었지만, 2004년 생태학 특집에 이르기까지 관련 연구 논문을 게재하지 못하였다.

이후 2004년에 환경생태에 관한 연구가 집중적으로 발표되었다. 조용길 교수의 「불교의 생명그물과 생태환경 윤리관의 인드라망」(36집, 2004), 김종욱의 「불교생태학적 생명관의 정초 모색」(38집, 2004), 이거룡의 「불교와 환경위기」(42집, 2005) 등의 연구 성과물이 학술지를 통해 빛을 보게 되었다.[79] 연도별 발표 논문을 정리하면 다음과 같다.

<표Ⅲ-19> 한국불교학회 환경생태 관련 논문 목록

연도	호수	논문 제목 및 저자
1992	제17집	자연환경과 불교 교설과의 관계(목정배)
2004	제36집	불교의 생명그물과 생태환경 윤리관의 인드라망(조용길)
		삼국유사의 불교생태학적 함의에 관한 고찰(류호선)
		원효의 불성론에 담긴 생태학의 의미(김영일)
	제38집	제38집 불교생태학적 생명관의 정초 모색(김종욱)
		대승경전에 담긴 생태학적 가르침들(배상환)
	제39집	불교 불살생관의 생태적 적응(남궁선)
		생물종 다양성의 위기와 불교의 불살생계(신성현)
2005	제40집	법화칠유(法華七喩)와 생태학적 상상력(이재수)
	제41집	제41집 근대성과 불교생태학(김종욱)
	제42집	제42집 생태계 위기극복을 위한 사제관(배상환)
		불교와 환경위기(이거룡)

---

79) 한국불교학회, http://www.hanbulhak.or.kr

4) 불교학연구회

불교학연구회(www.bulgyohak.org)는 2000년 5월에 결성되었지만, 비교적 일찍 시대적 흐름인 환경 생태학에 대한 관심을 가진 것을 알 수 있다. 학술지인 『佛敎學硏究』를 통해 '불교에서 보는 인간과 자연'(이중표, 제2집, 2001년)을 시작으로 꾸준히 불교 환경 생태학 관련 연구 논문을 발표하고 있다. 불교학연구회는 2005년 생태학과 관련하여 '불교와 생명윤리'라는 주제로 추계학술대회를 개최한 바 있다.[80] 연구 성과는 『불교학연구』 제11집(2005)의 「불교의 생명관과 자비의 마음」(한자경) 등 많은 주제들이 상정되었다.

<표Ⅲ-20> 불교학연구회 환경생태관련 논문 목록

연도	호수	논문 제목 및 저자
2001.06	제2집	불교에서 보는 인간과 자연(이중표)
2005.04	제10집	생태철학의 문제점과 불교의 업사상(남궁선)
2005.04	제10집	불교생태학에서 존재 평등의 근거(안옥선)
2005.08	제11집	불교의 생명관과 자비의 마음(한자경)
2005.12	제12집	불교의 생명 이해(김종욱)
2005.12	제12집	윤리적·불교적 입장에서 살펴 본 잉여냉동배아의 이용(곽만연)
2005.12	제12집	불교와 생명윤리(허남결)

5) 한국선학회 환경생태관련 연구 현황

「생태계(生態界)에 대한 선사상적(禪思想的) 이해」, 서재영, 『韓國禪學』 제8집, 2004.8.

6) 보조사상연구원의 환경관련 연구 현황

보조사상연구원(www.bojosasang.net)은 2006년 3월과 4월

---

80) 불교학연구회, http://www.bulgyohak.org/journal/2005-12.htm

총 2회에 걸쳐 불교생태학 관련 특별 세미나를 개최하고 이를 학술지 『普照思想』(제26집)에 반영하였다.

「불살생의 생태적 문화에 대한 일고찰」(김치온),
「『경덕전등록』에 나타난 생태관」(최동순),
「선사상의 생태학적 접근」(이법산),
「천태성불론의 생태학적 접근」(차차석)

7) 『불교평론』의 환경생태 관련 글 기고 현황

『불교평론』(www.budreview.com)은 전문 학술단체가 아니지만, 진보적 불교 잡지이다. 불교학 및 불교의 제 현상과 관련하여 석학들의 다양한 관점들을 게재하고 있다. 특히 환경 생태에 대한 불자 및 일반인들의 관심이 높아진 시점에 불교평론은 이 같은 시류를 반영하고 있다. 최근에 이르기까지 환경생태 직접적인 관련이 있는 주제들을 열거하면 다음과 같다.

<표III-21> 불교평론 환경생태관련 논문 목록

연도	호수	논문 제목 및 저자
2000	제04호	생명공학에 대한 그리스도교의 입장(구경국)
		생명공학의 도전에 직면한 불교의 윤회설(윤호진)
		인간복제와 불교교리는 모순되는가(최정규)
		생명공학의 현재와 미래(최원상)
		불교적 입장에서 본 생명공학의 윤리문제(이중표)
2003	제16호	장기이식에 관한 불교적 관점(1)(곽만연)
		불교 NGO의 현실과 과제(이영철)(제16호, 2003)
2004	제19호	생태계 위기극복을 위한 사성제적 접근(김종욱)
	제20호	종교는 과학적 진보를 제한할 수 없다(조성택)
	제20호	생명담론의 허와 실(윤제학)

2006	제22호	지율 스님이 얻은 것과 잃은 것(조성택)
	제23호	선사들의 삶을 통해 본 동물의 도덕적 지위(서재영)
		불교생태학의 덕(德) 윤리적 접근(데미언 키온)
	제25호	불교생명윤리 정립을 위한 공개 심포지엄(박익순 정리)
	제26호	불교생명운동의 맥락과 천성산살리기 그리고 비판적 성찰(이정호)

8) 동국대학교 불교문화사상사 교육연구단(BK21)

동국대학교 불교문화사상사 교육연구단(단장 조용길, 불교학과)이 교육부의 고급인력 양성계획인 두뇌한국(BK)21사업 인문 사회 분야 지원 대상에 선정되었다. 오랜 기간 축적되어 온 연구성과와 학문적 전통을 바탕으로 국제화 시대에 필요한 체제를 갖추어 인문학 연구 본산으로서의 역할을 하고자 시작하였다. 1999년에 선정된 이후 3개 팀으로 조직하였고 이후 7년 동안 다양한 연구 활동을 펼쳤으며 또한 많은 성과를 거두었다. 연구 결과물로서『불교문화사상사전집』(총 12권)(2006)을 발간하였다. 교수 및 연구원 등 40명 연구한 논문 450편 수록하고 있다. 이 가운데 불교-생태학은 주요 과제로 선정되어 연구가 진행되었고 그 결과물은 총12권 중 제9권~제12권에 수록되어 있다.[118]

  제09권 『불교생태학적 이해』(총495면)
  제10권 『현대사회의 비판과 불교생태학』(총630면)
  제11권 『학제적 연구로서의 불교생태학』(총630면)
  제12권 『불교생태학 영어 논문집』(총1032면)

교육인적자원부가 진행하는 2단계 두뇌한국21 사업단으로 선정된 동국대학교 '세계화시대 불교학 교육연구단(단장 조용길, 불교

---
118) 법보신문, 제846호(2006-03-29).

대학원장)'(http://home.dongguk.ac.kr/~bk21/)도 향후 7년 동안 '한국학에서 불교학의 국제화 교육연구'와 '아시아학에서 불교학의 국제화교육연구' 등을 진행한다.[82]

IV. 불교환경운동의 성과

1. 불교환경운동의 전개와 개괄적 평가

제II장과 제III장에서 살펴보았듯이 한국불교계의 환경운동 역사는 일천하다. 전반적인 환경운동의 역사가 짧기 때문이기도 하지만 서구에서 태동된 환경운동이 1980년대 이후 절대빈곤을 해결한 이후 수입되어 국민들을 계몽하기 시작했기 때문이기도 하다. 제II장 2절의 '불교환경운동 추진 과정'에서 언급하고 있듯이 불교계 환경운동의 시기를 크게 세 단계로 구분할 수 있다.

첫째 불교환경운동의 태동기로서 1980년대까지를 말한다. 이 시기는 한국에서 환경운동이 태동하던 시기이며, 운동단체들이 출현하기 시작한다. 그렇지만 불교환경운동의 경우는 일부 진보적인 승려들이나 신도들에 의해 환경운동에 대한 관심을 촉구하기 시작하는 시기이며, 준비단계에 해당하는 시기라 말할 수 있다. 한국의 전반적인 환경운동이 국내적인 정치상황이나 성장위주의 경제정책에 밀려 대중의 관심권 밖에 머무르지 않을 수 없었으며, 동시에 사회적 운동으로 확대 재생산될 추동력을 담보하지 못했던 것이 그 일차적인 원인이라 말할 수 있다. 불교계 역시 사회적 환경의 제약을 뛰어넘을 인식을 공유하고 있지 못했으며, 주도 종단이라 말할 수 있는 조계종과 태고종의 불안정은 불교운동의 눈을 외부로 돌릴 여건

---

82) 불교신문 제2243호(2006년 7월8일자).

이 성숙되어 있지 않았다고 말할 수 있다. 이것은 사회의식의 결핍과 불교대중화에 대한 인식부족에서 기인된다고 말해야 할 것이다.

둘째 불교환경운동의 적응기로서 1990년도가 여기에 해당한다. 불교환경운동의 효시를 1991년 3월 발족된 불교환경교육원의 환경교육과 실천이 그 시발점이라 말할 수 있다. 그 이전에는 몇몇 불교도들이 공해추방운동에 개인자격으로 참여한 적은 있지만 전문운동단체가 출현한 것은 아니었다. 물론 이러한 개인자격의 참여는 1992년 2월 발족하는 공해 추방운동 불교인 모임(공추불)의 모태가 되었다고 평가할 수 있다. 이후 불교계 각 단체들은 1996년 6월 5일 '세계환경의 날'을 맞이하여 전개된 '96청정국토 한마당'을 기회로 재가자 중심의 연대활동을 본격화하게 된다.

이 시기는 불교계 내부에 환경문제에 대한 의식을 확산시켰으며, 동시에 환경운동의 내적 역량을 축적한 시기라 말할 수 있다. 그렇지만 주로 사찰환경문제 등 불교내부의 문제에 천착했다는 점에서 대사회적인 역할이 부족했던 시기이다. 동시에 우후죽순 창립되었던 단체들이 1998년의 한국경제난 등을 계기로 활동을 중단하기도 한다.[83]

---

83) 현대불교 176호, 1998년 6월 3일자에 의하면 '조계종 사찰환경보존위원회, 청정국토만들기운동본부', '환경과 민족문화 지킴이' 등 대표적인 불교환경단체들은 종단의 무관심과 IMF사태 이후 가중된 재정난으로 더욱 활동이 위축되어 있다. 1996년 12월 20여명의 전문위원으로 출발한 사찰환경보존위는 현재까지 「환경지침서」 발간과 2차례의 사찰환경오염 실태조사에 그치고 있다. 매월 개최하기로 했던 사찰환경워크숍도 지난 3월에 한번 열렸을 뿐이다. 1992년 창립된 공해추방 운동 불교인 모임은 1996년에 여성분과위원회와 청소년환경지킴이단을 각각 구성해 환경실천운동을 벌여오다 지난해 초 사단법인 추진을 위해 청정국토 만들기 운동본부로 이름을 바꾼 뒤부터 재정난으로 침체기에 빠져있다. 지난해 6월 제16차 전국불교청년대회에서 발족식을 가진 '환경과 민족문화 지킴이'는 현재 전혀 활동이 이뤄지지 않고 있는 상태다. 이밖에 대구 녹색환경감시단, 경불련 환경모임, 불교자원봉사연합 환경모임, 맑고 향기롭게 모임 환경모임 등 소규모 환경단체들도 환경정화나 생태기행 등 정기적인 활동에 머물고 있다. 그나마 부산불교환경운동연합과 불교환경교육원이 불교환경운동의 체면을 유지하고 있는 실정. 1990년 설립 이래 불교환경운동의 이념을 확립해 온 불교환경교육원은 봄·가을 생태학교와 생명운동아카데미를 꾸준히 개최하면서 일반 시민들의 환경의식 고취에 성과를 이뤄냈다. 최근에는 불교귀농운동에 힘을 쏟고 있다.

셋째 불교환경운동의 본격적인 활동기로서 2000년대가 여기에 해당한다. 2000년대는 이전 시기와 달리 불교계의 환경운동이 실질적인 활동영역을 확대함과 동시에 적극적인 대사회적인 문제에 대한 동참 등을 통해 한국사회의 관심을 폭발적으로 끌어올리는 등 환경운동을 주도하기 시작했다. 이 시기는 불교와 환경 내지 생명에 관한 담론이 활발해지면서 유관 논문들이 봇물처럼 쏟아져 나왔으며, 생태환경에 대한 의식은 어린시절에 교육해야 한다는 취지에서 어린이 대상의 생태학교나 성인 대상의 생태학교가 개설되었다.

또한 정토회에서 전개하는 '빈 그릇 운동'처럼 기아에 허덕이는 제3세계를 도우면서도 음식 찌꺼기로 인해 발생할 환경오염을 예방하고자 하는 운동도 활발하게 전개되고 있다.[84] 환경운동이 단순한 관념에 머물지 않고 실생활에 구체화될 수 있는 방안을 강구했다는 점에서 진일보된 환경운동의 사례로 볼 수 있다. 또한 환경에 대한 중요성을 인식하여 각 지방의 조계종 교구본사에는 환경위원회 설치를 의무화 하는 방안을 검토하고 있다.[85] 제II장 1절 '불교 각 종단별 환경단체 설립 및 활동 여부'에 의하면 2006년 현재 대다수의 교구본사에 환경위원회가 설치되어 있는 것은 아니다. 그렇지만 현재 조계종 총무원 사회부의 지도로 각 교구에 환경위원회의 설치를 적극 유도하고 있으며, 특정한 교구는 교구본사에 따른 특성을 감안

---

84) 불교신문 2079호, 2004년 11월 12일자 인터넷 판에 의하면 이 운동은 당시까지 10만명의 서명인을 달성하여 100만명 서명운동으로 확대되고 있다. 평불협회장 법타스님, 아름다운 재단의 박원순 변호사, 평화포럼 강원룡 이사장, 열린우리당 이부영 의장, 방송인 김수미, 김미숙, 전원주씨 등도 동참한 것으로 보도되고 있다.
85) 불교신문 2102호. 2005년 2월 4일자 참고. 오대산 월정사, 은해사, 해인사, 송광사, 화엄사, 통도사, 용주사 등 많은 교구본사에 환경위원회가 설치되어 활동하고 있다.
86) 법보신문 2004년 6월 16일자 759호에 의하면 당시 NGO와 연계하여 오대산 환경을 지키기 위한 교구 환경위원회를 개설하고 있다. 불교신문2091호, 2004년 12월 24일자에 의하면 당해 12월 20일 교구본사 최초로 해인사 관련 「환경백서」를 발간하며, 교구환경위원장인 종본스님의 인터뷰를 싣고 있다. 만불신문 2005년 4월 9일자 보도에 의하면 순천 송광사는 영산강 유역 환경청과 공동으로 '주암호'를 보호하기 위해 '수질정화습지 준공식'을 거행하고 생태보존을 위해 나무심기 행사를 전개한다.

하여 독자적인 환경보호운동을 전개[86]하고 있다. 나아가 사찰의 건물을 설계할 때 환경을 고려하는 것이 일반화되고 있다는 점에서 이전과 비교해 괄목할 인식의 전환을 가져왔다고 말할 수 있다. 또한 사회적 분위기에 편승한 감도 있지만 화장 문화의 일반화와 수목장에 대한 관심 고조 등도 불교환경운동의 중요한 결실 중의 하나로 말할 수 있다. 기타 대한불교 진각종, 천태종 역시 환경문제에 대한 관심을 기울이고 있지만 조계종처럼 활발하지는 않다.

1990년대 이후 불교환경운동의 시작과 함께 크고 작은 운동단체들이 많이 등장하게 된다. 그 중에서 대표적인 운동단체들은 현대 한국불교계의 환경운동을 주도하는 주축이라 말할 수 있다. 이들 단체는 각각의 특성을 살리면서도 각 종단의 실무자들과 협력하여 효과적인 환경운동을 전개하기 위해 노력하고 있다. 그 결과 환경에 대한 인식의 제고, 환경운동에 대한 불교적 대안 개발, 다른 종교단체 내지 전문 환경운동단체와의 연대 등 다각적인 측면에서 효과를 배가하기 위해 노력하고 있다. 이들 중에서 대표적인 불교계 환경단체로는 한국불교환경교육원이 있다. 이 단체는 이미 1988년 설립되었으며, 당시 대중운동성격의 사회운동을 전개하기 위해 불교의 청년, 대학생, 및 일반 불자들을 교육해 왔다. 그러나 1990년 동구권의 붕괴와 그로인한 방향전환의 검토과정에서 환경운도단체로 변모하게 된다. 이 단체의 주요활동은 다른 환경단체와 달리 유일한 교육단체라 말할 수 있다. 생태주의 사상에 대한 연구를 병행하며, 사찰주위의 개발문제와 관련된 각종 환경 분쟁에 대한 해결을 위한 운동도 전개한다.

구체적인 업적으로는 일반인을 위한 환경교육으로서 '생태학교'와 생태주의 사상의 모색을 위한 전문세미나로서 '생명운동아카데미', 둘째 '환경운동가들을 위한 연수교육', 셋째 생태적 대안사회에 대한 연구 즉 공동체운동과 생태마을 운동, 넷째 지역운동과 네트워크운동(종교인 환경운동단체 연대), 다섯째 '환경문제와 불교', 또한 '환경문제와 관련된 각종 지도자 워크숍을 전개, 여섯째 '녹색서울시민위원회'나 '서울의제21', '생명민회' 등 다양한 활동을 전개해 왔다.

80년대 이후 환경운동이 시작된 이래 현재까지 다양한 형태의 운동이 전개되어 왔다. 이상에서는 불교계 환경운동의 성과에 대해 개괄적인 평가를 해 보았다. 그렇지만 이러한 운동들의 이면에는 불교적인 사상이 자리 잡고 있다는 점에서, 이하에서는 그러한 사상들의 특징을 분석해 보고자 한다.

2. 불교환경운동의 사상적 특징

제III장 제2절 '불교환경운동의 운영체계와 활동현황'을 분석해 보면 불교계 환경운동의 사상적 근거는 세 가지로 압축하여 설명할 수 있다. 그것은 불국토에 대한 염원을 환경운동과 연결하고 있는 것이다. 둘째는 모든 중생은 불성을 공유하고 있다는 차원에서 생명의 보편적 가치를 실현하기 위해 환경운동과 연결하고 있는 운동이다. 셋째는 연기론의 입장에서 자연과 인간을 불가불리의 관계를 형성하고 있으며, 그렇기 때문에 어느 한쪽의 파괴는 결국 양자의 파괴를 초래한다는 공존의 생태운동으로 연결된 것이다. 이하에선 구체적인 실례를 이론과 결부시켜 살펴보기로 한다.

1) 종합적인 사상적 특징

(1) 불국토건설(佛國土建設)의 염원

인드라망 생명공동체의 창립선언문에 나타난 내용이나 에코붓다를 창립하여 현재도 활발한 환경운동을 전개하고 있는 법륜스님의 고백,[87] 불교환경연대의 설립경위 등과 그들의 다양한 활동 내용을 근거로 그들의 공통적인 사상기반을 분석하면 불국토건설이라는 대승보살사상과 직결되어 있음을 알 수 있다. 보살이란 불교적 가치를 실천궁행하는 대승불교의 이상적인 모델상이며, 이들은 전생명의 안락과 이익을 위해 헌신적인 노력을 기울이는 것으로 묘사되고 있다.

일체 생명의 존엄성을 지켜야 한다는 당위성을 선언적 의미가 아니라 실천적으로 규범화한 것이 불살생계라 말할 수 있다. 특히 대승불교에 등장하는 보살들의 존재 이유는 뭇 생명의 안락과 이익이다. 그런 점을 감안하여 환경운동가 자신들이 보살의 화현이라는 신념 속에서 불국토를 건설하고자 하며, 그것이 현실 속에선 환경운동으로 전개되고 있는 것이다.

(2) 일체중생실유불성(一切衆生悉有佛性)의 실현

중국 당대의 유명한 불교사상가 중의 한 명인 길장(吉藏)은 초목성불론(草木成佛論)을 주창하여 유명하다. 초목성불론이란 풀이나 나무 내지 기와조각이나 돌덩이에도 불성이 있기 때문에 성불할 수 있다는 주장이다. 존재하는 모든 것은 불성을 지니고 있기 때문에 성불할 수 있다는 논리이다. 불성이 있기 때문에 종의 차별을 넘어 일체의 존재가 평등할 수 있다는 논리는 인간위주의 존재론의 한계를 넘어서고 있다는 점에서 향후 전개될 환경운동의 바람직한 방향이 될 수도 있다.

이런 점에서 불교계 환경단체들의 창립선언문이나 취지문, 그리고 현재의 활동, 나아가 생태와 환경에 관한 불교계의 논문이나 저

---

87) 그는 『반야심경』이나 『금강경』 등 반야사상을 가르치는 경전에 의지하면서 유심정토사상에 입각한 환경운동을 전개하고 있다. 창립 취지 선언문이나 그의 다양한 저서에서 읽을 수 있다.

서들을 분석하면 불교환경운동의 이론적 근거로 불성론이 내재되어 있는 것을 발견할 수 있다. 불성은 형체를 지니고 있는 것은 아니지만 모든 존재에 공통분모로 존재한다는 점에서 형이상학적 개념이 아닐 수 없다. 그럼에도 불구하고 불성이 있기 때문에 종의 차이를 넘어 모든 존재는 평등할 수 있다는 점에서 자연과 인간을 不二的 관계로 만들어 주는 평등의 원리이다. 또한 인간의 시각이 아닌 개개의 존재 자체의 입장에서 본다면 생명의 본질적 가치는 존중받아야 하며, 존중받아야 한다는 본질적 가치를 의미 있게 인식하도록 만들어 준다는 점에서 가치와 인식의 문제로 전환시켜 주는 동인(動因)이라 말할 수 있다.

(3) 연기론(緣起論)과 생태운동

제II장과 제III장의 조사 보고 내용을 통해 알 수 있듯이 불교환경운동의 이론적 토대 중의 하나는 연기론에 입각한 생태운동이다. 인간과 자연이 종의 차이를 넘어 동등한 입장에서 생명의 연기적 관계를 형성하고 유지할 때 온전한 생태계가 가능하다는 논리에 근거를 두고 있는 것이다. 특히 최근의 환경운동 방향이 생태차원으로 발전하고 있다는 점에서 생태학적 환경운동은 지속적으로 발전할 것이라 전망할 수 있다. 따라서 2000년대 들어 생태학 차원에서 접근한 불교관련 논문들이 많아졌다는 것은 주목할 필요가 있다.

생태학적 차원에서 불교환경운동에 매진하고 있는 사람들은 자신들이 환경보살이라 불리는 것을 좋아한다. 단순한 자연사랑이 아니라 인간을 생태계의 일부로 인식하고 생태계의 온전한 유지를 위해 인간이 욕망을 조절하고, 겸허해져야 한다고 말한다. 그리고 그러한 가치를 실현하기 위해 다양한 운동을 전개해 오고 있다. 정토회의 빈 그릇 운동이 대표적이라 말할 수 있다. 최대의 효과를 획득하기 위해 어린이부터 성인대상의 생태교육을 실시하고 있는 것은 불교계의 환경운동이 지속적으로 확대 재생산될 수 있는 기초 공사를 튼튼하게 하고 있다는 점에서 바람직하다고 본다.

불교에서 말하는 연기론은 상호관계의 철학이며, 그 관계는 인간과 인간 사이뿐만 아니라 인간과 자연, 자연과 자연 등 인간세계를 벗어나 범우주적으로 확산시킨다. 그것을 인드라의 그물에 비유하거나 중중무진연기(重重無盡緣起)란 말로 표현한다. 범우주적으로 확산되는 상호관계성을 지구에 한정하여 설명한다면 생태계란 표현이 적당할 것이다. 그리고 이러한 이념이 불교환경운동의 중요한 이론적 토대가 되고 있는 것이다.

불교생태환경운동의 실천적 모델로 지지보살이 있다. 일체의 생태계에 대한 보편적 사랑을 실천하자는 것이 불교의 환경운동이라 정의한다면 불교적 가르침 속에선 우리 모두가 지지보살이 되자고 요구한다.

지지보살은 널리 알려져 있진 않지만 경전에 의하면 '땅을 지키고 보존하며 유지시켜 주는' 보살로 해석하는데 중생을 위해 땅과 공기, 물 등을 돌보는 보살이다. 지지보살은 환경과 생태계를 보존하는 일만 하는 것은 아니다. 인간과 다른 종 사이의 소통을 돕는 매개자 역할도 한다. 생명의 평등이란 차원에서 보자면 인간이 아닌 종의 평등을 위해 노력하는 보살이다. 따라서 인간과 자연의 소통, 종과 종 사이의 가교, 사랑하는 사람들이 서로 만날 수 있도록 하는 안내자의 역할도 있다.

또한 『관불삼매경』, 『조상공덕경』, 『도태장계만다라지장원』, 『증일아함경』28, 『마하마야경』상 등에 의하면 지지보살은 사랑의 실천자이다. 대지처럼 일체를 포용하고 양육하되 차별하지 않으며, 사랑을 주되 댓가를 바라지 않는다. 그야말로 무주상보시의 전형이라 말할 수 있다. 그렇기에 이 땅을 보호하기 위해 노력할 뿐만 아니라 생명체 전체, 아니 생태계 전체를 사랑하기 위해 헌신한다. 때론 다리도 되고, 교통의 수단도 된다. 그의 목적은 오직 사랑을 완성하는 데 있을 뿐이다. 그러한 지지보살처럼 생태계의 존엄함을 구현하기 조건 없이 헌신하고자 하는 운동이 바로 불교환경운동이란 점에서 환경보살의 바람직한 모델이라 말할 수 있다.

2) 개별적인 평가와 그 특징

(1) 불교 각종단의 환경인식에 대한 평가

본 실태조사문의 II장에 도시한 '불교 각 종단별 환경단체 설립 및 활동 여부'에 따르면 조사 대상 26개 종단 중에서 환경 단체나 환경운동을 진행하고 있는 종단은 4개 종단에 불과한 것으로 조사되었다. 조계종을 위시한 천태종, 진각종, 미타종이다. 그렇지만 이들 4개 종단 중에서도 불교계 환경운동을 주도하고 있는 종단은 조계종이라 말할 수 있다. 왜냐하면 조계종을 제외하면 진각종이 체계적인 환경운동을 전개한다고 말할 수 있지만 규모가 미미하며, 기타 종단은 명목뿐인 환경운동이라 평가하는 것이 정확하기 때문이다. 다만 종단 행정을 담당하는 실무자들이 환경운동에 대한 필요성을 인식하고 있다는 점에선 긍정적이라 말할 수 있다.

본 실태조사문의 II장에는 대한불교 조계종의 25개 교구본사의 환경인식 정도를 알 수 있는 자료를 도표로 도시하고 있다. 그 내용과 기타 자료를 중심으로 조계종의 환경인식 정도를 살펴볼 수 있다.

이상에서 언급한 도표에는 밝혀져 있지 않지만 현재 조계종의 대다수 교구본사에는 환경위원회가 설치되어 사찰 주변의 자연환경이 무질서하게 개발되는 것을 방지하고 있다. 특히 지방 자치단체와 연계하여 사찰 주변의 공간적 정화와 자연적 환경을 보호하는데 중점을 두고 있다는 점에서 매우 발전적인 현상이라 말할 수 있다. 또한 교구본사 산하 단체에 환경 단체를 지니고 있지는 않지만 불교환경단체나 지역 환경단체들과 필요한 사안을 협력하면서 다양한 환경활동을 전개하고 있다.

조계종의 환경활동은 여타 불교계 종단의 활동과 비교할 수 없을 정도로 활발하며, 그 영역이 불교계에 머물지 않고 각 불교계 환경운동 단체 내지 지역 환경운동 단체와 연합하여 이벤트성 환경페스티벌을 개최하기도 한다. 이러한 행사를 통해 일반인들에게 환경에 대한 소중함을 인식시키는 것이다. 사찰 주변의 환경보호 차원에서 시작된 조계종 각 교구본사 중심의 환경인식은 종단차원을 넘어 생태환경 차원으로 확산되고 있다.

동시에 21세기를 맞이하여 환경운동의 효율성을 극대화하기 위해 '불교환경의제 21'을 수립[88]하기 위해 노력하고 있다. 세부항목은 불교생태와 생명사상의 현대화를 통한 사회적 실천, 사부대중의 환경교육 실행, 환경전담기구 설치, 환경예산 배정의 현실화, 자원의 절약과 재활용 실천, 친환경적 음식문화 조성 및 권장, 친환경적 장례문화 실천, 정기적인 불교환경실천대회 개최, 환경관련 법령 및 제도 개선, 정부와 지자체 개발정책 및 사업 분석과 모니터링 등이다. 이것은 한국불교계의 주류 종단인 조계종 사회부와 환경위원회가 주도하며, 기타 불교계의 환경단체들이 연대하여 구체적인 실천방안을 도출하기 위해 노력하고 있다는 점에서 매우 고무적인 일이며, 세부항목이 결정되어 조계종의 공식 추인을 거쳐 발표된다면 불교환경운동의 새로운 전기가 되리라 전망하고 있다.

---

88) 만불신문 2004년 11월 13일자. 이 보도에 의하면 2005년 초 발표와 함께 시행되는 것으로 되어 있다.

(2) 불교계 환경단체의 교육 및 연구 활동에 대한 평가

불교계 환경단체들은 일반인들의 환경의식 제고를 위해 다양한 교육프로그램을 운영하고 있다. 단체의 특성에 따라 교육과 현장체험을 병행하고 있다. 환경정책 수립에 대해서는 각 단체들이 연합하고 있지만 주도하고 있는 것은 불교환경연대와 조계종 환경위원회라 말할 수 있다.

불교계 환경운동 단체의 지도자들은 환경운동 전문가가 부족하다는데 공감하고 있으며, 전문가를 육성하기 위한 다양한 프로그램을 기획하고 있다. 최근 환경전문가 육성을 위해 불교환경연대는 연 3천만원의 장학금을 출연하기로 하고, 금년도는 이미 대상자에게 수여했다. 나아가 불교계 환경운동의 조직화와 미래를 위해 불교환경연구소 건립을 위한 기금을 20억원 마련하여 준비작업에 박차를 가하고 있다.

불교계환경운동의 미래를 위해 다양한 준비를 하고 있지만 각 운동단체들의 재정 자립도가 낮은 것은 문제점으로 지적되고 있으며, 해결책을 찾기 위해 부심하고 있다. 회원들의 회비만으로는 영세성을 벗어날 수 없다는 점이 문제이며, 장기적인 투자를 할 수 있는 독지가를 필요로 하고 있다.

다양한 환경운동단체들이 활동하는 것은 불교계 환경운동의 활성화를 촉진시켰다는 점에서 긍정적이지만 종단의 지원은 선택과 집중을 필요로 한다는 점에서 문제점으로 대두되고 있다. 자생력을 키우는 방안을 찾기에 각 단체들 역시 노력하지 않을 수 없는 것이다.

출판과 학술면에서 그동안 불교계가 보여준 노력은 괄목하다고 말할 수 있다. 외국서적의 번역과 국내 활동가들의 경험을 토대로 출간된 불교환경운동 관련서, 기타 자료집 등이 지속적으로 출간되

고 있다.

불교문화연구원을 중심으로 발표된 논문들은 주로 환경운동에 대한 불교적 논리개발에 역점을 두고 있다면 에코포럼을 중심으로 발표된 논문들은 문제점과 분석, 불교적 해결방안, 불교환경운동의 전망 등 구체적인 현실문제에 역점을 두고 있다. 특히 생명, 욕망, 평화, 도덕 등에 관한 생태학적 접근은 생태환경에 관한 연구의 지평을 확대하고 있다는 평가다. 기타 불교학 연구, 보조사상, 불교평론 등에서 이론과 현실 사이의 문제점 제기와 그 해결 방안에 관한 다양한 시각의 논문들이 발표되었다.

(3) 대내외적 연대 및 실천 평가

불교계 환경운동 역시 다른 종교의 환경운동 단체들과 연대하면서도 과거의 투쟁 방식에서 벗어나 새로운 문화운동으로 승화시키기 위해 노력하고 있다. 그것이 '환경의제21'과 같은 실천방안을 기획하게 된 근본 원인이라 말할 수 있다. 또한 불교계의 환경운동은 북한산관통도로 반대시위나 금정산 관통 반대 시위 등 다소 과격하다는 평가 속에서도 대국민적인 환경의식을 제고하는데 일조했다는 평가를 하고 있다.

V. 불교환경운동의 전망과 과제

제III장 1절 '불교환경운동의 외부환경 분석'의 '불교 외부적 요인'에 의하면 환경문제의 根因은 인간의 무절제한 욕망이다. 따라서 인간의 욕망을 적절하게 조절하면서도 인간과 자연이 양립하며 공존할 수 있는 방안이 다양하게 모색되고 있다. 이런 점과 실태조사보고 내용. 기타 최근의 자료를 근거로 향후 불교환경운동의 방향과 중점 과제에 대해선 다양한 의견이 제시되고 있다. 이들을 근거로 불교환경운동의 바람직한 방향과 과제에 대해 살펴보기로 한다.

1) 불교환경운동의 반성과 전망

2000년대 들어 그 활동 폭을 확대하고 있는 불교환경운동은 대사회적 문제에 대한 대안개발과 운동 참여, 나아가 불교적 환경이론 개발 등 다양한 분야에 참여하고 있다. 그런 점을 감안하면 불교계의 환경운동은 보다 발전하고, 보다 구체적인 실천운동으로 자리 잡을 것이라 전망한다.

그렇지만 화려한 조명의 이면에는 개선해야할 문제점 역시 적지 않다는 것을 간과해선 안 될 것이다. 이것은 보다 실용성 있는 불교환경운동의 전개를 위해 선결되어야 할 문제점이기도 하지만 수행공동체로서의 불교계 집단이 확립하지 않으면 안 되는 자기 정체성과도 직결되어 있다고 말해야만 한다. 현재 전문가들에 의해 제기되고 있는 문제점들을 정리하여 보면 불교계 환경운동단체들이 주의해야할 사항은 다음과 같다.

첫째 그동안 조계종단을 중심으로 전개된 불교환경운동의 추진 과정은 정치적 성격을 배제할 수 없었으며, 임기응변적이고, 세속적인 경향이 강했다는 지적이다. 사안에 따라 부화뇌동했으며, 보다 근원적이고 장기적이거나 지속성을 지니는 운동이 되지 못했다. 특히 특정 문중의 대표나 책임자가 나서는 경우 다른 문중에선 소극적인 태도를 취했다는 점 등을 반성해야 한다.

둘째 장기적이고 대국적인 견지에서 전문가 집단을 효율적으로 활용하지 못하거나 대우하지 못한 사례가 많았다. 구체적으로 불교 내부에 전문 인력이 부족하면 외부인력이라도 적절하게 활용해야 했지만 포용력이 부족했다. 환경문제에 대한 전문성 부재나 무지, 그리고 지역 운동단체와의 연대 부족으로 사찰환경 및 지역 환경을 저해하는 불사를 자행하거나 문제가 발생했을 경우 대처 능력이 현저하게 떨어졌다는 점이다.

셋째 불교환경운동단체의 경우 의욕은 강했지만 그에 수반하는 전문성 결여, 인력과 재정의 미비, 기획력 부족 등을 노출했다. 물론 과거에 비해 현재는 많은 부분에서 부족한 점을 보완하고 있지만 새로운 환경문제에 대처하거나 혹은 환경운동을 선도하기 위해 전문 인력을 양성하고 전문성을 확충할 수 있도록 노력해야 한다. 인력 수급이 되지 않아 10년 전이나 현재나 불교환경운동가들의 면면이 동일하다면 밝은 내일을 기대할 수 없는 것이다.

넷째 특정한 사람들만의 환경운동이 아니라 불교도 전체가 적극 동참할 수 있는 계몽활동과 구체적인 실천 방안이 보다 적극적으로 제시되지 못했다는 점이다. 이러한 점에 대해 전문가들 역시 반성과 그 대안 개발에 고심하고 있는 만큼 보다 실용적인 방안이 도출되리라 본다.

다섯째 불교환경단체들은 불교계 내부의 환경파괴 문제에 대해 침묵하므로써 불교환경운동의 불신과 한계를 체험하지 않으면 안되었다. 그 이유는 호교적인 성격도 있겠지만 그와 무관하게 재정적 문제에서 찾을 수 있다. 종단이나 지역 사찰의 후원금에 지나치게 의존하므로써 재정적인 종속을 초래했으며, 그로 인해 사찰의 환경 훼손에 침묵할 수밖에 없었다고 본다.

여섯째 인간위주의 가치관을 탈피하여 전 생명체와 함께 살아야 한다는 생태론적 인식을 지니지 못했다고 본다. 인간 역시 생태계의 일부분이란 의식 속에서 인간과 자연이 공존 공영해야 한다는 의식을 지닐 수 있도록 지속적인 교육과 실천이 부족했음을 의미한다.[89]

이상과 같은 내부문제에 대한 통렬한 반성은 이후 전개될 불교환경운동의 방향 설정에 참고자료가 된다는 점에서 중요한 지적이 아닐 수 없다. 따라서 이상과 같은 문제점을 토대로 제기되는 불교계 환경운동의 전망은 결론적으로 매우 실천적이고 수행적인 요소를 띠게 된다고 말할 수 있다.

　「불교환경의제 21」은 2년의 준비과정을 거쳤으며, 2004년 불교환경의제 21 초안을 작성하여 마지막 점검을 하고 있다. 오래지 않아 최종안이 자료집으로 발간될 예정이다. 다만 완결된 내용은 아직 발표되지 않았으므로 2004년 발표된 초안을 중심으로 불교계의 향후 환경운동의 방향을 점검해 볼 수 있다. 전반적인 내용은 전술한 불교계 환경운동의 한계를 극복하고 수행과 생활 속에서 환경과 하나 되는 삶의 구현이 흐름을 결정하고 있다.

　2006년 9월 조계종에서 발간한 『불교환경의제21』에서는 환경의제의 필요성과 방향에 대해 다음과 같이 설명하고 있다.[90] 첫째 불교계의 특성을 살린 환경친화적 가르침과 생활문화를 바탕으로 이 시대가 필요로 하는 새로운 활동을 시도하기 위해서이다. 둘째 국가나 기타 사회단체가 하지 못하는 일에 종교가 주도적으로 나섬으로써 실질적인 환경보전 효과를 달성할 수 있는 시금석이 될 수 있기 때문이다. 셋째 한국불교는 친환경적 가르침과 생활양식, 뿐만 아니라 구체적인 수행공간인 사찰을 지니고 있다. 이러한 것들은 정신적 문화적 유산이자 자연유산이란 점에서 후손에게 온전하게 물려주어야 한다. 이러한 점들은 한국불교의 장점을 살리고 계승하는 창조적 활동이다. 넷째 환경을 보존하는 것은 한국불교의 정통성과 가치를 재발견하여 이 시대에 환원하는 것이란 점이다. 다섯째 사부대중의

---

89) 불교신문 2199호, 2006년 1월 28일자 참고.
127) 대한불교 조계종, 『불교환경의제 21』(2006년 9월), pp.3-5 참조.

참여를 통해 불교계 전반의 참회와 의식개혁을 유도하며, 환경운동이 새로운 사회활동이자 포교사업으로서의 가치를 극대화하기 위해서이다. 이상과 같은 전제 아래 불교환경운동 기본의제 21은 강령에 해당하는 의제의 목표를 제시하고 있으며, 이어 구체적인 실천방안으로 친환경적 생활과 수행, 생태사찰 만들기, 수행환경 지키기, 사찰과 지역 공동체 등의 항목으로 구분하고 있다.

이 책에 의하면 향후 불교계에서 전개할 환경운동의 목표는 시대적 과제에 대한 불교적 대안문화의 정립과 실천, 불교의 생태 내지 생명사상을 현대화하여 불교적으로 구현, 사부대중에 대한 지속적인 환경교육 실시, 복합유산인 사찰환경을 청정하게 유지 보존하기, 불교전통문화재의 보존과 체계적 관리 및 올바른 이해 도모, 환경관련 전담기구 설치, 환경예산 배정의 현실화 등이다. 그리고 이상과 같은 항목에 대해 각각 정부와 지자체, 종단과 교구본사, 단위사찰과 신도 등으로 구분하고 각각 동참할 수 있는 방안을 제시하고 있다.

앞으로 전개될 불교환경운동의 방향은 구체적인 실천에 그 가치를 두고 있으며, 나아가 사찰과 신도 내지 지역 주민이 함께 공존 공영할 수 있는 방향, 그리고 인간위주의 가치관에서 생태위주의 가치관을 정립할 수 있도록 유도하고 지도하는 방향에 무게를 두고 있다. 환경보존과 친환경적 삶을 통해 존재의 가치를 구현할 수 있다면 그것이 바로 불교적 가치의 실현이란 점을 인식하게 만들려고 하는 것이다.

2) 불교환경운동의 과제

이상에서 살펴본 바와 같이 불교환경운동은 단순히 시대의 흐름에 편승했던 시대를 지나 2000년대의 성장기를 구가하고 있다. 또한 이에 만족하지 않고 21세기의 새로운 세기를 맞이할 준비도 진행되고 있다. 그렇다면 이 시점에서 불교환경운동이 과제로 삼지 않으면 안 되는 점들은 무엇일까? 불교환경의제 21을 수립하기 위해 누차 실시된 환경워크숍을 비롯한 다양한 기회를 통해 전문가들은 각자의 의견을 피력하고 있다. 이들을 종합하여 이후 불교환경운동의 과제를 예측해 본다면 다음과 같이 정리할 수 있다고 본다.

첫째 현재를 위기상황으로 설정하고, 이 위기를 벗어나기 위해 사회적 패러다임이 변화되어야 한다는 점이다.

둘째 패러다임의 변화를 요구하는 것은 여러 가지 문제들로 중첩되어 있다. 따라서 '환경파괴', '자원부족' 등의 문제는 다른 사회문제들과 연결되어 있으므로 개별적으로 분리해서 접근할 수 없다.

셋째 궁극적으로 새로운 패러다임은 자연과 인간을 통합적으로 파악해야 한다. 이러기 위해선 자연과학을 사상적 구조의 출발점으로 설정해야 한다.

넷째 자연과학의 출발점은 자연과 인간에 대한 철학적 논의로 발전해야 하며, 과학기술에 대한 평가를 동반해야 하고, 나아가 사회이론으로 확장되어야 한다. 이 사회이론은 대안경제에 관한 최소한의 방향성, 대안적 정치체제에 대한 논의, 그리고 새로운 공동체 유형이 제시되어야 한다.

다섯째 환경문제에 대한 인식상의 상이성, 즉 기존의 세계관과 자신을 분리시키려는 '새롭다' 테제를 충족시켜야 한다.

이상의 기준에 대해 견해를 달리하는 사람도 있을 수 있지만 대체적인 면에서 동의할 수 있는 사항들이다. 적어도 자본주의체제에서 사회의 변화에 대한 인식, 자원의 고갈과 후세대에 대한 배려, 인간과 자연에 대한 통합적 파악 등은 환경운동에 있어서 중요한 기본전제들이라 볼 수 있다. 이러한 문제들이 해결되지 않는다면 환경운동 자체는 일정한 한계를 끌어안고 진행되지 않으면 안 될 것이다. 동일한 맥락에서 일본의 고도오야스오(後藤康南)은 환경문제를 해결하기 위해서는 세 가지 기본요소들이 해결되어야 한다고 말한다.[91] 그는 먼저 환경위기를 타개하기 위해서는 대량생산, 대량소비, 대량폐기라는 20세기형의 패러다임에서 자원순환형 경제사회로 혁명적인 대전환이 있어야 한다고 전제하며, 그것은 농업혁명이나 산업혁명에 필적할 중차대한 일이기 때문에 '환경빅뱅'이라 지칭한다. 그리고 이러한 환경빅뱅을 달성하기 위해 세 가지의 기본 요소들이 개혁되어야 한다는 것이다.

첫째 가치관의 전환이다. 경제지상주의에서 환경우선주의로 전환이다. 거대해진 욕망, 지나친 편의성의 추구, 대량소비, 대량폐기에 익숙해진 생활패턴을 변화시키는 것이 필요하다고 본다.

둘째 기술혁명이다. 구체적으로 말하면 에너지와 자원의 절약, 역공장 등의 기술혁신이다. 역공장이란 폐기물을 다음의 원재료로 활용하는 것이다. 또한 풍력, 지열, 태양열, 수소에너지 등의 청정하고 재생 가능한 새로운 에너지의 개발도 필요하다.

셋째 제도와 시스템의 전환이다. 법적 제도나 경제적 인센티브, 정보통신이나 운수의 인프라 정비 등 사회 경제의 제도나 시스템을 환경을 배려한 체제로 전환하는 것이다. 환경문제를 해결할 사람은 인간 이외에는 없다는 점을 감안하면 인간들 상호간의 이해와 협조만 있다면 극복가능하다고 말한다.

거시적으로 본다면 불교의 연기론은 인간과 자연을 이분법적으로 구분하지 않는다는 점에서 현대 환경운동가들이 주장하는 생태론적 세계관에 접근해 있다고 말할 수 있다. 그렇지만 이 이론은 조화와 균형이란 점에선 바람직하지만 인간위주의 존재론적 의식구조

---

91) 「환경문제 해결을 향한 행위」『동양사상과 새로운 세기』(일본, 有斐閣, 1999), pp.306-307참고.

를 변화시키기에는 아직 미약하다고 말할 수 있다. 따라서 인간을 포함한 생태론적 존재론 구축, 나아가 범우주적 존재론을 구축하여 인간이 자연의 일부분이며, 자연의 파괴가 인간의 파멸을 초래하는 것이란 점을 각인시키는 작업이 지속적으로 전개되어야 할 것이다. 특히 사회학적인 접근방식에 의거해 모든 사람들이 공감할 수 있는 이론으로 재구성하는 작업이 시행되어야 할 것이라 본다.

또한 가치관의 전환은 자본주의 사회의 특징인 욕구충족과 편리성의 추구를 해결하지 않으면 실용성이 없다고 말할 수 있다. 욕망이란 인간의 기본적인 욕구이기 때문에 이것을 배제한 논리는 현실성이 결여될 우려가 있는 것이다. 그런 점에서 욕망의 조절이 필요하다고 볼 수 있으며, 욕망의 조절이 다른 사람과의 관계 속에서 필요하다는 사실을 인식할 수 있도록 만들어야 한다. 불교는 수행이나 교육을 통해 욕망의 조절과 타인에 대한 배려가 바로 환경친화적인 삶이란 것을 인식하게 만들어야 한다는 점에서 구체적인 실천 방안을 수립해야 할 과제를 안고 있는 것이다.

제 2 부 실증적 분석보고

김 재 득

장 동 화

한국 3대종교의 환경 및 생태문화 실태에 대한 실증적 조사

김재득 · 장동하

제1장 실태조사 내용 및 자료수집

1. 조사개요

 본 설문은 자연영성(불성) 및 생태문화와 관련하여 종교단체의 자연영성(불성, 및 생태문화 운동에 대한 바람직한 방향과 정책대안을 마련하기 위하여 한국의 3대 종교 내에서 환경 및 생태문화를 담당하거나 이에 간접적으로 관여하는 성직자, 교수뿐만 아니라 관련 전문가, 활동가들을 대상으로 생태문화에 대한 현 실태를 조사하였다. 이번의 1차 조사는 기관 및 단체, 참여인원 등과 같은 기초조사로부터 시작해서 그들이 실행하고 확산시키는 생태문화의 질적인 차원까지 조사하여 한국의 생태문화 발전을 위한 토대 및 기초 자료로 활용하게 될 것이다. 또한 이 조사를 통해서 종교간의 생태문화의 현주소, 이념에 따른 지형 등 총체적으로 종교환경단체의 과거 및 현재 인프라 현황에 대한 조사연구이다. 따라서 이러한 기초조사는 한국의 생태문화가 무엇을 중심으로 어떻게 적용해야 대중적인 확산이 가능한가에 대한 대안을 찾는 조사가 될 것이다.
 이러한 1차 조사를 토대로 향후 제2차년 도에는 한국 3대 종교인들의 생태문화의식 조사가 이루어진다. 1차년도의 조사가 과거와 현주소에 대한 조사라면 이 조사는 생태문화의 미래를 형성하는 토대가 될 것이다. 이 조사는 자연의 영성에 대한 인식정도가 생태문화 형성에 어떤 역할을 하는가를 질적 차원으로 접근한 조사로서 생태운동에 참여하는 사람들이 어떤 의식을 가질 때 질적으로 높은 생태문화를 실행하는지를 분석·평가한다. 왜냐하면 사회적 지위와 세계관, 생태의식의 깊이 정도, 종교에 참여하는 정도, 종교단체 안에서의 위치에 따라 생태문화 참여의 차이가 있을 것이다. 이 조사를 통하여 각각의 참여자는 자기의 독특한 생태의식을 어떻게 어떤 계기를 통해 형성하며, 어떤 의식을 가진 사람이 근본적인 생태문화에 효과적으로 기여하는가를 파악할 수 있을 것이다. 이 조사연구를 통해 '자연의 영성'이라는 의식이 생태문화의 질에 어떤 영향을 미치는지를 조사·분석하고 생태친화적인 종교문화를 위해서 집중해야 할 일과 발전시켜야 할 부분이 무엇인지를 도출해 낼 것이다.

2. 자료수집 및 통계기법

본 실태조사는 2006년 1월 초순부터 6월 초순까지 6개월에 걸쳐 하였다. 각 종교별로 조사요원 5명을 동원하여 직접 배부하고, 실태에 대한 신뢰성을 확보하고 회수율을 높이고자 면접을 겸한 자기기입(self-administered) 방식을 사용하였다. 실태관련 설문지는 총 120매의 설문지를 의뢰하였던 바, 91매를 회수하였고, 89매(2매는 불완전한 작성으로 제외함)를 통계 처리하였다. 또한 본 논문에서는 통계의 정확성을 기하기 위하여 설문응답자의 인구통계학적 분포비율을 고려하여 보완적으로 조사를 실시하였고, 대표성과 신뢰성을 가질 수 있도록 하기 위하여 종교통계학적 비율이 고르게 유지되도록 설문대상자를 선정하였다. 특히 사전적 설문조사(pilot-test)를 실시하여 어느 정도 타당성을 가지는 변수를 선정하여 본 조사를 실시한 것이다. 통계처리는 백분율·빈도·분산분석 등을 일괄 입력·분석하였고 자료 분석은 현황파악과 의견도출을 위해 주로 빈도와 백분율을 기초로 하였으며 평균과 표준편차에 대해서도 조사 결과표에 명시하였다. 인구통계변수를 처리하기 위하여 빈도분석을 실시하였으며 환경단체의 정책실천 및 정책참여 유형과 환경단체의 생태문화 관련 주요활동 실천정도의 내적 일관성을 조사하기 위하여 Cronbach's - α의 신뢰도 검증(reliability test)을 실시하였다.

한편, 유의성 검증을 위한 상관관계분석, 각 변수들에 대한 설문문항의 구성개념의 차별성 검증을 비롯한 결과변수들의 타당성을 위한 요인분석(factor analysis)을 실시하였다. 이 모든 설문조사의 분석은 SPSS/PC+(Statistical Package for Social Science / PC+)를 주로 이용하여 통계 처리하였다. 또한 본 설문조사에서는 유의수준을 0.01로 하여 분석을 실시하였다.

3. 조사방법 및 종교별 표본의 특성

(1) 조사진행의 방법

본 조사는 3대종교의 환경 및 생태실태에 대한 인터뷰와 현황을 조사하는 것이므로 종교별 표본은 다단층화 비례할당 추출법에 의거하여 표본조사 인원수를 조정하였다. 즉, 종교인구별 분포비율과 심층인터뷰 대상인원은 전체조사 대상자의 20%선으로 강제할당하여 실시하였다. 특히, 3대 종교가 함께 하는 조사이므로 다음과 같은 점에 유의하여 조사하였다. 첫째, 실사의 진행단계에서 본 조사 담당 조사원 및 종교별 최종 표본 단위마다 각1인의 감독원(Supervisor) 통제 하에 진행되었다. 둘째, 조사원에 대한 교육강화로서 질문지의 내용 숙지 및 표본추출방법을 정확하게 교육시킴으로써 질문지에 대한 이해부족이나 조사원의 실수에 의해서 발생할 수 있는 비표본오차(non sampling error)를 최소화하도록 노력하였다. 셋째, 담당 연구원과 실사 감독원이 조사원의 응답자 추출과정, 설문지 작성 등을 직접 감독하고, 설문지의 배부, 회수 과정을 통제함으로써 오차를 줄이도록 하였으며, 조사원의 숙련도에 따라 하루에 조사부수를 5부로 제한하여, 질문지의 배부, 회수, 전산입력이 일별로 이루어지도록 하여 조사의 정확성을 제고하는 당일 통제 시스템을 채택했다. 이렇게 조사가 완료된 설문지는 Editing-Coding-In programing과정을 거쳐 통계패키지인 SPSS12.1 for Windows를 이용하여 전산 처리했다.

(2) 종교별 표본의 일반적 특성

조사표본의 일반적 특성을 보면, 가톨릭은 15.7%, 불교는 43.8%, 개신교는 40.4%인데 가톨릭에 비해 불교와 개신교 비율이 높은 이유는 종교인의 평균분포도 이외에 불교와 개신교는 여러 종파로 나누어져 있으므로 일반적인 교세분포에 의존하지 않고 보다 많은 조사할당을 부여하여 연구조사의 신뢰도를 높였다. 성별로 보면, 남성이 77.5%로 여성의 22.5% 보다 많으며, 연령별로 보면 30대와 40대의 중년층이 각각 33.7%와 46.1%로서 다른 연령층에 비하여 많았으며, 직업별로는 환경관련 목사(25.8%)-교수(23.6%)-활동가(12.4%)순으로 응답하였다. 그리고 지역별 분포를 살펴보면 서울(27%)-호남권(15.7%)-영남권(9.0%)-부산-대구-수도권-충청권이 각각 6.7%로 전국적인 분포에 근접하게 조사하였다.

<표 Ⅰ-1> 종교별 조사표본의 일반적 특성비교

구 분		가톨릭	불교	개신교	전체	비율(%)
합 계		14	39	35	89	100
성별	남성	12	29	27	69	77.5
	여성	2	10	8	20	22.5
	소계	14	39	35	89	100
연령분포	20대	-	3	1	4	4.5
	30대	4	19	7	30	33.7
	40대	8	12	21	41	46.1
	50대	2	4	6	12	13.5
	60대	-	1	1	2	2.2
	소계	14	39	36	89	100
직업	신부	4	-	-	4	4.5
	스님		11	-	11	12.4
	목사		-	23	26	25.8
	환경운동가 및 활동가	3	6	2	11	12.4
	교수(학계)	4	15	2	21	23.6
	정부기관 관계자	1	1	2	4	4.5
	학생(석사)		2	1	3	3.4
	기업(직장인)	2	2	1	5	5.5
	기 타		2	5	7	7.9
	소계	14	39	36	92	100
주요 활동지역	서울	3	15	6	24	27.0
	부산	1	4	1	6	6.7
	대구	1	3	2	6	6.7
	인천	1	2	1	4	4.5
	광주		1	1	2	2.3
	대전	1	4	-	5	5.6
	울산		1	-	1	1.1
	수도권	2	2	3	7	7.9
	영남권	1	1	5	8	9.0
	호남권	1	2	11	14	15.7
	충청권	1	1	5	7	7.9
	강원권	2	1	1	4	4.5
	제주권		1	-	1	1.1
	소계	14	38	36	89	100

제2장 종교환경단체의 규모 및 재정 현황

1980년대 후반부터 본격 시작된 환경운동은 비약적 성장을 거쳐 1990년대 중반에는 최고조에 이르렀지만 이후 지속적인 쇠락 양상을 보여 왔다. 급기야 최근에는 거의 모든 환경단체들이 연대해 저항해 온 새만금·천성산 사업에 대한 대법원 판결로 사실상 결정타를 맞은 형국이다. 사실 그동안 환경단체는 환경단체의 '획일화 경향'과 '몸집 불리기'에 대한 비판이 있어왔다. 환경단체간 치열한 경쟁으로 회원은 늘어나지 않는 가운데서도 중앙단체의 규모가 과거보다 세 배 이상 커졌다.[1] 그러함에도 불구하고 환경담론이나 이론의 분화는 일어나지 않은 채 표준화되었다는 진단과 함께 지난 10여 년간 환경단체들은 국가차원의 정책적 과제에 활동의 초점을 맞추고 중앙권력의 구조변화에 역량을 집중해 왔다. 물론 환경단체의 사회적 위상과 역할을 높이기는 했지만 이것이 오늘날 부메랑처럼 시민운동 위기의 주요 요인으로 작용하여 환경운동의 성과들이 시민들이 직접 체감할 수 있는 수준으로 연결되지 못해 결과적으로 지지와 신뢰를 잃게 것이 사실이다. 또한 환경단체들이 정부기관이나 기업의 프로젝트를 수주 받아 진행하면서 환경을 파괴하는 대규모 국책개발에 대해 어떻게 집요하게 싸울 수 있는지 따가운 눈총을 받았다. 결국 환경운동의 실패 요인은 스스로 위기요인을 축적시켜 온 환경단체 내부에 있었다. 그러나 가톨릭, 개신교, 불교 등 종교환경단체는 이런 점에서 일반사회 환경단체와는 큰 차이점을 발견할 수 있었다. 대부분의 종교단체는 몸집불리기와는 거리가 멀었고 약한 재정자립도와 주요수입원이 회비로 운영되는 등 일반단체와는

---

1) 서울신문, 2006. 7월 19일자.

차별성이 있었다. 다만, 개신교의 경우 주요 수입원 중 정부지원금이 차지하는 비율이 타종교에 비하여 높게 나타났다. 이런 점에서 종교환경단체의 규모와 재정에 대한 현황조사는 의미 있는 조사 결과가 도출되었다. 다만, 이 문항에 대한 응답률은 타문항에 비하여 응답률과 신뢰도 측면에서 다소 문제가 있을 수 있었다. 그러나 담당자의 진실한 답변을 얻어내기 위하여 불성실한 답변과 애매모호한 수치는 주어진 문제에 대한 전문적 지식을 가진 전문가와 면담을 통해 사전지식과 정보를 입수하여 제거하였다. 주로 문헌조사에 대한 보완적인 수단으로 조사한 이 결과는 문제의 성격 및 관련문제에 대한 좀 더 명확한 이해와 조언을 들을 수 있었다. 전문가 선정은 연구자의 판단과 편의에 의하여 선정하였다.

1. 회원규모

종교환경단체의 회원규모를 살펴보면 50.9%가 50명이하의 소규모인 것으로 나타났으며, 특히 개신교의 경우 91.4%가 100명 이하의 작은 단체로 응답하였다. 1000명 이상의 회원을 확보한 단체는 가톨릭에서만 있는 것으로 응답하였는데 보다 회원규모에 대한 정보는 유동적이어서 보다 더 세밀한 추가 조사가 요구된다. 가톨릭의 경우 인천교구에서 회원확대를 위한 회원배가운동을 전개하여 가톨릭환경연대 활동 이념 동의자 다수 확보와 재정자립을 위한 근거 확보에 앞서고 있다. 그리고 수원교구의 경우에는 환경센터 소장, 성필립보 생태마을의 경우 15,000정도 후원회원이 있으며 그 외 서울, 대구대교구 등에도 많은 회원이 있는 것으로 파악되었다. 하지만 대부분의 종교환경단체가 회원이 부족한 영세단체임에는 틀림이 없어 보인다. 향후 회원확보에 대한 대책과 관리가 시급함을 알 수 있다.

<표 II-1> 종교별 환경단체의 회원규모

설문항목	종교영역별 실천 정도 차이			전체빈도	비율(%)
	가톨릭	불교	개신교		
50명 이하	4	2	22	28	50.9
51-100명	-	3	10	13	23.7
101-300명	2	4	1	7	12.8
301-500명	1	1	-	2	3.6
501-1000명	1	-	1	2	3.6
1000-10,000	1	-	1	2	3.6
10,000명 이상	1	-	-	1	1.8
전체	10	11	34	55	100.0

<그림 II-1> 종교별 환경단체의 회원규모

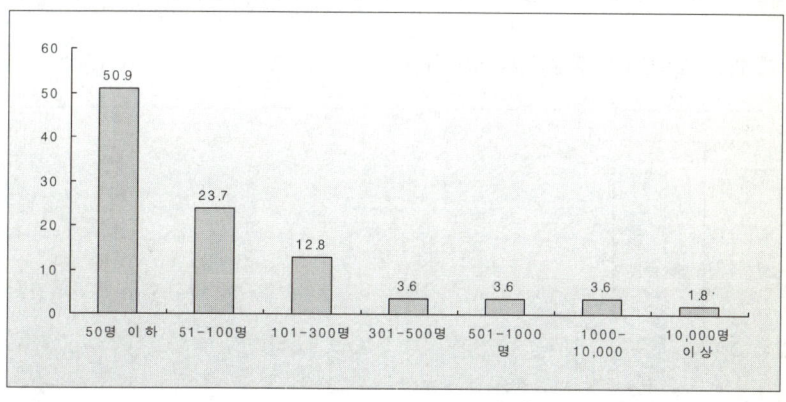

2. 상근자수

종교환경단체의 상근자수를 살펴보면 72.4%가 5명이하로서 회원수와 함께 소규모인 것으로 파악되었다. 특히 가톨릭과 개신교는 30명 이상의 상근자를 지닌 단체는 전무하였고 불교단체에서만 30명 이상의 단체가 있는 것으로 응답하였다. 상근자수가 많은 것이 업무의 효율성과 극대화를 위한 필요조건은 아니지만 종교단체 대

부분이 자원봉사나 겸직 혹은 임시조직으로 움직이고 있는 것으로 파악되었다

<표 II-2> 종교별 환경단체의 상근자수

설문항목	종교영역별 실천 정도 차이				
	가톨릭	불교	개신교	전체빈도	비율(%)
5명 이하	8	9	25	42	72.4
6-10명	2	1	6	9	15.5
10-30명	2	–	4	6	10.3
30-50명	–	1	–	1	1.7
50이상	–	–	–	–	–
전 체	10	11	35	58	100.0

<그림 II-2> 종교별 환경단체의 상근자수

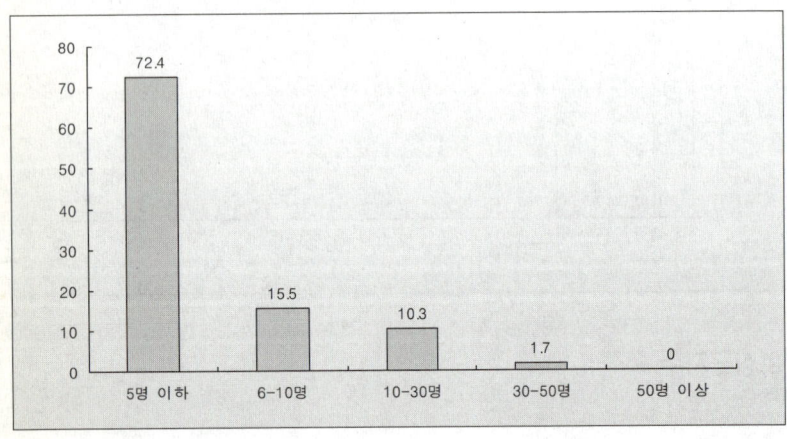

3. 회비 납부율

종교환경단체 소속 회원들의 회비납부율 조사에서 납부율 50%가 미만인 단체가 71.2%로 대부분의 종교단체에서 회원들이 회비

를 제대로 납부하지 않는 것으로 파악되었다. 최근의 침체현상 및 관심의 저하가 반영된 수치라고 할 수 있을 것이다. 한편, 종교별 비교에서는 가톨릭과 불교의 경우 회비 납부율이 상대적으로 높게 나타난 반면에 개신교의 경우 회비 납부율은 낮아서 90%정도가 납부율 50% 이하로 파악되었다.

<표 II-3> 종교별 환경단체의 회비 납부율

설문항목	종교영역별 실천 정도 차이				
	가톨릭	불교	개신교	전체빈도	비율(%)
20% 미만	-	1	7	8	15.4
20-30%	-	-	12	12	23.1
30-50%	4	2	11	17	32.7
50-70%	4	3	2	9	17.3
70%이상	2	3	1	6	11.5
전 체	10	9	33	52	100.0

<그림 III-3> 종교별 환경단체의 회비 납부율

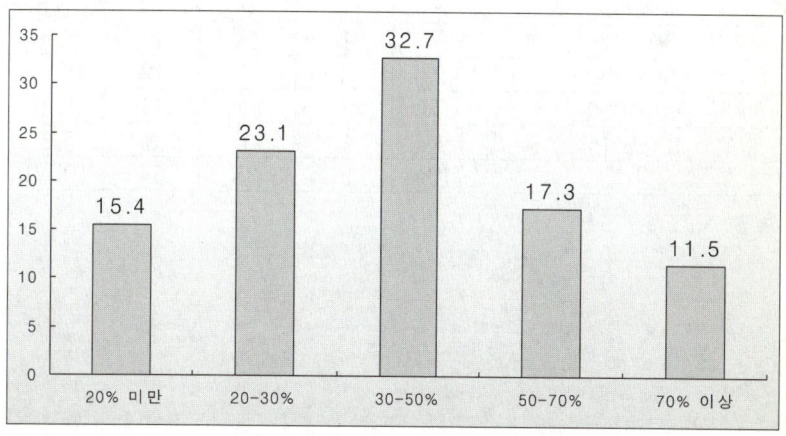

4. 재정자립도

종교환경단체의 재정자립도 조사에서 재정자립도가 30%가 미만인 단체가 18.5%, 30-50%인 단체가 27.8%로 조사되었는데 대부분의 단체가 열악한 재정조건에서 환경운동을 전개하고 있음을 알 수 있다. 특히, 종교별 비교에서 개신교의 경우 재정자립도가 상대적으로 가장 낮은 것으로 평가되었다. 아마도 그것은 수도권을 벗어난 지역에서 이러한 현상이 뚜렷하게 나타났다. 하지만 가톨릭과 불교단체의 경우 재정자립도가 100%인 단체가 있는데 이것은 종단의 전폭적인 지원이라기보다는 부가적인 사업 즉 프로젝트나 수익사업에 의한 것으로 보인다.

<표 II-4> 종교별 환경단체의 재정자립도

설문항목	종교영역별 실천 정도 차이				
	가톨릭	불교	개신교	전체빈도	비율(%)
30% 미만	-	1	9	10	18.5
30-50%	-	1	14	15	27.8
50-79%	2	3	7	12	22.2
80-100%	7	3	4	14	25.9
100%이상	1	1	1	3	5.6
전 체	10	9	35	54	100.0

<그림 II-4> 종교별 환경단체의 재정자립도

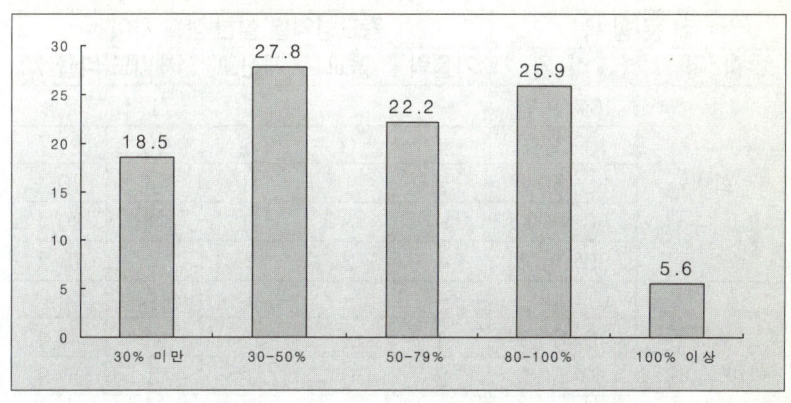

5. 주요수입원 비율

종교별 환경단체의 주요수입율을 살펴보면 가톨릭의 경우 회비와 일반후원금 및 프로젝트에 의한 것이 주요 수입원이다. 불교 역시 비율은 낮지만 대부분 회비와 일반후원금 혹은 기타 수입인 반면에 개신교의 경우 회비가 주요 수입원이긴 하지만 기업협찬, 정부지원금, 공기금의 비중이 높게 나타남과 동시에 수입원이 다방면에 걸쳐있어서 가톨릭과 불교와는 현격한 차별성이 엿보인다. 종교 전체적으로 보면 회비의존도가 높은 반면에 정부지원금이나 기업협찬은 비중이 낮음을 알 수 있는데 이것은 종교환경운동의 건강성 및 신뢰성 증진에 기여한다고 할 수 있다.

<표 II-5> 종교별 환경단체의 주요 수입울 비율

설문 항목		종교영역별 실천 정도 차이				
항 목	비 율	가톨릭	불교	개신교	전체빈도	비율(%)
회비	10% 미만	–	–	1	1	2.2
	10-30%	4	0	6	10	21.7
	30-50%	2	1	11	14	30.4
	50-80%	–	3	11	14	30.4
	80%이상	4	2	1	7	15.2
일반후원금	10% 미만	–	–	1	1	3.4
	10-30%	4	2	15	21	72.4
	30-50%	2	0	1	3	10.3
	50-80%	0	0	4	4	13.8
	80%이상	–	–	–	–	–
기업협찬	10% 미만	–	–	5	5	38.5
	10-30%	–	–	6	6	46.1
	30-50%	–	–	2	2	15.4
	50-80%	–	–	–	–	–
	80%이상	–	–	–	–	–
정부지원금	10% 미만	–	–	4	4	28.6
	10-30%	–	–	9	9	64.3
	30-50%	–	–	–	–	–
	50-80%	–	–	1	1	7.1
	80%이상	–	–	–	–	–
공공기금	10% 미만	–	1	4	5	50.0
	10-30%	–	–	4	4	40.0
	30-50%	–	–	–	–	–
	50-80%	–	–	1	1	10.0
	80%이상	–	–	–	–	–
수익사업	10% 미만	2	–	7	9	34.6
	10-30%	–	–	9	9	34.6
	30-50%	–	–	3	3	11.6
	50-80%	4	1	0	5	19.2
	80%이상	–	–	–	–	–

설문항목		종교영역별 실천 정도 차이				
항 목	비 율	가톨릭	불교	개신교	전체빈도	비율(%)
프로젝트	10% 미만	-	1	2	3	25.0
	10-30%	2	-	6	8	66.7
	30-50%	-	-	-	-	-
	50-80%	-	-	-	-	-
	80%이상	-	-	1	1	8.3
기타	10% 미만	-	-	4	4	20.0
	10-30%	2	1	8	11	55
	30-50%	-	2	3	5	25.0
	50-80%	-	-	-	-	-
	80%이상	-	-	-	-	-

6. 주요지출원 비율

수입에 대한 지출비율에서 대부분의 경우 인건비와 사업비에 많은 지출을 하고 있음을 알 수 있다. 가톨릭의 경우 사업비에 대한 지출이 많으며, 개신교는 인건비와 기타 지출이 많은 것으로 나타났는데 사업비의 지출이 타종교에 비하여 약함을 알 수 있다. 불교는 인건비와 사업비에 대한 지출이 가장 많은 비중을 차지하고 있다. 종교환경단체의 건강성과 향후 지속발전성을 염두해 둔다면 인건비에 대한 지출비중이 상대적으로 둔화되고 사업비에 대한 지출이 많아야 할 것이다.

<표 II-6> 종교별 환경단체의 주요지출원 비율

설문항목		종교영역별 실천 정도 차이				
항 목	비 율	가톨릭	불교	개신교	전체빈도	비율(%)
인건비	10% 미만	-	-	1	1	2.2
	10-30%	2	1	2	5	11.1
	30-50%	4	2	10	16	35.6
	50-80%	-	1	18	19	42.2
	80%이상	2	1	1	4	8.9
일반관리비	10% 미만	-	1	3	4	9.0
	10-30%	10	4	16	30	68.2
	30-50%	-	-	8	8	18.2
	50-80%	-	-	1	1	2.3
	80%이상	-	-	1	1	2.3
사업비	10% 미만	2	-	2	4	9.8
	10-30%	-	1	12	13	31.7
	30-50%	2	1	11	14	34.1
	50-80%	2	3	1	6	14.6
	80%이상	4	-	-	4	9.8
기타	10% 미만	2	1	1	4	15.4
	10-30%	-	-	18	18	69.2
	30-50%	-	-	3	3	11.5
	50-80%	-	-	1	1	3.9
	80%이상	-	-	-	-	-

제 3장
환경단체의 정책실천 및 정책참여 유형

1. 환경단체의 정책참여 유형 및 분석틀

환경단체의 정책참여 유형 및 분석틀을 정책단계와 참여방식으로 분류하여 제시하면 다음과 같다. 이 조사는 종교환경단체가 환경운동을 실시하면서 얼마나 효율적 활동하는지 실태파악을 위한 차원에서 접근하는 시도이다. 즉, 종교환경단체가 자기 종교내에서만 활동하는 지 아니면 능동적으로 폭넓게 활동하는지를 측정하고, 향후 종교별 환경운동의 실천방향을 점검해보기 위함이다.

(1) 정책단계에 따른 분류

첫째, 의제설정(agenda setting)단계로서 종교단체가 사회문제의 쟁점화를 통해 사회문제가 정책이슈 또는 정책문제로 전환되는 단계를 의미한다. 둘째, 정책형성(policy formation)단계는 종교단체가 정책목표를 설정하고 정책대안을 개발하고 선택하는 일련의 정책수립단계를 의미한다. 셋째, 정책집행(policy implementation)단계는 종교단체가 결정된 정책에 대하여 정책수단을 동원하여 추진하고 실행하는 단계를 말한다. 넷째, 정책평가(policy evaluation)단계로서 종교단체가 정책집행과정에서 나타나는 여러 가지 문제점을 검토하고 당초 의도했던 정책목표를 달성했는지 여부를 평가하는 단계이다.

(2) 참여방식에 따른 분류

첫째, 정보제공(information provision)은 종교단체가 신자(불자)에게 정보를 제공하거나 신자(불자)가 종교단체에게 정보를 제공하는 일방적 관계를 의미한다. 정보 제공은 주로 종교단체와 신자(불자) 개개인사이에서 발생한다. 따라서 종교단체는 개별 신자(불자)에게 정보를 제공하고, 또한 개별 신자(불자)는 종교단체에 정보를 제공한다.

둘째, 협의(consultation)는 종교단체가 먼저 주제를 설정하고, 이에 대해 신자(불자)의 견해를 묻는 형태를 취하며, 종교단체의 요구에 대응하여 신자(불자)가 종교단체에게 환류(feedback)를 제공하는 양방향적 관계를 의미한다. 이러한 참여는 주로 전문가, 관련 집단 또는 정책에 관심이 있는 신자(불자)와의 관계에서 많이 발생한다.

셋째, 능동적 참여(active participation)는 정책과정에서 신자(불자)가 능동적으로 참여하는 종교단체와 신자(불자)간의 쌍방향적인 협력적 상호관계(partnership)에 기반을 둔 관계를 의미한다. 정책에 대한 책임은 종교단체가 지지만 정책과정에 있어서 신자(불자)의 동등한 역할을 인정한다. 이러한 참여는 주로 시민대표나 시민사회단체, 관련 집단과의 관계에서 많이 발생한다. 위와 같은 내용은 표로 도식화하면 〈표 Ⅳ-1〉와 같이 나타 낼 수 있다.

<표 Ⅲ-1> 환경단체의 정책단계별 참여유형에 대한 분석 틀

참여방식 정책단계	정보 제공		협의	능동적 참여
	종교단체 ⇒ 신자(불자)			
의제설정	인터넷 웹사이트 검색코너 및 게시판 마련		여론설문조사 및 온라인 정책포럼 등	정책제안이나 사이버 참여제안
정책형성	정책결정과정공개 및 메일링(회원관리)		세미나 및 정책토론회 참여	공청회참여나 민간 TF운영

| 정책집행 | 홍보책자 발간 및 인터넷신문 발간 | 자문위원회나 제도개선협의회 참여 | 민관합동정책 집행 및 자원봉사활동 |
| 정책평가 | 만족도 조사 및 백서(연보) 발간 | 정책모니터링제도 및 사이버모니터참여및 | 여론조사(국민만족도) 평가위원회참여 |

2. 우리나라 환경단체의 정책과정별 참여 현황

정책과정의 측정변수에 대한 신뢰도 및 타당도를 분석해 본 결과 측정에 사용된 모든 변수의 알파계수는 .60 이상으로 높은 편이다. 종교별 합산이나 평균값을 기초로 한 각 변수의 신뢰계수(Cronbach's Alpha)는 정보제공 0.873, 합의 0.812, 능동적 참여 0.810으로 모두 .80이상으로 매우 높은 편이었다. 따라서 모든 변수의 집단수준에 기초한 신뢰계수도 수용하기에 충분히 높은 수준이었다.

가. 정보제공수준의 참여방식

1) 종교별 웹사이트 검색코너 및 게시판실태

환경관련 인터넷 웹사이트 검색코너 및 게시판 마련에 대한 실태를 보면 가톨릭이 가장 소극적인 반면에 개신교가 가장 적극적으로 웹사이트를 구축하고 있는 것으로 파악되었다. 가톨릭은 평균값이 3.50, 불교는 3.67, 개신교는 3.74로서 종교간 차이는 0.24로 나타났다. 전체평균값은 3.67로서 약간 높은 수준으로 이러한 결과는 통계적으로는 유의미한 결과를 나타내었다.(p<.001).

<표 Ⅲ-2> 귀 단체의 환경관련 인터넷 웹사이트 검색코너 및 게시판 마련

구분	가톨릭		불교		개신교		전체	
	빈도	평균(mean)	빈도	평균(mean)	빈도	평균(mean)	빈도	전체평균(mean)
전혀 참여안함	2		–		1		3	
별로 참여안함	–		1		3		4	
보통	–	3.50	6	3.67	4	3.74	10	3.67
대체로 참여	4		1		8		13	
적극 참여	2		4		7		13	
합계	8		12		23		43	

<그림 Ⅲ-1> 귀 단체의 환경관련 인터넷 웹사이트 검색코너 및 게시판 마련

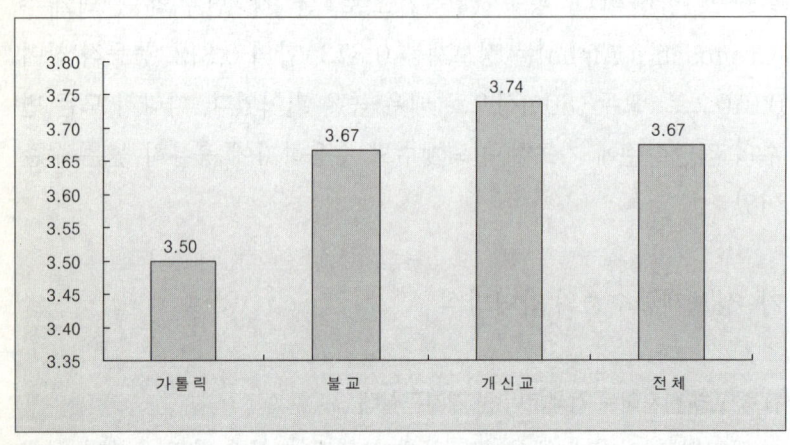

2) 정책결정과정 공개 및 메일링(회원관리)실태

정책결정과정 공개 및 메일링(회원관리)실태를 보면 가톨릭(3.25)이 가장 적극적으로 정책결정과정을 공개하고 및 회원관리를 하는 반면에 불교는 평균값 3.13로 소극적으로 관리하는 것으로 나타났다. 종교간 차이는 0.12로 나타났다. 전체평균값은 3.17로서 보통수준으로 이러한 결과는 통계적으로는 유의미한 결과를 나타내었다.(p<.001).

<표 Ⅲ- 3> 정책결정과정 공개 및 메일링(회원관리)에 대한 실태

구 분	가 톨 릭		불 교		개 신 교		전 체	
	빈도	평균 (mean)	빈도	평균 (mean)	빈도	평균 (mean)	빈도	전체평균 (mean)
전혀 참여안함	2		2		1		5	
별로 참여안함	-		2		4		6	
보통	2	3.25	6	3.13	21	3.17	29	3.17
대체로 참여	2		4		8		14	
적극 참여	2		2		2		6	
합계	8		16		36		60	

<그림 Ⅲ- 2> 정책결정과정 공개 및 메일링(회원관리)에 대한 실태

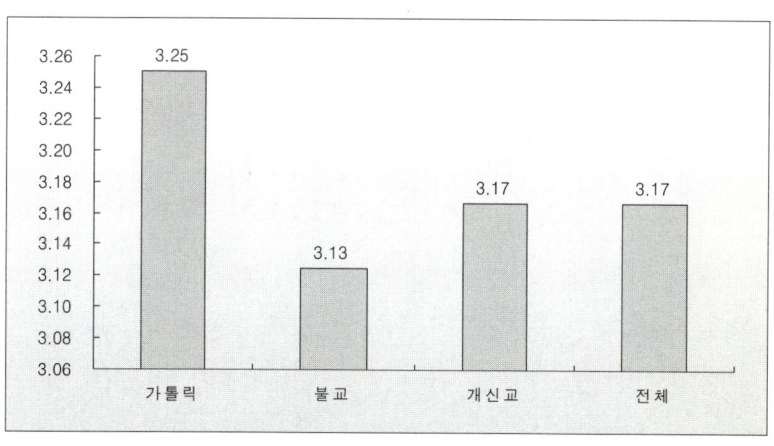

3) 홍보책자 발간 및 인터넷신문 발간 실태

홍보책자 발간 및 인터넷신문 발간 실태를 보면 가톨릭(3.75)이 가장 적극적인 반면에 개신교(2.83)가 가장 소극적인 것으로 파악되었다. 전체평균값은 3.10로서 중간 높은 수준으로 이러한 결과는 통계적으로는 유의미한 결과를 나타내었다.(p<.001).

<표 III-4> 홍보책자 발간 및 인터넷신문 발간 실태

구 분	가톨릭		불교		개신교		전체	
	빈도	평균(mean)	빈도	평균(mean)	빈도	평균(mean)	빈도	전체평균(mean)
전혀 참여안함	-	3.75	2	3.33	5	2.83	7	3.10
별로 참여안함	-		4		5		9	
보통	4		4		18		26	
대체로 참여	2		2		7		11	
적극 참여	2		6		1		9	
합계	8		18		36		62	

<그림 IV-3> 홍보책자 발간 및 인터넷신문 발간에 대한 실태

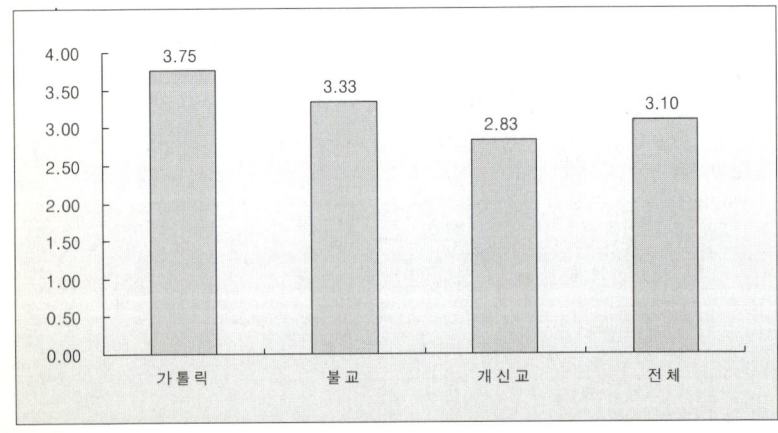

4) 만족도 조사 및 백서(연보) 발간 실태

만족도 조사 및 백서(연보) 발간 실태를 보면 개신교(2.97)가 중간수준으로 참여하고 있는 반면에 가톨릭(2.25)로 가장 소극적으로 참여하고 있다. 전체평균값은 2.87로서 중간보다 낮은 수준으로 나타나 정보제공 단계에서 가장 참여도를 나타내었다. 향후 만족도조사와 백서(연보)발간에 보다 적극적인 참여가 요구된다 할 것이다.

<표 III-5> 만족도 조사 및 백서(연보) 발간 실태

구 분	가 톨 릭		불 교		개 신 교		전 체	
	빈도	평균(mean)	빈도	평균(mean)	빈도	평균(mean)	빈도	전체평균(mean)
전혀 참여안함	4	2.25	1	2.94	2	2.97	7	2.87
별로 참여안함	2		6		7		15	
보통	-		4		17		21	
대체로 참여	-		5		10		15	
적극 참여	2		1		-		3	
합계	8		17		36		61	

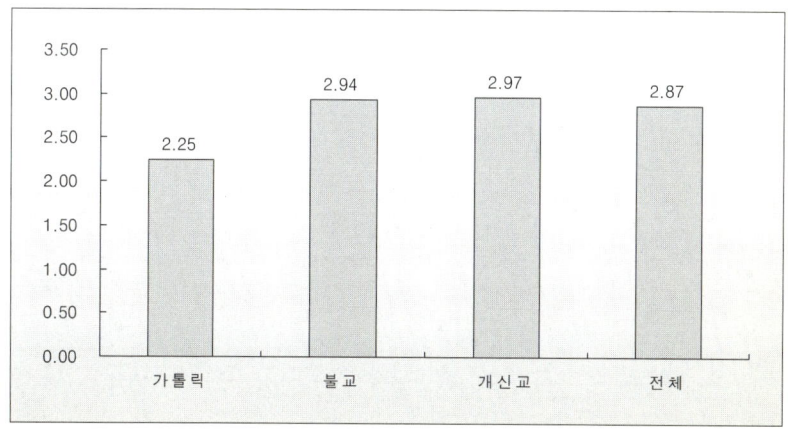

<그림 III-4> 만족도 조사 및 백서(연보) 발간에 대한 실태

나. 협의수준의 참여방식

1) 여론설문조사 및 온라인 정책포럼 실태

여론설문조사 및 온라인 정책포럼 실태를 보면 개신교(3.36)가 가장 적극적으로 참여하고 있는 반면에 가톨릭(1.75)로 가장 소극적으로 참여하고 있다. 전체평균값은 3.10으로서 중간수준으로 나타내었다. 가톨릭의 경우 타 종교에 비하여 현저히 낮은 수준으로 나타나 여론 설문조사와 온라인을 통한 적극적인 정책참여가 요구된다. 이러한 결과는 통계적으로는 유의미한 결과를 나타내었다.(p<.001).

<표 Ⅲ-6> 여론설문조사 및 온라인 정책포럼 실태

구분	가톨릭		불교		개신교		전체	
	빈도	평균(mean)	빈도	평균(mean)	빈도	평균(mean)	빈도	전체평균(mean)
전혀 참여안함	6	1.75	1	3.17	2	3.36	9	3.10
별로 참여안함			4		4		8	
보통			6		15		21	
대체로 참여	2		5		11		18	
적극 참여			2		3		5	
합계	8		18		35		61	

<그림 Ⅲ-5> 여론설문조사 및 온라인 정책포럼에 대한 실태

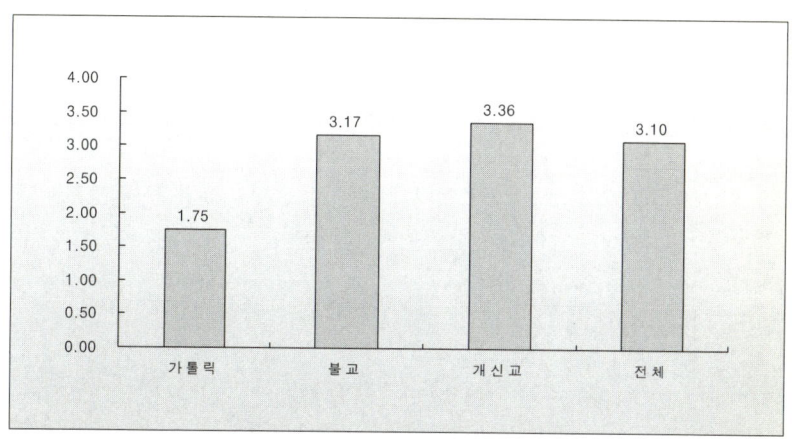

2) 정부 및 공공단체의 환경관련 세미나 및 정책토론회 참여 실태

정부 및 공공단체의 환경관련 세미나 및 정책토론회 참여 실태를 보면 불교(3.33)가 가장 적극적으로 참여하고 있는 반면에 가톨릭(2.75)로 소극적으로 참여하고 있다. 전체평균값은 3.10으로서 중간수준으로 나타났다.

<표 Ⅲ-7> 환경관련 세미나 및 정책토론회에 대한 실태

구 분	가 톨 릭		불 교		개 신 교		전 체	
	빈도	평균(mean)	빈도	평균(mean)	빈도	평균(mean)	빈도	전체평균(mean)
전혀 참여안함	4	2.75	1	3.33	4	3.06	9	3.10
별로 참여안함	4		3		9		16	
보통	–		7		14		21	
대체로 참여	–		6		7		13	
적극 참여	–		–		2		2	
합계	8		17		36		61	

<그림 III-6> 환경관련 세미나 및 정책토론회에 대한 실태

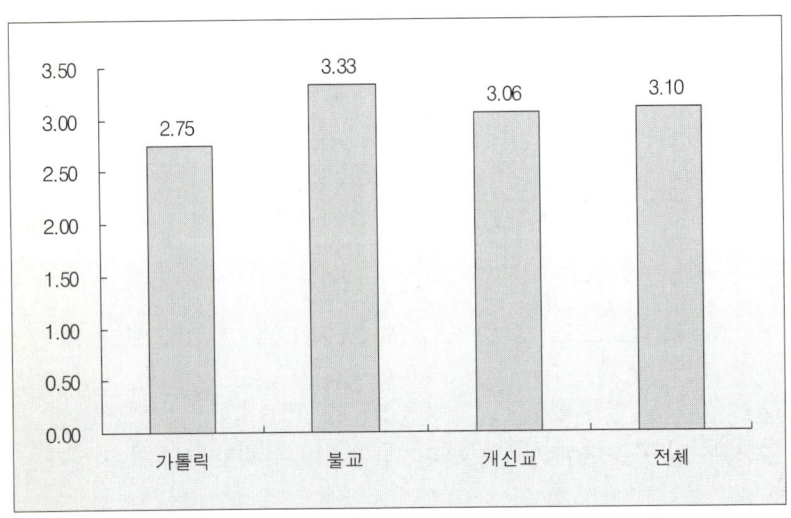

3) 정책자문위원회나 제도개선협의회 참여 실태

정책자문위원회나 제도개선협의회 참여 실태를 보면 불교(3.33)가 가장 적극적으로 참여하고 있는 반면에 가톨릭(2.50)로 소극적으로 참여하고 있다. 전체평균값은 3.08로 중간수준으로 나타났다.

<표 III-8> 정책자문위원회나 제도개선협의회 참여에 대한 실태

구 분	가 톨 릭		불 교		개 신 교		전 체	
	빈도	평균(mean)	빈도	평균(mean)	빈도	평균(mean)	빈도	전체평균(mean)
전혀 참여안함	2		2		3		7	
별로 참여안함	2		1		12		15	
보통	2	2.50	5	3.33	6	3.08	13	3.08
대체로 참여	2		9		12		23	
적극 참여			1		2		3	
합계	8		18		35		61	

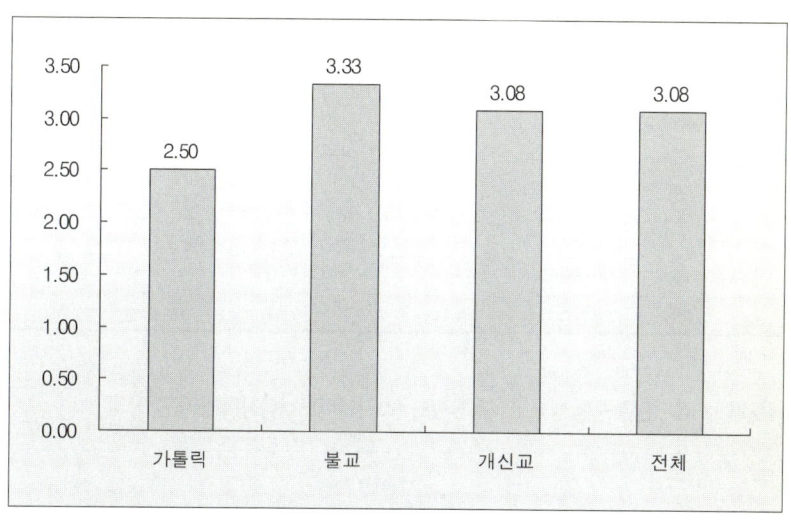

<그림 III-7> 환경관련 정책자문위원회나 제도개선협의회 참여에 대한 실태

4) 정부 및 공공단체의 환경관련 정책모니터링제도 및 사이버모니터참여

정부 및 공공단체의 환경관련 정책모니터링제도 및 사이버모니터참여 실태를 보면 개신교(3.28)가 가장 적극적으로 참여하고 있는 반면에 가톨릭(2.25)로 소극적으로 참여하고 있다. 전체평균값은 3.10으로서 중간수준으로 나타났다.

<표 III-9> 환경관련 정책모니터링제도 및 사이버모니터참여에 대한 실태

구 분	가톨릭		불교		개신교		전 체	
	빈도	평균(mean)	빈도	평균(mean)	빈도	평균(mean)	빈도	전체평균(mean)
전혀 참여안함	4	2.25		3.11	3	3.28	7	3.10
별로 참여안함	2		5		8		15	
보통			6		9		15	
대체로 참여			7		13		20	
적극 참여	2				2		4	
합계	8		18		35		61	

<그림 III-8> 환경관련 정책모니터링제도 및 사이버모니터참여에 대한 실태

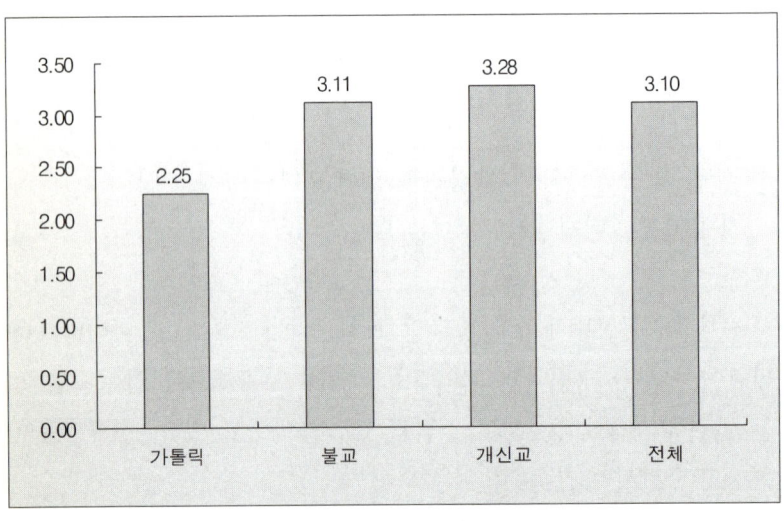

다. 능동적 참여방식

1) 정책제안이나 사이버 참여제안 실태

정부 및 공공단체의 환경관련 정책제안이나 사이버 참여제안에 대한 실태를 보면 불교(3.11)가 적극적으로 참여하고 있는 반면에 가톨릭(2.00)로 소극적으로 참여하고 있다. 전체평균값은 2.84로서 약간 낮은 정도의 참여수준을 나타내고 있다.

<표 Ⅲ- 10> 정책제안이나 사이버 참여제안에 대한 실태

구 분	가 톨 릭		불 교		개 신 교		전 체	
	빈도	평균(mean)	빈도	평균(mean)	빈도	평균(mean)	빈도	전체평균(mean)
전혀 참여안함	4		2		4		10	
별로 참여안함	2		1		8		11	
보통		2.00	10	3.11	16	2.89	26	2.84
대체로 참여	2		3		7		12	
적극 참여			2				2	
합계	8		18		35		61	

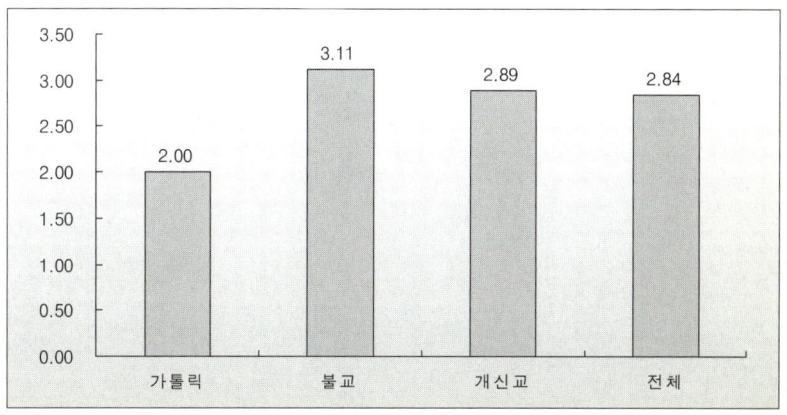

<그림 Ⅲ- 9> 정부 및 공공단체의 환경관련 정책제안이나 사이버 참여제안에 대한 실태

2) 정부 및 공공단체의 환경관련 공청회참여나 민간 TF운영

환경관련 공청회참여나 민간 TF운영에 대한 실태를 보면 불교와 개신교(3.06)가 비슷한 수준으로 참여하고 있는 반면에 가톨릭(2.25)은 소극적으로 참여하고 있다. 전체평균값은 2.95로서 약간 낮은 정도의 참여수준을 나타내고 있다.

<표 Ⅲ-11> 공청회참여나 민간 TF운영에 대한 실태

구 분	가 톨 릭		불 교		개 신 교		전 체	
	빈도	평균(mean)	빈도	평균(mean)	빈도	평균(mean)	빈도	전체평균(mean)
전혀 참여안함	4		2		2		8	
별로 참여안함			3		10		13	
보통	2	2.25	6	3.06	12	3.06	20	2.95
대체로 참여	2		6		9		17	
적극 참여			1		2		3	
합계	8		18		35		61	

<그림 Ⅲ-10> 환경관련 공청회참여나 민간 TF운영에 대한 실태

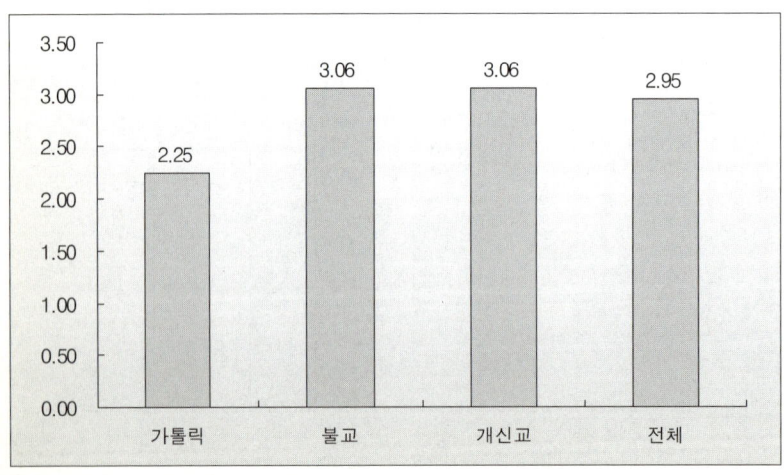

3) 정부의 환경정책을 위한 민관합동정책 집행 및 자원봉사활동

민관합동정책 집행 및 자원봉사활동에 대한 실태를 보면 불교(3.39)가 적극적으로 참여하고 있는 반면에 가톨릭(1.50)은 매우 소극적으로 참여하고 있다. 전체평균값은 3.08로서 약간 낮은 정도의 참여수준을 나타내고 있다. 불교와 가톨릭간의 차이는 1.89로 종교간 큰 차이를 보이고 있다. 이러한 결과는 통계적으로는 유의미한 결과를 나타내었다.(p<.001).

<표 Ⅲ-12> 민관합동정책 집행 및 자원봉사활동에 대한 실태

구 분	가 톨 릭		불 교		개 신 교		전 체	
	빈도	평균(mean)	빈도	평균(mean)	빈도	평균(mean)	빈도	전체평균(mean)
전혀 참여안함	6		2		2		10	
별로 참여안함			2		5		7	
보통	2	1.50	3	3.39	14	3.28	19	3.08
대체로 참여			9		11		20	
적극 참여			2		3		5	
합계	8		18		35		61	

<그림 Ⅲ-11> 민관합동정책 집행 및 자원봉사활동에 대한 실태

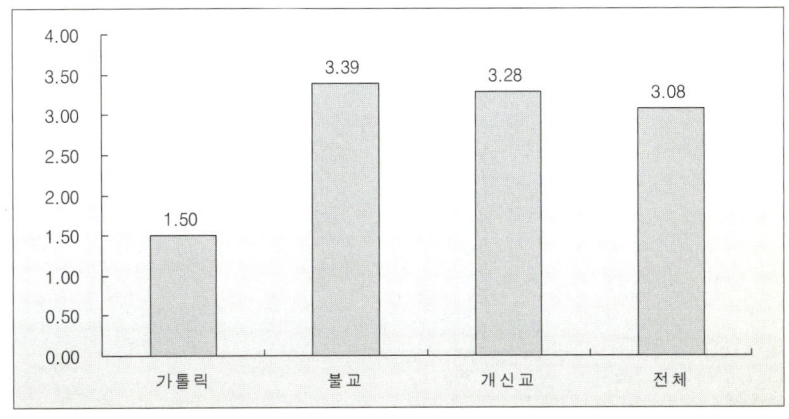

4) 온라인 여론조사(국민만족도) 및 평가위원회참여 실태

온라인 여론조사(국민만족도) 및 평가위원회참여 실태를 보면 불교(3.06)가 적극적으로 참여하고 있는 반면에 가톨릭(1.50)은 매우 소극적으로 참여하고 있다. 전체평균값은 2.72로서 낮은 정도의 참여수준을 나타내고 있다. 불교와 가톨릭간의 차이는 1.56으로 종교간 큰 차이를 보이고 있다. 이러한 결과는 통계적으로는 유의미한 결과를 나타내었다.(p<.001).

<표 III-13> 온라인 여론조사(국민만족도) 및 평가위원회참여에 대한 실태

구분	가톨릭		불교		개신교		전체	
	빈도	평균(mean)	빈도	평균(mean)	빈도	평균(mean)	빈도	전체평균(mean)
전혀 참여안함	4		1		5		10	
별로 참여안함	4		3		9		16	
보통		1.50	7	3.06	12	2.83	19	2.72
대체로 참여			6		7		13	
적극 참여					2		2	
합계	8		17		35		60	

<그림 III-12> 온라인 여론조사(국민만족도) 및 평가위원회참여에 대한 실태

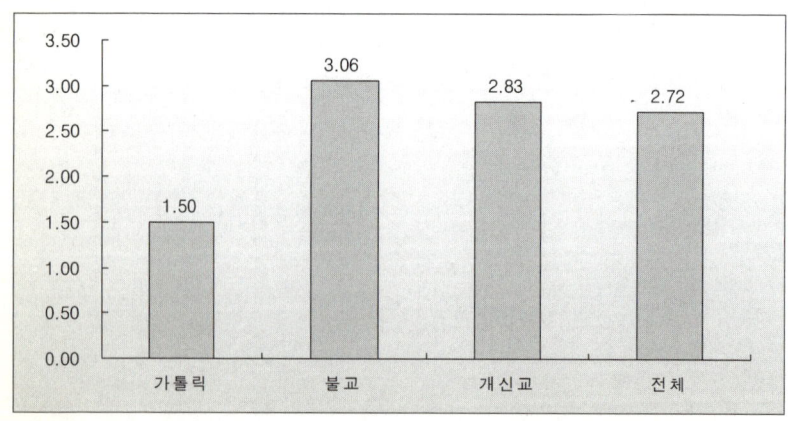

라. 종교별 종합 비교

〈표 Ⅲ-14〉에 나타난 바와 같이 종교별로 종합적으로 비교하여 보면 가톨릭은 정보제공과 같은 소극적인 참여를 하는 반면에 기독교는 협의수준의 중간단계의 실천을 하고 있었다. 하지만 불교는 능동적으로 참여하고 있음을 알 수 있다. 즉, 가톨릭은 능동적 참여(1.81)가 부족하고 불교는 전반적으로 골고루 참여하고 있었다. 개신교는 가톨릭에 비하여 능동적이나 불교에 비하여 참여의 정도가 낮게 나타났다. 그러나 종교 전체적으로 보면 정보제공-협의- 능동적 참여 순으로 나타났는데 이러한 현상에서 종교단체의 정책과정에 대한 능동적이고 적극적인 참여가 요구된다.

이러한 결과는 통계적으로는 유의미한 결과를 나타내었다.(p<.001). 또한 〈표 Ⅳ-14〉에 나타난 것과 같이 가톨릭은 '정부의 환경정책을 위한 민관합동정책 집행 및 자원봉사활동'과 '정부 및 공공단체의 온라인 여론조사(국민만족도) 및 평가위원회참여'에 관한 부문이 가장 취약함을 알 수 있다. 불교의 경우 전반적으로 균형 있게 참여하고 있지만 ' 환경관련 만족도 조사 및 백서(연보) 발간' 분야가 상대적으로 취약하였다. 개신교의 경우는 '환경관련 홍보책자 발간 및 인터넷신문 발간'과 ' 정부 및 공공단체의 온라인 여론조사(국민만족도) 및 평가위원회참여' 부문이 상대적으로 약하게 나타났다.

<표 III-14> 종교별 평균값 비교

종교 \ 측정변수	정보제공	협의	능동적 참여
가톨릭	3.19	2.31	1.81
불교	3.28	3.24	3.13
기독교	3.11	3.19	3.01
전체	3.17	3.09	2.89

<그림 III-13> 종교별 평균값 비교

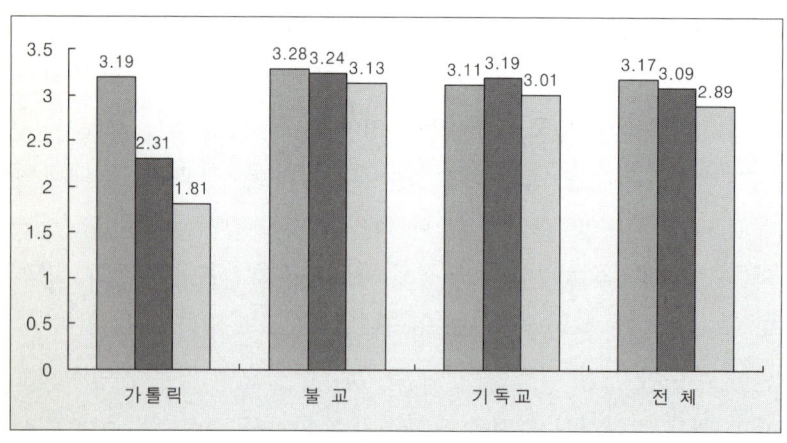

<표 III-15> 환경단체의 정책실천 및 정책참여 유형

설문 항목	종교영역별 실천 정도 차이				종교 간 차이비교	
	가톨릭	불교	개신교	전체평균	F값	유의확률
1) 귀 단체의 환경관련 인터넷 웹사이트 검색코너 및 게시판 마련	3.50	3.67	3.74	3.67	0.111	0.895
2) 대외 환경관련 여론설문조사 및 온라인 정책포럼 등**	1.75	3.17	3.36	3.10	8.103	0.001
3) 정부 및 공공단체의 환경관련 정책제안이나 사이버 참여제안	2.00	3.11	2.89	2.84	3.629	0.033
4) 귀 단체의 환경관련 정책결정과정 공개 및 메일링(회원관리)	3.25	3.13	3.17	3.17	0.038	0.963
5) 정부 및 공공단체의 환경관련 세미나 및 정책토론회 참여	2.75	3.33	3.06	3.10	0.795	0.457
6) 정부 및 공공단체의 환경관련 공청회참여나 민간 TF운영	2.25	3.06	3.06	2.95	2.073	0.125
7) 귀 단체의 환경관련 홍보책자 발간 및인터넷신문 발간*	3.75	3.33	2.83	3.10	4.668	0.008
8) 정부 및 공공단체의 환경관련 정책자문위원회나 제도개선협의회 참여	2.50	3.33	3.08	3.08	1.753	0.182
9) 정부의 환경정책을 위한 민관합동 정책집행 및 자원봉사활동***	1.50	3.39	3.28	3.081	0.730	0.000
10) 귀 단체의 환경관련 만족도 조사 및 백서(연보) 발간	2.25	2.94	2.97	2.87	1.568	0.217
11) 정부 및 공공단체의 환경관련 정책 모니터링제도 및 사이버모니터참여	2.25	3.11	3.28	3.10	2.895	1.063
12) 정부 및 공공단체의 온라인 여론조사(국민만족도) 및 평가위원회참여**	1.50	3.06	2.83	2.72	7.699	0.001
전 체	2.44	3.22	3.13	3.06		

주) * P<.01, ** P<.005, *** P<.001 수준에서 통계적으로 유의함(양측검정)

제4장 생태문화 관련 주요활동 실천정도

1. 타종교나 시민단체와의 생태공동체 네트워크 현황

종교별로 살펴본 '타종교나 시민단체와의 생태공동체 네트워크 현황'에서 가톨릭(3.50)은 개신교(3.36)에 비하여 0.14차이를 보이면서 생태공동체 네트워크가 타종교에 비하여 잘되고 있음을 알 수가 있다. 전체 평균값은 3.42로서 평균 이상의 값을 나타내고 있다.

<표IV-1> 타종교나 시민단체와의 생태공동체 네트워크

구 분	가 톨 릭		불 교		개 신 교		전 체	
	빈도	평균(mean)	빈도	평균(mean)	빈도	평균(mean)	빈도	전체평균(mean)
전혀 실천안함	0		1		-		1	
별로 실천안함	2		3		6		11	
보통	4	3.50	15	3.46	14	3.36	33	3.42
대체로 실천	4		14		13		31	
적극 실천	2		4		3		9	
합계	12		37		36		85	

<그림 IV-1> 타종교나 시민단체와의 생태공동체 네트워크의 종교간 비교

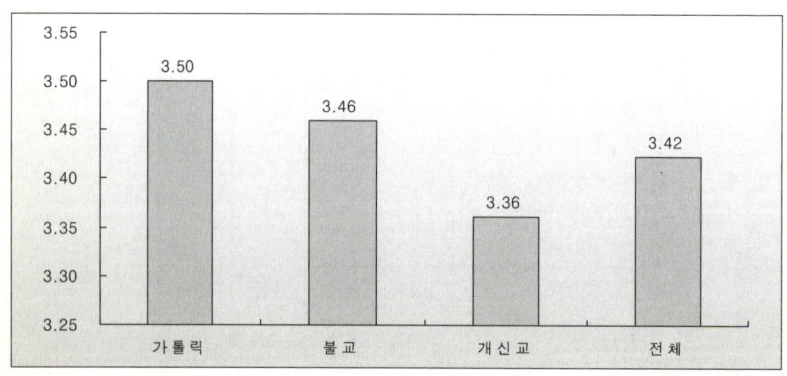

2. 생태(환경)교육: 생태체험과 학습 현황

종교별로 살펴본 '생태(환경)교육: 생태체험과 학습 현황'에서 가톨릭(3.83)은 불교와 개신교(3.67)에 비하여 0.16차이를 보이면서 생태체험과 학습 현황이 타종교에 비하여 잘되고 있음을 알 수가 있다. 전체 평균값은 3.69로서 평균 이상의 값을 나타내고 있다.

<표Ⅳ-2> 생태(환경)교육: 생태체험과 학습

구 분	가 톨 릭		불 교		개 신 교		전 체	
	빈도	평균 (mean)	빈도	평균 (mean)	빈도	평균 (mean)	빈도	전체평균 (mean)
전혀 실천안함	–	3.83	1	3.67	–	3.67	1	3.69
별로 실천안함	–		2		2		4	
보통	4		11		9		24	
대체로 실천	6		16		24		46	
적극 실천	2		6		1		9	
합계	12		36		36		84	

<그림 Ⅳ-2> 생태(환경)교육: 생태체험과 학습에 대한 종교간 비교

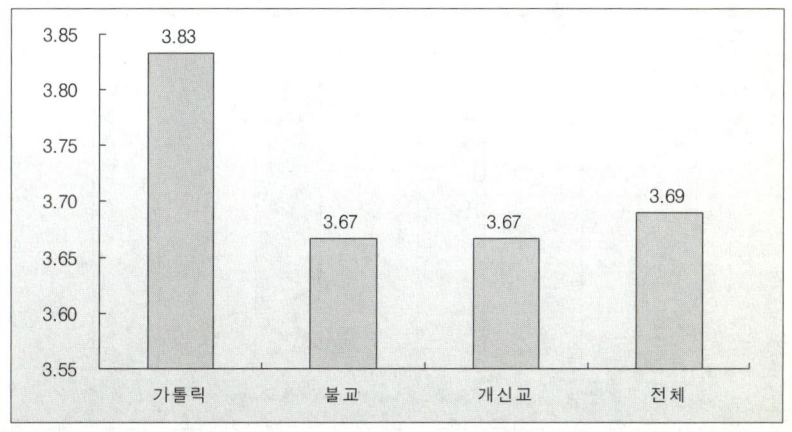

3. 생태(환경)마을 관광: 생태관련 해안, 농촌, 건강관광 현황

종교별로 살펴본 '생태(환경)마을 관광현황'에서 개신교(3.61)는 가톨릭(2.50)에 비하여 1.11의 큰 차이를 보이면서 생태관련 해안, 농촌, 건강관광 현황이 타종교에 비하여 매우 잘되고 있음을 알 수가 있다. 전체 평균값은 3.23로서 평균 이상의 값을 나타내고 있다.

<표Ⅳ-3> 생태(환경)마을 관광: 생태관련 해안, 농촌, 건강관광

구 분	가톨릭		불교		개신교		전체	
	빈도	평균(mean)	빈도	평균(mean)	빈도	평균(mean)	빈도	전체평균(mean)
전혀 실천안함	4	2.50	3	3.08	1	3.61	8	3.23
별로 실천안함	4		7		3		14	
보통	-		13		9		22	
대체로 실천	2		10		19		31	
적극 실천	2		3		4		9	
합계	12		36		36		84	

<그림 Ⅳ-3> 생태(환경)마을 관광: 생태관련 해안, 농촌, 건강관광에 관한 종교간 비교

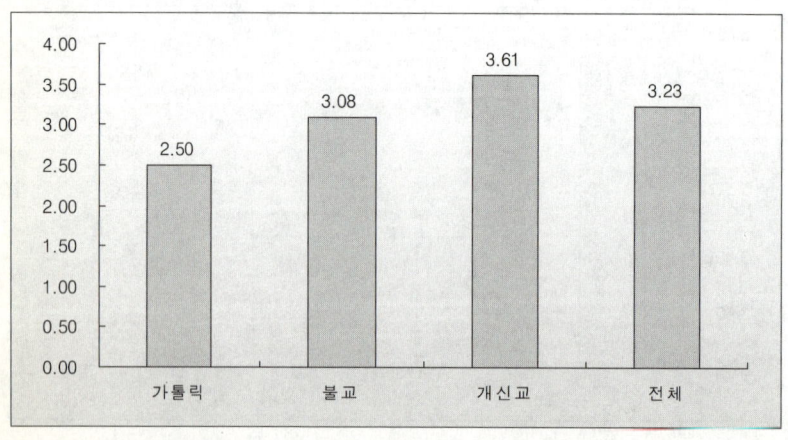

4. 생태(환경) 미술 현황

종교별로 살펴본 '생태(환경) 미술현황'에서 개신교(2.97)는 가톨릭(1.67)에 비하여 1.30의 큰 차이를 보이면서 생태관련 미술 현황이 타종교에 비하여 상대적으로 잘되고 있음을 알 수가 있다. 전체 평균값은 2.52로서 낮은 값을 나타내고 있다.

<표IV-4> 생태(환경) 미술

구 분	가 톨 릭		불 교		개 신 교		전 체	
	빈도	평균 (mean)	빈도	평균 (mean)	빈도	평균 (mean)	빈도	전체평균 (mean)
전혀 실천안함	6		5		2		13	
별로 실천안함	4		17		8		29	
보통	2	1.67	10	2.36	16	2.97	28	2.52
대체로 실천	–		4		9		13	
적극 실천	–		–		1		1	
합계	12		36		36		84	

<그림 IV-4> 생태(환경)미술에 관한 종교간 비교

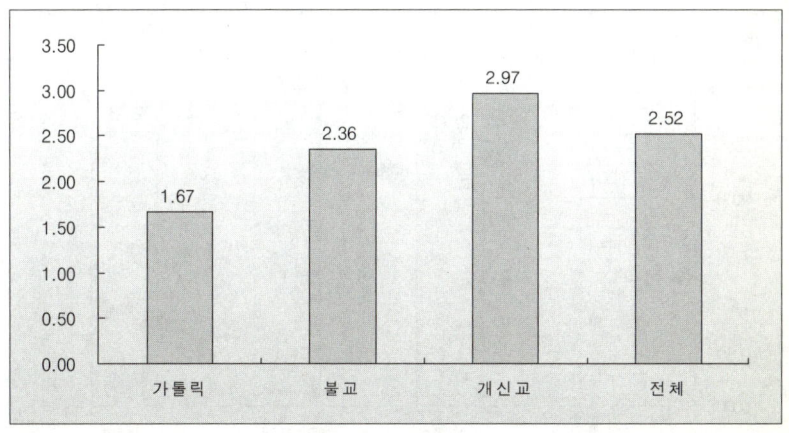

5. 생태(환경)문학 현황

종교별로 살펴본 '생태(환경)문학 현황'에서 개신교(2.92)는 가톨릭(2.00)에 비하여 0.92의 약산 큰 차이를 보이면서 생태관련 문학 현황이 타종교에 비하여 상대적으로 잘되고 있음을 알 수가 있다. 전체 평균값은 2.63으로서 낮은 값을 나타내고 있다.

<표Ⅳ-5> 생태(환경)문학

구 분	가 톨 릭		불 교		개 신 교		전 체	
	빈도	평균(mean)	빈도	평균(mean)	빈도	평균(mean)	빈도	전체평균(mean)
전혀 실천안함	6	2.00	4	2.56	4	2.92	14	2.63
별로 실천안함	4		14		7		25	
보통	–		12		13		25	
대체로 실천	–		6		12		18	
적극 실천	2		–		–		2	
합계	12		36		36		84	

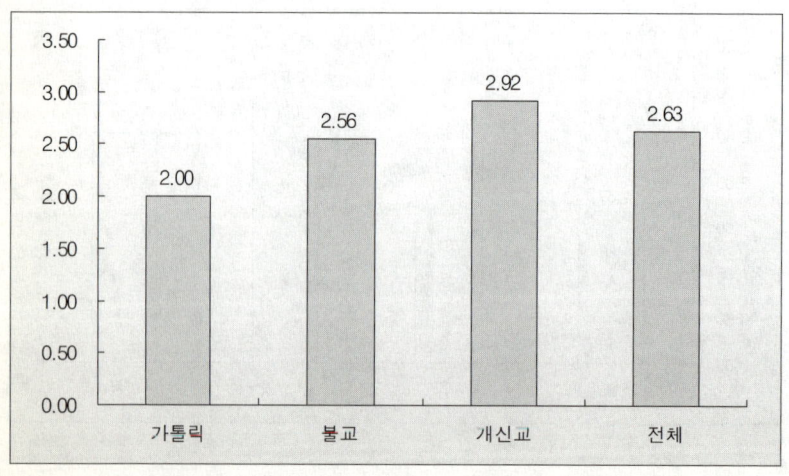

<그림 Ⅳ-5> 생태(환경)문학에 관한 종교간 비교

6. 생태(환경)영화 현황

종교별로 살펴본 '생태(환경) 영화현황'에서 개신교(2.94)는 가톨릭(1.33)에 비하여 1.61의 큰 차이를 보이면서 생태관련 영화 현황이 타 종교에 비하여 상대적으로 잘되고 있음을 알 수가 있다. 전체 평균값은 2.42로서 전체 문항 중에서 가장 낮은 값을 나타내고 있다.

<표 IV-6> 생태(환경) 영화

구 분	가톨릭		불교		개신교		전체	
	빈도	평균(mean)	빈도	평균(mean)	빈도	평균(mean)	빈도	전체평균(mean)
전혀 실천안함	8		4		4		16	
별로 실천안함	4		21		7		32	
보통	–	1.33	9	2.25	12	2.94	21	2.42
대체로 실천	–		2		13		15	
적극 실천								
합계	12		36		36		84	

<그림 IV-6> 생태(환경)영화에 관한 종교간 비교

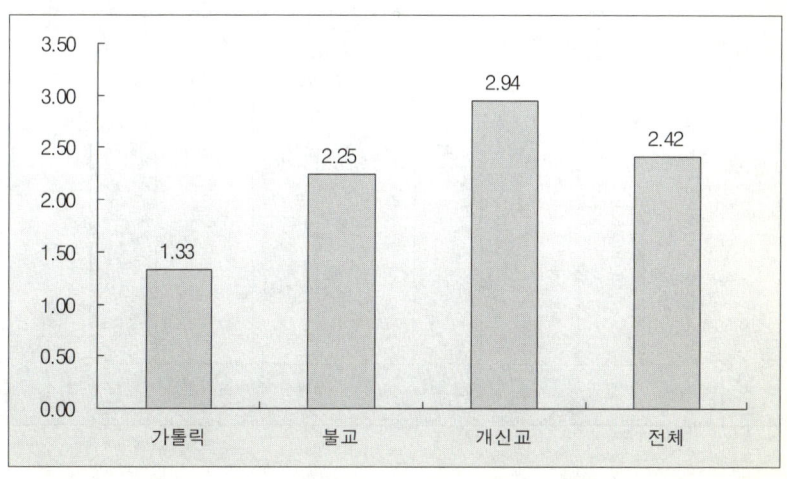

7. 생태(환경)건축 현황

종교별로 살펴본 '생태(환경) 건축현황'에서 개신교(3.37)는 가톨릭(2.00)에 비하여 1.37의 매우 큰 차이를 보이면서 생태관련 건축 현황이 타종교에 비하여 상대적으로 잘되고 있음을 알 수가 있다. 전체 평균값은 2.78로서 약간 낮은 값을 나타내고 있다.

<표Ⅳ-7> 생태(환경) 건축 현황

구 분	가 톨 릭		불 교		개 신 교		전 체	
	빈도	평균(mean)	빈도	평균(mean)	빈도	평균(mean)	빈도	전체평균(mean)
전혀 실천안함	6		4		3		13	
별로 실천안함	4		15		6		25	
보통	–	2.00	13	2.47	6	3.37	19	2.78
대체로 실천	–		4		15		19	
적극 실천	2		–		5		7	
합계	12		36		35		83	

<그림 Ⅳ-7> 생태(환경)건축에 관한 종교간 비교

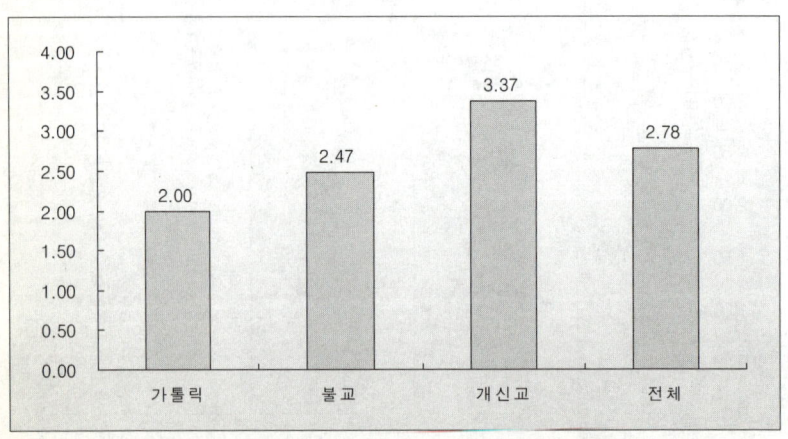

8. 간접난방주택 현황

종교별로 살펴본 '간접난방주택 현황'에서 개신교(3.03)는 가톨릭(2.00)에 비하여 1.03의 차이를 보이면서 간접난방주택 현황이 타종교에 비하여 상대적으로 잘되고 있음을 알 수가 있다. 전체 평균값은 2.63로서 낮은 값을 나타내고 있다.

<표Ⅳ-8> 간접난방주택 현황

구 분	가 톨 릭		불 교		개 신 교		전 체	
	빈도	평균(mean)	빈도	평균(mean)	빈도	평균(mean)	빈도	전체평균(mean)
전혀 실천안함	6		4		5		15	
별로 실천안함	4		16		5		25	
보통	–	2.00	11	2.46	11	3.03	22	2.63
대체로 실천	–		3		12		15	
적극 실천	2		1		2		5	
합계	12		35		35		82	

<그림 Ⅳ-8> 간접난방주택에 관한 종교간 실태비교

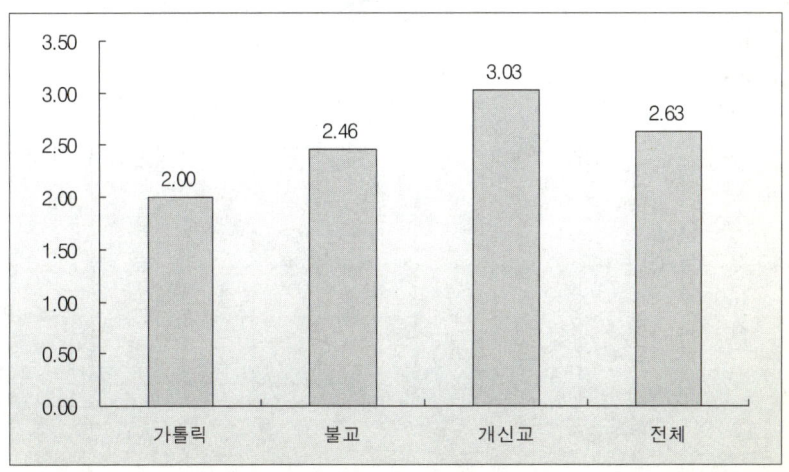

9. 생태(환경)식생활 현황

종교별로 살펴본 '생태(환경) 식생활 현황'에서 불교(4.34)는 개신교(3.53)에 비하여 0.81의 차이를 보이면서 식생활 현황이 타종교에 비하여 상대적으로 잘되고 있음을 알 수가 있다. 전체 평균값은 3.96로서 문항 중에서 가장 높은 값을 나타내고 있다.

<표Ⅳ-9> 생태(환경) 식생활 현황

구 분	가 톨 릭		불 교		개 신 교		전 체	
	빈도	평균 (mean)	빈도	평균 (mean)	빈도	평균 (mean)	빈도	전체평균 (mean)
전혀 실천안함	-		-		1		1	
별로 실천안함	-		-		4		4	
보통	2	4.17	3	4.34	10	3.53	15	3.96
대체로 실천	6		17		17		40	
적극 실천	4		15		4		23	
합계	12		35		36		83	

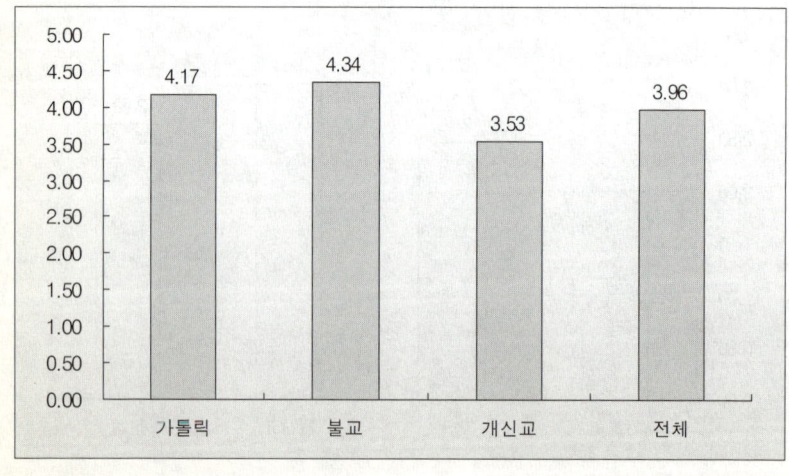

<그림 Ⅳ-9> 생태(환경) 식생활에 관한 종교간 실태비교

10. 전문적 생태 환경활동가 양성을 위한 투자 현황

종교별로 살펴본 '전문적 생태 환경활동가 양성을 위한 투자 현황'에서 가톨릭(3.00)은 불교(2.81)에 비하여 0.19의 차이를 보이면서 생태 환경활동가 양성을 위한 투자 현황이 타종교에 비하여 상대적으로 잘되고 있음을 알 수가 있다. 하지만, 전체 평균값은 2.85로서 약간 낮은 값을 나타내고 있다.

<표 IV-10> 전문적 생태 환경활동가 양성을 위한 투자 현황

구 분	가톨릭		불교		개신교		전 체	
	빈도	평균(mean)	빈도	평균(mean)	빈도	평균(mean)	빈도	전체평균(mean)
전혀 실천안함	-	3.00	2	2.81	2	2.83	4	2.85
별로 실천안함	4		13		12		29	
보통	6		13		14		33	
대체로 실천	-		6		6		12	
적극 실천	2		2		2		6	
합계	12		36		36		84	

<그림 IV-10> 전문적 생태 환경활동가 양성을 위한 투자에 관한 종교간 실태비교

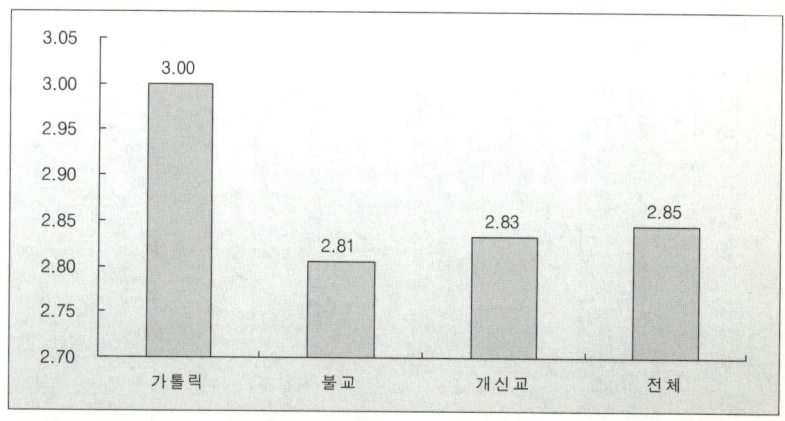

11. 생태(환경)문화교육 센터의 설립 현황

종교별로 살펴본 '생태(환경)문화교육 센터의 설립 현황'에서 불교(2.64)는 가톨릭(2.17)에 비하여 0.47의 차이를 보이면서 생태(환경)문화교육 센터의 설립 현황이 타종교에 비하여 상대적으로 잘되고 있음을 알 수가 있다. 하지만, 전체 평균값은 2.52로서 약간 낮은 값을 나타내고 있다.

<표Ⅳ-11> 생태(환경)문화교육 센터의 설립 현황

구 분	가 톨 릭		불 교		개 신 교		전 체	
	빈도	평균(mean)	빈도	평균(mean)	빈도	평균(mean)	빈도	전체평균(mean)
전혀 실천안함	4		6		7		17	
별로 실천안함	6		11		9		26	
보통	-	2.17	12	2.64	15	2.53	27	2.52
대체로 실천	-		4		4		8	
적극 실천	2		3		1		6	
합계	12		36		36		84	

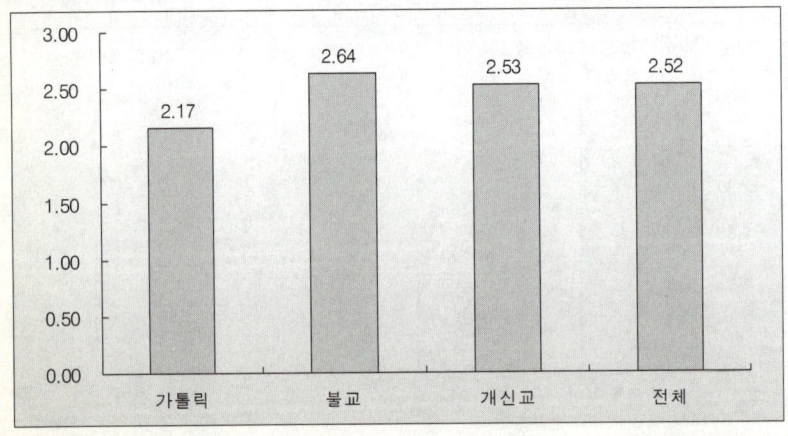

<그림 Ⅳ-11> 생태(환경)문화교육 센터의 설립에 관한 종교간 실태비교

12. 생태(환경)보전에 관한 실천교재발간 현황

종교별로 살펴본 '생태(환경)보전에 관한 실천교재발간 현황'에서 가톨릭(4.00)은 불교(2.78)에 비하여 1.22의 큰 차이를 보이면서 생태(환경)보전에 관한 실천교재발간 현황이 타종교에 비하여 상대적으로 잘되고 있음을 알 수가 있다. 전체 평균값은 3.00으로서 평균 값을 나타내고 있다.

<표IV-12> 생태(환경)보전에 관한 실천교재발간 현황

구 분	가톨릭		불 교		개 신 교		전 체	
	빈도	평균(mean)	빈도	평균(mean)	빈도	평균(mean)	빈도	전체평균(mean)
전혀 실천안함	–	4.00	6	2.78	4	2.89	13	3.00
별로 실천안함	–		12		8		29	
보통	2		6		14		28	
대체로 실천	8		8		8		13	
적극 실천	2		4		2		1	
합계	12		36		36		84	

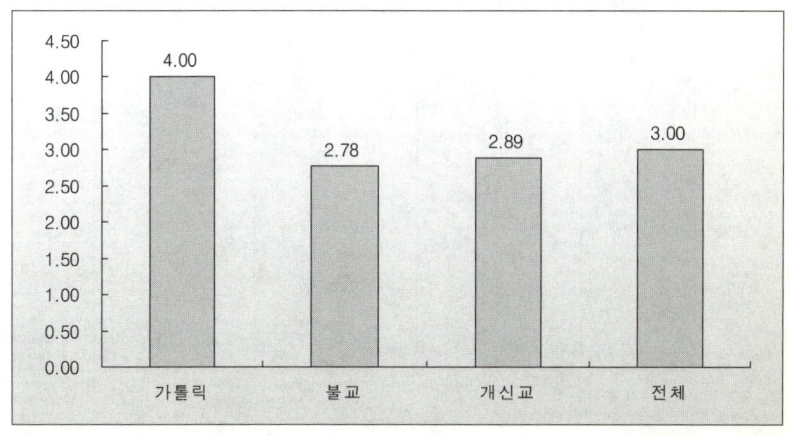

<그림 IV-12> 생태(환경)보전에 관한 실천교재발간에 관한 종교간 실태비교

13. 생태기술과 경험의 전파 및 자문 현황

종교별로 살펴본 '생태기술과 경험의 전파 및 자문 현황'에서 개신교(3.22)는 가톨릭(2.67)에 비하여 0.44의 차이를 보이면서 생태기술과 경험의 전파 및 자문 현황이 타종교에 비하여 상대적으로 잘 되고 있음을 알 수가 있다. 전체 평균값은 3.10으로서 보통수준을 나타내고 있다.

<표Ⅳ-13> 생태기술과 경험의 전파 및 자문 현황

구 분	가톨릭		불교		개신교		전 체	
	빈도	평균(mean)	빈도	평균(mean)	빈도	평균(mean)	빈도	전체평균(mean)
전혀 실천안함	4		2		1		7	
별로 실천안함	2		8		9		19	
보통	2	2.67	11	3.11	9	3.22	22	3.10
대체로 실천	2		14		15		31	
적극 실천	2		1		2		5	
합계	12		36		36		84	

<그림 Ⅳ-13> 생태기술과 경험의 전파 및 자문에 관한 종교간 실태비교

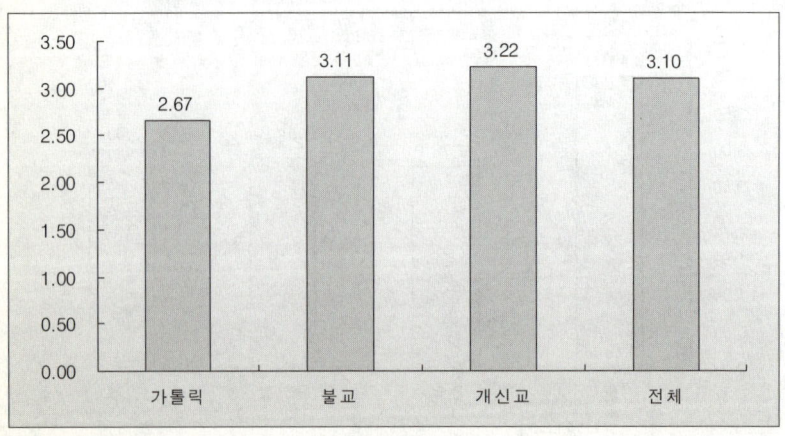

14. 생태공동체의 지속가능성에 대한 사후평가 작업 현황

종교별로 살펴본 '생태공동체의 지속가능성에 대한 사후평가 작업 현황'에서 개신교(3.19)는 가톨릭(2.17)에 비하여 1.02의 큰 차이를 보이면서 생태공동체의 지속가능성에 대한 사후평가 작업 현황이 타종교에 비하여 상대적으로 잘되고 있음을 알 수가 있다. 전체 평균값은 2.93으로서 낮은 평균값을 나타내고 있다.

<표Ⅳ-14> 생태공동체의 지속가능성에 대한 사후평가 작업 현황

구 분	가톨릭		불교		개신교		전 체	
	빈도	평균(mean)	빈도	평균(mean)	빈도	평균(mean)	빈도	전체평균(mean)
전혀 실천안함	4	2.17	1	2.92	1	3.19	6	2.93
별로 실천안함	6		11		7		24	
보통	–		17		15		32	
대체로 실천	–		4		10		14	
적극 실천	2		3		3		8	
합계	12		36		36		84	

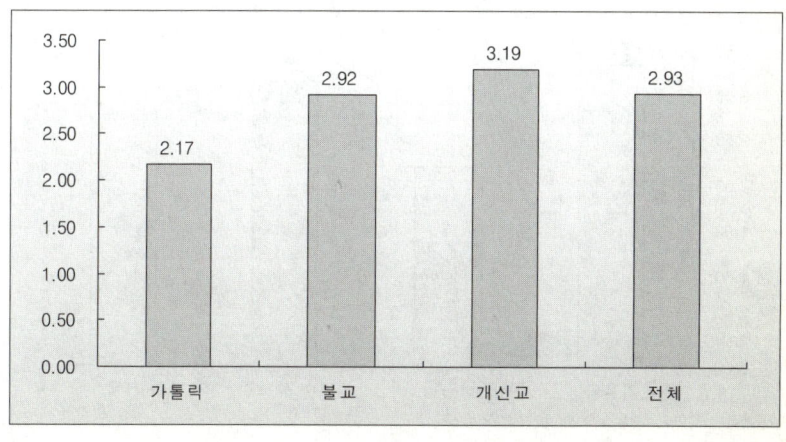

<그림 Ⅳ-14> 생태공동체의 지속가능성에 대한 사후평가 작업에 관한 종교간 실태비교

15. 환경(생태문화)의 날 설정 현황

종교별로 살펴본 '환경(생태문화)의 날 설정 현황'에서 가톨릭(3.33)은 불교(2.20)에 비하여 1.13의 큰 차이를 보이면서 환경(생태문화)의 날 설정 현황이 타종교에 비하여 상대적으로 아주 잘되고 있음을 알 수가 있다. 전체 평균값은 2.77서 낮은 평균값을 나타내고 있다.

<표IV-15> 환경(생태문화)의 날 설정 현황

구분	가톨릭		불교		개신교		전체	
	빈도	평균(mean)	빈도	평균(mean)	빈도	평균(mean)	빈도	전체평균(mean)
전혀 실천안함	4		11		2		17	
별로 실천안함	–		12		3		15	
보통	–	3.33	8	2.20	21	3.14	29	2.77
대체로 실천	4		2		8		14	
적극 실천	4		2		2		8	
합계	12		35		36		83	

<그림 IV-15> 환경(생태문화)의 날 설정에 관한 종교간 실태비교

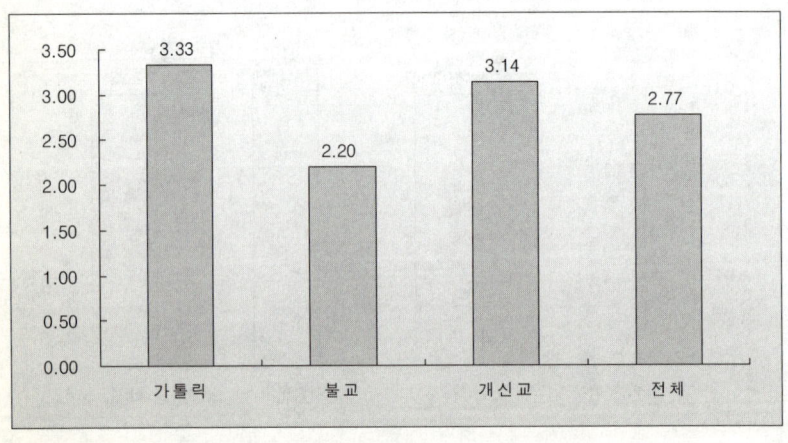

16. 생태(환경)운동가에 대한 일자리와 생계보장 현황

종교별로 살펴본 '생태(환경)운동가에 대한 일자리와 생계보장 현황'에서 가톨릭(2.83)은 불교(2.69)에 비하여 0.14의 미세한 차이를 보이면서 생태(환경)운동가에 대한 일자리와 생계보장 현황이 타종교에 비하여 상대적으로 잘되고 있음을 알 수가 있다. 전체 평균값은 2.75로서 낮은 평균값을 나타내고 있다.

<표IV-16> 생태(환경)운동가에 대한 일자리와 생계보장 현황

구 분	가톨릭		불교		개신교		전체	
	빈도	평균(mean)	빈도	평균(mean)	빈도	평균(mean)	빈도	전체평균(mean)
전혀 실천안함	2	2.83	7	2.69	4	2.78	13	2.75
별로 실천안함	2		9		10		21	
보통	6		10		14		30	
대체로 실천	–		8		6		14	
적극 실천	2		2		2		6	
합계	12		36		36		84	

<그림 IV-16> 생태(환경)운동가에 대한 일자리와 생계보장에 관한 종교간 실태비교

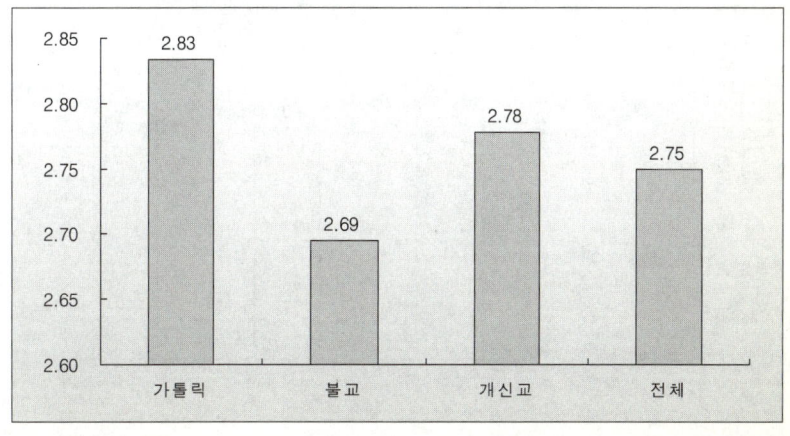

17. 생태(환경) 관련 단체의 경제와 생활의 질 보장 현황

종교별로 살펴본 '생태(환경) 관련 단체의 경제와 생활의 질 보장 현황'에서 불교(2.86)는 가톨릭(2.67)에 비하여 0.17의 미세한 차이를 보이면서 생태(환경) 관련 단체의 경제와 생활의 질 보장 현황이 타종교에 비하여 상대적으로 잘되고 있음을 알 수가 있다. 전체 평균값은 2.81로서 낮은 평균값을 나타내고 있다.

<표IV-17> 생태(환경) 관련 단체의 경제와 생활의 질 보장

구분	가톨릭		불교		개신교		전체	
	빈도	평균(mean)	빈도	평균(mean)	빈도	평균(mean)	빈도	전체평균(mean)
전혀 실천안함	2		6		3		11	
별로 실천안함	4		11		14		29	
보통	4	2.67	6	2.86	10	2.81	20	2.81
대체로 실천	–		8		5		13	
적극 실천	2		5		4		11	
합계	12		36		36		84	

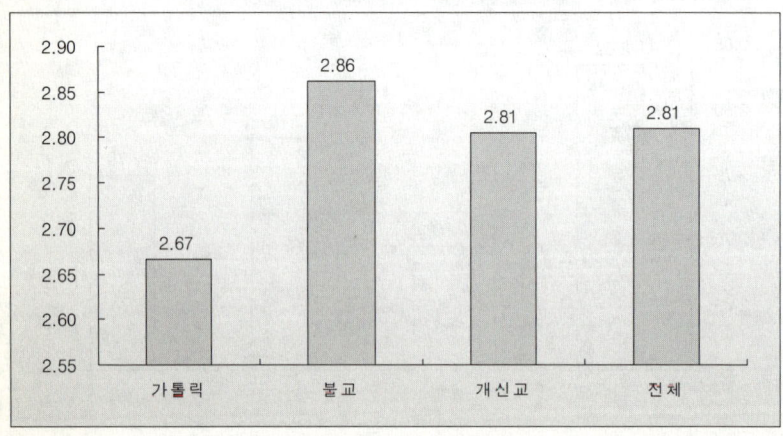

<그림 IV-17> 생태(환경) 관련 단체의 경제와 생활의 질 보장에 관한 종교간 실태비교

18. 환경 · 생태문화에 관한 주요활동 및 실천내용 종합비교

　종교별로 환경 · 생태문화에 관한 주요활동 및 실천내용 종합적으로 비교하면 〈표 Ⅳ-18〉와 같다. 도표에 의하면 가톨릭은 타종교에 비하여 '타종교나 시민단체와의 생태공동체 네트워크', '생태(환경)교육: 생태체험과 학습', '생태(환경)보전에 관한 실천교재발간', '환경(생태문화)의 날 설정'에서 불교와 개신교보다 상대적으로 잘 실천하고 있는 것으로 나타났다. 불교는 '생태(환경) 식생활', '생태(환경) 관련 단체의 경제와 생활의 질 보장' 등이 가톨릭과 개신교에 비하여 상대적으로 실천도가 높았다.

　한편 개신교는 '생태기술과 경험의 전파 및 자문', '생태(환경)마을 관광', '생태(환경) 미술', '생태(환경) 영화', '생태(환경) 건축', '생태공동체의 지속가능성에 대한 사후평가 작업' 등에서 상대적으로 실천이 잘되고 있는 것으로 조사되었다. 이러한 조사를 바탕으로 종교별 실천내용 중 상위순위 비교해보면 〈표 Ⅳ-19〉에 나타난바와 같이 가톨릭은 '생태식생활 분야'와 '생태(환경)보전에 관한 실천 교재발간' 부문에서 강점을 지니고 있으며, 불교는 '생태식생활 분야', 생태(환경)교육: 생태체험과 학습' 분야가 상대적으로 잘되고 있다. 개신교는 '생태(환경)교육: 생태체험과 학습'과 '생태(환경)마을 관광'이 잘 실천되고 있다. 한편, 종교 전체적으로 보면 '생태식생활 분야', '생태(환경)교육: 생태체험과 학습', '타종교나 시민단체와의 생태공동체 네트워크(GEN)' 순으로 잘되고 있음을 알 수가 있다.

　종교별 실천내용 중 잘 실천되지 못하는 하위순위를 비교해보면 〈표 Ⅳ-20〉에 나타난바와 같이 가톨릭은 '생태환경 영화', '생태환경 미술', '생태환경 문학' 등이 취약하였으며, 불교는 '환경생태문화의 날 설정'과 '생태환경 영화', '생태환경 미술' 등이 취약하였다.

개신교는 '생태(환경)문화교육 센터의 설립', '생태(환경)보전에 관한 실천교재발간', '생태(환경)운동가에 대한 일자리와 생계보장' 등이 취약한 것으로 조사되었다.

<표 IV-18> 환경·생태문화에 관한 주요활동 및 실천내용 종합비교

설문항목	종교영역별 실천 정도 차이				종교 간 차이비교	
	가톨릭	불교	개신교	전체평균	F값	유의확률
타종교나 시민단체와의 생태공동체 네트워크(GEN)	3.50	3.46	3.36	3.42	0.159	0.853
생태(환경)교육:생태체험과 학습	3.83	3.67	3.67	3.69	0.233	0.793
생태(환경) 식생활***	4.17	4.34	3.53	3.96	9.791	0.000
생태기술과 경험의 전파 및 자문	2.67	3.11	3.22	3.10	1.198	0.307
생태(환경)마을 관광:생태관련 해안(농촌), 건강관광*	2.50	3.08	3.61	3.23	5.213	0.007
생태(환경) 미술***	1.67	2.36	2.97	2.521	1.120	0.000
생태(환경) 문학*	2.00	2.56	2.92	2.63	3.660	0.010
생태(환경) 영화***	1.33	2.25	2.94	2.421	7.747	0.000
생태(환경) 건축***	2.00	2.47	3.37	2.78	9.451	0.000
간접난방주택*	2.00	2.46	3.03	2.63	4.598	0.010
전문적 생태(환경)활동가 양성을 위한 투자	3.00	2.81	2.83	2.85	0.180	0.836
생태(환경)문화교육 센터의 설립	2.17	2.64	2.53	2.52	0.775	0.464
생태(환경)보전에 관한 실천교재발간**	4.00*	2.78	2.89	3.00	5.659	0.005
생태공동체의 지속가능성에 대한 사후평가 작업*	2.17	2.92	3.19	2.93	4.585	0.010
생태(환경)운동가에 대한 일자리와 생계보장	2.83	2.69	2.78	2.75	0.085	0.918
생태(환경) 관련 단체의 경제와 생활의 질 보장	2.67	2.86	2.81	2.81	0.109	0.897
환경(생태문화)의 날 설정***	3.33*	2.20	3.14	2.77	7.680	0.001
전체	2.68	2.86	3.09	2.93		

주) * P<.01, ** P<.005, *** P<.001수준에서 통계적으로 유의함 (양측검정)

<표 IV-19> 종교별 실천내용중 상위순위 비교표: 장점

순위	가톨릭	불교	개신교	종교전체
1위	생태(환경) 식생활	생태(환경) 식생활	생태(환경)교육: 생태체험과 학습	생태(환경) 식생활
2위	생태(환경)보전에 관한 실천교재발간	생태(환경)교육: 생태체험과 학습	생태(환경)마을관광: 생태관련 해안(농촌), 건강관광	생태(환경)교육: 생태체험과 학습
3위	생태(환경)교육: 생태체험과 학습	타종교나 시민단체와의 생태공동체 네트워크	생태(환경) 식생활	타종교나 시민단체와의 생태공동체 네트워크

<표 IV-20> 종교별 실천내용 중 개선필요: 취약점

순위	가톨릭	불교	개신교	종교전체
1위	생태(환경) 영화	환경(생태문화)의 날 설정	생태(환경)문화교육 센터의 설립	생태(환경) 영화
2위	생태(환경) 미술	생태(환경) 영화	생태(환경)운동가에 대한 일자리와 생계보장/ 전문적 생태(환경)활동가 양성을 위한 투자	생태(환경) 미술
3위	생태(환경) 문학 생태(환경) 건축 간접난방주택	생태(환경) 미술 생태(환경) 건축		간접난방주택

제5장 마치는 글 : 현상문화와 정신문화의 연결

생태위기 극복을 위한 연구가 '현상문화'와 '정신문화'로 구분하여 활발히 연구되고 있는데 본 연구조사는 현상문화에 대한 연구조사로서 생태 식생활, 생태농업, 생태건축, 생태교육, 생태관광, 생태문학 등에 대한 실태를 조사한 것이다. 이러한 현상문화에 연구들은 현상문화를 어떻게 생태적으로 형성할 것인지, 생태적인 문화를 발굴하고 소개하며 생태적인 문화를 정착하는데 일조한다고 볼 수 있다. 물론 생태적인 정신문화를 토대로 하여 그 현상문화가 형성될 때 그 문화는 진정한 문화가 되고 지속성을 가지며 확산될 수 있을 것이다. 따라서 본 연구는 생태문화를 보다 넓게 정착시키기 위해서 '대중화될 수 있는 생태문화'를 연구하고 정립하기 위한 기초조사의 성격으로 접근한 것이다. 예를 들면 생태환경운동의 규모와 재정현황, 환경단체의 정책과정별 참여현황, 생태문화의 주요활동에 대한 실천정도 등이다.

근본적인 '자연의 영성과 문화'를 대중화할 수 있는 '한국 3대 종교(가톨릭·개신교·불교)'의 생태문화를 실제적으로 조사 발굴한 결과 우리나라의 3대 종교의 생태문화 운동의 현실은 생태적 특성을 발전시키려 하지 않고 이를 종교문화적으로 정립하여 확산시키려는 노력이 부족하다고 평가된다. 첫째, 심도 있게 '생태문화'를 논한 연구가 극히 드물다는 점이다. 문화적 차원이 결여되고 철학적 논의 차원에서 생태문제를 제시하는 것으로 그치거나, 생태문제에 대한 개론적인 서술인 경우가 대부분이다. 다시 말하면 신바람 나고, 그런 문화를 추구하는 연구저작들이 극히 미미하다는 것이다.

둘째, 생태문화에 대한 종합적 연구가 부족하다는 점이다. 일반적으로 문화는 그 문화의 배경이 되는 의식, 그에 대한 교육, 실생활에서의 적용 등 종합적인 연구가 시도되고 기획될 때 대중에게 자연스럽게 수용되고 전파될 것이다. 그런데 선행연구들은 산발적이고 부분적으로 연구되었다. 따라서 현시점에서 우리에게 요구되는 바는 생태위기 극복을 위해 의식과 교리로부터 실천영역에 이르는 종합적 연구이다.

셋째, 천주교환경연대, 기독교환경연대, 등 생태문화 형성을 위한 종교단체들의 활동들은 대부분 종교인으로서 '사회적 책임성' 차원에서 생태문화를 고려하고 캠페인 운동 등을 펼치거나 문제가 있는 것을 고발하는 수준이다.

다시 말하면 그들이 생태위기 극복을 위해 문제를 제기하고 활동은 하지만 '종교성'에 기반을 둔 생태문화의 형성하고 주도하는 데에는 크게 기여하지 못하고 있다. 따라서 그들은 일반 사회적이고 학술적인 생태문화를 그대로 적용할 뿐 종교성에 기초한 근본적인 삶의 방향성과 세계관을 제시하지 못하고 있다. 즉 '생태적 종교문화'를 이론적으로 그리고 실천적으로 제시하지 못하고 있었다. 종교인들에게 그런 정도의 이론이 얼마나 큰 영향을 미칠지 의문이 될 수밖에 없다.

넷째, 운동의 형태로 시도되는 생태문화는 전위적 문화로 그치고 있다. 생태건축운동, 녹색소비운동, 생태공동체운동, 대안교육운동 등에 대한 논의가 진행되고 있고 실제로 실행되고 있다. 그러나 이러한 운동과 그에 대한 연구는 대부분 대중적이지 못한 소규모의 유토피아 운동에 방향 맞추어져 있어서 대중적으로 확산되지 못하고 '자연의 영서'에 근거하여 근본적으로 생태문제를 고려하지 못하기 때문에 바람직한 생태문화로 발전되지 못하고 이었다. 결론적으로 가톨릭·개신교·불교라는 한국의 3대 종교가 '자연의 영성'에 기초한 생태문화를 고민하여 새로운 문화에 대한 모색을 아직은 충분히 일구지 못하고 있었다. 향후 한국의 대표적인 3대 종교가 함께 자연의 영성을 논의하고 전통과 오늘의 현실을 연결하며, 종교성이라는 창을 통해 생태문화를 고려하고 이론에서 실천까지 체계적이고 종합적으로 생태친화적인 종교문화를 논하고 새로운 문화를 모색해야 할 것이다.

<부록> 설문지

3대종교 환경 및 생태문화 단체의 현황조사(전문가)

안녕하십니까?

저희 가톨릭대(인간학연구소), 동국대(불교문화연구원), 한신대(학술원) 생태문화연구팀에서는 종교단체의 자연영성(불성)과 생태문화 운동에 대한 바람직한 방향과 정책대안을 마련하기 위하여 한국학술진흥재단의 지원으로 한국 3대 종교단체들의 환경운동 실태 및 현황을 조사하고 있습니다. 조사에 대한 여러분의 응답내용은 수치화되어 통계 처리되기 때문에 여러분 선생님의 신상비밀이 외부에 노출되는 일은 절대 없사오니, 번거롭더라도 조사에 참여하여 성실하게 답변해 주시면 대단히 고맙겠습니다.

연구책임자: 한 신 대 학 교 연 규 홍
조사책임자: 가톨릭대학교 김 재 득
문의처: 011-321-9268/ raphael33@catholic.ac.kr

SQ1. 성	①남성 ②여성
SQ2. 연령	(＿＿＿) 세
SQ3. 직업	①신부 ②스님 ③목사 ④환경운동/활동가 ⑤교수(학계 종사자) ⑥정부기관 관계자 ⑦학생(석사이상) ⑧기업(직장)인 ⑨기타
SQ4. 종교	①가톨릭 ②불교 ③개신교 ④종교없음 ⑤기타
SQ5. 거주지	①서울 ②부산 ③대구 ④인천 ⑤광주 ⑥대전 ⑦울산 ⑧수도권 ⑨영남권 ⑩호남권 ⑪충청권 ⑫강원권 ⑬제주권

♣ 다음은 종교환경단체의 일반적인 현황에 대하여 여쭙겠습니다.

문1. ○○님이 소속된 환경단체의 회원규모는 어느 정도입니까?
① 50명 이하   ② 51-100명   ③ 101-300명   ④ 301-500명
⑤ 501- 1,000명   ⑥ 1,001-10,000명   ⑦ 10,001-100,000명   ⑧ 100,000명 이상

문2. ○○님의 소속 환경단체의 상근자수는 몇 명입니까?
① 5명 이하   ② 6-10명   ③ 10-30명   ④ 30-50명   ⑤ 50명 이상

문3. ○○님의 소속단체의 회비 납부율은 어떠합니까?
① 20% 미만   ② 20-30%   ③ 30-50%   ④ 50-70%   ⑤ 70% 이상

문4. ○○님의 소속단체의 재정자립도는 어느 정도입니까?
① 30% 미만   ② 30-50%   ③ 50-80%   ④ 80-100%   ⑤ 100% 이상

문5. ○○님 소속단체의 주요수입원(비율)은 어떠합니까?

주요 수입원	비 율(%)	주요 수입원	비 율(%)
① 회비		⑤ 공공기금	
② 일반후원금		⑥ 수익사업	
③ 기업협찬		⑦ 프로젝트	
④ 정부지원금		⑧ 기타	

문6. ○○님 소속단체의 주요지출원(비율)은 어떠합니까?
① 인건비(%)+② 일반관리비(%)+③사업비(%)+④ 기타 (%)
 = 총 100%

♣ 다음은 OO님과 소속 종교단체의 지난 3년간에 걸친 정부의 환경 및
생태문화 정책에 참여하신 경험과 관련하여 몇 가지 여쭙겠습니다.

문7. ○○님의 소속단체가 지난 3년간 다음의 정책에 어느 정도 참여하고 있습니까?

정책 참여 유형	전혀 참여 안함	별로 참여 안함	보통	대체로 참여	적극 참여
1) 귀 단체의 환경관련 인터넷 웹사이트 검색코너 및 게시판 마련	1	2	3	4	5
2) 대외 환경관련 여론설문조사 및 온라인 정책포럼 등	1	2	3	4	5
3) 정부 및 공공단체의 환경관련 정책제안이나 사이버 참여제안	1	2	3	4	5
4) 귀 단체의 환경관련 정책결정과정 공개 및 메일링(회원관리)	1	2	3	4	5
5) 정부 및 공공단체의 환경관련 세미나 및 정책토론회 참여	1	2	3	4	5
6) 정부 및 공공단체의 환경관련 공청회참여나 민간 TF운영	1	2	3	4	5
7) 귀 단체의 환경관련 홍보책자 발간 및 인터넷신문 발간	1	2	3	4	5
8) 정부 및 공공단체의 환경관련 정책 자문위원회나 제도개선협의회 참여	1	2	3	4	5
9) 정부의 환경정책을 위한 민관합동정책 집행 및 자원봉사활동	1	2	3	4	5
10) 귀 단체의 환경관련 만족도 조사 및 백서(연보) 발간	1	2	3	4	5
11) 정부 및 공공단체의 환경관련 정책 모니터링제도 및 사이버모니터참여	1	2	3	4	5
12) 정부 및 공공단체의 온라인 여론조사 (국민만족도) 및 평가위원회참여	1	2	3	4	5

♣ 다음은 3대 종교단체의 생태문화에 대한 주요활동 및 실천내용과 관련하여 여쭙겠습니다.

문8. ○○님께서 소속되신 종교단체는 환경 및 생태문화와 관련하여 다음 사항 중 활동 및 실천 수준이 어느 정도라고 보십니까?

실천 내용	어느 정도 활동/실천하고 계십니까?				
	전혀 활동 안함	별로 활동 안함	보통	대체로 활동	적극 활동
타종교나 시민단체와의 생태공동체 네트워크	1	2	3	4	5
생태(환경)교육 : 생태체험과 학습	1	2	3	4	5
생태(환경)마을 관광: 생태관련 해안, 농촌, 건강관광	1	2	3	4	5
생태(환경) 미술	1	2	3	4	5
생태(환경) 문학	1	2	3	4	5
생태(환경) 영화	1	2	3	4	5
생태(환경) 건축	1	2	3	4	5
간접난방주택	1	2	3	4	5
생태(환경) 식생활	1	2	3	4	5
전문적 생태 환경활동가 양성을 위한 투자	1	2	3	4	5
생태(환경)문화교육 센터의 설립	1	2	3	4	5
생태(환경)보전에 관한 실천교재발간	1	2	3	4	5
생태기술과 경험의 전파 및 자문	1	2	3	4	5
생태공동체의 지속가능성에 대한 사후평가 작업	1	2	3	4	5
환경(생태문화)의 날 설정	1	2	3	4	5
생태(환경)운동가에 대한 일자리와 생계보장	1	2	3	4	5
생태(환경) 관련 단체의 경제와 생활의 질 보장	1	2	3	4	5

문9. 마지막으로 환경운동 및 생태문화 발전을 위한 의견이 있으시면, 어떠한 의견이라도 좋으니 자유롭게 의견을 말씀해 주시기 바랍니다. 여러분의 의견은 환경운동과 생태문화 발전을 추진하는 과정에서 최대한 반영되도록 하겠습니다.

조사자성명	
조 사 장 소	
조 사 일 시	2006.

필 자 소 개 (가나다순)

김재득
경희대학교 행정학과 및 동 대학원 행정학과 졸업(행정학 박사)
현재 : 가톨릭대학교 인간학연구소 연구교수, 서강대학교 공공정책대학원 대우교수.
주요저서 및 논문: 『천주교와 한국 근·현대의 사회문화적 변동: 조사보고서(상,중,하)』,
『한국 근·현대 100년속의 가톨릭교회(상,중,하)』, 『현대사회와 행정』(공저),
『인사행정론』, 『행정조직론』, "경찰지구대장의 변혁적 리더십이 직무성과에
미치는 영향에 관한 연구" 외 다수

박경철
호서대학교 신학과 및 한신대 대학원 신학과 졸업
독일 Kirchliche Hochschule Bethel 졸업(Dr. theol)
현재 : 한신대학교 신학과 교수
주요저서 및 논문: "이사야서 최종형태 구성의 신학",
"안식일의 제의적 의미와 사회정의와의 관련" 외 다수

연규홍
한신대학교 신학과 및 대학원 신학과 졸업(신학박사)
현재 : 한신대학교 신학과 교회사학 교수
주요저서 : 『교회사의 해방전통』, 『한국교회의 평화통일 운동 연표』,
『성령의 정치경제학』(역서) 외 다수

장동하
가톨릭대학교 신학과 졸업
서강대학교 사학과, 파리 소르본느(Paris-Sorbonne, Paris IV) 대학 졸업(문학박사)
현재 : 가톨릭대학교 교수, 인간학연구소 소장
주요저서 : 『한국 천주교회사의 성찰과 전망』(공저, 2000), 『민족사와 명동성당』(공저, 2001),
『병인양요의 역사적 재조명』(공저, 2001),
『한국 천주교회사의 성찰과 전망2』(공저, 2001),
『한국 근·현대 100년속의 가톨릭교회(상,중,)』 외 다수

차 차 석

동국대학교 대학원 졸업(철학박사)

현재 : 금강대학교 강사, 보조사상연구원 연구실장.

주요저서 : 『법화사상론』, 『여든은 어려워도 세살은 쉬운 참살이』

역서 : 『선어삼백칙』, 『중국불교사』, 『법화사상』 외 다수

최 동 순

동국대학교 대학원(철학박사)

현재 : 동국대학교 불교문화연구원 연구원

주요저서 및 논문 : 『수습지관좌선법요』(2004), "초기 천태조통설의 성립 연구"
  『보조사상』(21집)(2004), "현대 한국 천태종의 수행구조와 원융삼제의 적용",
  『한국불교학』(37집)(2004) 외 다수